CODE

DE LA

MARTINIQUE.

NOUVELLE ÉDITION,

Par M. DURAND - MOLARD,

Sous-Commissaire des Colonies, Secrétaire principal de
la Préfecture de la Martinique.

TOME PREMIER;

*Contenant les Actes Législatifs de la Colonie depuis
1642 jusqu'en 1754 inclusivement.*

A SAINT-PIERRE MARTINIQUE,

De l'Imprimerie de Jean-Baptiste THOUNENS, fils,
Imprimeur du Gouvernement.

1807.

ARRÊTÉ COLONIAL,

Du 20 janvier 1807,

Qui autorise une Nouvelle Edition du CODE DE LA MARTINIQUE.

Louis-Thomas VILLARET-JOYEUSE, Grand Cordon de la Légion d'honneur, Vice-Amiral et Capitaine-Général,

Pierre-Clément LAUSSAT, Préfet-Colonial,

ET

Sainte-Catherine BENCE, Procureur-Général Impérial près la Cour d'Appel, remplaçant, par intérim, M. Marie-Jacques LEFESSIER-GRANDPREY, Grand-Juge,

de la Martinique et Dépendances;

CONSIDÉRANT que le Recueil connu sous le nom de CODE DE LA MARTINIQUE est devenu tellement rare qu'on ne peut plus se le procurer à aucun prix; que cependant cette collection, la seule de son genre existante, est devenue indispensable pour le maniement des affaires, tant publiques que privées, dans cette Colonie;

ARRÊTENT:

ARTICLE PREMIER.

Il est permis au sieur DURAND-MOLARD,

Secrétaire-principal de la Préfecture, chargé des greffe et archives, Sous-commissaire des Colonies, de donner une nouvelle édition du CODE DE LA MARTINIQUE.

II. L'impression en est confiée au sieur THOUNENS, FILS, Imprimeur du Gouvernement-Colonial.

III. Le sieur DURAND-MOLARD y fera entrer les Actes de l'Autorité publique, qui, formant Loi ou concourant à retracer l'histoire de la législation dans cette Colonie, auraient été omis, lors des éditions précédentes, ou seraient survenus depuis. Il retranchera, au contraire, ceux qui seraient totalement insignifians et de circonstance purement passagère et sans conséquence.

IV. Il aurait recours, si besoin était, aux dépôts dont il aurait connaissance pour les Ordonnances et autres Actes qui ne se trouveraient pas aux Archives de la Préfecture et solliciterait les lumières des Présidens des Tribunaux de Première instance, pour la partie Judiciaire, dans les cas qui le réclameraient.

V. Il ajoutera deux Tables à cette collection, l'une par ordre Chronologique et l'autre par ordre de Matières.

VI. Protection est promise, à ces conditions, par le Gouvernement Colonial, à cette utile entreprise et cinquante exemplaires de cette édition seront achetés au compte de l'Etat.

Donné à la Martinique, le 20 janvier 1807.

Signés, VILLARET, LAUSSAT, BENCE.

AVIS
DE L'ÉDITEUR.

Nous n'avons rien à dire sur l'utilité de la nouvelle édition, que nous offrons au Public, du Recueil connu sous le nom de CODE DE LA MARTINIQUE. La rareté de l'ancienne, le besoin journalier qu'on en ressentait, justifient assez notre entreprise.

Quoique plusieurs Ordonnances, Réglemens et Lois nous aient paru surannés ou révoqués par des dispositions plus récentes, nous ne nous sommes permis aucun retranchement. C'eût été nous ériger, en quelque sorte, en réformateurs de la législation coloniale, emploi pour lequel nous n'avions ni mission, ni caractère. Nous n'avons pas voulu, d'ailleurs, que l'omission de quelques articles de l'ancien Recueil pût jamais le faire regretter, tandis qu'au contraire nous enrichissions le nôtre d'un assez grand nombre de pièces inédites et que nous le complettions de tous les Actes Législatifs, rendus depuis 1784, époque de l'interruption du premier travail.

Ce plan nous a sans doute entraînés dans des redites. Quelle est la compilation un peu volumineuse, qui ne mérite, plus ou moins, le même reproche ? Dans un pays où les souvenirs et les impressions s'effacent avec la rapidité de l'éclair, où la mobilité des hommes et des choses étouffe toute tradition, les Lois ont dû, plus qu'ailleurs, se répéter ; elles ne le font néanmoins, le plus souvent, qu'en se modifiant elles-mêmes, d'après les leçons de l'expérience. Ces variantes ne sont donc pas dépourvues d'intérêt, même pour le plus grand nombre des lecteurs ; elles seront surtout appréciées par le *Magistrat* et le *Jurisconsulte*, obligés par état, non-seulement d'avoir sous les yeux la loi vivante, mais même de remonter quelquefois à son origine et à ses premiers résultats. Notre scrupuleuse exactitude leur offrira des points de comparaison et de départ ; ils auront, avec le texte de la Loi, sa filiation et son histoire.

Souvent aussi, au nombre de ces pièces qui paraissent confusément réunies, l'historien d'un pays retrouve des documens précieux jusqu'alors vainement cherchés, et dont un choix plus sévère l'eût peut-être privé sans retour. Les changemens, les écarts même de la Législation n'ont-ils pas toujours été considérés comme le thermomètre le plus sûr des mœurs, des préjugés et du caractère des peuples ?

Tel a été en général le but que nous nous sommes proposés dans l'insertion des pièces que nous avons mêlées à celles de la première Edition. Des Lois bursales abrogées, d'anciens comptes rendus de finances y figurent à côté des Ordonnances en vigueur. Ils y sont offerts à la méditation des Administrateurs chargés de cette partie importante du service public. Les instructions données, à différentes époques, aux Gouverneurs et Intendans de la Martinique méritaient aussi d'y tenir place. Elles développent le système successivement suivi par la Métropole, dans le Gouvernement de ses Colonies. Enfin nous y avons ajouté des Ordonnances particulières à la Guadeloupe et à Ste.-Lucie, îles soumises jadis au même régime que la Martinique, mais pour lesquelles les localités exigeaient quelquefois qu'il fut adopté des mesures spéciales. Nous devions cette attention à des Colonies voisines et sœurs de la nôtre, auxquelles ce Code se recommande, d'ailleurs, à plusieurs titres.

Mais, en étendant les bornes de notre collection, nous avons dû ménager au lecteur un fil qui le guidât dans ce labyrinthe. Une Table Chronologique a été placée en tête, et une Table Alphabétique des Matières, à la fin de chaque volume. Rien n'a été épargné pour donner à ce travail de patience, le dégré d'utilité dont il est susceptible.

Au lieu de l'in-folio de la première édition, format souvent incommode, nous avons adopté l'in octavo, à l'exemple du Bulletin des Lois, du Recueil de celles de la Marine, à côté desquels cette dernière forme permettra de le ranger dans les bibliothèques.

Une autre innovation plus importante est dans le classement des matières. Le premier Editeur les avait divisées en huit parties, selon qu'elles avaient trait à telle ou telle branche de l'Administration publique. Cette marche n'est plus celle du second supplément ; sans doute parce que l'Auteur avait apperçu alors quelques uns de ses inconvéniens. En effet, outre qu'il n'est pas toujours aisé de saisir, en législation, le point précis qui sépare une division d'une autre, plusieurs Lois qui paraissent n'avoir qu'un objet, en embrassent accessoirement un plus grand nombre. Entre autres exemples nous prenons au hasard *l'Ordonnance de mars 1685, concernant la discipline de l'Eglise et l'état et qualité des Nègres esclaves aux îles de l'Amérique*. Le premier Editeur a classé cette Loi sous la division *Police*, et, à ne considérer qu'un de ses principaux objets, *la police et l'état des esclaves*, il a eu raison. Mais en parcourant plusieurs de ses dispositions et d'après l'intitulé même, il est aisé de voir que les titres *Eglise*, *Justice*, etc., pouvaient aussi en réclamer leur part. Quelque division qu'on adopte, il y a donc toujours, dans ce système, ce qu'on voulait éviter, confusion et mélange.

Le classement Chronologique nous a paru préférable; c'est celui de tous les receuils connus. La Table des Matières remédie au défaut apparent de méthode, et porte à l'instant le lecteur sur l'objet de ses recherches. Ces collections devant d'ailleurs être continuées, à mesure que de nouvelles Lois sont rendues, leurs supplémens successifs se trouvent faire de suite corps avec l'ouvrage.

En nous éloignant, sous ce rapport, des traces du premier Editeur, nous n'avons pas prétendu affaiblir le souvenir honorable que le public conserve des avantages et du mérite de sa collection. Nous nous plaisons nous-mêmes à consacrer ici notre reconnaissance pour le secours que nous avons tiré de son travail, dont le nôtre n'est, au fond, qu'une édition un peu plus complète.

Daigne la Colonie, à laquelle eet ouvrage est particulièrement destiné, l'agréer comme un gage de notre respect pour ses institutions et de nos vœux ardens pour sa prospérité! Si la gloire ne peut être l'apanage d'entreprises aussi obscures, les suffrages et l'estime des hommes publics dont elles facilitent les travaux, consolent celui qui ne voulut qu'être utile.

TABLE

CHRONOLOGIQUE ET ANALYTIQUE

DES PIÈCES

Contenues dans le premier volume du Code de la Martinique.

DATES.	TITRES ANALYTIQUES.
	guerre, que marchands, d'embarquer sur leurs vaisseaux aucun habitant, soldat, ni nègre, sans la permission du Commandant. [N°. 22, p. 64.]
1700. 6 octobre.	ORDONNANCE de M. l'Intendant, pour la présentation du Pain-béni dans toutes les Eglises. [N°. 23, p. 65.]
1704. 6 août.	ORDRE du Roi, au sujet des Cinquante pas du bord de mer. [N°. 24, p. 68.]
1705. 10 juin.	DÉCLARATION du Roi, contre les nègres libres qui retirent les marrons, recèlent leurs vols ou les partagent avec eux. [N°. 25, p. 69.]
1707. 14 juin.	ORDONNANCE de M. l'Intendant, qui fixe le prix de la viande de boucherie. [N°. 26, p. 70.]
1er.septemb.	— qui fixe à 55 pots, mesure de Paris, le contenu du baril destiné à mesurer les manioc, riz, pois et autres denrées, et qui prescrit à tout habitant d'avoir chez lui un baril étalonné. [N°. 27, p. 70.]
1711. 20 avril.	— du Roi, au sujet des gardiens nobles et bourgeois usufruitiers, amodiateurs et autres. [N°. 28, p. 70.]
idem.	RÉGLEMENT du Roi, au sujet de la compétence des Juges ordinaires, à l'égard des châtimens imposés aux noirs esclaves, par l'Ordonnance de mars 1685. [N°. 29, p. 72.]
11 septemb.	ARRÊT en Réglement du Conseil Supérieur, sur les procès au rapport. [N°. 30, p. 74.]
1712. 18 mai.	ORDONNANCE de M. le Général, pour la conservation des bois. [N°. 31, p. 75.]
30 décemb.	— du Roi, sur la nourriture des esclaves et leur punition. [N°. 32, p. 76.]
1713. 19 avril.	— de M. l'Intendant, portant défenses aux habitans et négocians de détailler par pot et pinte, leur tafia, eau-de-vie, vin, et

DATES.	TITRES ANALYTIQUES.

DATES.	TITRES ANALYTIQUES.

DATES.	TITRES ANALYTIQUES.
	Jurisdiction du bourg St.-Pierre de la Martinique. [N°. 91, p. 223.]
1724. 8 juillet.	RÉGLEMENT de MM. les Général et Intendant, sur les amendes. [N°. 92, p. 226.]
25.	ORDONNANCE du Roi, en interprétation de celle du 3 avril 1718, au sujet des vaisseaux qui font la traite des nègres aux îles françaises de l'Amérique. [N°. 93, p. 228.]
7 novemb.	ARRÊT du Conseil Souverain, sur les consignations d'amendes d'appel. [N°. 94, p. 230.]
26 décemb.	RÉGLEMENT des droits, salaires et vacations des Officiers des Siéges d'Amirauté des îles du vent de l'Amérique. [N°. 95, p. 230.]
1725. 3 mars.	ORDONNANCE de MM. les Général et Intendant, sur la police de la rade de St.-Pierre, concernant le commerce étranger. [N°. 96, p. 238.]
17 avril.	RÉGLEMENT du Roi, pour l'établissement et l'entretien des chemins royaux, publics et de communication, aux îles du vent de l'Amérique. [N°. 97, p. 240.]
8 mai.	ORDONNANCE de MM. les Général et Intendant, sur les Duels. [N°. 98. p. 258.]
16.	ARRÊT du Conseil Souverain, qui défend d'appeller des Ordonnances du Juge ordinaire, de permis d'assigner, et sur les délais des assignations. [N°. 99, p. 259.]
17 octobre.	LETTRE du Roi, sur les séances du Conseil Souverain. [N°. 100, p. 259.]
1726. 5 février.	DÉCLARATION du Roi, en interprétation de l'Edit de 1685, sur les donations faites à des personnes de sang mêlé, et le recelé d'esclaves. [N°. 101, p. 260.]
26.	ORDONNANCE du Roi, sur les bancs dans les Eglises. [N°. 102, p. 262,]

DATES.	TITRES ANALYTIQUES.

DATES.	TITRES ANALYTIQUES.
1728. 25 mai.	ORDONNANCE de MM. les Général et Intendant, sur la lèpre et le séquestrement des lépreux. [N°. 116, *p.* 310.]
idem.	ARRÊT du Conseil d'État du Roi, portant Réglement au sujet des contestations entre l'Amirauté de France et les Fermiers-généraux, sur la compétence des matières de contrebande et de commerce. [N°. 117, *p.* 315.]
2 juin.	ORDONNANCE de MM. les Général et Intendant, sur la police des Canots passagers. [N°. 118, *p.* 322.]
14 septemb.	ARRÊT du Conseil d'État du Roi, en interprétation de celui du 25 mai dernier, qui règle les contestations d'entre l'Amirauté de France et les Fermiers-généraux, sur la compétence des matières de contrebande. [N°. 119, *p.* 323.]
15 novemb.	RÉGLEMENT du Roi, pour les honneurs aux îles du vent de l'Amérique. [N°. 120, *p.* 326.]
idem,	— au sujet des engagés et fusils qui doivent être portés par les navires marchands aux Colonies des îles françaises de l'Amérique et de la nouvelle France, [N°. 121, *p.* 335.]
1729. 14 mars.	ORDONNANCE de MM. les Général et Intendant, sur les étrangers et gens sans aveu. [N°. 122, *p.* 343.]
idem.	— sur les Mendians. [N°. 123, *p.* 348.]
8 avril.	— de M. l'Intendant, qui défend d'établir brûlerie, forge et fourneaux, et ordonne qu'il y ait des cheminées. [N°. 124, *p.* 350.]
20 décemb.	ARRÊT du Conseil d'État du Roi, portant Réglement pour le commerce des Cotons qui s'envoient des îles françaises de l'Amé-

DATES.	TITRES ANALYTIQUES.
	Café par leurs nègres. (N°. 135, *p.* 378.)
1734. 7 janvier.	ORDONNANCE de MM. les Général et Intendant, sur la taxe des nègres justiciés et la régie des biens vacans. N°. 136, *p.* 380.)
8 mai.	ARRÊT en Réglement du Conseil Souverain, sur la caisse des nègres justiciés, et les successions vacantes. (N°. 137, *p.* 382.)
1735. 27 novemb.	DÉCLARATION du Roi, concernant le droit de capitation, aux iles du vent de l'Amérique. (N°. 138, *p.* 387.)
1736. 12 mars	RÉGLEMENT de MM. les Général et Intendant, pour le paiement de la capitation. (N°. 139, *p.* 390.)
23 avril.	ORDONNANCE de MM les Général et Intendant, concernant le paiement de la capitation des commettans par leurs commissionnaires. (N°. 140, *p.* 392.)
12 mai.	— sur la police des matelots. (N°. 141, *p.* 395.)
15 juin.	— du Roi, concernant l'affranchissement des esclaves des iles françaises de l'Amérique. (N°. 142, *p.* 397.)
1er, septem.	— de MM. les Général et Intendant, pour la plantation des bananiers. (N°. 143, *p.* 399.)
idem.	— sur le commerce à échange de denrées. (N°. 144, *p.* 402.)
1737, 11 février	— du Roi, au sujet des déserteurs des troupes des iles françaises de l'Amérique. (N°. 145, *p.* 404.)
18 septemb.	— de M. l'Intendant, sur le service des Huissiers. (N°. 146, *p.* 405)
4 novemb.	ARRÊT en Réglement du Conseil Souverain, concernant les Procureurs et les Huissiers de St.-Pierre. (N°. 147, *p.* 406.)
1738. 15 juillet	ORDONNANCE du Roi, sur le témoignage des nègres contre les blancs. (N°. 148, *p.* 407.)
29 novemb,	— de MM. les Général et Intendant, sur

DATES.	TITRES ANALYTIQUES.
1742. 19 juillet.	ORDONNANCE du Roi, qui défend aux capitaines des navires armés aux îles, de payer, dans lesdites îles, la solde due à leurs équipages, leur enjoint d'en faire les décomptes en présence des officiers chargés du détail des classes, et règle les formalités à observer à ce sujet. (N°. 60, *p.* 438.)
août.	LETTRES-PATENTES du Roi, portant création de Conseillers-Assesseurs aux Conseils Souverains des Colonies. (N°. 61, *p.* 441.)
20 septem.	DÉPÊCHE du Ministre (.M. de Maurepas) à M. de Lacroix, Intendant des îles du vent, portant instruction sur la Régie du Domaine et le service des caisses de recettes et de dépenses. (N°. 62, *p.* 443.)
1743. 1er. février.	DÉCLARATION du Roi, sur les Tutelles ou Curatelles. (N°. 63, *p.* 455.)
idem.	— sur les nègres qui composent des remèdes. (N°. 64, *p.* 462)
idem.	ORDONNANCE du Roi, qui défend aux esclaves le port d'armes. (N°. 165, *p.* 464.)
23 juin.	— portant Réglement sur la réception des capitaines, maîtres et patrons dans les Colonies françaises de l'Amérique. (N°. 66, *p.* 467.)
17 juillet.	DÉCLARATION du Roi, concernant les concessions de terres dans les Colonies françaises de l'Amérique. (N°. 67, *p.* 469.)
25 novemb.	— concernant les Ordres Religieux et gens de mainmorte, établis aux Colonies. (N°. 68, *p.* 474.)
1744. 2 février.	ORDONNANCE de MM. les Général et Intendant, sur les précautions à prendre pour l'admission des Ecclésiastiques arrivans dans l'île. (N°. 169, *p.* 483.)
1er. mars.	ARRÊT du Conseil d'Etat du Roi, portant

DATES.	TITRES ANALYTIQUES.
	Réglement sur le Commerce des Colonies françaises de l'Amérique. (N°. 170, *p.* 484.)
1744. 11 juillet.	RÉGLEMENT de MM. les Général et Intendant, sur les boucheries. (N°. 171, *p.* 49 .)
27 août.	LETTRE du Roi, au Conseil Souverain, sur la surséance aux Arrêts, en matière criminelle. N°. 72, *p.* 494.)
26 octobr.	— a MM. les Général et Intendant, sur les enregistremens du Conseil Souverain. (N°. 73, *p.* 495.)
4 novemb.	ORDONNANCE du Roi, portant défenses des Jeux de hasard dans les Colonies. (N°. 74, *p.* 496.)
1745. 1er. avril.	— de MM. les Général et Intendant, concernant les Incendies. (N°. 175, *p.* 497.)
14 mai.	— du Roi, concernant les convois aux îles françaises d'Amérique. (N°. 176, *p.* 502.)
19.	RÉGLEMENT du Roi, sur la police à observer à l'égard des matelots qui désertent aux îles de l'Amérique, des navires armés dans les ports du Royaume. (N°. 177, *p.* 505.)
12 juin.	DÉCLARATION du Roi, concernant les dettes de cargaison des navires des ports du Royaume, aux Colonies françaises de l'Amérique. (N°. 178, *p.* 51 .)
1er. septem.	ORDONNANCE de M. l'Intendant, portant défenses de faire galoper les chevaux dans les rues. (N°. 179, *p.* 514.)
1746. 4 mai.	— de MM. les Général et Intendant, sur le rang que doivent occuper dans les Eglises et cérémonies publiques les Substituts du Procureur du Roi dans les Jurisdictions. (N°. 80, *p.* 515.)
5.	ARRÊT en Réglement du Conseil Souverain,

DATES.	TITRES ANALYTIQUES.

Fin de la Table.

CODE

DE LA

MARTINIQUE.

(N°. 1.) *EDIT du Roi, concernant l'établisse-ment de la Compagnie des Isles de l'Amérique.*

Donné à Narbonne au mois de mars 1642.

Louis, par la grâce de Dieu, Roi de France et de Navarre : à tous présens et à venir : Salut. Quelques uns de nos sujets expérimentés aux navigations éloignées, et portés d'un louable désir de former des Colonies de français dans les Indes Occidentales, ayant reconnu qu'en plusieurs îles et côtes de l'Amérique, on pouvait étab ir un commerce suffisant à l'entretien de quelques peuplades, auraient, dès l'année 1626, pris commission de notre très-cher et très-amé cousin le Cardinal Duc de Richelieu, Grand maître, chef et surintendant général de la navigation et commerce de France, pour peupler et habiter, sous notre autorité, l'île de St-Christophe et autres circonvoisines ; à quoi ayant travaillé avec un médiocre succès en ladite île de Saint Christophe, à cause des pertes et dépenses qu'ils auraient faites, ne pouvant con-tinuer leur dessein avec espérance d'un notable

Tome I.   A

progrès s'ils n'étaient secourus, se seraient retirés pardevers notre dit cousin qui aurait
accordé de nouveaux privilèges et de plus grandes
concessions à la société formée pour cette
entreprise, sous les noms de la Compagnie des
Isles de l'Amérique, que nous aurions agréés
et confirmés par notre Arrêt du 8 mars 1635,
aux charges et conditions portées par les articles desdites concessions; depuis lesquelles, par
les travaux, dépenses et bonne conduite de
ladite Compagnie, la Colonie des français s'est
tellement accrue, qu'au lieu de l'île St-Christophe seule, il y en a maintenant 3 ou 4
peuplées, non-seulement de 4000 personnes
que la Compagnie était obligée d'y faire passer
en 20 années, mais de plus de 7000 habitans avec bon nombre de religieux de divers
ordres, et de forts construits et munitionnés
pour la défense du pays et sûreté du commerce;
en sorte qu'il y a lieu d'espérer que ladite Compagnie continuant ses soins, nous procurera
le fruit que nous en avons principalement desiré
en la conversion des peuples barbares à la religion chrétienne, outre les avantages que notre
royaume peut tirer de ces Colonies avec le tems
et les occasions; et pour reconnaître les services agréables que les associés de ladite Compagnie nous ont en ce rendus, les récompen-
ser des dépenses qu'ils ont faites, les encou-
rager à l'avenir, et exciter autres de nos sujets à pareilles entreprises : Savoir faisons,
qu'ayant fait examiner en notre conseil où étaient
plusieurs princes, officiers de notre couronne
et principaux de notre conseil, les contrats
du 12 février 1635, et 29 janvier 1642, faits

par notre très-cher et bien - amé cousin le Cardinal Duc de Richelieu, Grand m ître, chef et surintendant général de la navigation et commerce de France, avec le sieur Berruyer, pour les associés en la Compagnie des Isles de l'Amérique, nous avons ratifié, confirmé et validé, et par ces présentes, ratifions, confirmons et validons lesdits contrats; voulons et nous plaît qu'ils sortent leur plein et entier effet, et que les associés en ladite Compagnie, leurs hoirs, successeurs et ayans-cause, jouissent du contenu en iceux; et conformément auxdits contrats, avons ordonné et ordonnons ce qui suit :

ARTICLE PREMIER.

Que les associés de ladite Compagnie continueront de travailler à l'établissement des Colonies aux Isles de l'Amérique, situées depuis le dixième jusqu'au trentième degré inclusivement en deçà de la ligne équinoxiale, qui ne sont à présent occupées par aucuns Princes chrétiens, ou qui sont devenus par là ennemis de cet état, ou qui se trouveront possédées par autres nos sujets sans concessions par nous approuvées et ratifiées, et même dans les Isles occupées par nos alliés ; en cas qu'ils les puissent faire de leur consentement, et avenant que la Compagnie veuille entreprendre sur les Isles étant en l'obéissance de nos ennemis, nous promettons l'assister de vaisseaux et soldats, armes et munitions, selon les occurrences et l'état de nos affaires.

II. Et d'autant que le principal objet desdites Colonies doit être la gloire de Dieu,

lesdits associés ne souffriront dans lesdites Isles
être fait exercice d'autre religion que de la catholique, apostolique et romaine, et feront tout leur
possible pour obliger les gouverneurs et officiers
desdites Isles à y tenir la main : et pour travailler incessamment à la conversion des sauvages,
tant des Isles qu'ils auront occupées que des
autres voisines, tenues par les anciens peuples
de l'Amérique, lesdits associés auront en chacune des Colonies, un nombre suffisant d'ecclésiastiques pour l'administration de la parole de
Dieu et la célébration du service divin ; feront
construire des lieux propres à cet effet ; fourniront des ornemens, livres et autres choses
nécessaires.

III. Nous avons accordé et accordons à
perpétuité aux associés de ladite Compagnie,
leurs hoirs, successeurs et ayans-cause, la propriété desdites Isles situées depuis le dixième
jusqu'au trentième degré inclusivement en-deçà
de la ligne équinoxiale et côtes de l'Amérique,
en toute justice et seigneurie, les terres, forts,
rivières, havres, fleuves, étangs, mêmement
les mines et miniers, pour jouir desdites mines
conformément aux Ordonnances : de toutes lesquelles choses susdites, nous nous réservons
seulement le ressort de la foi et hommage qui
nous sera fait et à nos successeurs Rois de France,
par l'un desdits associés au nom de tous, à
chaque mutation de Roi, et la provision des
officiers de la justice souveraine, qui nous
seront nommés et présentés par lesdits associés
lorsqu'il sera besoin d'y en établir.

IV. Pourront lesdits associés, faire fortifier
des places et construire des forts aux lieux

qu'ils jugeront les plus commodes pour la conservation des Colonies et sûreté du commerce.

V. Leur avons permis d'y faire fondre des canons et boulets, forger toutes sortes d'armes offensives et défensives, faire poudre à canon et autres munitions.

VI. Mettront, le dits associés tels capitaines et gens de guerre que bon leur semblera, dans le dites Isles et sur les vaisseaux qu'ils enverront, nous réservant néanmoins de pourvoir d'un gouverneur général toutes lesdites Isles, lequel ne pourra en façon quelconque, s'entremettre du commerce, distribution des terres, ni de l'exercice de la justice, ce qui sera expressément porté par sa commission.

VII. Lesdits associés disposeront desdites choses à eux accordées, de telle façon qu'ils aviseront pour le mieux ; distribueront les terres entr'eux, et à ceux qui s'habitueront sur les lieux, avec réserve de tels droits et devoirs, et à telles charges et conditions qu'ils jugeront plus à propos, même en fief et avec haute, moyenne et basse justice ; et en cas qu'ils désirent avoir titres de baronnie, comtés et marquisats, se retireront pardevers nous pour leur être pourvus de lettres nécessaires.

VIII. Pendant vingt ans, à commencer de la date des présentes, aucun de nos sujets ne pourra aller trafiquer auxdites îles, ports, havres et rivières d'icelles, que du consentement par écrit desdits associés, et sous les congés qui leur seront accordés sur ledit consentement, le tout à peine de confiscation des vaisseaux et marchandises de ceux qui iront sans ledit consentement, applicable au profit de ladite Com-

A 3

pagnie ; et pour cet effet ne pourront être délivrés aucuns congés pour aller auxdites îles par notre très-cher et bien amé cousin le Cardinal Duc de Richelieu, Grand-maître et surintendant général de la navigation et commerce de France et ses successeurs en ladite charge, que sur le consentement desdits associés ; et après lesdites vingt années expirées, pourront tous nos sujets aller trafiquer librement auxdites îles, côtes et autres pays de notre obéissance.

IX. Et s'il arrivait guerre civile ou étrangère qui empêchât lesdits associés de jouir librement des privilèges à eux accordés par ces présentes, pendant lesdites vingt années, nous promettons de leur proroger le tems à proportion du trouble et empêchement qu'ils auront souffert.

X. Et au cas qu'il se trouve des îles dans ladite étendue du dixième au trentième degré qui ne soient habitées par les français après lesdites vingt années, nous nous réservons l'entière disposition desdites îles non habitées, pour les accorder à telles personnes que bon nous semblera.

XI. Et pour indemniser lesdits associés des grandes dépenses desdits établissemens, et favoriser le commerce et les manufactures qui pourront s'introduire dans lesdites îles, nous leur avons accordé et accordons l'exemption de tous droits d'entrée pour toutes sortes de marchandises provenantes desdites îles appartenant aux associés de ladite Compagnie, en quelque port de notre royaume qu'elles puissent être amenées pendant lesdites vingt années seulement, dont sera fait mention expresse dans les baux à ferme de nos droits qui se feront pendant ledit tems.

XII. Pour convier nos sujets à une si glorieuse entreprise et si utile à cet état, nous promettons à ladite Compagnie de faire expédier quatre brevets de noblesse, dont elle disposera en faveur de ceux qui occuperont et habiteront, à leurs frais, quelques-unes desdites îles, sous l'autorité de ladite compagnie, et y demeureront pendant deux années avec cinquante hommes au moins.

XIII. Et d'autant qu'aucuns de nos sujets pourraient faire difficulté de transférer leur demeure èsdites îles, craignant que leurs enfans perdissent leur droit de naturalité en ce royaume, nous voulons et ordonnons que les descendans des français habitués èsdites îles, et même les sauvages convertis à la foi chrétienne et en feront profession, seront censés et réputés naturels français, capables de toutes charges, honneurs, successions et donations, ainsi que les originaires et regnicoles, sans être tenus de prendre lettres de déclaration ou naturalité.

XIV. Que les artisans qui passeront èsdites îles et y exerceront leurs métiers pendant six années consécutives, seront réputés maîtres de chef-d'œuvre, et pourront tenir boutique ouverte en toutes les villes de notre royaume, à la réserve de notre ville de Paris, en laquelle ne pourront tenir boutique ouverte, que ceux qui ont pratiqué leursdits métiers èsdites îles pendant dix années, parce que le principal objet desdits associés a été la gloire de Dieu et l'honneur de notre royaume, et qu'en for-

mant ladite entreprise pour l'établissement desdites Colonies, ils ont bien mérité de cet état.

XV. Nous déclarons qu'eux, leurs successeurs et ayans-cause, de quelque qualité qu'ils
soient, prélats, seigneurs, gentils-hommes,
officiers de notre conseil, cours souveraines ou
autres, pourront établir et faire tel commerce
que bon leur semblera auxdites îles, sans
diminution de leur noblesse, dignités, qualités,
privilèges, prérogatives et immunités.

XVI. Et d'autant que ladite compagnie
pourrait, en exécution des privilèges à elle
accordés, avoir plusieurs procès en divers lieux
de ce royaume, où le retour de ses vaisseaux
et le débit de sesdites marchandises se feront,
et qu'il ne serait pas raisonnable qu'elle fût
traduite en diverses jurisdictions, ce qui la con-
sumerait en frais et retarderait l'avancement de
ses affaires, nous avons évoqué et évoquons
à nous et à notre personne, tous les procès
et différends èsquels ladite Compagnie est ou
sera dorénavant partie, ou èsquels il s'agira de
la conservation de ses privilèges, et iceux avec
leurs circonstances et dependances à nous évo-
qués, renvoyés et renvoyons en notre grand
conseil, auquel à cet effet, nous en avons attribué
toute cour, jurisdiction et connaissance, et icelle
interdite et défendue à tous autres juges.

Si donnons en mandement à nos âmés et
féaux conseillers, les gens tenant notre grand
conseil, et tous nos autres officiers qu'il appartiendra, que ces présentes ils fassent lire,
publier et registrer, du contenu en icelles,
jouir pleinement et paisiblement lesdits associés
de la Compagnie des Isles de l'Amérique; car

tel est notre plaisir : nonobstant tous édits, ordonnances, déclarations, mandemens, et autres
choses à ce contraires, auxquelles et aux dé-
rogatoires y contenus, nous avons pour ce
regard et sans tirer à conséquence, dérogé et
dérogeons par ces présentes; lesquelles nous
voulons sortir leur plein et entier effet, nonobstant oppositions ou appellations quelconque, clameur de haro, charte normande, prise
à partie et lettres à ce contraires, pour lesquelles ne voulons être différé ; et d'autant
que de ces présentes on pourra avoir affaire en
plusieurs et divers lieux, nous voulons qu'au
vidimus ou copie d'icelle dument collationnée
par un de nos amés et féaux conseillers, notaires et secrétaires, foi soit ajoutée comme
au présent original ; et afin que ce soit chose
ferme et stable à toujours, nous avons fait
mettre notre scel à cesdites présentes, sauf en
autres choses notre droit et l'autrui en toutes.
Donné à Narbonne au mois de mars, l'an de
grâce mil six cent quarante-deux, et de notre
règne le trente-deuxième. *Signé* : LOUIS ;
par le Roi, BOUTEILLIER ; et scellé de cire verte.

(N° 2.) LETTRES-PATENTES *portant établisse-*
ment du Conseil Supérieur de la Martinique.

Du 11 octobre 1664.

LOUIS, etc., SALUT. Par notre Édit du
Rois de mai dernier, ayant créé et établi une
Compagnie pour faire le commerce des Indes

Occidentales, et à icelle concédé plusieurs pays
et terres, en l'étendue desquels il est nécessaire
d'établir des Conseils Souverains pour juger et
terminer souverainement et en dernier ressort,
les procès et différends tant civils que criminels qui naissent journellement entre nos sujets
habitans desdits pays, sur les appellations interjettées des sentences et jugemens des premiers Juges, et obvier à plusieurs abus et inconvéniens qui arriveraient, si les crimes de-
meuraient impunis ; les créanciers, frustrés du
paiement de leur dû, ne sachant à qui s'adresser pour demander justice en cas d'appel desdits premiers juges, la plupart aimant mieux
abandonner leurs légitimes prétentions que de
venir en France les poursuivre, ne le pouvant
faire sans s'exposer aux risques de la mer, et
se consommer en dépenses et frais extraordinaires ; et d'autant que par ledit Édit les officiers desdits Conseils Souverains nous doivent
être nommés et présentés par les directeurs généraux de ladite Compagnie, pour leur en être
expédié sur ce nos lettres de provision ; lesdits
directeurs nous auraient représenté qu'en attendant qu'il se présente des officiers de judicature de la suffisance et qualité requises pour
l'établissement d'un seul Conseil Souverain pour
toutes les Isles de l'Amérique, concédées à ladite Compagnie, il serait nécessaire d'en établir
un particulier en l'île de la Martinique, composé du Gouverneur d'icelle, des officiers et
des principaux habitans, ainsi qu'il a été fait
ci-devant en faveur des seigneurs propriétaires
desdites îles, afin de juger et terminer souverainement et en dernier ressort, les procès et

différends mûs et à mouvoir sur lesdites appellations de ladite île de la Martinique, et des
petites îles et dépendances, corriger ou infirmer
lesdites sentences ou les confirmer si besoin est,
et maintenir nosdits sujets dans le devoir, par
les voies de la justice; lesdits directeurs généraux nous ayant sur ce supplié d'expédier nos
lettres. A ces causes, et désirant pourvoir
au bien et soulagement de nos sujets habitans
de ladite île et ses dépendances, nous avons
par ces présentes signées de notre main, établi
et établissons en ladite île de la Martinique,
un Conseil Supérieur composé du Gouverneur
d'icelle qui a été, ou qui sera par nous pourvu sur la nomination desdits directeurs; et des
officiers que ces directeurs trouveront à propos
d'y faire entrer, et auxquels ils donneront leur
commission expresse pour, avec le nombre de
gradués requis par nos ordonnances, si tant
y en a dans ladite île, et au-défaut de gradués, des principaux habitans d'icelle jusqu'au
nombre de six, juger souverainement et en
dernier ressort, tous les procès et différends,
tant civils que criminels, mûs et à mouvoir
entre nosdits sujets habitans de ladite île de la
Martinique, et de celles qui en dépendent,
et les appellations qui auront été interjettées
des sentences et jugemens des juges seigneuriaux
desdites îles, et ce, sans aucuns frais; voulant
qu'après la publication et enregistrement des
présentes, le Gouverneur de ladite île de la
Martinique, avec ceux qui le voudront assister
à l'administration de la justice souveraine,
s'assemblent à certains jour et heure, au lieu
qui sera par eux avisé le plus commode, au

moins une fois le mois, sans qu'il soit besoin
de prendre autre procureur pour nous audit
Conseil, que celui de la justice ordinaire, ni
d'autre greffier que celui de la même justice,
lequel sera tenu de tenir registre séparé de ce
qui se traitera devant le premier juge et devant
ledit Conseil Supérieur; le tout jusqu'à ce qu'il
ait été pourvu aux charges de ladite justice
souveraine, et qu'autrement en ait été par nous
ordonné, nonobstant tous édits, ordonnances,
règlemens, et autres choses à ce contraires:
si donnons en mandement, au Gouverneur de
ladite île de la Martinique, qu'après qu'il lui
sera apparu de bonne vie, mœurs, conversation, et R. C. A. R. de ceux qui devront
composer avec lui ledit Conseil Supérieur, et
qu'il aura d'eux pris et reçu le serment en tel
cas requis et accoutumés, il les mette et ins-
titue dans les fonctions de leur charge; les
faisant reconnaître, obéir et entendre à tous
ceux qu'il appartiendra, car tel est notre plaisir.
Enregistré au conseil souverain.

(N°. 3) ARRET *du Conseil d'Etat, par lequel S.
M. abolit et abroge la coutume introduite dans
toutes les terres de son obéissance des Indes Occidentales et qui y tient lieu de loi, que toute personne qui a été passée audit pays, aux frais
et dépens d'autrui, est sujette à l'engagement de
trois ans pour le service de son passage, et
ordonne que ledit engagement ne sera plus que
de dix-huit mois.*

Du 28 février 1670.

N. B. Cet arrêt est fondé sur le découragement qu'inspirait aux sujets du Roi la trop longue durée de cette espèce de servitude, et sur la nécessité de favoriser l'accroissement de la population blanche dans les îles.

(Nº. 4.) ARRET en règlement du Conseil Supérieur, sur les cinquante pas du Roi.

Du 3 mars 1670.

Sur la question faite au Conseil par le Procureur du Roi, où doivent commencer les cinquante pas du Roi, qui sont aux environs de cette Isle ; le Conseil a demeuré d'accord que les cinquante pas du Roi doivent commencer leur hauteur du lieu où les herbes et arbrisseaux commencent à croître, et à continuer à mesurer dudit lieu, jusqu'à la longueur desdits cinquante pas.

Fait au Conseil Supérieur de la Martinique etc.

(Nº. 5.) ORDONNANCE du Roi portant que toutes les marchandises qui sont portées sur les vaisseaux français dans les Isles de l'Amérique occupées par les sujets de Sa Majesté, seront vendues et débitées soit en gros soit en détail, à tel prix, clauses et conditions dont les vendeurs et acheteurs conviendront : avec défenses à tous officiers et sujets de S. M. de quelque qualité et condition qu'ils soient, de mettre aucune taxe auxdites marchandises ni sucres, sous quelque prétexte que ce soit.

Du 9 juin 1670.

N. B. Il paraît que jusqu'alors on avait été en usage dans les Isles de taxer les marchandises d'importation et d'exportation, afin que les étrangers qui avait usurpé ce commerce ne fissent point la loi aux habitans : mais ces étrangers ayant été exclus depuis, le Roi abolit dans les relations de ses sujets d'Europe avec ceux des Isles, cette coutume qu'il regarde comme contraire à la liberté qui est nécessaire aux transactions commerciales.

(N°. 6.) *Arret* en *règlement du Conseil Supérieur, qui règle le genre de torture pour la question à donner aux criminels.*

Du 20 décembre 1674.

Sur la remontrance faite au Conseil par le Procureur-général, que dans toutes les jurisdictions de France sont établis des genres de torture pour y être appliqués les accusés qui ne sont pas suffisamment convaincus par les preuves de leurs procès, pour asseoir un jugement de mort, ou pour avoir révélation de leurs complices après les condamnations prononcées, et que n'y en ayant encore aucune établie en la jurisdiction de cette île, il est nécessaire d'y pourvoir, afin qu'il n'y ait point de retardement en l'instruction et jugement des procès.

Le Conseil, faisant droit sur ladite remontrance, a statué, ordonné, et établi qu'à l'avenir ceux qui seront condamnés à être appliqués à la question, soit par le juge ordinaire, soit par le conseil, seront mis et attachés à un petit chariot, monté sur quatre roulettes, et ayant les pieds allongés au devant dudit chariot, en telle sorte qu'ils ne les puissent retirer, seront ainsi approchés du feu, préalablement frottés d'huile et de souffre fondu, pour être leursdits pieds chauffés autant que le juge et les commissaires, qui feront donner ladite question, le jugeront à propos, et par l'avis d'un ou deux chirurgiens qui y seront appellés; lesquels juge ou commissaires, au surplus, se conformeront aux ordonnances pour la forme de la question, et se serviront pour questionner des sergens de la jurisdiction de cette île, pour éviter la multiplicité des officiers; sera, ledit chariot et le surplus de ce qui sera nécessaire, fait à la diligence dudit procureur général, et payé par le fisc. *Signé*, DE BAAS.

(N°. 7) *ARRET du Conseil d'Etat du Roi, portant adjudication à maître* Jean Oudiette, *pendant sept années de la ferme des droits de poids et de capitation et autres qui se lèvent dans les îles françaises de l'Amérique; de tous lesquels droits il jouira, ainsi que la Compagnie des Indes Occidentales en a joui ou dû jouir; ledit Arrêt ordonnant à tous capitaines de navire de faire leur déclaration au bureau dudit fermier, avec défense de rien décharger auparavant, à peine de confiscation et de mille livres d'amende. Les étrangers exclus du commerce des îles, et les infractions punies de confiscation, et d'amendes au profit dudit fermier.*

Du 24 mai 1675.

(Nº. 8) *LETTRES - PATENTES portant confirma- tion de l'établissement du Conseil Supérieur de la Martinique.*

Du Iᵉʳ. avril 1679.

LOUIS, etc., SALUT. Ayant révoqué par notre Edit du mois de décembre mil six cent soixante et quatorze, la Compagnie des Indes Occidentales, et en conséquence en ayant repris l'entière possession, nous avons estimé impor- tant au bien de notre service, et au soulage- ment de nos sujets habitans dudit pays, de pourvoir aux charges de Conseillers au Conseil Supérieur que nous avons établi en l'Isle de la Martinique et ses dépendances, par notre dé- claration du 11 octobre 1664, laquelle nous étant fait représenter, ensemble notre Edit de révocation de la Compagnie, nous avons estimé à propos de déclarer nos intentions tant sur l'établissement dudit Conseil, que sur le nom- bre, qualité et fonction des officiers qui le composeront à l'avenir, et qui seront par nous pourvus. A CES CAUSES, et autres considéra- tions à ce nous mouvans, nous avons, de l'avis de notre conseil, et de notre certaine science, pleine puissance et autorité royale, confirmé, et par ces présentes signées de notre main, confirmons l'établissement de notre Conseil Su- périeur par nosdites Lettres du 11 octobre 1664, que nous voulons être exécutées selon leur forme et teneur, en ce qui ne sera point dérogé par ces présentes, et en conséquence nous avons déclaré et déclarons, voulons et nous plaît que ledit Conseil soit toujours composé du Gouver-

neur

neur et Lieutenant-général, de l'Intendant de Justice, Police et Finance audit pays, du Gouverneur particulier et Lieutenant pour nous en ladite Isle, et de six Conseillers audit Conseil dont nous avons pourvu nos chers et bien amés Louis de Cacqueray de Valmenier, François Picquet de la Calle, Edmond Dugas et Jean Roy, lesquels auront séance et tiendront rang suivant l'ordre auquel ils sont ci-dessus nommés; de Gabriel Turpin, Juge de la Jurisdiction ordinaire qui entrera audit Conseil, et aura voix délibérative pour les affaires extraordinaires, et dont il n'y aura point appel de ses jugemens; d'Alexandre l'Homme, Procureur général en ladite Isle; et de Jean Gervais de Salvert, greffier, auxquelles charges, vacations avenantes, nous pourvoirons à l'avenir de plein droit: Voulons que le Gouverneur et Lieutenant général pour nous auxdites Isles, préside audit Conseil, et en son absence, l'Intendant de la Justice, Police et Finance en icelle, lequel, en présence ou absence dudit Gouverneur et Lieutenant général pour nous, demandera les avis, recueillera les voix, et prononcera les Arrêts, et aura au surplus les mêmes fonctions et jouira des mêmes avantages que les premiers Présidens de nos Cours; et que notre déclaration du 11 octobre 1664, soit exécutée selon leur forme et teneur.

Si donnons en mandement à nos amés et féaux Conseillers, les gens tenant notre Conseil Supérieur à la Martinique, qu'ils aient à régistrer, et le contenu aux présentes, garder et observer selon leur forme et teneur, nonobstant tous Edits, Déclarations, Arrêts et autres choses à

Tome I.   B ce contraires, auxquelles noûs avons dérogé et dérogeons ; Car tel est notre plaisir : en témoin de quoi nous avons fait mettre notre scel à cesdites présentes. Donné à Saint-Germain-en-Laye , le premier jour du mois d'avril mil six cent soixante et dix-neuf, et de notre règne le trente-sixième. *Signé*, LOUIS. *Et au dos*, par le Roi , COLBERT. Et scellé du grand sceau de cire jaune.

Enregistré au Conseil Souverain, le 7 Août 1679.

———————

(N°. 9.) *LETTRE du Roi, à M. le Comte DE BLENAC, concernant, 1°. un traité de neutralité conclu avec les îles anglaises ; 2°. le commerce maritime et intérieur de St.-Christophe; 3°. les attributions de l'Intendant , au sujet des fermes ; 4°. le commerce étranger des Isles; 5°. le concert qui doit régner entre le Général et l'Intendant ; 6°. le dixième des confiscations attribué au Général et au Gouverneur particulier ; 7°. la liberté du Conseil en matières de justice et police ; 8°. le mode à suivre pour les concessions ; 9°. les limites des fonctions attribuées aux Conseils de guerre ; 10°. le pouvoir donné au Conseil de juger au nombre de cinq membres ; 11°. le droit de Cabaret, etc. , etc.*

Du 11 juin 1680.

MONSIEUR le comte de Blenac , je fais réponse à toutes les lettres que j'ai reçues de vous pendant le cours de l'année dernière, et depuis le commencement de celle-ci , et vous ferai savoir mes intentions sur la conduite que vous avez à tenir, et sur-tout ce qui est à faire pour mon service dans les îles de l'Amérique où vous commandez.

Je vous fis connaître, dès l'année dernière, mes intentions sur le traité que vous aviez fait avec le sieur Stapleton, et le tort que vous aviez eu de consentir à ce traité, sans y comprendre la Jamaïque et la Barbade, et comme je continue dans la pensée qu'il serait avantageux à mon service, au bien du commerce, au repos et à la tranquillité de mes sujets, que je suis bien aise de leur procurer, de les mettre en état de n'avoir qu'à penser à la culture de leurs terres et à leur commerce, quand bien même la bonne intelligence qui est entre moi et le roi d'Angleterre viendrait à cesser; je veux que vous profitiez des occasions qui se présenteront, sans marquer aucun empressement de votre part, pour proposer aux gouverneurs anglais de renouveller le traité dont vous m'avez envoyé le projet, en y comprenant les îles Barbade et Jamaïque, et quoique j'aie lieu de croire que vous ne trouverez aucune difficulté de leur part, puisque ce traité est encore plus avantageux aux anglais qu'à mes sujets; que vous me marquez par vos lettres que les gouverneurs de la Jamaïque et de la Barbade sont disposés à y entrer, et que d'ailleurs il a été proposé de la part du roi d'Angleterre, de passer ici le traité, en y comprenant toutes les îles, ce qui aurait été fait si je n'avais estimé plus convenable que ce traité fût fait entre vous et les gouverneurs anglais; en quoi vous observerez qu'il est à désirer que lesdits gouverneurs aient des pouvoirs

suffisans du roi d'Angleterre : mais quand même
ils n'en auraient pas, vous ne devez pas laisser
de traiter avec eux, à condition que vous vous
obligerez de fournir ma ratification dans le tems
dont vous conviendrez, comme ils s'obligeront
de leur part au réciproque.

Sur ce que vous m'écrivez des difficultés qui
se rencontrent à Saint-Christophe, pour empêcher le commerce entre les anglais et les
français, vous devez distinguer deux choses
dans ce commerce, celui de mer qui doit être
défendu dans cette île comme dans toutes les
autres, et à quoi vous devez donner une application continuelle; celui de terre entre les anglais
et les habitans, qui ne peut ni ne doit être
empêché dans ladite île ; et à l'égard des différends survenus entre les quartiers de ladite île,
au sujet de la propriété des rades, et du transport des marchandises anglaises d'un quartier
de leurs habitations à l'autre ; je veux que
les anciens concordats faits en 1638 , entre
ceux qui y commandaient pour la Compagnie
française et le roi d'Angleterre, soient suivis
sans y rien innover, et au surplus qu'il soit
donné une liberté entière aux anglais pour le
transport de leurs marchandises ; me réservant
de faire connaître au sieur Patoulet mes intentions sur ce qui peut regarder les intérêts de
mes fermes audit pays ; sur quoi je suis bien
aise de vous répéter ce que je vous ai déjà
plusieurs fois expliqué par mes lettres précédentes, que vous ne devez en aucune manière
vous mêler de ce qui regarde mes fermes, ni
prendre connaissance des affaires de finances,
ce soin regardant uniquement l'Intendant, au-

quel vous devez donner toutes les assistances dont il aura besoin pour l'établissement et la conservation de mes droits dans lesdites îles.

Vous connaîtrez aisément, par ce que je vous explique de mes intentions, que tout ce que vous m'écrivez sur la mauvaise conduite des commis des fermes, et sur le commerce qu'ils font, est entièrement inutile, n'étant en aucune manière de vos fonctions, dont l'étendue vous est suffisamment expliquée par vos instructions et commissions, et par toutes les lettres que je vous ai ci-devant écrites.

J'approuve fort les ordres que vous avez donné d'informer contre l'abbé de Boisseret, et contre ceux qui sont accusés d'avoir fait commerce avec les étrangers ; je vous répète encore qu'en ce point d'empêcher ce commerce, consiste le principal de votre application, et que vous ne pouvez me rendre un service plus utile, ni qui me soit plus agréable, parce qu'il n'y a que la multiplicité des vaisseaux de mes sujets qui iront dans les îles, à l'exclusion des étrangers, qui puisse augmenter le nombre des habitans des îles, et faire profiter mes sujets de tout le commerce qui s'y peut faire ; l'ordre que vous devez tenir à l'égard du commerce étranger, consiste à ce que vous empêchiez qu'aucun vaisseau étranger n'aborde aux rades desdites îles, et en cas que, nonobstant les défenses qui ont été faites et qui sont publiées, aucuns vaisseaux étrangers y abordent, vous devez leur envoyer ordre de partir sur-le-champ ; s'ils y demeurent, vous devez les faire arrêter, et laisser ensuite faire la procédure, et prononcer la confiscation et la vente par le Conseil Souverain dans les formes ordinaires.

Vous avez bien fait d'empêcher le marchand de Nantes, qui avait passé à Cadix, de débiter les marchandises étrangères qu'il avait apportées aux îles, et vous devez exactement tenir la main à l'exécution de l'ordonnance du 4 novembre 1671, qui défend le transport desdites marchandises aux îles.

Je donne ordre au sieur Patoulet d'agir en tout de concert avec vous, et avec le respect et la déférence qu'il doit à votre caractère, mais principalement sur les mesures à prendre pour empêcher le commerce étranger, en quoi je ne doute point que vous ne concouriez l'un et l'autre avez zèle, à l'exécution de ce qui est en celà de ma volonté ; vous devez seulement observer que les ordres que je donne audit Patoulet de déférer volontiers, après vous avoir représenté ses raisons, est seulement pour éviter toutes discussions et toutes difficultés entre vous, qui est le plus grand mal qui puisse arriver pour le maintien et l'augmentation des Colonies ; mais tant plus il aura de déférence pour vos volontés, tant plus devez vous être circonspect à ne rien entreprendre qui ne soit de vos fonctions, et à déférer à ses raisons sur toutes les matières qui concernent la Justice, Police et Finance, qui sont naturellement de ses fonctions et de celles du Conseil Souverain.

Je donne les ordres nécessaires pour vous maintenir dans le droit du dixième des confiscations des prises par mer, et du tiers à séparer entre vous et le gouverneur particulier de l'île, pour celles faites par terre ; et je suis persuadé que vous serez beaucoup plus touché du service que vous pouvez me rendre en celà, que du

profit que ces confiscations pourront vous produire.

J'ai été informé par vos lettres et par les
pièces qui y étaient jointes, du différend que
vous avez eû avec le Conseil Souverain de la
Martinique, au sujet des arrêts rendus sur les
abus de la fabrique des sucres, et quoique je
sois persuadé que les lettres de l'année dernière, que vous avez reçues depuis, vous auront
mis l'esprit dans la situation où il doit être à
cet égard, et qu'il paraisse même par les dernières lettres que j'ai reçues des îles, que vous
avez suivi sur ce point mes intentions qui vous
ont été expliquées; je ne laisserai pas de vous
dire encore que vous avez eu tort de vous
mêler de ce qui regarde la police, de recevoir
et de répondre favorablement des requêtes in-
jurieuses audit Conseil, telles qu'étaient celles
à vous présentées par les commissionnaires des
marchands français, de donner ordre audit
Conseil de suspendre l'exécution de l'arrêt qu'il
avait rendu, et de l'empêcher de votre part,
ainsi que vous avez fait, et qu'en un mot je
veux que vous laissiez agir librement lesdits
Conseils Souverains, sur toutes matières de justice
et de police; mon intention étant que vous
teniez la main à l'exécution ponctuelle des
arrêts qui y sont rendus, sans y apporter aucun retardement ni modification pour quelque
cause et sous quelque prétexte que ce soit, et
en cas que, pour ce qui regarde la police, le
commerce et les autres matières, vous crussiez
nécessaire de faire quelques règlemens, vous
devez en conférer avec ledit sieur Patoulet, et
les proposer conjointement auxdits Conseils, à

B 4

qui seuls appartient de faire des règlemens généraux sur telles matières, et en cas que, par
quelqu'intérêt particulier de ceux qui les composent, ils ne voulussent pas consentir à ce que
vous aurez estimé nécessaire, je veux que vous
m'en donniez avis, et je vous ferai savoir mes
intentions sur le tout.

Je suis informé que vous négligez de vous
trouver à la tenue du Conseil Souverain, et je
suis bien aise de vous avertir que mon intention est que vous vous y trouviez le plus souvent que vous le pourront permettre les autres
affaires qui vous surviendront pour mon service,
et qu'au reste vous contribuiez en ce qui dépendra de vous à établir et maintenir le respect
que mes sujets, habitans desdites îles, doivent
à ceux qui composent ces Compagnies.

Vous n'avez pas dû accorder au nommé
Gueudeville, les terres concédées à la nommée
Magdelaine Huguet, et le Conseil Souverain
a bien fait de la maintenir, en remboursant
les frais faits par ledit Gueudeville ; cependant
comme il est nécessaire d'établir quelqu'ordre
pour ce qui regarde les concessions, et d'obliger à l'avenir ceux qui les obtiendront, ou qui
les ont déjà obtenues, de travailler au défrichement des terres dans un tems ; je fais expédier
les arrêts et déclarations nécessaires pour vous
donner pouvoir de faire ces concessions, conjointement avec le sieur Patoulet, intendant,
et par actes signés de l'un et de l'autre ; et
pour obliger ceux à qui elles auront été faites
d'y travailler, ainsi que vous le verrez plus
particulièrement dans lesdits arrêts et déclarations que ledit sieur Patoulet a ordre de vous
communiquer.

Tout ce que vous m'écrivez sur la tenue du Conseil de guerre, sur les difficultés que vous trouvez d'avoir le nombre d'officiers nécessaires pour juger les soldats accusés de crime, et les propositions que vous faites d'y appeler des officiers de milice, tendent à l'envie que vous avez d'établir un Conseil ordinaire de milice, dans lequel vous voulez attirer tout ce qui est de la connaissance ordinaire des juges et des Conseils Souverains, sous prétexte que les coupables seraient du corps de la milice ou des compagnies des soldats que j'entretiens pour la défense desdites îles, et comme ces propositions et ces pensées vont à renverser l'ordre qui s'observe dans mon royaume, et que j'ai voulu établir dans les îles, je suis bien aise de vous dire que je ne veux pas que vous teniez des Conseils de guerre, ni que vous connaissiez dans les Conseils que de ce qui regarde les désertions et les contrevenans à l'ordre et à la discipline de la guerre ; je ne veux pas aussi que vous y appelliez d'autres que les officiers des compagnies, puisqu'il ne paraît pas par votre lettre même, qu'il y ait eu occasion où vous ayez manqué du nombre d'officiers nécessaires pour juger les soldats coupables.

Observez aussi que tout crime commis entre habitant, entre soldats et habitans, ou même par des soldats, doivent être de la connaissance des juges ordinaires, hors pour les cas dans lesquels ces derniers seraient accusés de désertion ou de contravention aux ordres de la guerre.

Vous connaissez par là, que vous avez eu tort de faire juger au conseil de guerre, un soldat qui avait volé dans le Fort-Royal , et que la connaissance et punition de ce crime appartenait aux juges ordinaires.

Je n'ai pas approuvé aussi le jugement que vous avez rendu , de votre chef , contre l'habitant que vous avez prétendu avoir trompé au jeu , et vous ne devez jamais vous mêler de ces sortes d'affaires , qui sont entièrement de la compétence des juges.

La proposition que vous faites d'augmenter le nombre des officiers du Conseil Souverain , ne m'a point paru nécessaire, et j'ai estimé seulement à propos d'expédier une déclaration dont vous aurez connaissance , pour donner pouvoir audit Conseil de juger au nombre de cinq , quoique celui de sept juges soit nécessaire par les ordonnances de mon royaume , auxquelles je veux bien déroger , en ce point , pour empêcher que la difficulté d'assembler ce nombre ne fit durer plus longtems les procès.

Je donne ordre aussi au sieur Patoulet , de déclarer aux Conseillers que les exemptions et privilèges qui leur ont été accordés , étant pour les obliger à rendre la justice ; je veux qu'il soit fixé des jours pour assembler ledit Conseil, et que ceux qui n'y seront pas assidus , ne pourront jouir desdites exemptions.

Sur ce que vous dites de la nécessité d'établir le commerce en argent , et d'empêcher qu'il ne se fasse en sucre; j'estime seulement nécessaire de vous répéter ce qui vous a déjà été écrit sur ce sujet, que pourvu que vous vous appliquiez à maintenir la liberté entière entre les habitans pour le commerce, de quelque manière qu'ils le veulent faire , et leur procurer le repos et la liberté nécessaire pour s'y appliquer, en empêchant, de tout votre pouvoir, les vexations que les plus riches font ordinairement aux pauvres, tenant la main à ce que la justice leur soit promptement rendue, et assistant vous même, pour cela, à tous les conseils qui se tiendront, et contribuant de tout votre pouvoir à tout ce qui peut leur faciliter le gain ou la commodité de la vie ; vous parviendrez bien plus certainement et par tout autre moyen à augmenter le nombre des habitans, attirer des français, fortifier, et augmenter le commerce, et en un mot, à mettre les îles de mon obéissance dans l'état florissant que je désire.

J'estime très-nécessaire à mon service et au repos de mes sujets dans les îles, de maintenir la défense que j'ai faite, avec grande connaissance de cause, aux gouverneurs particuliers, de faire mettre aucun habitant en prison de leur autorité ; mais quoique je vous aie écrit que la liberté que cette ordonnance vous donne de le faire, ne doit être étendue qu'au seul cas d'intelligence avec les ennemis, j'ai assez de confiance en vous, et assez bonne opinion de votre modération et de l'envie que vous avez de conformer votre conduite à mes volontés, pour vous dire que vous pouvez étendre cette autorité aux cas graves, que vous estimerez du bien de mon service ; mais, surtout, je vous recommande d'en user fort sobrement, et de me rendre compte, par vos lettres, de ceux que vous aurez fait mettre en prison, et des raisons qui vous y auront obligé ; cependant je veux que vous fassiez recommander les exercices qui se sont faits , jusqu'à présent , tous les dimanches , par les milices , et que , sans en venir à l'effet , vous fassiez craindre à ceux qui y manqueront de les faire mettre en prison.

J'ai vu et examiné les mémoires que vous avez envoyé sur la guerre des caraïbes , et les différentes demandes et propositions que vous faites pour mettre une heureuse fin à cette guerre; sur quoi je vous dirai que je n'estime pas dn bien de mon service de l'entreprendre , et que mon intention n'est pas d'envoyer les troupes et les bâtimens que vous demandez pour cet effet , ainsi il faut que vous fassiez tout ce qui dépend de vous pour contenir ces peuples, et empêcher qu'ils n'apportent aucun obstacle au commerce et à la sûreté de mes sujets , sans en venir à leur faire la guerre , en quoi il sera de votre prudence d'user dans les différentes occasions de punition , pour les faire craindre, lorsqu'ils auront fait quelque désordre, et de bons traitemens pour les engager , par l'amitié , à ne rien faire contre mes sujets.

A l'égard des compagnies que j'entretiens dans les îles, pour la défense des ports, je pourvoirai incessamment à celles qui sont vacantes, et mon intention est d'y envoyer deux officiers pour chacune, et de les maintenir toujours au nombre de huit, par le moyen des recrues que j'enverrai de France , de tems en tems; ainsi je ne veux point que vous incorporiez dans les autres les compagnies qui ne seront pas complètes, mais que vous me donniez avis de celles qui auront besoin de recrues ou de celles qui seront vacantes , afin que j'y pourvois incessamment.

Vous avez été informé que j'ai fait passer cent hommes sur les vaisseaux commandés par le sieur comte d'Estrées, qui seront plus que suffisans pour rendre lesdites compagnies complètes, puisque, par les dernières recrues, il n'en manquait aucun dans les six compagnies qui sont à la Martinique, Saint-Christophe et la Grenade.

Je vous répète encore que mon intention n'est pas que vous enrôliez les avanturiers qui passent dans les îles, étant beaucoup plus à propos de leur donner moyen de subsister comme habitans, et d'attirer, par ce moyen, un bon nombre de français; au reste, je vous recommande de tenir exactement la main à ce que le règlement du 13 septembre 1678, sur ce qui regarde l'entretien des soldats qui servent aux îles, soit ponctuellement exécuté.

Je vous permets de remplir les places de commandans de milice qui viendront vaquer; mais je vous répète encore que je ne veux point que vous assembliez jamais de Conseil de milice, ni que vous prétendiez juger au Conseil de guerre des habitans, sous prétexte qu'ils sont du corps de la milice, cette prétention n'ayant aucun fondement et étant directement contraire à l'ordre des jurisdictions que j'ai établies dans les îles.

La proposition que vous faites d'obliger les Gouverneurs à faire tous les ans la visite de différens quartiers des îles où ils commandent, et de faire la revue des milices est très-bonne; j'en donne ordre auxdits Gouverneurs, et je veux que vous teniez la main à ce qu'ils l'exécutent ponctuellement.

J'envoie les ordres au sieur Patoulet pour commettre aux charges de notaires, et autres petits officiers; et je lui envoie pareillement des brevets pour un voyer, deux arpenteurs, et un capitaine de port, avec ordre de les remplir du choix de ceux dont vous serez convenus ensemble.

A l'égard des commissions, pour armer en course, vous ne devez jamais en donner aucune dans les îles, pendant la paix, et en cas de guerre dans la suite, je vous ferai savoir mes intentions sur ce sujet.

J'ai fait choix du sieur de Chambly pour le gouvernement de la Martinique, et du sieur de Gabarel pour celui de la Grenade, dont le sieur de Chambly était pourvu.

J'ai confirmé au sieur de Salenave les provisions de lieutenant de Roi de l'île Saint-Christophe, que je lui ai accordé l'année dernière, et j'ai choisi le sieur de Maigne pour remplir la place de lieutenant de Roi, d'un des quartiers de ladite île.

J'ai vu la requête qui vous a été présentée par les gentils-hommes des îles, au sujet des exemptions qu'ils demandent ; sur quoi je n'estime pas à propos de rien changer à ce qui a été observé jusqu'à présent.

J'ai fait expédier l'arrêt nécessaire pour continuer la levée des trois mille livres de sucre brut sur les cabaretiers, et mon intention est que ce qui en proviendra soit employé aux fortifications, sur vos ordres, visés par ledit sieur Patoulet; à l'égard des amendes et autres casuels, ils appartiennent, sans difficulté, au fermier du domaine, et vous ne devez pas en disposer sous aucun prétexte.

A l'égard des marchés vous ne devez pas vous en mêler, et je donne ordre au sieur Patoulet de faire, en votre présence, les adjudications au rabais, dont vous devez seulement signer les procès-verbaux.

Je vous ai déjà fait savoir que mon intention est que la dépense pour les fortifications des postes des îles, soit faite sur vos ordonnances, visées du sieur Patoulet ; c'est à vous à vous conformer, en cela, à mes intentions.

Je ne prendrai point encore la résolution de faire transporter au Fort-Royal les magasins qui sont au Fort Saint-Pierre, ni d'y faire venir le Conseil Souverain, jusqu'à ce que j'aie été plus particulièrement informé des raisons pour et contre cet établissement, par des lettres du sieur Patoulet et des vôtres.

Je n'estime pas du bien de mon service d'accorder des lettres de noblesse aux habitans qui ont offert de contribuer de quelque somme aux réparations des fortifications, et je ferai d'ailleurs les fonds nécessaires pour cela ; et à l'égard des corvées qui ont été prises sur les habitans jusqu'à présent, étant informé qu'elles leur ont été fort à charge, j'envoie ordre au sieur Patoulet d'examiner, avec vous, s'il ne serait point à propos de changer les corvées en une imposition par tête, et c'est sur quoi j'attendrai votre réponse.

A l'égard de la demande que vous faites qu'il soit bâti une maison dans le Fort-Royal pour le logement du Lieutenant-général, dans les îles, j'y pourvoirai dans la suite ; mais il faut, avant, satisfaire à tout ce qui peut être de la sûreté de la place, et travailler avec soin

et diligence à assurer les ouvrages de la fortification.

J'ai examiné les plans, devis et mémoires
qui ont été apportés par le gentil-homme que
vous avez envoyé ici, et j'ai été bien aise de
voir les travaux que vous avez fait faire au
Fort-Royal ; mais à l'égard de ceux que vous
proposez par ledit devis, j'ai pris la résolution
d'envoyer sur les lieux le sieur Payen, l'un
de mes ingénieurs, pour y demeurer tout le
tems nécessaire pour faire ces dessins, et prendre la conduite des travaux ; et je veux que
vous fassiez surseoir les nouveaux projets dudit
devis, jusqu'à ce que ledit Payen soit arrivé
sur les lieux.

J'ai fait 20,000 livres de fonds pour cette
année, et j'espère qu'il suffira, non-seulement
pour achever les travaux du Fort-Royal, mais
même pour commencer le revestement d'un des
forts de Saint-Christophe ; et de cette manière,
en employant avec économie les fonds qui seront faits toutes les années, pour les travaux ;
j'espère qu'en 3 ou 4 ans on pourra achever
les forts des principales îles, et les mettre,
par ce moyen, en sûreté contre toute attaque.

Au surplus, après vous avoir expliqué, par
cette lettre, mes intentions sur tous les points
contenus dans celle que j'ai reçue de vous, je
vous recommande, sur toutes choses, de maintenir entre vous et le sieur Patoulet la bonne
intelligence si nécessaire pour mon service ; il
a ordre d'avoir toute la déférence qu'il vous
doit, et de faire exécuter les ordres que vous
donnerez, en tout ce qui dépend de ses fonctions ; mais je serai bien aise aussi que vous
suiviez

suiviez ses avis, et qu'agissant de concert en semble, sur tout ce qui peut être du bien de mon service, vous ayez pour règle de votre conduite la modération et la douceur, qui sont les seuls moyens de faire augmenter les Colonies, et d'y appeller de nouveaux habitans, à quoi m'assurant que vous satisferez avec zèle et affection. Je remets à votre prudence et à la connaissance que je vous ai donné de mes intentions, par mes lettres, tout ce qui surviendra dans les îles où vous commandez, sur quoi l'éloignement pourrait vous empêcher de recevoir assez tôt mes ordres, et observant de laisser toujours la liberté entière à l'Intendant, et la distribution de la justice aux Juges et aux Conseils Souverains, en la forme prescrite par leur Édit d'établissement ; sur ce, je prie Dieu qu'il vous ait, M. le Comte de Blenac, en sa sainte garde Ecrit à Fontainebleau, le 11 juin 1680. *Signés*, LOUIS, et plus bas, COLBERT.

(N°. 10.) *DECLARATION du Roi, sur les récusations.*

Du 2 juin 1680.

LOUIS, etc. SALUT : Ayant été informé des difficultés qui se rencontrent dans les Conseils Souverains que nous avons établis dans nos Isles de l'Amérique, lorsqu'il y faut juger les procès criminels, et les causes de récusation qui sont proposées contre aucun des Juges, à cause du petit nombre d'Officiers dont ces Tribunaux sont composés, qui sont souvent ou absens ou intéressés dans les affaires ; nous avons résolu d'y pourvoir par un nouveau réglement : A ces causes . . . . et nous plaît que les procès pendant en l'un desdits Conseils Souverains dans lesquels aucuns de nos Présidens et Conseillers seront parties, soient renvoyés sur la simple réquisition de l'une des Parties devant l'Intendant, pour être jugés par lui et deux Conseillers non suspects, tels qu'il voudra choisir dans ledit Conseil ou ailleurs, duquel jugement la partie lézée pourra interjetter appel, dont nous nous réservons la connaissance et à notre Conseil, et sera le jugement exécuté nonobstant l'appel et sans y préjudicier, s'il est ainsi ordonné, ce que nous laissons à la discrétion des Juges. Voulons que les causes de récusation soient jugées en dernier ressort dans celui des deux Conseils où le procès est pendant, au nombre de trois Juges au moins, et si les récusations sont proposées contre un si grand nombre, qu'il n'en reste pas trois non suspects pour le juger, le nombre des Juges sera suppléé par d'autres officiers, même par ceux des Siéges inférieurs, et à leur défaut par des Praticiens ou Notables qui seront appellés par celui qui Présidera, et à l'égard des jugemens dans nosdits Conseils Souverains, en matière criminelle, voulons qu'ils puissent être donnés par cinq Juges au moins, et si ce nombre ne se rencontre dans le Conseil, ou si quelques-uns des officiers sont absens, récusés ou s'abstiennent pour cause jugée légitime par ledit Conseil, il sera pris d'autres officiers, même des Siéges inférieurs, à la réserve de ceux qui auraient rendu la sentence dont l'appel serait à juger. Si donnons, etc.

(N°. 11.) *Ordre du Roi, qui enjoint au Pro-cureur-général d'envoyer à l'Intendant les motifs des Arrêts.*

Du 3 mai 1681.

SA Majesté voulant être informée de la manière que la justice se rend à ses sujets dans toute l'étendue des Isles de l'Amérique, pour éviter les plaintes que S. M. reçoit souvent des contraventions à ses ordonnances et aux coutumes qui doivent servir de règles aux officiers desdits conseils, qui se trouvent souvent dans les Arrêts qui y sont rendus, S. M. a ordonné et ordonne, veut et entend que ses Procureurs-généraux ès-dits Conseils Souverains, envoient chaque mois au sieur Patoulet, Intendant de Justice, Police et Finances auxdites Isles, les extraits et motifs des Arrêts qui y auront été rendus, pour être par lui examinés et envoyés à S. M, avec ses avis, pour, en cas de contravention, y apporter le remède qu'il estimera convenable au bien de son service et à l'avantage de ses sujets habitans desdites Isles. Fait à Versailles, le 3 mai 1681. *Signé*, LOUIS.

(N°. 12.) *Arret en réglement du Conseil Supérieur, portant que la Coutume de Paris et les Ordonnances du Roi, seront suivies en cette Isle.*

Du 5 novembre 1681.

SUR ce qui a été représenté au Conseil par le Procureur du Roi, pour le Procureur-général, que la Coutume de Paris, à laquelle les peuples des

Isles et Colonies françaises sont sujets, n'a point encore été enregistrée au Conseil ni même les nouvelles Ordonnances de S. M., tant celles faites au sujet des procédures civiles et criminelles, que celles qui servent de règles dans les différends qui surviennent entre les marchands et négocians du royaume, ce qui donne lieu à plusieurs abus et contraventions, qui ne peuvent procéder que de ce que ladite Coutume et lesdites Ordonnances sont ignorées en ces Isles, à quoi il est important d'apporter le remède nécessaire, puisque S. M., par lesdites Ordonnances, déclare positivement qu'Elle veut et entend qu'elles soient observées dans toute l'étendue du royaume par ses sujets, officiers et magistrats, sans qu'aucun s'en puisse dispenser et y contrevenir, sous les peines portées par lesdites Ordonnances. Requiert ledit Procureur du Roi, l'enregistrement d'icelles afin qu'aucun n'en puisse prétendre cause d'ignorance.

Vu ladite Coutume de Paris, rédigée par l'Ordonnance des Rois, prédécesseurs de S. M. suivant le procès-verbal qui en a été fait le 22 février 1580, les Ordonnances des mois d'avril 1667, août 1669, août 1670 et mars 1673, ledit Procureur du Roi retiré, la matière mise en délibération.

Le Conseil, ayant égard audit réquisitoire, a ordonné et ordonne que ladite Coutume de Paris, ensemble lesdites Ordonnances de S. M. susdatées seront enregistrées ès registres du Conseil et de la Jurisdiction ordinaire de cette Isle Martinique, pour être exécutées suivant leur forme et teneur, et sera le présent Arrêt lû, publié et affiché en tous les quartiers de l'Isle, à la diligence dudit Procureur du Roi, qui en certifiera la Cour au mois, à ce qu'aucun n'en ignore. Fait et arrêté au Conseil Supérieur de l'Isle Martinique, le 5 novembre 1681. *Signé*, PATOULET.

(N°. 13.) *ARRET du Conseil Souverain, sur les Charivaris.*

Du 8 mars 1683.

SUR ce que le Substitut du Procureur général a remontré qu'il se commet des charivaris dans quelques quartiers de cette Isle, qui scandalisent les personnes qui se marient; à quoi il est nécessaire de pourvoir, le Conseil, a fait très-expresses inhibitions et défenses à toutes personnes de quelque qualité et condition qu'elles soient, de faire aucun charivaris en cette Isle, à peine, contre les contrevenans de 3000 liv. d'amende, et de punition exemplaire; et à l'égard de ceux qui ont été fait, qu'il en sera informé incessamment pardevant le Juge de cette Isle, à la diligence du Procureur du Roi. Fait au Conseil Souverain, le 8 mars 1683. *Signé*, BEGONS.

(N°. 14.) *DECLARATION du Roi, sur les Evocations et les Requêtes civiles.*

Du mois de septembre 1683.

LOUIS, etc, SALUT. Nous avons ordonné par notre déclaration du 2 juin 1680, que les procès pendants dans l'un de nos Conseils Sou-

verains des Isles de l'Amérique, dans lesquels
aucuns de nos Présidens ou Conseillers seraient
parties, seraient renvoyés sur la simple requisition de l'une des parties devant l'Intendant
de Justice, Police et Finances auxdits pays, pour
juger par lui et deux officiers de justice non
suspects, tels qu'il voudra choisir, à la charge
d'appel, dont nous réservons la connaissance
à notre Conseil, et, depuis, ayant été informés
que la plupart des parties qui sont en procès
contre aucun desdits Présidens et Conseillers,
aiment mieux être jugés dans le Conseil où
leurs parties sont officiers, que d'être renvoyés
devant l'Intendant à la charge d'appel, qui
pouvait devenir un objet de vexation, pour
tirer desdits pays nos pauvres sujets qui n'auraient pas de quoi supporter les frais d'un si long
voyage et du séjour qu'ils seraient obligés de faire,
à la suite de notre Cour ; à quoi il est besoin
de pourvoir, et particulièrement aux abus qu'on
pourrait faire des requêtes civiles dans nosdites
Isles contre les arrêts qui y sont rendus sans
le ministère des Avocats et Procureurs, entre
les parties qui ignorent les formalités prescrites
par notre ordonnance de 1667, il n'y aurait
point d'arrêt auquel on ne pût donner atteinte
s'il n'était soutenu par le mérite du fond, duquel
néanmoins notre ordonnance défend de prendre
connaissance ès-dites requêtes civiles.

A ces causes, voulons et nous plaît, en
interprétant et réformant notre dite Déclaration
du 2 juin 1680, que le renvoi des procès pendants en nosdits Conseils, où aucun desdits
Présidens et Conseillers sont parties, ne puisse
être demandé pardevant lesdits Intendans, par

lesdits Présidens et Conseillers, mais seulement par les parties contre lesquelles ils sont en procès, si bon leur semble, et qu'ils soient tenus de le déclarer avant la contestation en cause, autrement n'y seront plus recevables; et en cas de renvoi, les parties seront jugées en dernier ressort par l'Intendant à l'un des Conseils Souverains, tel qu'il voudra choisir, autre que celui dans lequel les Présidens et Conseillers qui sont parties, sont officiers; et sera, au surplus notre dite Déclaration du 2 juin 1680, exécutée selon sa forme et teneur, donnons en outre, pouvoir aux dits Conseils Souverains, en jugeant les requêtes civiles, lesquelles nous permettons à nos sujets desdites Isles, de présenter par simple requête, de prononcer en même tems sur le rescindant et le rescisoire, nonobstant notre ordonnance de 1667, à laquelle nous avons dérogé pour cet égard. Si donnons en mandement à nos amés et féaux Conseillers les gens tenant notre dit Conseil Souverain établi dans l'Isle Martinique etc. Donné à Fontainebleau, au mois de septembre 1683, et de notre règne le quarante-uniéme. *Signés*, LOUIS. *Et sur le repli*, par le Roi, COLBERT. Et scellé du grand sceau de cire verte.

Enregistré au Conseil Souverain.

(N°. 15.) *ARRET du Conseil d'Etat du Roi, qui défend à tous les sujets de S. M. habitans des Isles et Colonies françaises de l'Amérique, d'établir à l'avenir aucune nouvelle Rafinerie ès-dites Isles et Colonies.*

Du 21 janvier 1684.

N. B. Cet Edit est motivé sur la grande

C 4

quantité de Rafineries qui existent aux Isles, ce qui fait que les Rafineries de France ne travaillent presque plus, et que les ouvriers rafineurs désertent du royaume.

(N°. 16) *ORDONNANCE du Roi , concernant la discipline de l'Eglise , et l'état et qualité des Nègres esclaves aux Isles de l'Amérique.*

Du mois de mars 1685.

LOUIS, etc. , SALUT. Comme nous devons également nos soins à tous les peuples que la divine Providence a mis sous notre obéissance, nous avons bien voulu faire examiner, en notre présence, les mémoires qui nous ont été envoyés par nos officiers de nos îles de l'Amérique, par lesquels ayant été informés du besoin qu'ils ont de notre autorité et de notre justice pour y maintenir la discipline de l'Eglise Catholique, Apostolique et Romaine, et pour régler ce qui concerne l'état des esclaves de nosdites îles ; et désirant y pourvoir et leur faire connaître qu'encore qu'ils habitent des climats infiniment éloignés de notre séjour ordinaire, nous leur sommes toujours présens, non-seulement par l'étendue de notre puissance, mais encore par la promptitude de notre application à les secourir dans leurs besoins.

A CES CAUSES et autres, à ce nous mouvans, de l'avis de notre Conseil, et de notre certaine science, pleine puissance et autorité royale, nous avons dit, statué et ordonné, disons, statuons et ordonnons, voulons et nous plaît ce qui suit.

ART. Ier. Voulons que l'Edit du feu **Roi** de glorieuse mémoire, notre très-honoré Seigneur et Père, du 23 avril 1615, soit exécuté dans nos Isles; ce faisant, enjoignons à tous nos officiers de chasser de nosdites Isles, tous les Juifs qui y ont établi leur résidence, auxquels, comme aux ennemis déclarés du nom chrétien, nous commandons d'en sortir dans trois mois, à compter du jour de la publication des présentes, à peine de confiscation de corps et de biens.

II. Tous les esclaves qui seront dans nos Isles, seront baptisés et instruits dans la religion Catholique, Apostolique et Romaine; enjoignons aux habitans qui achètent des nègres nouvellement arrivés, d'en avertir dans huitaine au plus tard, les Gouverneurs et Intendans desdites Isles, à peine d'amende arbitraire, lesquels donneront les ordres nécessaires pour les faire inscrire et baptiser dans le tems convenable.

III. Interdisons tout exercice public d'autre religion que celle de la Catholique, Apostolique et Romaine; voulons que les contrevenans soient punis comme rebelles et désobéissans à nos commandemens; défendons toutes assemblées pour cet effet, lesquelles nous déclarons conventicules, illicites et séditieuses, sujettes à la même peine, qui aura lieu même contre les maîtres qui les permettront, ou souffriront à l'égard de leurs esclaves.

IV. Ne seront préposés aucuns commandeurs à la direction des nègres, qu'ils ne fassent profession de la Religion C. A. et R., à peine de confiscation desdits nègres contre les maîtres qui les auront préposés, et de punition arbitraire contre les commandeurs qui auront accepté ladite direction.

V. Défendons à nos sujets de la Religion Prétendue Réformée, d'apporter aucun trouble ni empêchement à nos autres sujets, même à leurs esclaves, dans le libre exercice de la Religion Catholique, Apostolique et Romaine, à peine de punition exemplaire.

VI. Enjoignons à tous nos sujets de quelque qualité et condition qu'ils soient, d'observer les jours de Dimanche et Fêtes, qui sont gardés par nos sujets de la R. C. A. et R., leur défendons de travailler ni de faire travailler leurs esclaves auxdits jours, depuis l'heure de minuit jusqu'à l'autre minuit, à la culture de la terre, à la manufacture des sucres, et à tous autres ouvrages, à peine d'amende et de punition arbitraire contre les maîtres, et de confiscation, tant des sucres que des esclaves qui seront surpris par nos officiers dans le travail.

VII. Leur défendons pareillement de tenir le marché des nègres et de toutes autres marchandises auxdits jours, sur pareilles peines de confiscation des marchandises qui se trouveront alors au marché, et d'amende arbitraire contre les marchands.

VIII. Déclarons nos sujets qui ne sont pas de la R. C. A. et R. incapables de contracter à l'avenir aucuns mariages valables; déclarons bâtards les enfans qui naîtront de pareilles conjonctions, que nous voulons être tenues et réputées, tenons et réputons pour vrais concubinages.

IX. Les hommes libres qui auront un ou plusieurs enfans de leur concubinage avec des esclaves , ensemble les maîtres qui l'auront souffert , seront chacun condamnés en une amende de 2000 liv. de sucre ; et s'ils sont les maîtres de l'esclave de laquelle ils auront eu lesdits enfans , voulons, outre l'amende., qu'ils soient privés de l'esclave et des enfans , et qu'elle et eux soient adjugés à l'hôpital , sans jamais pouvoir être affranchis ; n'entendons toutefois le présent article , avoir lieu , lorsque l'homme libre qui n'était point marié à autre personne durant son concubinage avec son esclave , épousera dans les formes observées par l'Eglise , ladite esclave , qui sera affranchie par ce moyen, et les enfans rendus libres et légitimes.

X. Les solemnités prescrites par l'ordonnance de Blois et par la déclaration de 1639 pour les mariages, seront exécutées tant à l'égard des personnes libres que des esclaves , sans néanmoins que le consentement du père et de la mère de l'esclave, y soit nécessaire, mais celui du maître seulement.

XI. Défendons très expressément aux Curés, de procéder aux mariages des esclaves s'ils ne font apparoir du consentement de leurs maîtres; défendons aussi aux maîtres d'user d'aucune contrainte sur leurs esclaves pour les marier contre leur gré.

XII. Les enfans qui naîtront des mariages entre les esclaves, seront esclaves, et appartiendront aux maîtres des femmes esclaves, et non à ceux de leurs maris, si le mari et la femme ont des maîtres différens.

XIII. Voulons que si le mari esclave a épousé une femme libre , les enfans , tant mâles que filles , soient de la condition de leur mère, et soient libres comme elle, nonobstant la servitude de leur père, et que si le père est libre et la mère esclave, les enfans soient esclaves pareillement.

XIV. Les maîtres seront tenus de faire enterrer en terre sainte et dans les cimetières destinés à cet effet, leurs esclaves baptisés; et à l'égard de ceux qui mourront sans avoir reçu le baptême, ils seront enterrés de nuit dans quelque champ voisin du lieu où ils seront décédés.

XV. Défendons aux esclaves de porter aucune arme offensive, ni de gros bâtons, à peine du fouet et de confiscation des armes au profit de celui qui les en trouvera saisis, à l'exception seulement de ceux qui seront envoyés à la chasse par leurs maîtres, et qui seront porteurs de leurs billets ou marques connues.

XVI. Défendons pareillement aux esclaves appartenans à différens maîtres, de s'attrouper le jour ou la nuit, sous prétexte de noces ou autrement, soit chez l'un de leurs maîtres, ou ailleurs, et encore moins sur les grands chemins ou lieux écartés, à peine de punition corporelle, qui ne pourra être moindre que du fouet et de la fleur de lys, et en cas de fréquentes récidives et autres circonstances aggravantes, pourront être punis de mort; ce que nous laissons à l'arbitrage des Juges; enjoignons à tous nos sujets de courir-sus aux contrevenans, de les arrêter et de les conduire en prison, bien qu'ils ne soient point officiers, et qu'il n'y ait contr'eux aucun décret.

XVII. Les maîtres qui seront convaincus d'avoir permis ou toléré telles assemblées composées d'autres esclaves que de ceux qui leur appartiennent, seront condamnés en leur propre et privé nom, de réparer tout le dommage qui aura été fait à leurs voisins à l'occasion desdites assemblées, et en dix livres d'amende pour la première fois, et au double en cas de récidive.

XVIII. Défendons aux esclaves de vendre des cannes de sucre, pour quelque cause et occasion que ce soit, même avec la permission de leurs maîtres, à peine du fouet contre les esclaves, de 10 liv. tournois contre le maître qui l'aura permis, et de pareille somme contre l'acheteur.

XIX. Leur défendons d'exposer en vente au marché, ni de porter dans les maisons particulières, pour vendre aucune sorte de denrées, même des fruits, légumes, herbes pour la nourriture des bestiaux et leurs manufactures, sans permission expresse de leurs maîtres par un billet ou des marques connues, à peine de revendication des choses ainsi vendues, sans restitution du prix par les maîtres, et de 6 liv. tournois d'amende à leur profit contre les acheteurs.

XX. Voulons à cet effet que deux personnes soient préposées par nos officiers dans chaque marché, pour examiner les denrées et marchandises qui y sont apportées par les esclaves, ensemble les billets et marques de leurs maîtres, dont ils seront porteurs.

XXI. Permettons à tous nos sujets habitans des Isles, de se saisir de toutes les choses dont ils trouveront les esclaves chargés, lorsqu'ils n'auront point de billets de leurs maîtres ni des marques connues, pour être rendues incessamment à leurs maîtres, si leur habitation est

voisine du lieu où les esclaves auront été surpris en délit, si non, elles seront incessamment envoyées à l'hôpital pour y être déposés
jusqu'à ce que les maîtres en aient été avertis.

XXII. Seront tenus les maîtres, de faire
fournir, par chaque semaine, à leurs esclaves,
âgés de 10 ans et au-dessus, pour leur nourriture, deux pots et demi, mesure de Paris,
de farine de manioc, ou trois cassaves, pesant
chacune deux livres et demi, au moins, ou
autre chose équivalente, avec deux livres de
bœuf salé, ou trois livres de poisson, ou autres
choses à proportion ; et aux enfans, depuis
qu'ils sont sevrés jusqu'à l'âge de dix ans, la
moitié des vivres ci-dessus.

XXIII. Leur défendons de donner aux esclaves de l'eau-de-vie de cannes ou guildive,
pour tenir lieu de la subsistance mentionnée
en l'article précédent.

XXIV. Leur défendons pareillement de se
décharger de la nourriture et subsistance de
leurs esclaves, en leur permettant de travailler
certains jours de la semaine pour leur compte
particulier.

XXV. Seront tenus, les maîtres, de fournir à chaque esclave, par chaque an, deux
habits de toile ou quatre aunes de toile au gré
des maîtres.

XXVI. Les esclaves qui ne seront point
nourris, vêtus et entretenus par leurs maîtres,
selon que nous l'avons ordonné par ces présentes, pourront en donner avis à notre Procureur, et mettre leurs mémoires entre ses mains,
sur lesquels et même d'office, si les avis lui
viennent d'ailleurs, les maîtres seront pour-

suivis à sa requête et sans frais, ce que nous voulons être observé pour les crimes et traitemens barbares et inhumains des maîtres envers leurs esclaves.

XXVII. Les esclaves infirmes par vieillesse, maladie ou autrement, soit que la maladie soit incurable ou non, seront nourris et entretenus par leurs maîtres ; et en cas qu'ils les eussent abandonnés, lesdits esclaves seront adjugés à l'hôpital, auquel les maîtres seront obligés de payer six sols par jour pour la nourriture et entretien de chaque esclave.

XXVIII. Déclarons les esclaves ne pouvoir rien avoir qui ne soit à leurs maîtres, et tout ce qui leur vient par industrie ou par la libéralité d'autres personnes ou autrement, à quelque titre que ce soit, être acquis en pleine propriété à leurs maîtres, sans que les enfans des esclaves, leurs pères et mères, leurs parens et tous autres, y puissent rien prétendre par successions, dispositions entre-vifs ou à cause de mort, lesquelles dispositions nous déclarons nulles, ensemble toutes les promesses et obligations qu'ils auraient faites, comme étant faites par gens incapables de disposer et contracter de leur chef.

XXIX. Voulons néanmoins que les maîtres soient tenus de ce que leurs esclaves auront fait par leur commandement, ensemble ce qu'ils auront géré et négocié dans les boutiques, et pour l'espèce particulière de commerce à laquelle leurs maîtres les auront préposés, et en cas que leurs maîtres ne leur aient donné aucun ordre, et ne les aient point préposés, ils seront tenus seulement, jusques et à concurrence de ce qui aura tourné à leur profit, et si rien n'a tourné au profit des maîtres, le pécule desdits esclaves, que leurs maîtres leur auront permis d'avoir, en sera tenu, après que leurs maîtres en auront déduit par préférence, ce qui pourra leur en être dû, sinon que le pécule consistât en tout ou partie, en marchandises, dont les esclaves auraient permission de faire trafic à part, sur lesquelles leurs maîtres viendront seulement par contribution au sol la livre, avec les autres créanciers.

XXX. Ne pourront les esclaves, être pourvus d'office ni de commission ayant quelque fonction publique, ni être constitués agens pour autres que pour leurs maîtres, pour gérer et administrer aucun négoce, ni être arbitres experts ou témoins, tant en matière civile que criminelle; et en cas qu'ils soient ouïs en témoignage, leur déposition ne servira que de mémoire pour aider les Juges à s'éclaircir d'ailleurs, sans qu'on en puisse tirer aucune présomption, conjecture, ni adminicule de preuve.

XXXI. Ne pourront aussi les esclaves être parties ni citer en jugement en matière civile, tant en demandant qu'en défendant, ni être parties civiles dans les matières criminelles, sauf à leurs maîtres d'agir et défendre en matière civile, et de poursuivre en matière criminelle, la réparation des outrages et excès qui auront été commis contre leurs esclaves.

XXXII. Pourront, les esclaves, être poursuivis criminellement, sans qu'il soit besoin de rendre leurs maîtres parties, sinon en cas de complicité; et seront, les esclaves accusés, jugés

jugés en première instance par les juges ordinaires et par appel au Conseil Souverain, sur
la même instruction, et avec les mêmes formalités que les personnes libres.

XXXIII. L'esclave qui aura frappé son maître, ou la femme de son maître, sa maîtresse,
ou le mari de sa maîtresse, ou leurs enfans avec
contusion ou effusion de sang, sera puni de mort.

XXXIV. Et quant aux excès et voies de
faits qui seront commis par les esclaves contre
les personnes libres, voulons qu'ils soient sévèrement punis, même de mort s'il y échet.

XXXV. Les vols qualifiés, même ceux de
chevaux, cavales, mulets, bœufs ou vaches,
qui auront été faits par les esclaves, ou par
les affranchis, seront punis de peines afflictives,
même de mort si le cas le requiert.

XXXVI. Les vols de moutons, chèvres,
cochons, volailles, cannes à sucre, pois, maïs,
manioc, et autres légumes faits par les esclaves,
seront punis selon la qualité du vol, par les
Juges, qui pourront, s'il y échet, les condamner d'être battus de verges par l'exécuteur de
la haute justice, et marqués d'une fleur de lys.

XXXVII. Seront tenus, les maîtres, en
cas de vol ou d'autre dommage causés par leurs
esclaves, outre la peine corporelle des esclaves,
de réparer le tort en leur nom; s'ils n'aiment
mieux abandonner l'esclave à celui auquel le
tort a été fait, ce qu'ils seront tenus d'opter
dans trois jours, à compter de celui de la condamnation, autrement ils en seront déchus.

XXXVIII. L'esclave fugitif qui aura été
en fuite pendant un mois, à compter du jour
que son maître l'aura dénoncé en justice, aura

les oreilles coupées, et sera marqué d'une fleur de lys sur une épaule; et s'il récidive un autre mois, à compter pareillement du jour de la dénonciation, il aura le jarret coupé, et il sera marqué d'une fleur de lys sur l'autre épaule; et la troisième, ils sera puni de mort.

XXXIX. Les affranchis qui auront donné retraite dans leurs maisons aux esclaves fugitifs, seront condamnés, par corps, envers les maîtres, en l'amende de 3000 livres de sucre, par chaque jour de retention, et les autres personnes libres qui leur auront donné une pareille retraite, en 10 livres tournois d'amende, pour chaque jour de retention.

XL. L'esclave puni de mort sur la dénonciation de son maître, non complice du crime pour lequel il aura été condamné, sera estimé, devant l'exécution, par deux des principaux habitans de l'île, qui seront nommés d'office par le Juge, et le prix de l'estimation sera payé au maître, pour à quoi satisfaire, il sera imposé par l'Intendant, sur chaque tête des nègres payans droits, la somme portée par l'estimation, laquelle sera répartie sur chacun des nègres, et levée par le Fermier du domaine royal, pour éviter les frais.

XLI. Défendons au Juge, à nos Procureurs et Greffiers, de prendre aucune taxe dans les procès criminels contre les esclaves; à peine de concussion.

XLII. Pourront seulement les maîtres, lorsqu'ils croiront que leurs esclaves l'auront mérité, les faire enchaîner, et les faire battre de verges ou cordes; leur défendons de leur donner la torture, ni de leur faire aucune mutilation de membres, à peine de confiscation des esclaves, et d'être procédé contre les maîtres extraordinairement.

XLIII. Enjoignons à nos officiers de poursuivre criminellement les maîtres ou commandeurs qui auront tué un esclave, étant sous leur puissance ou sous leur direction, et de punir le meurtre selon l'attrocité des circonstances; et en cas qu'il y ait lieu à l'absolution, permettons à nos officiers de renvoyer tant les maîtres que les commandeurs absous, sans qu'ils aient besoin d'obtenir de nous des lettres de grâce.

XLIV. Déclarons les esclaves être meubles, et comme tels entrer dans la communauté, n'avoir point de suite par hypothèque, se partager également entre les co-héritiers, sans préciput et droit d'aînesse, n'être sujet au douaire coutumier, au retrait féodal et lignager, aux droits seigneuriaux et féodaux, aux formalités des décrets, ni au retranchement des quatre quints en cas de disposition, à cause de mort et testamentaire.

XLV. N'entendons toutefois priver nos sujets de la faculté de les stipuler propres à leurs personnes et aux leurs, de leur côté et ligne, ainsi qu'il se pratique pour les sommes de deniers et autres choses mobiliaires.

XLVI. Seront, dans les saisies des esclaves, observées les formes prescrites par nos ordonnances et les coutumes, pour les saisies des choses mobiliaires, voulons que les deniers en provenant, soient distribués par ordre des saisies, ou en cas de déconfiture, au sol la livre, après que les dettes privilégiées auront été payées, et généralement que la condition des esclaves soit réglée en toutes affaires, comme celle des autres choses mobiliaires aux exceptions suivantes.

XLVII. Ne pourront être saisis et vendus séparément le mari et la femme et leurs enfans impubères, s'ils sont sous la puissance d'un même maître; déclarons nulles les saisies et ventes qui en seront faites; ce que nous voulons avoir lieu dans les aliénations volontaires, sous peine contre ceux qui feront les aliénations, d'être privés de celui ou de ceux qu'ils auront gardés, qui seront adjugés aux acquéreurs, sans qu'ils soient tenus de faire aucun supplément de prix.

XLVIII. Ne pourront aussi, les esclaves travaillans actuellement dans les sucreries, indigoteries et habitations, âgés de 14 ans, et au-dessus jusqu'à 60 ans, êtres saisis pour dettes, sinon pour ce qui sera dû du prix de leur achat, ou que la sucrerie, indigoterie ou habitation dans laquelle ils travaillent soit saisie réellement; défendons, à peine de nullité, de procéder par saisie réelle et adjudication par décret sur les sucreries, indigoteries et habitations, sans y comprendre les nègres de l'âge susdit, y travaillant actuellement.

XLIX. Le fermier judiciaire des sucreries, indigoteries ou habitations saisies réellement, conjointement avec les esclaves, sera tenu de payer le prix entier de son bail, sans qu'il puisse compter parmi les fruits qu'il perçoit, les enfans qui seront nés des esclaves pendant son bail.

L. Voulons, nonobstant toutes conventions

contraires, que nous déclarons nulles, que lesdits enfans appartiennent à la partie saisie, si
les créanciers sont satisfaits d'ailleurs, ou à l'adjudicataire s'il intervient un décret ; et à cet
effet, il sera fait mention, dans la dernière
affiche, avant l'interposition du décret, desdits
enfans nés des esclaves, depuis la saisie réelle,
dans laquelle ils étaient compris.

LI. Voulons, pour éviter les frais et les
longueurs des procédures, que la distribution
du prix entier de l'adjudication conjointe des
fonds et des esclaves, et ce qui proviendra du
prix des baux judiciaires, soit faite entre les
créanciers, suivant l'ordre de leurs hypothèques
et privilèges, sans distinguer ce qui est pour
le prix des esclaves.

LII. Et néanmoins les droits féodaux et
seigneuriaux ne seront payés qu'à proportion
du prix des fonds.

LIII. Ne seront reçus les lignagers et les
seigneurs féodaux à retirer les fonds décretés,
s'ils ne retirent les esclaves vendus conjointement avec les fonds, ni l'adjudicataire à retirer les esclaves sans le fonds.

LIV. Enjoignons aux gardiens nobles et
bourgeois usufruitiers, amodiateurs et autres
jouissans des fonds auxquels sont attachés des
esclaves qui travaillent, de gouverner lesdits
esclaves comme bons pères de famille, sans
qu'ils soient tenus, après leur administration
finie, de rendre le prix de ceux qui seront
décédés ou diminués par maladie, vieillesse ou
autrement, sans leur faute, et sans qu'ils
puissent aussi retenir comme fruits, à leur profit,
les enfans nés desdits esclaves, durant leur

administration , lesquels nous voulons être conservés et rendus à ceux qui en sont les maîtres
et les propriétaires.

LV. Les maîtres âgés de 20 ans pourront
affranchir leurs esclaves par tous actes entre-
vifs ou à cause de mort , sans qu'ils soient tenus
de rendre raison de l'affranchissement , ni qu'ils
aient besoin d'avoir de parens , encore qu'ils
soient mineurs de 25 ans.

LVI. Les esclaves qui auront été faits léga-
taires universels par leurs maîtres , ou nommés
exécuteurs testamentaires , ou tuteurs de leurs
enfans , seront tenus et réputés , les tenons et
réputons pour affranchis.

LVII. Déclarons leur affranchissement fait
dans nos îles , leur tenir lieu de naissance dans
nos îles , et les esclaves affranchis n'avoir besoin
de nos lettres de naturalité pour jouir de
l'avantage de nos sujets naturels de notre royaume , terres et pays de notre obéissance , encore
qu'ils soient nés dans les pays étrangers.

LVIII. Commandons aux affranchis de porter
un respect singulier à leurs anciens maîtres , à
leurs veuves , et à leurs enfans , ensorte que
l'injure qu'ils leur auront faite soit punie plus
grièvement que si elle était faite à une autre
personne ; les déclarons toutefois francs et quittes
envers eux de toutes autres charges , services
et droits utiles que leurs anciens maîtres voudraient prétendre , tant sur leurs personnes que
sur leurs biens et successions en qualité de patrons.

LIX. Octroyons aux affranchis les mêmes
droits , privilèges et immunités dont jouissent
les personnes nées libres ; voulons que le mérite d'une liberté acquise , produise en eux ,

tant pour leur personne que pour leurs biens, les mêmes effets que le bonheur de la liberté naturelle cause à nos autres sujets.

LX. Déclarons les confiscations et les amendes qui n'ont point de destination particulière, par ces présentes nous appartenir, pour être payées à ceux qui sont préposés à la recette de nos droits et de nos revenus ; voulons néanmoins que distraction soit faite du tiers desdites confiscations et amendes au profit de l'hôpital établi dans l'île où elles auront été adjugées.

Si donnons en mandement, à nos amés et féaux les gens tenant notre Conseil Souverain établi à la Martinique, la Guadeloupe et St.-Christophe, que ces présentes ils aient à faire lire, publier, enregister, et le contenu en icelles, garder et observer de point en point selon leur forme et teneur, sans y contrevenir ni permettre qu'il y soit contrevenu, en quelque sorte et manière que ce soit, nonobstant tous édits, déclarations, arrêts et usages à ce contraires, auxquels nous avons dérogé et dérogeons par ces présentes, car tel est notre plaisir ; et afin, que ce soit chose ferme et stable à toujours, nous y avons fait mettre notre scel.

Donné à Versailles, au mois de mars 1685, et de notre règne le quarante-deuxième. *Signés,* LOUIS ; *et plus bas :* par le Roi, COLBERT ; et scellé du grand sceau de cire verte.

Enregistré au Conseil Souverain.

(N°. 17.) *LETTRES - PATENTES d'établissement des* Religieux de la Charité, *ordre de* St-Jean de Dieu, *en l'hôpital de la Guadeloupe.*

Du 5 novembre 1685.

N. B. Voyez ci-dessous, pour la teneur, les lettres patentes d'établissement des mêmes Religieux à la Martinique : aux noms près, le texte des unes et des autres est exactement conforme.

(N° 18.) *LETTRES - PATENTES portant établisse-ment des* Religieux de la Charité, *au Fort St-Pierre Martinique.*

Du mois de février 1686.

LOUIS, etc., SALUT : Les soins que nous avons toujours pris pour le soulagement de nos pauvres sujets malades, nous auraient invité d'établir des hôpitaux dans nos Isles de l'Amérique pour y recevoir tant ceux habitués dans lesdites Isles, que les matelots, et ceux qui vont y faire le commerce ; mais les habitans de l'Isle de la Martinique, nous ayant très-humblement remontré que les pauvres malades ne sont pas secourus avec tout le soin que nous nous sommes proposés, et autant qu'ils le seraient, si les hôpitaux étaient administrés par les Religieux de la Charité de l'ordre de St-Jean de Dieu, dont le zèle à servir assidû-ment les malades et l'expérience à les médica-menter est connue. Le Provincial et Vicaire général desdits Religieux nous aurait témoigné être prêt d'envoyer tel nombre de Religieux qu'il nous plairait dans lesdites Isles de l'Amérique, pour y administrer les hôpitaux qui pourront y être établis à l'avenir, et y vivre sous son autorité et obédience selon leurs instituts, règles et constitutions de même qu'ils font dans les maisons et couvents de leur ordre établis dans l'étendue de notre royaume, pays et terres de notre obéissance.

A CES CAUSE, après avoir fait voir en notre Conseil les lettres de dons, concessions et privilèges que Nous et les Rois nos prédécesseurs avons accordé auxdits Religieux en faveur des pauvres malades reçus dans les hôpitaux qu'ils gouvernent, entr'autres celles du mois d'août 1628 et décembre 1643 ; et voulant contribuer au soulagement de nos pauvres sujets qui restent malades dans nosdites îles , principalement les matelots et soldats de nos vaisseaux, de l'avis de notre Conseil et de notre certaine science , pleine puissance et autorité royale ; nous avons permis et permettons audit Provincial et Vicaire général de l'ordre de la Charité, d'envoyer tel nombre de ses Religieux qu'il jugera nécessaire pour s'établir dans l'hôpital de la Martinique, et y vivre sous son autorité et obédience , suivant leurs instituts, règles, constitutions et statuts, ainsi qu'ils font dans les maisons et couvents dudit ordre dans l'étendue de notre royaume ; à l'effet de quoi nous leur avons fait et faisons don dudit hôpital de la Martinique , bâtimens , jardins , terres et habitations, et autres droits qui en dépendent, sans en rien réserver ni retenir, même des meubles, et généralement de tous les biens appartenans audit hôpital, dont ils seront mis en possession par notre Intendant aux Isles de l'Amérique, aussitôt leur arrivée, pour en jouir à perpétuité par eux et par les autres Religieux dudit ordre qui seront envoyés de France par ledit Provincial, lequel les pourra changer, ainsi qu'il avisera pour le bien dudit hôpital, et des autres qui seront à l'avenir établis dans lesdites îles : prenant et mettant lesdits Religieux, leurs hommes, bétail, biens, appartenances et dépendances, en notre protection et sauve-garde spéciale envers et contre tous ; permettons auxdits Religieux de s'habituer, établir et demeurer ès-dites Isles de l'Amérique, y bâtir et construire des couvents et hôpitaux, en obtenant, toutefois, de nous des lettres à ce nécessaires, pour charitablement y recevoir, loger, nourrir et médicamenter les pauvres malades et nécessiteux, y vivre selon leurs instituts, constitutions et statuts de leur ordre, et à cet effet, ils pourront assembler et tenir chapitre ordinaire, provinciaux et intermédiaires, toutes les fois que les supérieurs de France le jugeront à propos, en la manière accoutumée, acheter en gros et en détail de la viande et la faire habiller dans l'enclos de leurs hôpitaux, volailles, œufs et autres choses pour la nourriture des pauvres malades, les jours de carême et autres jours de jeûnes et abstinences commandés par l'église.

Faire mettre et apposer nos armes, panonceaux et bâtons royaux sur les portes et lieux éminens desdits couvens et hôpitaux ; acquérir maisons, terres, possessions et autres biens meubles et immeubles, et recevoir les legs et donations qui leur seront faits pour employer à ladite hospitalité, en obtenant de nous les lettres d'amortissement nécessaires, sans que, pour raison des acquisitions qui pourraient être faites par lesdits Religieux, ou de ce qui est possédé par ledit hôpital de la Martinique, ils soient tenus de nous payer, ou à nos fermiers, aucuns droits d'amortissement, indemnité, ou autres dont nous leur avons fait don ou remise dès à présent, comme aussi donnons à perpétuité auxdits Religieux pouvoir et permission d'aller chercher, quêter et mendier les aumônes dans les églises et monastères, et partout ailleurs dans toutes lesdites îles, de faire recommander aux prônes et prédications èsdites églises, et avoir en icelles troncs, bassins et personnes pour recueillir les aumônes et charités qui leur seront données; et pour leur donner, faciliter les moyens de soulager les malades, et participer aux mérites des bonnes œuvres et prières qui se feront à l'avenir dans lesdits hôpitaux, à l'imitation des Rois nos ayeul et père; donnons et concédons à perpétuité auxdits Religieux les mêmes privilèges dont jouissent les autres missionnaires qui sont ès-dites îles, et l'exemption, tant pour eux que pour leurs domestiques blancs et noirs, de gardes et corvées, capitation, et tous autres droits et seigneuriaux; ensemble la permission de faire venir de France tous les vivres, farines, vins, médicamens, toiles, étoffes, meubles et ustensiles nécessaires pour eux, pour les malades et pour leurs serviteurs, *quittes de toutes sortes de droit d'entrée et de sortie de notre royaume et dans les Isles, dont nous les avons déchargés et déchargeons*, ainsi qu'il est porté par nos réglemens sur ce fait. Leur donnons, en outre, tous les droits d'aubaine, déshérence, amendes, et le tiers des prises qui se feront en mer et sur terre; voulons que le passage desdits Religieux, de leurs meubles et provisions leur soit donné franc et quitte sur les premiers de nos vaisseaux de guerre qui partiront pour lesdites Isles, et que lorsqu'il y aura dans lesdits hôpitaux quelques matelots ou soldats de nos vaisseaux malades, les commissaires des vivres seront obligés de fournir auxdits Religieux la valeur de ce qu'ils auront fourni auxdits soldats et matelots s'ils étaient restés sur les vaisseaux.

Si donnons en mandement à nos amés et féaux Conseillers, les gens tenant nos Conseils Souverains établis auxdites Isles, et à tous autres nos Officiers qu'il appartiendra, que ces présentes ils fassent lire, publier, enregistrer, et du contenu en icelles jouir lesdits Religieux de la Charité à perpétuité, pleinement et paisiblement, sans leur faire et permettre qui leur soit fait ou donné aucun trouble ou empêchement, nonobstant tous édits, déclarations, arrêts et autres choses à ce contraire, auxquelles nous avons dérogé et dérogeons, car tel est notre plaisir, et afin que ce soit chose ferme et stable à toujours, nous avons fait mettre notre scel à cesdites présentes, et aux copies desquelles collationnées par l'un de nos amés et féaux Conseillers et Secrétaires, voulons que foi soit ajoutée comme à l'original.

Donné à Versailles, au mois de février l'an de grâce mil six cent quatre-vingt-six, et de notre règne le quarante-troisième. *Signé*, LOUIS.

(N°. 19) *ARRET du Conseil d'Etat du Roi, sur les Inventaires.*

Du 17 janvier 1688.

VU par le Roi étant en son Conseil, l'Ordonnance rendue par les officiers du Conseil Souverain de l'Isle de la Martinique, le 5 mai dernier, en l'absence du sieur Dumaitz de Goimpy, Intendant de Justice, Police et Finances des Isles françaises de l'Amérique, portant que les inventaires et partages qui avaient été faits jusqu'alors, par les officiers de la Jurisdiction ordinaire, seraient faits à l'avenir par les notaires; celle du sieur Dumaitz de Goimpy, du 24 juillet, portant que lesdits officiers continueront leurs mêmes fonctions dans lesdits inventaires et partages jusqu'à ce qu'autrement par S. M. en ait été ordonné, et S. M. estimant nécessaire d'établir en ladite Isle, l'ordre qui s'observe dans tout le Royaume à cet égard, le Roi, étant en son Conseil, a ordonné et ordonne que les inventaires et partages seront faits à l'avenir en ladite Isle de la Martinique par les notaires seuls, sans que les officiers de la jurisdiction puissent s'en entremettre, sinon en cas de contestation et qu'ils soient requis d'y assister; veut néanmoins S. M., que son Procureur en ladite jurisdiction continue d'y assister, lorsque quelqu'un des héritiers présomptifs se trouvera absent, ou qu'il n'aura donné sa procuration à personne; et en cas qu'il y ait des mineurs qui n'aient point de tuteurs, que ledit Procureur en fasse créer, et qu'en attendant il assiste à leurs inventaires et partages, lui enjoignant de se retirer aussi

tôt que la création aura été faite. Au surplus, fait
S. M. très-expresses défenses et inhibitions auxdits
officiers du Conseil Souverain, de rien changer aux usages établis en ladite Isle, ni de
faire aucun réglement à l'avenir sans la par-
ticipation dudit Intendant, auquel elle enjoint
de tenir la main à l'exécution du présent
Arrêt ; etc.

Enregistré du Conseil Souverain.

(N°. 20.) ARRET *du Conseil d'Etat du Roi,*
qui déclare les Jugemens des premiers Juges,
sans appel, jusqu'à quarante livres.

Du 24 septembre 1688.

SUR ce qui a été représenté au Roi en son
Conseil, que ce qui a, jusqu'à présent, empêché le plus le défrichement des terres des Isles
de l'Amérique, et l'établissement des manufactures et du commerce dans lesdites Isles,
est la nécessité dans laquelle la plupart des
habitans se trouvent réduits au moindre procès
qu'ils ont, de quitter celles où ils demeurent,
pour aller plaider par appel dans les Isles où
sont établis des Conseils Souverains, et que
pour des affaires souvent d'une très-petite conséquence, ils sont obligés de perdre autant de
tems, et de faire autant de frais que si elles
étaient bien considérables ; et d'autant que cela
porte autres notables préjudices à la Colonie
qui ne pourrait s'établir solidement, s'il n'y
était pourvu.

S. M. étant en son Conseil, a donné et donne
pouvoir aux officiers de Jurisdictions ordinaires
des Isles, de juger en dernier ressort et sans

appel , jusqu'à la somme de 40 liv. et au-dessous , et en conséquence ordonne que leurs
jugemens en ce cas soient exécutés de la même
manière et avec la même force et autorité que
si c'était des Arrêts des Conseils Souverains.
Enjoint S. M. au sieur Dumaitz de Goimpy,
Conseiller en ses Conseils, Intendant de Justice,
Police et Finances desdites Isles, et aux officiers
des Conseils Souverains d'icelles, de tenir la
main à l'exécution du présent Arrêt. *Signé*,
BOUCHERAT.

(N°. 21) *ORDONNANCE du Roi , sur les Congés*
pour France.

Du 3 septembre 1690.

S A Majesté ayant été informée que quelques
corsaires et capitaines de vaisseaux armés en
course qui ont abordé aux Isles françaises de
l'Amérique, y ont embarqué pour renforcer
leur équipage, plusieurs habitans, dont la
plupart étant chargés de dettes, se sont servis
de cette occasion pour se dispenser de les payer ;
ce qui peut dans la suite, causer un préjudice
et une diminution considérable aux Colonies :
à quoi étant nécessaire de pourvoir, S. M. à
fait très-expresses inhibitions et défenses à tous
capitaines de vaisseaux armés en course, et de
autres bâtimens qui aborderont auxdites Isles,
de recevoir sur leurs bords aucun habitant, sans
un congé exprès du Gouverneur de l'Isle d'où
ils seront, à peine contre lesdits capitaines et
maîtres, de 500 liv. d'amende. Mande, etc.

(N°. 22.) DECLARATION du Roi, portant défenses à tous Capitaines de vaisseaux, tant de guerre, que marchands, d'embarquer sur leurs vaisseaux aucun habitant, soldat, ni nègre, sans la permission du Commandant.

Du 20 octobre 1694.

SA Majesté étant informée que quelques défenses qui aient été faites aux capitaines de ses vaisseaux, et à ceux des bâtimens marchands qui naviguent aux Isles françaises de l'Amérique, d'embarquer aucun habitant ou soldat, sans la permission du sieur comte de Blenac, Lieutenant-général desdites Isles, ou des gouverneurs particuliers qui y commandent, sous quelque prétexte que ce soit, elles n'ont point eu jusqu'à présent leur exécution, par la facilité que les capitaines ont eu d'embarquer les habitans et soldats, qui leur ont demandé passage : quelques-uns même, ont pris et enlevé des nègres des habitans, qui faisant la principale partie de leurs effets, en ce qu'ils servent au défrichement et à la culture des terres pour leur subsistance et pour leur commerce, leur perte cause un préjudice considérable. A quoi voulant pourvoir, et empêcher la continuation de ce désordre, S. M. a fait et fait très expresses inhibitions et défenses aux capitaines commandans ses vaisseaux, et à ceux des bâtimens marchands qui reviennent des Isles françaises de l'Amérique, d'y embarquer aucun habitant ni soldat sans congé du Lieutenant-général, ou des gouverneurs qui y commandent, ni aucun nègre sous quelque prétexte que ce soit, à peine d'interdiction pour six mois contre les

capitaines

capitaines de ses vaisseaux, et de cinq cens livres d'amende ; et contre les capitaines de bâtimens marchands, de six mois de prison, de cinq cens livres d'amende, et de payer par les uns et les autres, quatre cens livres pour chaque nègre qu'ils auront embarqué, aux habitans auxquels ils se seront trouvés appartenir. Veut S. M., que ladite amende soit appliquée moitié aux hôpitaux des ports où les bâtimens auront abordé, et moitié au dénonciateur, lorsqu'il y en aura, cent livres aux officiers de l'Amirauté, qui, en faisant la visite des bâtimens, ou recevant les rapports des capitaines, auront découvert qu'ils ont contrevenu à la présente Ordonnance, à l'exécution de laquelle elle enjoint aux Intendans et Commissaires de la marine des Isles, et auxdits officiers de l'Amirauté, et à tous ses autres officiers de tenir la main chacun en droit soi, et de la faire publier et afficher à ce qu'aucun n'en ignore. Fait à Fontainebleau, le 20 octobre 1694. *Signés,* LOUIS *; et plus bas,* par le Roi, PHELYPEAUX.

(N°. 23.) ORDONNANCE *de* M. *l'Intendant pour la présentation du pain béni dans toutes les Eglises.*

Du 6 octobre 1700.

FRANÇOIS-ROGER ROBERT, Conseiller du Roi en ses Conseils, Intendant de Justice, Police, Finances et Marine des Isles françaises et terre ferme de l'Amérique.

Etant informé qu'il continue d'arriver beau-

coup d'incidens dans plusieurs Eglises paroissiales de ces Isles françaises de l'Amérique,
tant pour la distribution du pain béni, dans
laquelle des officiers de milice veulent avoir
des distinctions qui ne leur appartiennent point,
que sur les rangs et préséances qu'ils prétendent dans lesdites Eglises, contre et au préjudice
de ce qui a été ci-devant ordonné par les
anciens Réglemens, nous avons estimé à propos,
pour remédier à tels incidens de faire savoir
ce qui a été ci-devant ordonné sur ces matières
et de prescrire ce qui doit être observé dans
toutes lesdites Eglises, et à cet effet ayant
examiné le Réglement de M. de Baas du 2
novembre 1675, et l'Ordonnance de M. Begon
ci-devant Intendant ès-dites Isles du 5 décembre
1683 : Nous avons ordonné et ordonnons conformément auxdits Réglement et Ordonnance,
que ledit pain béni après avoir été présenté
aux Prêtres célébrans et aux Ecclésiastiques
assistans au service, sera présenté au Gouverneur et aux Lieutenans de Roi, ensuite
aux Marguilliers de l'Eglise, et ensuite aux
officiers des Conseils Souverains et de la Justice
ordinaire étant dans un banc qui leur sont particulièrement destinés pour assister en corps au
service divin et cérémonies de l'Eglise, et, au
surplus, que le pain béni sera distribué, à commencer depuis le haut de l'Eglise, de rang en
rang, et de banc en banc, jusqu'au bas vers la
porte, sans aucune distinction des personnes, soit
officiers de milice ou autres ; ne pourront lesdits
officiers des Conseils Souverains prétendre être
distingués dans la distribution du pain béni
lorsqu'ils ne seront pas dans le banc qui sera

particulièrement destiné pour leur corps, non plus que dans les Eglises où il n'y aura point de banc qui leur soit destiné; ils jouiront toujours de la préséance qui leur est attribuée par le Réglement susdit de M. de Baas sur les Capitaines de milice, lesquels ne pourront prétendre aucun rang dans les Eglises; ordonnons que le contenu en cette présente Ordonnance sera exécuté dans toutes les Isles françaises de l'Amérique, faisons très-expresses défenses à tous officiers de Justice et de milice d'y contrevenir sous peine de 150 liv. tournois d'amende applicable à l'Eglise où il y aurait été contrevenu, laquelle amende sera décernée par le Juge des lieux, après telle procédure que besoin sera, et afin que la présente Ordonnance soit notoire et publique dans toutes lesdites Isles et que personne n'en prétende cause d'ignorance, nous ordonnons qu'elle y sera enregistrée aux Conseils Souverains et aux Jurisdictions, affichée et publiée à la manière accoutumée, et de plus qu'il en sera envoyé une expédition aux Marguilliers ou Curés de chaque paroisse pour être conservée parmi les minutes desdites Eglises et enregistrée sur leurs livres, le tout à la diligence des Procureurs généraux et de leurs Substituts dans chacune desdites Isles.

Donné au Bourg St-Pierre de la Martinique sous le cachet de nos armes et le contre seing de notre Secrétaire, le 6 octobre 1700. *Signés*, ROBERT, par Monseigneur, MESNIER.

Enregistrée au Conseil Souverain.

(N°. 24.) ORDRE *du Roi*, *au sujet des Cinquante pas du bord de mer.*

Du 6 août 1704.

SUR ce qui a été représenté à S. M. par le nommé Graissier, habitant de la Guadeloupe, que les sieurs comte Desnotz et Robert, Gouverneur général et Intendant des Isles, ont fait au sieur de la Malmaison, une concession du terrein des Cinquante pas du bord de la mer au-dessous de son habitation, le 25 juillet 1701, ce qui la lui rend inutile, et est contraire à l'usage dans lequel on est aux Isles de ne point concéder les Cinquante pas réservés pour le service de S. M., ou d'en laisser la jouissance à ceux dont les habitations y confinent ; et S. M. voulant y pourvoir, après avoir vu ladite concession et celle qui a été faite à André Graissier père, par le sieur de Tracy, le 28 juillet 1664, elle a cassé, annullé et révoqué ladite concession du 25 juillet 1701 ; faisant défenses au sieur de la Malmaison de s'en aider ni de troubler sous ce prétexte ledit Graissier dans la possession et jouissance dudit terrein, voulant que lesdits Cinquante pas du bord de la mer demeurent réservés suivant les Réglemens faits à ce sujet. Enjoint S. M., au sieur de Machault, Gouverneur général des Isles de l'Amérique, et au sieur Mithon, Commissaire ordonnateur, etc. Fait à Versailles, le 6 août 1704.

Enregistré au Conseil Souverain.

Nota. On n'a pu trouver que cette loi sur cette matière, quoiqu'elle fasse mention de précédentes.

(N°. 25.) *DÉCLARATION du Roi contre les nègres libres qui retirent les marrons, recèlent leurs vols ou les partagent avec eux.*

Du 10 juin 1705.

SA Majesté étant informée que la peine qu'elle a établie par le Réglement du mois de mars 1685, contre les Nègres libres qui facilitent aux esclaves les moyens de devenir marrons ou de commettre des vols ne les empêche point de les recevoir chez eux et de leur y donner retraite, même de receler leurs vols et les partager avec eux, n'étant que pécuniaire, ce qui cause des désordres dans la Colonie et un préjudice très-considérable aux habitans à quoi estimant nécessaire de pourvoir ;

S. M. a ordonné et ordonne, veut et entend qu'à l'avenir les nègres libres qui retireront chez eux des nègres marrons ou receleront les vols qu'ils font, ou les partageront avec eux soient déchus de leur liberté et vendus avec leur famille résidente chez eux, à son profit, et le prix provenant de leurs ventes remis au Commis de la Marine pour être employé au fait de sa charge, à la réserve toutefois du tiers qui sera donné au dénonciateur, lorsqu'il y en aura. Veut S. M. que la présente Ordonnance soit lue, publiée et enregistrée au Greffe des Conseils Supérieurs des Isles et affichée partout où besoin sera, à ce que personne n'en ignore. Mande S. M. à M. de Machault, Gouverneur et Lieutenant général desdites Isles, au sieur de Vaucresson, Intendant, aux Gouverneurs particuliers d'icelles et autres officiers qu'il appartiendra de tenir la main à l'exécution de la

E 3

présente Ordonnance. Fait à Versailles, le 10 juin 1705. *Signés*, LOUIS, *et plus bas*, PHELYPEAUX, et scellé.

Enregistrée au Conseil Souverain.

(N°. 26.) ORDONNANCE *de* M. *l'Intendant qui fixe le prix de la viande de boucherie, savoir : le bœuf et le porc frais à 7 f. 6 d. et le mouton à 10 f., qui défend aux Bouchers de tuer des Veaux, et de servir les Cabaretiers avant les autres particuliers de la ville, sous peine de* 60 *liv. d'amende.*

Du 14 juin 1707.

(N°. 27.) ORDONNANCE *de* M. *l'Intendant qui fixe à* 55 *pois, mesure de Paris, le contenu du baril destiné à mesurer les Manioc, Riz Pois et autres denrées, et qui prescrit à tout habitant d'avoir chez lui un baril étalonné.*

Du 1er. septembre 1707.

(N°. 28.) ORDONNANCE *du Roi, au sujet des Gardiens nobles et bourgeois usufruitiers, amodiateurs et autres.*

Du 20 avril 1711.

S A Majesté ayant par son Ordonnance du mois de mars 1685, concernant les esclaves des Isles de l'Amérique, article LIV, ordonné que les Gardiens nobles et bourgeois usufruitiers, amodiateurs et autres jouissant des fonds auxquels sont attachés des esclaves qui travaillent, ne seraient point tenus, après leur administration finie, de rendre le prix de ceux qui seront décédés ou diminués par maladie, vieillesse ou autrement; comme aussi qu'ils ne pourraient retenir comme fruits à leur profit, les enfans nés desdits esclaves pendant leur administration, lesquels seraient conservés et rendus à ceux qui en seraient les maîtres et propriétaires; mais l'usage ayant fait connaître que les fermiers ne répondant point de la mortalité des esclaves, les excédaient par le grand travail, les nourrissaient très-mal, et n'en avaient aucun soin dans leurs maladies, ce qui causait la mort de plusieurs; cela aurait porté ceux qui afferment leurs biens à déroger à l'article LIV de ladite Ordonnance du mois de mars 1685, en stipulant, par une condition particulière, que le fermier serait tenu de payer le prix des esclaves morts, conformément à l'estimation qui en aurait été faite dans les baux à ferme, et que les fermiers auraient en dédommagement les enfans qui naîtraient pendant le tems de ladite ferme; que les Juges ont stipulé les mêmes conditions, lorsqu'ils ont donné à ferme les biens des mineurs; et S. M. étant informée que plusieurs fermiers ont demandé d'être déchargés de ces conditions, fondés sur ce qu'elles sont contraires à l'article LIV de ladite Ordonnance, ce qui leur a été accordé par les Juges, et comme cela cause de grands inconvéniens, et est capable de ruiner les biens des mineurs, et de ceux qui donnent leurs habitations à ferme; à quoi S. M. désirant pourvoir, a ordonné et ordonne

que les stipulations et conventions particulières
qui ont été faites dans les baux à ferme, et
celles qui seront faites à l'avenir, seront exécutées nonobstant qu'elles soient contraires à
l'article LIV de ladite Ordonnance, S. M. y
dérogeant à cet égard seulement ; veut S. M.
au surplus, que ledit article soit exécuté selon
sa forme et teneur, lorsqu'il n'y aura point
de stipulation contraire. Enjoint S. M. , au
Gouverneur Lieutenant-général, aux Gouverneurs particuliers, à l'Intendant et aux Commissaires ordonnateurs, aux officiers des Conseils
Supérieurs des îles du vent, de la Tortue,
et côte Saint-Domingue, de tenir la main à
l'exécution de la présente Ordonnance, qui
sera enregistrée par-tout où besoin sera.

Fait à Marly, le 20 avril 1711. *Signés*,
LOUIS ; *et plus bas*, par le Roi, PHÉLYPEAUX.

Enregistrée au Conseil Souverain.

(N°. 29.) REGLEMENT *du Roi, au sujet de
la compétence des Juges ordinaires, à l'égard
des châtimens imposés aux noirs esclaves, par
l'Ordonnance de mars 1685.*

Du 20 avril 1711.

SA Majesté ayant, par son Ordonnance du
mois de mars 1685, concernant les esclaves
des Isles de l'Amérique, article XXXII, ordonné que toutes les peines afflictives prononcées par les Juges ordinaires contre les noirs
esclaves, seraient portées par appel aux Conseils
Supérieurs, il aurait été représenté à S. M.

que le nombre des noirs s'étant considérablement augmenté, les crimes étant plus fréquens,
l'appel des sentences desdits Juges ordinaires
causait de grands inconvéniens, et empêchait
que les esclaves ne fussent punis même pour
les plus grands crimes, la longueur des procédures facilitant souvent les moyens de leur
évasion, ce qui joint à la dépense que leur
nourriture cause aux habitans pendant le tems
de leur détention, les empêchait de les dénoncer
et de les livrer à la justice ; à quoi étant nécessaire de pourvoir, et en assurant la punition des crimes, faire cesser les prétextes dont
les habitans se servent pour ne point découvrir
ceux que leurs nègres pourront commettre :
S. M. a ordonné et ordonne qu'à l'avenir les
noirs esclaves qui auront encouru les peines
du fouet, la fleur-de-lys et les oreilles coupées
seulement, seront condamnés en dernier ressort
par les Juges ordinaires des Isles du vent, de
l'Isle de la Tortue et côte de St-Domingue,
et pour cet effet que leurs jugemens seront
exécutés, sans que, pour raison de ce, il soit
nécessaire qu'ils soient confirmés par les Conseils Supérieurs desdites Isles, S. M. dérogeant
à cet égard à l'article XXXII de son Ordonnance du mois de mars 1685 : veut S. M. que
la peine de mort et du jarrêt coupé, à laquelle les esclaves auront été condamnés en
première instance par les Juges ordinaires,
soient portés par appel aux Conseils Supérieurs
sur la même instruction et avec les mêmes
formalités que les personnes libres.

Ordonne S. M., qu'au surplus ladite Ordonnance du mois de mars 1685, sera exécutée

selon sa forme et teneur, en ce qui n'y sera
pas dérogé par des Ordonnances, etc. Fait à
Marly, le 20 du mois d'avril 1711. *Signés*,
LOUIS ; *et plus bas*, par le Roi, PHELYPEAUX.

Enregistrée au Conseil Souverain.

(N°. 30.) ARRET *en* Réglement *du Conseil*
Supérieur, *sur les procès au rapport.*

Du 11 septembre 1711.

LE Conseil faisant droit sur la remontrance
du Procureur général du Roi, a ordonné et
ordonne qu'à l'avenir les officiers qui sont nommés rapporteurs des procès, après que toutes
les pièces dont les parties entendront se servir
leur auront été produites, en feront leur rapport à la chambre par un extrait naturel et
sincère du procès, dans lequel, après avoir établi
les qualités des parties, ils détailleront régulièrement la procédure et les pièces qui la
soutiennent, et établissent les droits desdites
parties : elles seront cotées par lettres alpha-
bétiques, à commencer depuis la plus ancienne
en date, jusqu'à la dernière ; que le rapport
demeurera joint à l'Arrêt qui interviendra dessus,
et sera annexé aux minutes du Greffe de la
Cour, après avoir été paraphé par le Président
de la Cour pour y avoir recours, si besoin
est ; ordonne qu'à l'avenir dans la distribution
des procès, le Président, après le choix du
rapporteur, fera celui de l'évangéliste (sans
néanmoins qu'il en soit mention dans l'Arrêt)
pour la vérification des pièces sur l'appel ;

de sorte que le rapporteur remettra audit évangéliste, les procès trois jours avant la séance où la matière sera jugée définitivement, sans qu'il puisse, sous aucun prétexte, se dispenser de cette règle, qui ne va qu'au bien des peuples et à la sûreté des consciences des Juges ; et pour l'exécution du présent réglement, qu'il en sera livré à chacun des officiers de la Cour, une expédition par le Greffier d'icelle. Fait audit Conseil, ce 11 septembre 1711.

(N°. 31.) *ORDONNANCE de M. le Général pour la conservation des bois.*

Du 18 mai 1712.

PLUSIEURS habitans se donnent la liberté d'envoyer leurs nègres de journées couper des bois qui appartiennent à d'autres habitans ; ce qui cause aux propriétaires de grands dommages, un notable préjudice et dans la suite ameneroit la ruine des habitans ; pour empêcher ce désordre qui peut légitimement être titré de vol et puni comme tel, il est défendu à quelque habitant que ce soit d'abattre ou faire abattre les bois d'autrui, à moins que ce ne soit de gré à gré, après les avoir achetés de ceux à qui ils appartiennent ; cette défense, sous peine, pour la première fois, de prison et de cent cinquante livres d'amende à l'habitant, soit qu'il ait agi lui même ou envoyé son nègre, lequel d'ailleurs sera puni afflictivement.

Fait au Fort-Royal, le 18 mai 1712, *signé*, PHELYPEAUX.

(Nº. 32.) ORDONNANCE *du Roi sur la nourriture des esclaves et leur punition.*

Du 30 décembre 1712.

SA Majesté étant informée qu'au préjudice de ses Ordonnances et Réglemens, ses sujets des Isles françaises de l'Amérique ne nourrissent point leurs nègres esclaves, et, sous différens prétextes, leur font souffrir, de leur autorité privée, la question avec une cruauté inconnue, même parmi les nations les plus barbares ; ensorte que plusieurs de ces esclaves sont par-là long-tems hors d'état de pouvoir rendre aucun service ; qu'il y en a même qui restent estropiés, et que ceux qui n'ont point encore subi telles peines, intimidés par l'exemple, se portent à la désertion, pour se soustraire d'une telle inhumanité, ce qui cause un grand désordre dans lesdites Isles : à quoi étant nécessaire de pourvoir ; S. M. a ordonné et ordonne que les nègres seront nourris et entretenus conformément aux Ordonnances et Réglemens qu'elle a rendus sur ce sujet, lesquels seront exécutés selon leur forme et teneur. Fait S. M. très-expresses défenses à tous ses sujets des Isles françaises de l'Amérique, de quelque qualité et condition qu'ils soient, de donner à l'avenir à leurs esclaves, de leur autorité privée, la question, sous quelque prétexte que ce soit, à peine de 500 livres d'amende applicable aux hôpitaux des lieux. Ordonne S. M., que lorsque lesdits esclaves auront commis des crimes et délits il sera procédé contr'eux par les Juges ordinaires, conformément aux Ordonnances et Réglemens ; enjoint

au sieur Phelypeaux , Gouverneur et Lieutenant général auxdites Isles , au sieur le Vaucresson , Intendant , aux Gouverneurs particuliers et Commissaires ordonnateurs , et aux
officiers des Conseils Supérieurs établis èsdites
Isles , de tenir la main à l'exécution de la présente Ordonnance , et de la faire enregistrer ,
publier et afficher par-tout où besoin sera , à
ce que personne n'en ignore. Fait à Versailles,
le 30 décembre 1712. *Signés*, LOUIS; *et plus
bas*, par le Roi , PHELYPEAUX.

Enregistrée au Conseil Souverain.

(Nº. 33.) *ORDONNANCE de M. l'Intendant ,
portant défense aux habitans et négocians de
détailler par pot et pinte, leur tafia, eau-de-
vie, vin, et qui fixe la police des Cabarets.*

Du 19 avril 1713.

Vu par Nous Conseiller du Roi en ses Conseils,
Intendant de Justice, Police et Finances des
Isles françaises et terre ferme de l'Amérique ;
la requête à nous présentée par Jean Bertin ,
fermier des droits de cabaret de cette île Martinique, etc. Nous faisons défenses à tous marchands et habitans, établis et résidans en cette
île, d'acheter vin, eau-de-vie et liqueurs de
France, pour les revendre par dame-jeannes
et cannes , à tous habitans sucriers, de quelque condition qu'ils soient, de vendre et faire
vendre par leurs nègres et autres, en leurs
maisons , ni ailleurs , tafia ou eau - de - vie
du pays ; pourront en vendre par bar-

riques, barils et cannes, lesquels barils et cannes ne contiendront pas moins de cinq pots, pourront aussi, en échanger pour volailles, œufs, cordages et légumes, même au-dessous du pot; seront et demeureront responsables en leurs privés noms, et sous les mêmes peines que par eux des faits de leurs nègres qui seront surpris à en vendre en détail en leurs cases, dans les places ou carrefours, de quelle manière que ce soit; défendons aussi aux gens qui tiennent des pensionnaires et hôtes, ou qui donnent à manger chez eux à des particuliers, de fournir du vin à leursdits pensionnaires ou hôtes, mais ils le prendront aux cabarets, sous peine, par chaque contravention, de cent vingt livres d'amende, au profit du fermier, suivant son bail, et de lui payer encore un quartier desdits droits, si mieux n'aiment lesdits marchands, habitans, sucriers et hôteliers, faire leur déclaration aux bureaux dudit fermier, et lui payer les droits ordinaires, et les hôteliers qui tiennent pensionnaires et donnent à manger chez eux, la moitié seulement desdits droits. Permettons seulement aux marchands forains, pour faciliter leur commerce, et pour le soulagement des habitans, de vendre vin, eau-de-vie de France, par dame-jeannes, et les liqueurs par cannes, lesquelles cannes et dame jeannes ne contiennent pas moins de cinq pots pour le vin, et de trois pots pour l'eau-de-vie; ordonne à tous cabaretiers de fermer leurs cabarets à trois heures du soir; leur défendons de donner à boire en leurs maisons plus tard, à qui que ce soit, si ce n'est à leurs hôtes ou à des passans, et pena dant les grandes messes et vêpres les jours de dimanches et fêtes, comme aussi de donner en leurs maisons, eau-de-vie et tafia, aux nègres, que debout et en passant, sous peine de dix livres d'amende, contre lesdits cabaretiers, par chaque contravention, pour la première fois, du double et du triple, et de plus grandes peines en cas de récidive, applicables aux réparations du palais, payables entre les mains du Procureur du Roi; et sera, la présente Ordonnance, enregistrée, lue, publiée et affichée partout où besoin sera, et déposée au greffe principal de la Jurisdiction ordinaire de cette île. Mandons, etc.

Donné à la Martinique, le 19 avril 1713. *Signé*, DE VAUCRESSON.

Supplément à l'Ordonnance ci-dessus.

Sur quelques difficultés qui nous ont été représentées pour l'exécution et accomplissement de notre susdit jugement à l'occasion des hôteliers qui tiennent pensionnaires ou donnent à manger chez eux, en payant par repas; pour lever toutes difficultés et obstacles, nous nous sommes faits représenter notre susdit jugement; nous disons, et ordonnons que lesdits hôteliers qui auront des pensionnaires ou gens qui mangeront chez eux au-dessous de quatre personnes ne paieront aucun droit, mais quand ils en auront quatre et au-dessus, ils prendront leur vin au cabaret ou paieront moitié des droits comme il est ordonné par notre susdit jugement. Mandons, etc.

Donné à la Martinique, le 4 mai 1713. *Signé,* DE VAUCRESSON.

(N°. 34.) Arret *du Conseil d'état du Roi*, concernant la liberté des esclaves.

Du 24 octobre 1713.

SA Majesté ayant, par son Ordonnance du mois de mars 1685, concernant les esclaves de l'Amérique, article LV, ordonné que les maîtres pourraient affranchir leurs esclaves par tous actes entrevifs ou à cause de mort, sans qu'ils fussent mineurs de 25 ans; mais l'usage ayant fait connaître que depuis que les esclaves ont été en plus grand nombre aux îles, et que les établissemens y sont considérablement augmentés. il s'est commis et se commet actuellement plusieurs abus par l'avidité de plusieurs habitans, qui, sans autre motif que celui de leur avarice, mettaient la liberté des nègres esclaves à prix d'argent, ce qui porte ceux-ci à se servir des voies les plus illicites pour se procurer les sommes nécessaires pour obtenir cette liberté, et désirant y pourvoir et empêcher les maîtres mercenaires de donner la liberté à leurs esclaves pour de l'argent, ce qui les engagaient dans le vol et dans le désordre ; S. M. a ordonné et ordonne qu'à l'avenir il ne sera permis à aucunes personnes, de quelque qualité et condition qu'elles soient, d'affranchir leurs esclaves, sans avoir auparavant obtenu la permission par écrit du Gouverneur-général et de l'Intendant des îles, pour ce qui regarde les îles du vent ; des Gouverneurs particuliers, des Commissaires ordonnateurs des îles de la Tortue, côte de Saint-Domingue, et de la province de Guiane, et de l'île de Cayenne.

pour

pour ce qui regarde lesdites îles ; lesquels accorderont lesdites permissions, sans aucuns frais, *lorsque les motifs* qui leur *seront exposés par les maîtres* qui voudront affranchir leurs esclaves, leur paraîtront légitimes : veut S. M. que tous les affranchissemens qui seront faits à l'avenir sans ces permissions *soient nuls*, et que les affranchis n'en *puissent jouir*, ni être reconnus pour tels ; ordonne au contraire S. M., qu'ils soient vendus à son profit ; n'entend néanmoins S. M., comprendre les nègres esclaves qui auraient été affranchis avant la présente Ordonnance, en conséquence de l'article LV, de l'Ordonnance du mois de mars 1685, lesquels, elle veut, qu'ils jouissent de la liberté, conformément à ladite Ordonnance, et qu'ils soient réputés libres, et tenus pour tels.

Ordonne S. M., au surplus, que ladite Ordonnance du mois de mars 1685, sera exécutée selon sa forme et teneur, en ce qui n'y est point dérogé par des ordonnances particulières ; enjoint S. M. au Gouverneur et Lieutenant-général, Gouverneurs particuliers, et à l'Intendant, Commissaire ordonnateur desdites îles, et tous autres officiers qu'il appartiendra, de tenir la main, chacun en droit soi, à l'exécution de la présente Ordonnance, qui sera enregistrée, publiée et affichée partout où besoin sera, à ce que personne n'en ignore.

Fait à Versailles, le 4 octobre 1713. *Signés,* LOUIS ; *et plus bas*, par le Roi, PHELYPEAUX.

(N°. 35.) ARRET *en réglement du Conseil Su-*
périeur, sur les Registres pour les productions
au Greffe.

Du 4 juillet 1714.

Sur les remontrances du Procureur-général,
le Conseil ordonne qu'à l'avenir il y aura
dans les Greffes, tant du Conseil que des
Siéges de son ressort, des registres cotés et
paraphés par premier et dernier feuillet, sur
lesquels seront enregistrées les productions faites
par les parties, et marquées les pièces contenues
dans chaque sac qui sera déposé, avec la date
du jour auquel elles auront été apportées, pour
que les parties puissent y avoir recours pendant
le procès, et les retirer, après le jugement : les
greffiers seront responsables de ces pièces, en
leur payant salaire.

Nota. Le 2 janvier 1715, on enregistra un ordre de
M. de Vaucresson, qui défend aux Greffiers, tant du
Conseil que des Jurisdictions, de ne rien prendre ni
exiger pour le dépôt des productions des parties au
greffe, sous peine de concussion.

(N°. 36.) EXTRAIT *d'une Lettre du Ministre,*
sur le fauteuil du Conseil Souverain.

Du 23 août 1714.

Sa Majesté a appris que dans la tenue du
Conseil du mois de mai dernier, M. de la
Malmaison, profitant de l'absence de M. de
Vaucresson, se plaça dans le fauteuil destiné
au Gouverneur-général seul, et qui, par con-
séquent ne doit être occupé que par lui, et

rester vide, lorsqu'il n'assiste point au Conseil; elle a été mal satisfaite de l'entreprise de M. de la Malmaison ; elle veut qu'à l'avenir, le fauteuil ne soit jamais occupé que par le Gouverneur-général, en aucun cas, ni pour quelque cause que ce soit ; il est nécessaire que vous fassiez exécuter, sur cela, les intentions de Sa Majesté, etc.

Enregistré au Conseil Souverain.

(N°. 37.) *ORDONNANCE de MM. les Général et Intendant, pour que les capitaines envoient à l'hôpital ou dans des magasins à terre, leurs gens et équipages qui auront les fièvres ou autres maladies dangereuses, et fassent exactement avertir les Curés, afin qu'ils leurs donnent les secours spirituels.*

Du 8 mars 1715.

ETANT informés que les capitaines des navires marchands qui viennent commercer en ces îles, négligent extrêmement les matelots et autres gens de leurs équipages qui tombent malades pendant le séjour qu'ils y font, et qu'au lieu de les envoyer à l'hôpital ou de les mettre dans des magasins à terre, ils les gardent à bord par un esprit d'avarice, et sont cause, par-là, qu'ils meurent, manque de soin et de traitement nécessaire, et même les privent de l'administration des sacremens, faute d'Aumônier ou d'avertir les Curés des lieux ; nous ordonnons à tous capitaines de navires et autres bâtimens marchands, de faire porter à l'hôpital ou mettre dans des magasins à terre, ceux de leurs gens d'équipage qui auront les fièvres ou autres maladies dangereuses, et de faire exactement avertir les Curés pour qu'ils donnent les secours spirituels aux malades, sous peine de cent livres d'amende, applicables à la construction de l'hôpital du Fort-Royal, contre ceux qui contreviendront à la présente Ordonnance, laquelle sera lue, publiée et affichée par-tout où besoin sera, à la diligence des Procureurs-généraux, ou de leurs substituts.

Donné à la Martinique, etc., le 8 mars 1715. *Signés*, DUQUESNE et DE VAUCRESSON.

(N°. 38.) ORDONNANCE *de M. l'Intendant, qui enjoint aux Capitaines de prévenir de leur départ 15 jours d'avance MM. les Général et Intendant, afin de leur donner le tems de préparer leurs dépêches pour France.*

Du 30 juin 1715.

(N°. 39.) ARRET *du Conseil Souverain, en forme de Réglement de Police et de Justice.*

Du 4 mai 1716.

ORDONNE qu'à l'avenir et à commencer du premier jour de la séance de janvier, la mercuriale sera faite suivant l'usage des Cours du royaume, par le Président et les gens du Roi, sur les abus qui se seront commis dans les fonctions des Ministres de la justice de tout état.

Qu'à pareil jour les assises générales des officiers du ressort, seront tenues publiquement dans la salle de l'audience où tous les Juges et officiers , ainsi que les notaires , procureurs et huissiers seront obligés de se trouver , même ceux des autres îles du ressort , tous les trois ans seulement à leur égard ; auxquelles assises, seront reçues toutes les plaintes des parties , pour y être pourvu , ainsi qu'il appartiendra, à l'effet de quoi elles seront publiées à la diligence du Procureur-général et de ses substituts, à ce que personne n'en ignore.

Que dans les quartiers de l'île où il n'y aura point de Siége de justice établi, les officiers du Conseil qui y demeurent , voudront bien volontairement et sans tirer à conséquence, se charger du soin de la police , et y pourvoir sur-le-champ et provisionnellement, à la charge par eux d'en rendre compte à la séance qui suivra, à moins que ce ne fût pour faits graves et délits publics , auquel cas il en informera le Procureur-général , après avoir fait mettre le criminel en sûreté ; sur quoi le Procureur-général donnera les ordres nécessaires à ses substituts.

Qu'aux séances de janvier, mai et septembre, deux Conseillers à l'ordre du tableau successivement, accompagnés du Procureur-général , feront la visite des prisons, recevront les plaintes des prisonniers , tant sur le tems que sur le sujet de leurs détentions, et sur la nourriture que les geoliers leur donnent et autres incommodités, dont ils dresseront procès-verbal, sur lequel il sera pourvu sans retardement , conformément à l'Ordonnance.

Enjoint à tous les substituts du Procureur-général, de lui donner avis de tous les crimes qui arriveront dans l'étendue de leurs Siéges pour recevoir ses ordres, et qu'ils tiennent la main à la prompte instruction des procès criminels, dont la longueur qui a passé aux îles en habitude, fait périr les preuves, empêche l'exemple publique, cause des frais et des dépenses inutiles au Roi, et fait perdre le tems et la valeur des esclaves à leurs maîtres, par une trop longue détention.

Enjoint pareillement aux Juges, d'instruire et juger les procès criminels dans l'intervalle d'une séance à l'autre, et le cas arrivant que cela ne puisse être exécuté de leur part, le substitut informera le Procureur-général des raisons qui ont causé ce retardement.

Enjoint aussi au Procureur du Roi et à ses substituts, de tenir la main, chacun dans l'étendue de leur district, à ce que les poids et mesures des marchands, habitans et cabaretiers soient justes et conformes à l'Ordonnance: le Conseil leur ordonne de faire mesurer et étalonner lesdits poids et mesures par les jurés jaugeurs établis en cette île, et faire faire dans la suite des tems, par lesdits jaugeurs, des visites pour voir si on n'y est point contrevenu, dont ils dresseront leurs procès-verbaux, sur lesquels les délinquans seront poursuivis suivant l'Ordonnance.

Ordonne, que les Ordonnances concernant la police des nègres et des cabarets, seront de nouveau publiées et affichées dans tout le ressort de la Cour, à la diligence dudit Procureur-général et de ses substituts, auxquels la Cour enjoint de poursuivre extraordinairement les contrevenans de quelque qualité et condition qu'ils soient , à peine d'en répondre en leur propre et privé nom , et d'interdiction de leur charge ; que dans les lieux où il y a des Siéges établis , lesdits substituts, et, sous leurs ordres, les huissiers tiennent la main à leur exécution , et fassent leur descente de police et visite régulièrement ; et dans les autres quartiers de l'île, MM. de la Cour qui y demeureront , tiendront la main de leur autorité , ainsi qu'il est ordonné ci-dessus ; et pour plus grande sûreté, que M. le Général sera prié et requis de le faire lire aux revues et à la tête des compagnies de milices , et qu'il lui plaira enjoindre à tout commandant de quartier , officiers à hausse-col et sergens , d'y tenir la main avec la dernière régularité , surtout pour les billets , ports de bâtons et d'armes , et assemblées de nègres ; et même donner main-forte à l'officier de justice qui les en requerra sur les cas , à peine d'en répondre par eux , etc.

Que les cabaretiers dans les lieux détournés et retirés , non-seulement à Saint-Pierre et au Fort-Royal , mais aussi dans les autres lieux des îles , soient absolument chassés , avec défenses aux autres de donner à boire pendant le service divin , et passé sept heures du soir ; de recevoir les nègres à table , et de leur donner à jouer , sous quelque prétexte que ce soit , à peine d'être chassés du quartier et de huit jours de prison , sans préjudice des autres peines portées dans les Ordonnances , Arrêts et Réglemens sus-datés ; et qu'à l'avenir ils ne pourront lever et tenir cabaret sans permission des Juges des lieux ; et à l'effet de tout ce que dessus , etc,

(N°. 40) *Arret du Conseil Souverain*, *sur les jugemens des affaires de milice.*
Du 6 mai 1716.

Sur la remontrance du Procureur-général du Roi, qu'il avait approfondi certaines plaintes à lui faites de l'entreprise de quelques officiers de milice, qui, sous prétexte de l'autorité que leur donne leur charge, attirent à eux la connaissance des querelles et dissentions, et même d'autres affaires qu'ont les habitans de leurs quartiers, les condamnent à des amendes, et les mettent dans des prisons établies sans l'autorité de la Cour ; ce qui est contraire aux Ordonnances du Roi, et aux privilèges des habitans qui ne doivent être jugés que par les Juges établis par S. M., et ne peuvent être mis en prison que par les ordres du Gouverneur-général ou de la justice, requérant qu'il y fut pourvu.

La Cour a donné acte au Procureur-général du Roi, du contenu en sa remontrance, et y faisant droit, a ordonné que tous les habitans qui avaient été dans les cas susdits, rapporteraient au greffe de la Cour les jugemens contr'eux rendus, avec les déclarations de l'exécution d'iceux, pour reconnaitre ceux qui ont été rendus en vertu d'ordres supérieurs, d'avec ceux qui ont été rendus d'autorité particulière, pour y être pourvu suivant le cas ; que M. le Général serait prié de défendre aux officiers de milice, de s'ingérer, à l'avenir, en de pareilles fonctions, ni d'envoyer de leur chef aucun habitant en prison ; fait le Conseil, inhibitions et défenses à quel-

que personne que ce soit, de se mêler d'aucunes affaires entre habitans qui regardent la
justice, ni de prononcer aucune peine ni
châtiment contr'eux, à peine d'être poursuivis
extraordinairement par le Procureur-général ;
ordonne que les prisons, autres que les royales,
établies dans les Siéges de justice, seront dé-
truites et abolies, et injonction à tous habitans
en pareil cas, de ne répondre qu'au tribunal
de l'Intendance et autres Siéges de justice, sous
quelque prétexte que ce soit, hors les cas
purement militaires qui regardent le Gouvernement de l'île. Et sera, le présent arrêt, lû,
publié, etc.

(N.º 41.) ORDONNANCE de MM. les Général
et Intendant, qui enjoint aux bâtimens et barques de mettre pavillon en entrant et en sortant
des rades de l'île.

Du 6 avril 1716.

ÉTANT informés que les barques et autres
bâtimens marchands français faisant commerce
en ces îles, sortent des rades, y rentrent et
mouillent, non-seulement sans pavillon le jour,
mais même à toutes heures de la nuit, sans
avertir les forts de quelle nation ils sont, ce
qui donne prétexte et occasion aux bâtimens
étrangers de prendre la même liberté, et, par
ce moyen, d'y faire le commerce défendu par
les Ordonnances du Roi, à quoi étant nécessaire de pourvoir pour empêcher les abus qui
pourraient se glisser par cette liberté ; nous
ordonnons qu'à l'avenir tous les bâtimens français qui font le commerce en cesdites îles,

mettront pavillon dès qu'ils seront sous la portée du canon des forts et batteries établis dans les différens quartiers desdites îles ; leur faisons très-expresses défenses d'appareiller ni de mouiller de nuit dans lesdites rades , sans avoir , auparavant averti lesdits forts et batteries , et déclarer d'où ils viennent.

Ordonnons en outre qu'il sera tiré , desdits forts et batteries , même des vaisseaux qui se trouveront dans les rades , des coups de canon à boulets sur les contrevenans à la présente Ordonnance ; lesquels seront , de plus , condamnés , savoir : les français en 500 livres d'amende, et les étrangers confisqués ; laquelle amende et confiscation applicables , un tiers au dénonciateur , et les deux autres tiers à l'entretien des troupes de S. M., tenant garnison en cesdites îles; et sera , la présente , lue , publiée et affichée partout où besoin sera , afin qu'on n'en prétende cause d'ignorance.

Donné à la Martinique , le 6 avril 1716. *Signés*, Duquesne et Mesnier.

(Nº. 42.) *Memoire du Roi , pour servir d'instruction à* M. de Ricouart, *Intendant.*

Du 25 août 1716.

Sa Majesté ayant fait choix du sieur de Ricouart pour Intendant des îles du vent , elle a jugé à propos , de l'avis de M. le Duc D'Orléans , son oncle , régent , de lui expliquer ses intentions sur la conduite et les services qu'il a à rendre dans lesdites îles.

Il est informé de l'importance de ces îles

par leur situation, et il suffira de lui marquer celles qui sont possédées par la France, et par différentes nations.

Il saura donc que les français possèdent la Martinique, la Guadeloupe, Marie-Galante, la Grenade, Saint-Barthelemy, Saint-Martin, Ste.-Croix, Ste.-Alouzie, Tabago et Cayenne.

L'île Sainte-Croix a été abandonnée, il y a plusieurs années, et on en fit transporter l'état-major, les troupes et les habitans à Saint-Domingue; on retira aussi les troupes de Saint-Barthelemy et Saint-Martin, après la prise de Saint-Christophe, parce que n'étant point fortifiées elles étaient trop sujettes à être insultées en tems de guerre.

Il y est toujours resté nombre d'habitans français que les anglais n'ont point inquiétés; il y a, à celle de Saint-Martin, des familles hollandaises qui y sont restées par tolérance, et qui font un quartier séparé. La propriété de cette île n'en appartient cependant pas moins à la France, aussi bien que celle de Tabago, qui n'est point occupée, et celle de Sainte-Alouzie, qui est une petite île voisine de la Martinique, (Ste.-Lucie.)

La Dominique et Saint-Vincent sont possédées par les naturels du pays, appellés *Caraïbes*, et dans cette dernière il y a aussi des nègres de toutes nations qui ont déserté et qui se sont rendus marrons; ils occupent un quartier dans cette île.

La Barbade, Nièves, Antigues, Mont-Serrat et Saint-Christophe, sont possédées par les anglais, aussi bien que la Jamaïque qui est sous le vent.

Les hollandais ont des Colonies à Saint-Eustache, à Curaçao, à Surinam et à Barbiche, dans la grande terre.

Les danois en ont aussi dans l'île Saint-Thomas.

Le premier soin que le sieur de Ricouart doit avoir, regarde la Religion dont S. M. lui recommande de procurer l'avancement et la gloire de Dieu, par tous les moyens qui pourront dépendre de lui, tant pour la protection qu'il donnera aux Religieux qui sont en mission et qui desservent les cures du pays, que par l'application qu'il aura à maintenir les habitans dans les exercices de la Religion, en les excitant, par son exemple, et en se faisant une étude de réprimer les débauches et le scandale dans les mœurs ; il empêchera, autant qu'il le pourra, les démêlés entre les Religieux qui desservent les cures, et qui vont quelquefois à un point que cela scandalise les peuples, qu'ils ne doivent chercher, au contraire, qu'à édifier.

Sa Majesté est bien aise de l'informer que l'on ne reconnait point dans les îles la juridiction d'aucun Évêque espagnol ; ainsi s'il en venait quelqu'un, il n'y doit faire aucune fonction ; les Supérieurs des missions des Religieux qui y possèdent les cures, ont leurs pouvoirs directement du Pape pour tout ce qui regarde le for intérieur, qui consiste seulement à absoudre dans les cas réservés, à donner dispense dans certains degrés, à bénir les églises et à consacrer les vases ; S. M. souhaite qu'il maintienne ce qui s'est pratiqué jusques à présent à cet égard, étant du bien de son service et de l'intérêt de la nation de ne reconnaître en nulle façon des Evêques étrangers.

Le feu Roi avait été informé que le relâchement qu'il y a eu dans la discipline de quelques-uns des Religieux qui desservent ces cures, provenait de ce que ceux qui reçoivent par leurs mains les pensions qui leur sont attribuées et le casuel de leurs églises, étant occupés de l'emploi qu'ils ont à en faire pour l'achat de leurs provisions, se trouvent souvent exposés dans le commerce du monde, avait fait proposer aux Provinciaux des ordres, d'ordonner à ceux de leurs Religieux qui sont aux îles, de se conformer à l'usage des Jésuites curés, qui ne touchent rien directement ; et pour cet effet, de faire remettre tous les revenus des cures aux maisons conventuelles desdites îles, afin qu'elles pourvoient à leur subsistance et entretien ; S. M. n'a pas été informée du succès de cette proposition ; le sieur de Ricouart aura soin de lui faire savoir ce qui aura été fait sur cela, et au surplus, il doit, de son côté, y porter les Religieux autant qu'il lui sera possible, S. M. donnant le même ordre au sieur de la Varenne.

Il est fait fonds chaque année sur l'état du domaine d'Occident de 260.814 livres de sucre pour les appointemens des Curés, dont la distribution est faite par le Gouverneur et l'Intendant, de laquelle S. M. souhaite que les sieurs de la Varenne et de Ricouart envoyent chaque année copie, après avoir examiné si le nombre des Curés suffit ou n'est pas trop fort.

Ces Curés sont tous Jésuites, Jacobins, Carmes ou Capucins ; ces quatre sortes de Religieux ayant des Couvens dans les îles du vent, le feu Roi a été informé que les Jésuites et les Jacobins jouissent à la Martinique et à la Guadeloupe d'un revenu considérable, provenant du commerce de leurs habitations, par le moyen duquel, étant en état de subsister commodément, il a paru qu'on pouvait leur ôter les appointemens qui sont donnés à chaque Curé de ces deux ordres, pour les employer à d'autres établissemens utiles pour les îles. Le sieur Duquesne qui a été chargé d'examiner la chose n'a rien écrit à ce sujet, et S. M. souhaite que, pour parvenir à l'exécution de ce projet, le sieur de Ricouart examine, avec le sieur de la Varenne, l'état du revenu de ces deux ordres, et même de celui des Carmes ; et s'il est assez considérable pour faire subsister leurs maisons et leurs Curés, qu'il pressentisse les Supérieurs comme de lui-même, pour savoir s'il y aura beaucoup d'opposition de leur part, et qu'il mande, conjointement avec le sieur de la Varenne, les moyens de faire changer d'objet à la dépense qui est faite pour leur entretien.

Il aura soin de faire réparer les Eglises et d'en faire construire de nouvelles, si, dans la suite, il en est jugé nécessaire, en y engageant les habitans qui doivent fournir les fonds de ces dépenses ; si cela cause quelque difficulté parmi les habitans, et qu'il s'en trouve d'assez mauvaise volonté pour ne pas fournir leur contingent, S. M. souhaite qu'en ce cas il les y oblige,

Elle est informée que les soins que l'on a pris pour les Religionnaires, envoyés en ces îles, ont eu un succès favorable ; elle recommande au sieur de Ricouart de tenir, avec ceux qui n'ont pas entièrement renoncé à leurs erreurs, ou qui ne font pas leur devoir de Catholique, la même conduite qu'on a tenue jusqu'à présent, son intention étant qu'on tâche de les engager à faire leur devoir à cet égard, par douceur et par les instructions des missionnaires ; il se fera informer, de tems en tems, si leurs enfans sont instruits, et s'ils laissent à leurs domestiques et nègres Catholiques la liberté d'aller à l'Eglise, et il prendra, de sa part, toutes sortes de précautions pour les empêcher d'abandonner les îles ; S. M. recommandant aussi, à cet égard, une attention infinie au sieur de la Varenne.

Pour empêcher que les communautés religieuses ne fassent de trop grands établissemens dans les Colonies, il a été, ci-devant, défendu de souffrir qu'elles eussent des habitations de plus de 100 nègres travaillans, et de les obliger de vendre et mettre hors de leurs maisons ce qu'elles auront au de là. Le sieur de Ricouart y tiendra exactement la main et informera S. M., sans aucune complaisance, de ce qui se passera à ce sujet : rien n'est plus essentiel, et sans cette précaution les Religieux posséderaient bientôt la plus grande partie des îles ; c'est ce qui fait que dans aucun cas et sous quelque prétexte que ce soit, il ne doit point souffrir qu'il soit contrevenu aux Ordonnances qui ont été rendues à cet égard.

Il y a deux hôpitaux de Religieux de la

Charité établis aux îles du vent, l'un au bourg
Saint-Pierre de la Martinique, et l'autre à la
Guadeloupe ; S. M. leur fait payer par an,
savoir ; à celui du bourg Saint-Pierre 2160 liv. ;
et pour celui de la Guadeloupe 2180 livres,
qui sont employés sur l'état du domaine
d'Occident ; ces Religieux doivent leurs secours
par préférence aux soldats des compagnies,
aux équipages des vaisseaux de S. M., et à
ceux des marchands, et ensuite aux engagés
des habitans et autres qui en ont besoin ; l'usage
est de leur donner la solde et la farine des
soldats pendant le tems qu'ils sont à l'hôpital,
à l'exception d'un sol sur la solde de chaque
soldat par jour, qu'on leur réserve pour se
procurer les moyens de se rétablir lorsqu'ils
sont convalescens, ce qui est attribué dans les
états pour chaque hôpital, sert de supplément
à la dépense que les malades y font ; à l'égard
des matelots, leur solde est payée en France
à ces Religieux, sur les rôles qui en sont
arrêtés par l'Intendant.

Il faut aussi que ces Religieux donnent leurs
soins aux habitans et tâchent de les soulager
dans leurs maladies ; mais ils ne doivent recevoir que les pauvres dans les hôpitaux. Le sieur
de Ricouart aura attention qu'ils remplissent
leurs devoirs avec charité, et si l'application
qu'ils donnent à leurs habitations ne les dé-
tourne point de celle qu'ils doivent à leurs malades, auquel cas il en donnera avis.

Outre ces deux hôpitaux, on en a commencé un troisième à la ville du Fort-Royal,
et on y a destiné, depuis plusieurs années,
4180 livres qui sont employées chaque année

sur l'état du domaine d'Occident; le bâtiment est fort avancé et serait achevé, il y a long-tems, si les fonds qui ont été fournis pour cela y avaient été employés ; mais S. M. a été informée qu'on s'est servi de partie pour d'autres dépenses ; elle souhaite que le sieur de Ricouart vérifie ce qui peut être encore dû sur ce fonds par le domaine d'Occident, ce qui en a été reçu et l'emploi qui en a été fait, qu'il en envoye des états exacts et libellés ; il marquera aussi ce qu'il en coûtera pour mettre ce bâtiment dans sa perfection, et cependant fera toujours travailler à cet ouvrage à proportion, tant du fonds qui sera dû, par le domaine, des années précédentes, que de ceux qui sont faits dans l'état de la présente année.

S. M. a été informée qu'il a été fait, depuis quelques années, des legs à l'hôpital de la Guadeloupe ; on prétend même que cela le met en état de se passer des libéralités de S. M., qui pourraient être plus utilement appliquées à celui du Fort-Royal pour en achever l'établissement. Elle souhaite que le sieur de Ricouart examine, conjointement avec le sieur de la Varenne, si l'on peut faire ce changement en tout ou en partie, sans que l'hôpital de la Guadeloupe en souffre, et qu'ils en rendent compte.

Après ce qui concerne le service de Dieu, la principale application du sieur de Ricouart doit être de maintenir les peuples dans le respect et l'amour qu'ils doivent avoir pour la personne de S. M., dans l'obéissance et dans la dépendance des lois, à quoi il parviendra

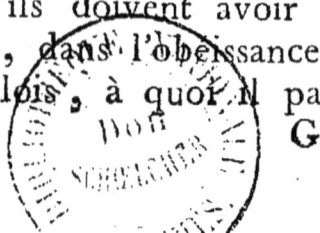

Tome I.   G

aisément par la disposition naturelle que les français ont à satisfaire à toutes ces obligations, et parce qu'en gagnant l'esprit de ses sujets dans les îles, il saura les porter à ce qui est de leur devoir, par la confiance qu'il s'établira parmi eux.

Il aura aisément cette confiance en rendant et faisant rendre une exacte justice, en empêchant les vexations des officiers de justice qui souvent veulent se prévaloir de leurs emplois pour inquiéter leurs voisins, et ne point payer leurs dettes ; en rendant une justice égale au pauvre comme au riche ; en soutenant le petit habitant qui fait la force de la Colonie, et en empêchant qu'il ne soit inquiété ni accablé par le puissant ; ce sera par une pareille conduite qu'il attirera de nouveaux habitans dans les îles du vent, qu'il procurera l'abondance et la richesse à ces colonies, et qu'il rendra les peuples, qui sont confiés à ses soins, heureux et tranquilles.

Comme l'administration de la justice regarde particulièrement le sieur de Ricouart, S. M. lui recommande d'y donner sa principale attention, et pour cet effet, il aura soin d'exciter les officiers des Conseils Supérieurs et des Juris-dictions de faire leur devoir en bons juges, sans partialité et sans intérêt ; c'est le moyen de s'attirer les égards et le respect que les peuples doivent au caractère dont ils sont revêtus. S. M. pour pouvoir s'assurer que la justice sera fidellement administrée à ses sujets, souhaite qu'il examine les bonnes et mauvaises qualités des officiers qui composent les Conseils Supérieurs de la Martinique et de la Guadeloupe,

et les Jurisdictions de ces deux îles, et de-la
Grenade ; qu'il marque quelles personnes seraient propres pour remplir les places de ceux
qu'il jugera à propos d'en ôter et qui devien-
dront vacantes, et qu'il en rende compte,
sans prévention ni compla sance.

Sa Majesté lui recommande encore, à ce
sujet, d'empêcher, autant qu'il sera en son
pouvoir, la continuation de la chicane qui s'est
introduite aux îles, qui empêche le plus souvent les habitans de s'appliquer, comme ils le
doivent, à leur commerce et à la culture de
leurs terres, et pour cet effet, il tiendra la
main à ce que les gens de pratique et de palais n'y soient point reçus, à moins qu'ils n'y
aillent pour faire des établi semens, et qu'ils
ne se mêlent point de procès, et il excitera,
autant qu'il pourra, les juges à finir prompté-
ment les affaires, et à abréger les procédures.

Le sieur de Ricouart doit voir, par tout ce
que S. M. lui marque, combien elle a à cœur
que la justice soit bien administrée à ses sujets,
il y excitera les juges par son exemple, et en
cas qu'ils ne satisfassent pas, à cet égard, aux
intentions de S. M., il les en avertira, et s'ils
continuent, il en rendra compte.

Sa Majesté donne ordre au sieur de la Varenne de faire, l'année prochaine, par le vaisseau du Roi qui ira dans la Colonie, la visite des îles de la Guadeloupe, de Marie-Galante et de la Grenade, et elle desire que
le sieur de Ricouart fasse ce voyage avec lui ;
il examinera, conjointement avec le sieur de
la Varenne, lorsqu'il sera dans ces îles, les
moyens d'y faire observer une exacte justice

et une bonne police, et de procurer une augmentation d'habitans à la Guadeloupe et à la
Grenade, où il convient de faire passer tous
ceux qui seront sans occupations à la Martinique, et qui ne peuvent s'y habituer faute de
terres, et afin que ces nouveaux habitans s'y
établissent avec succès, il faut avoir attention
de les y faire passer avec au moins six mois
de vivres du pays, et le nombre d'outils nécessaires pour commencer un nouvel établissement ; il paraît que des habitans et des marchands riches de la Martinique peuvent faire
ces avances, en prenant des précautions justes
et raisonnables pour en être rmboursés. S. M.
en écrit au sieur de la Varenne et se remet
à sa prudence et à son esprit, aussi bien qu'à
celui dudit sieur de Ricouart, de les y engager ; il sera nécessaire d'observer d'envoyer
ceux qui iront s'établir à la Grenade, dans
le tems que la maladie n'est pas ordinaire dans
cette île.

La police qui contribue plus que toute
autre chose à l'augmentation des colonies pour
le bon ordre du travail et l'application des
habitans, doit faire une des principales occupations du sieur de Ricouart, en la maintenant dans les lieux où il la trouvera bien établie, l'affermissant dans les autres, et en l'établissant dans ceux où elle aura été négligée,
toujours conjointement avec le sieur de la
Varenne, avec lequel il doit la faire en commun :
et comme la police, dans les îles, a pour
objet la santé, l'augmentation des habitans,
et la culture des terres, S. M. lui expliquera
que la maladie appelée de *Siam*, parce qu'elle

a commencé à se faire ressentir peu de tems
après le départ, de la Martinique, du vaisseau
l'Oriflame qui en revenait, étant cessée depuis
sept à huit ans, il est à présumer que l'intem-
périe de l'air, qui la causait, aura été corrigée ;
si cependant elle revenait encore, le sieur de
Ricouart aura une attention particulière à y
faire apporter tous les remèdes que le pays
pourra produire, à demander en France ceux
dont on aura besoin, et à prendre toutes les
précautions qu'il estimera propres à arrêter le
cours de cette maladie, d'autant plus dangereuse qu'elle attaque toujours ceux qui viennent d'Europe et qui ne sont point encore
accoutumés au climat des îles ; et pour en
empêcher la communication, il faut faire passer
les vaisseaux de S. M. et les bâtimens marchands dans le port de la Trinité de la Capes-
terre où cette maladie n'a point paru ; et pour
prévenir en toutes manières les maladies pes-
tilentielles qui peuvent se répandre dans l'île,
il fera examiner, à l'arrivée des vaisseaux qui
apportent des noirs, s'ils ne sont point attaqués
de petite vérole ou autres maladies contagieuses, et en ce cas, il les obligera d'aborder
dans les lieux et culs-de-sac les plus écartés,
où il fera fournir aux capitaines, en payant,
les secours dont ils auront besoin, jusqu'à ce
qu'elles soient cessées et qu'il n'y ait rien à
craindre de leur communication ; il est nécessaire qu'il tienne la main que les vaisseaux ne
manquent point de choses qui leur seront nécessaires, tant pour le soulagement et la subsistance de leurs équipages, que pour celles de
leurs nègres, sans quoi il serait à craindre
qu'ils ne fussent abandonnés dans ces endroits,

Sa Majesté recommande au sieur de Ricouart de favoriser, autant qu'il le pourra, le commerce de ses vaisseaux et des autres qui iront dans la colonie ; c'est le moyen d'exciter les négocians du royaume d'y en envoyer ; elle ne veut point que dans aucun cas il soit pris ni exigé, par aucun officier de guerre, de justice ou de plume, sous prétexte de droit ou d'usage, soit que ces nègres se prennent en espèce, soit qu'ils soient payés en argent, aucuns nègres des navires qui en apportent. S. M. donne ordre au sieur de la Varenne d'y tenir la main, et elle souhaite que le sieur de Ricouart s'y conforme, et lui marque si quelqu'un y contrevient.

Il peut parvenir à l'augmentation des habitans par deux moyens : le premier est d'en attirer de nouveaux par la connaissance qu'ils auront du bon traitement qu'il fera aux anciens, de la justice qui leur sera administrée, et des commodités qu'ils y trouveront pour leur subsistance ; le second est de porter de bonne heure au mariage les garçons et les filles, les uns à dix huit ans, et les autres à quatorze, à quoi les chefs de famille contribueront, lorsqu'ils y seront excités par le sieur de Ricouart.

A l'égard de la culture des terres, il examinera la nature et la qualité des plantations auxquelles elles sont employées ; si, par ce moyen, elles produisent assez d'utilité aux propriétaires, et si en y mettant d'autres semences ils en pourraient retirer une plus considérable ; sur quoi S. M. lui observera qu'il y a lieu de craindre que la perte des îles du vent ne soit un jour causée par l'excessive

quantité de sucre que les habitans font, s'adon-
nant presque tous, particulièrement à la Martinique, à cette plantation ; ainsi il est absolument nécessaire de les déterminer à s'appliquer
à d'autres cultures, comme celles du coton,
de la casse, du roucou, de l'indigo, du gingembre et du cacao.

S. M. est informée que la Guadeloupe est
très-propre pour la culture du tabac, et que
le peu que les habitans y en font est très-
bon ; le sieur de Ricouart doit, conjointement
avec le sieur de la Varenne, les engager à en
cultiver, et à imiter les anglais qui en font un
commerce considérable ; si on peut y parve-
venir et qu'ils veuillent l'envoyer en feuilles
sèches, ils en trouveront un bon prix, et S.
M. se portera, s'ils travaillent bien ces feuilles,
à leur procurer des moyens pour leur donner
la préférence sur celles de Virginie ; cette culture est d'autant plus précieuse, qu'elle peut
être l'emploi des petits habitans, et de ceux
qui n'ont pas le moyen d'avoir un nombre
assez considérable de nègres pour faire du sucre
et de l'indigo.

L'application aux cultures qui servent au
commerce, ne doit pas empêcher le sieur de
Ricouart de tenir la main à ce que chaque
habitant ait une partie de terre proportionnée
à son habitation, plantée en vivres du pays,
pour deux objets, le premier pour fournir ses
nègres, parce que cette précaution leur ôte
l'ennui et la nécessité de voler et de fatiguer
les voisins, et lorsque les habitans manqueront de fournir à leurs nègres les vivres, conformément aux Réglemens et Ordonnances,

où qu'ils causeront quelques pertes à leurs voisins, l'intention de S. M. est que le sieur de Ricouart, conjointement avec le sieur de la Varenne, les en punissent et les obligent à réparer les dommages que les nègres auront causés; le second, pour suppléer aux besoins qui peuvent survenir, soit par les entreprises des ennemis en tems de guerre, soit parce que les conjonctures n'auront pas permis d'en envoyer de France, ou enfin parce que les vivres peuvent manquer un tems, comme on ne l'a que trop éprouvé, par les dégâts considérables qu'ont causé, aux îles, les ouragans qu'on y a essuyés depuis quatre ans, et particulièrement celui de 1713, qui pensa y causer la famine; enfin, il faut faire en sorte qu'ils soient certains de ne pas manquer de vivres dans quelque situation qu'on se trouve.

Le feu Roi a rendu un Arrêt, il y a quelques années, pour réunir au domaine les terres qui ne se trouveraient pas en valeur trois mois après la publication, et celles qui se sont concédées depuis, et dont les conditions des concessions ne seraient pas exécutées, pour être les unes et les autres concédées, ensuite, dans la forme ordinaire par le Gouverneur-général et l'Intendant, aux habitans qui se trouveront en état de les faire valoir; S. M. souhaite que le sieur de Ricouart tienne exactement la main à l'exécution de cet Arrêt, et s'il estime nécessaire qu'il soit donné quelque nouvel ordre à cet égard, il en informera S. M., après en avoir conféré avec le sieur de la Varenne.

Sa Majesté lui observera que le crédit des

riches habitans peut avoir empêché jusques à présent l'exécution de cet Arrêt ; deux raisons les obligent à conserver une certaine quantité de terres qui ne sont point cultivées ; la première, pour être en état de s'agrandir à mesure que leurs facultés augmentent ; la seconde, parce que les terres commençant à devenir rares, à la Martinique, ils trouvent toujours à les vendre chèrement aux habitans qui veulent s'y établir ; mais comme cela est entièrement contraire aux intentions de S. M., qui a accordé gratuitement ces terres aux premiers habitans, à condition de les mettre en valeur, et que rien n'est plus contraire à l'intérêt de la Colonie que de souffrir qu'elles demeurent incultes, ou qu'elles soient vendues, en cet état, à de petits habitans à prix d'argent ; S. M. souhaite que le sieur de Ricouart ne souffre ni l'un ni l'autre, et que, sans aucune complaisance, il s'instruise des terres qui sont dans le cas ci-dessus porté, et qu'il fasse exécuter régulièrement l'Arrêt rendu à ce sujet.

L'augmentation du commerce étant un des moyens les plus certains pour rendre les colonies florissantes et en même tems utiles au royaume ; le sieur Ricouart donnera une attention particulière à la procurer ; il y peut parvenir en protégeant les négocians qui sont établis dans la Colonie et ceux du royaume qui y vont commercer, et en empêchant qu'il ne leur soit fait aucune vexation ni mauvais traitemens, il y parviendra aussi en tenant la main qu'il ne soit fait aucune fixation de prix directement ni indirectement, tant des sucres et des autres denrées, et autres fruits des îles, que des marchandises et denrées de France ; ce serait ôter aux négocians et aux habitans une liberté qui fait seule le maintien du commerce.

Il peut aussi parvenir à cette augmentation en tenant exactement la main à empêcher tout commerce étranger, et qu'il ne soit introduit, sous quelque prétexte que ce puisse être, aucuns nègres, marchandises ni denrées étrangères.

Sa Majesté a été informée que, depuis quelques années, ce pernicieux commerce s'est fait dans des tems ouvertement à la Martinique, et qu'ensuite on s'est accoutumé à y introduire des denrées et des marchandises, sous prétexte d'y faire venir des bestiaux et des mulets, ce qui a absolument dérangé le commerce des vaisseaux que les négocians de France y avaient envoyés, et ils seraient déterminés de ne plus y en envoyer, sans les assurances que S. M. leur a fait donner que ce commerce étranger n'y serait plus souffert ; elle recommande au sieur de Ricouart d'agir, conjointement avec le sieur de la Varenne, pour faire cesser absolument ce commerce, et de faire punir, suivant toute la rigueur des Ordonnances et des Réglemens, ceux qui oseront y contrevenir, il n'y aura que les exemples qui le feront finir, et S. M. souhaite qu'il agisse dans ces occasions avec vivacité ; il faut qu'il ait pour principe, que les îles doivent tout leur commerce au royaume, et qu'ainsi les étrangers ne peuvent y avoir aucune part, excepté ceux dont le commerce loin d'y faire tort, peut enrichir l'état et les colonies.

Celui avec les espagnols est de cette dernière espèce, ainsi S. M. excepte du commerce etranger celui que ses sujets pourront faire avec eux ; elle donne ordre au sieur de la Varenne de recevoir les vaisseaux de cette nation dans les ports des îles, afin d'entretenir et de lier de nouvelles correspondances avec eux ; les habitans des îles pourront aussi aller trafiquer dans toutes les côtes du Golfe du Mexique, de la domination d'Espagne ; mais le sieur de Ricouart leur fera entendre, en même tems, qu'ils doivent faire ce commerce avec beaucoup de circonspection, parce que celui qu'ils peuvent faire à ces côtes étant défendu, S. M. ne pourrait réclamer les vaisseaux ou autres bâtimens qui seraient surpris en faisant un commerce qui est toléré, mais qui ne peut être permis publiquement ; ce commerce fait avec prudence est un moyen certain de procurer au royaume le débit de ses marchandises, et d'y introduire des espèces d'or et d'argent, aussi bien que dans les îles, il y excitera les habitans et les négocians de France qui pourront venir dans la Colonie ; mais il observera que ce commerce ne serve pas de prétexte pour aller à Saint-Thomas et autres îles étrangères, parce qu'autant que le commerce des espagnols peut être utile aux habitations françaises, autant celui des autres nations leur est pernicieux, parce que les anglais, danois et hollandais avec qui ils pourront le faire, ne chercheront qu'à tirer leur argent pour les marchandises qu'ils leur fourniront en leur laissant leurs denrées, qui, par là, tomberaient en non valeur, au lieu

que le marchand de France fait un troc avantageux pour eux ; il est aussi entièrement contraire à l'intérêt du royaume, en ce que le
débit de ses denrées et des ouvrages de ses manufactures se trouverait fort diminué, si les
îles se fournissaient chez les étrangers, le sieur
de Ricouart doit être en garde contre tous les
avis qu'on pourra lui donner qui ne s'accorderont pas avec ce principe.

L'union présente des couronnes de France et
d'Espagne demande une attention particulière
à l'entretenir entre les deux nations, S. M.
donne au sieur de la Varenne les ordres
nécessaires à cet égard, et le sieur de
Ricouart y contribuera de son côté, mais elle
marque, en même tems, audit sieur de la
Varenne que cette union ne doit point être
poussée jusqu'à manquer à ménager les intérêts
des français.

Les droits que le Roi reçoit aux îles à
cause de son domaine, doivent faire une partie
de l'attention du sieur de Ricouart, S. M.
souhaite qu'il donne toute la protection nécessaire à ses fermiers, et qu'il tienne la main
que les commis ne soient pas troublés par les
habitans ; mais en même tems elle veut qu'il
empêche que ces commis n'exigent les droits
avec trop de dureté, et que sous quelque prétexte que ce soit ils fassent des vexations aux
habitans.

Le feu sieur Phelypeaux avait proposé d'établir les îles de la Dominique et de Sainte-
Alouzie pour servir comme de décharge à la
Martinique, où il n'y a presque plus de terres
à concéder, et parce que, par leur proximité,

n'en étant éloignées que de 7 lieues, elles établiront une communication certaine avec la Guadeloupe, et que ces quatre îles se donneront aisément des secours les unes aux autres; mais comme il y a eu anciennement un traité fait entre les français et les anglais, par lequel il fut convenu que la Dominique resterait aux naturels du pays, qui y sont établis, sans qu'aucune des deux nations pût s'y habituer, et que les anglais ont toujours eu des prétentions sur Sainte-Alouzie, dont l'établissement ne paraît pas nécessaire ni pouvoir être d'une grande utilité, parce qu'elle est remplie de serpens, et qu'il n'y a pas beaucoup de terres à cultiver, et qu'il paraît au contraire convenir mieux de n'y point habiter et d'y laisser profiter les bois qui y croissent, et dont les habitans de la Martinique qui s'y en fournissent à mesure qu'ils en ont besoin, profitent utilement, étant rares à la Martinique; ces raisons déterminèrent de laisser les choses en l'état qu'elles étaient, et de marquer au sieur Duquesne de ne point souffrir, sous quelque prétexte que ce fût, qu'aucune nation s'y établît, non plus qu'à Saint-Vincent, qui doit rester aux naturels du pays, suivant le traité fait entre les français et les anglais.

Sa Majesté recommande au sieur de la Varenne d'agir sur tout cela dans le même esprit; et elle est bien aise d'en informer le sieur de de Ricouart.

Sa Majesté recommande aussi au sieur de la Varenne d'empêcher qu'aucune nation étrangère s'établisse à l'île de Tabago, qui a été cédée à la France par le traité de Risvick, elle pourra se déterminer dans la suite à établir solidement cette île, où il serait à souhaiter qu'on put faire passer quelques familles qui s'y habituassent, afin de faire voir qu'elle n'est point abandonnée par la France ; il fera en sorte d'y réussir, conjointement avec le sieur de la Varenne, et marquer les vues qu'il pourra avoir pour l'établissement de cette île, qui est d'autant plus importante qu'elle a un très-beau port, et qu'elle est plus à portée qu'aucune autre île, de faire le commerce avec la terre ferme d'Espagne.

L'état-major et les troupes furent retirées de Marie-Galante pendant la dernière guerre, parce que cette île est trop exposée aux invasions des anglais ; elle s'est pourtant conservée sans d'autres insultes que celles de quelques enlèvemens de noirs que les corsaires y ont fait de tems en tems, ce qui en a fait abandonner partie des habitans qui y sont retournés à la paix ; l'état-major et la garnison y ont aussi été renvoyés, et comme cette île sera toujours exposée à être détruite toutes les fois que les ennemis voudront y descendre, il paraît qu'il ne convient point que les habitans établissent aucune nouvelle sucrerie, en laissant subsister celles qui y sont ; il paraîtrait même suffisant d'y avoir de petits habitans pour y cultiver du tabac et de l'indigo, du coton et autres menues cultures, y élever et nourrir des bestiaux pour la consommation des autres îles, si cependant ledit sieur de Ricouart, après qu'il aura pris connaissance de l'état de cette île, pense autrement, il en informera S. M. et en marquera les raisons.

A l'égard des îles de Saint-Martin et de Saint-Barthelemy, leur proximité avec Saint-Christophe, fit juger à propos, après la prise faite par les anglais de la partie française de cette dernière, d'en retirer l'état-major; la meilleure partie des habitans s'y est maintenue pendant la guerre; comme le nombre n'en est pas fort considérable, que d'ailleurs ces deux îles ne servent qu'à faire des vivres et à élever des volailles et des bestiaux pour la subsistance de l'île de Saint-Christophe, aujourd'hui entièrement anglaise, elles deviennent, en quelque manière, inutiles à la France, ou du moins de très-peu de conséquence; le feu Roi avait chargé le sieur Marquis Duquesne d'examiner, avec le sieur de Vaucresson, s'il ne conviendrait point de les céder aux anglais, auxquels elles seraient fort nécessaires, par rapport à Saint-Christophe, si on ne pourrait point faire avec eux un échange pour quelqu'autre chose qui convint aux français, et même pour les obliger d'abandonner les prétentions qu'ils ont, quoique mal fondées, sur Sainte-Alouzie, pour en assurer la possession paisible et certaine à la France, en cas que, dans la suite, il fût jugé nécessaire d'y faire un établissement.

En conformité de cette vue, qui parut bonne aux sieurs Duquesne et Vaucresson, le premier en fit parler par le sieur de Valmenier, comme de lui-même, au Commandant de la Barbade qui fit réponse qu'étant sur le point d'être rappelé, il ne pouvait proposer aucun échange; S. M. donne ordre au sieur de la Varenne de s'informer, à son arrivée, s'il a été fait quelque chose depuis à ce sujet , et de suivre cette vue , en faisant faire toujours les propositions , sans qu'elles paraissent venir de S. M. ni de lui , afin d'engager les anglais d'en faire eux-mêmes la demande ; elle lui fait observer qu'il pourra les amener à ce point en se servant de personnes sûres pour l'inspirer aux anglais de Saint-Christophe, et que jusques à ce tems il doit maintenir les habitans de ces deux îles, sans cependant y envoyer d'officier-major ni de garnison ; si l'échange réussit, on prendra des mesures pour transporter ces habitans à la Grenade et à la Guadeloupe. Cette négociation , dans laquelle il ne sera rien conclu sans ordre exprès de S. M. , doit être ménagée avec beaucoup de secret , et de prudence, et faite conjointement avec le sieur de Ricouart.

L'île de Sainte-Croix appartenant à la France est la plus enfoncée des îles du vent au S.-E., éloignée de Porto-Rico de 10 à 12 lieues, elle fût abandonnée dès le tems de la pénultième guerre, tant à cause du mauvais air qui empêchait l'augmentation des habitans , que parce qu'elle était trop exposée aux incursions des espagnols ; la garnison et partie des habitans furent transportés à l'île de Saint-Domingue ; cependant la possession en est restée à la France, sans qu'aucune autre nation ait entrepris de s'y établir ; cette île est merveilleuse pour la beauté et la bonté de son terrein qui est plat et fort boisé , il y a beaucoup de rivières et de beaux ports, mais elle fort mal saine à cause des étangs qui se forment à l'embouchure des rivières, ce qui a empêché qu'elle

ne

ne se soit puissamment établie, n'y ayant lorsqu'on l'abandonna, que 200 hommes portant
armes, environ 800 esclaves, 11 sucreries roulantes,
et une infinité de bestiaux de toutes espèces ;
on assure qu'elle pourrait contenir au moins
600 familles.

Sa Majesté donne ordre au sieur de la Varenne d'en maintenir toujours la possession,
d'empêcher qu'aucune autre nation ne s'en empare, et d'examiner, avec le sieur de Ricouart,
s'il conviendrait d'y faire un second établissement, et les moyens qu'on pourrait mettre en
usage pour y réussir avantageusement ; elle
souhaite qu'ils en envoyent un mémoire raisonné
et qu'ils rendent compte de toutes les vues
qu'ils pourront avoir sur cet établissement.

Fait à Paris, le 25 août 1716. *Signés,*
LOUIS, et, vu et approuvé, Philippe
D'Orleans.

(Nᵒ. 43.) *Mémoire du Roi à MM. de la
Varenne et de Ricouart, Général et Intendant,
sur l'administration générale de la Colonie.*

Du 25 août 1716.

Sa Majesté estime si important pour son service et le bien de la Colonie, que le sieur
de la Varenne et le sieur de Ricouart vivent
dans une bonne union et intelligence, qu'elle
a jugé à propos de commencer cette dépêche
par leur recommander de ne rien omettre, l'un
et l'autre, pour l'entretenir.

Ils doivent se communiquer leurs vues et
leurs sentimens sur tout ce qu'ils estimeront

Tome I. H

convenable pour le bien du service et l'avan̄-
tage de la Colonie , et écrire, conjointement,
des lettres communes sur toutes les affaires de
la Colonie, commises à leurs soins ; après s'être
concertés sur tout ce que ces dépêches devront
contenir, et sur lesquelles il leur sera envoyé
les ordres qui seront estimés nécessaires, et en
cas que, dans le compte qu'ils auront à rendre,
ils ne fussent pas du même avis , ils expliqueront, dans ces lettres communes, les raisons
qui les feront penser différemment, afin qu'après
qu'elles auront été examinées , S. M. puisse
leur faire savoir ses intentions. Cependant,
pour prévenir toutes discussions entr'eux , elle
a estimé nécessaire de leur expliquer les fonctions qui les regardent chacun en particulier,
et celles qui leur sont communes.

Tout ce qui regarde la dignité du commandement et le militaire est pour le Gouverneur-
général seul ; c'est à lui à déterminer les fortifications et les ouvrages sur les projets et les
devis de l'ingénieur, après, toutefois, en avoir
conféré avec l'Intendant, que les marchés, la
dépense et les moyens de trouver les fonds nécessaires regardent uniquement ; et ils doivent
envoyer, conjointement, les plans et les devis
estimatifs pour recevoir les ordres de S. M. sur
ce sujet.

L'administration des fonds, des vivres, munitions, marchandises, et généralement tout
ce qui regarde le magasin, appartient à l'Intendant, et il ne doit être fait aucune consommation, vente, ni autre chose que sur
ses ordres, mais du consentement et avec la
connaissance du Gouverneur. Si cependant ledit

sieur de la Varenne juge à propos de faire faire quelques depenses extraordinaires pour le service de S. M, ; elle souhaite que M. de Ricouart l'ordonne conformément à sa demande et qu'ils en rendent compte l'un et l'autre ; elle recommande audit sieur de la Varenne de ne s'y point déterminer sans une nécessité absolue.

Ils doivent avoir, l'un et l'autre, une grande attention pour que les fonds que S. M. fait tous les ans pour les dépenses de la Colonie, soient bien et utilement employés, et S. M. ne veut point qu'il soit fait aucun excédent de dépense

Le détail et l'administration des hôpitaux regardent aussi l'Intendant, mais S. M. recommande au sieur de la Varenne d'avoir attention que les choses s'y passent dans la règle.

L'administration de la justice regarde pareillement l'Intendant ; à l'égard de la police, elle est commune entre le Gouverneur-général et l'Intendant, et ils doivent le faire conjointement. S. M. veut qu'ils y tiennent la main exactement.

Ils doivent aussi donner, conjointement, les concessions des terres, et favoriser, l'un et l'autre, tout ce qui pourra avoir rapport au commerce dans lequel ils ne doivent cependant entrer que pour donner protection à ceux qui le font, les aider, quand ils en auront besoin et qu'il sera en leur pouvoir, et leur procurer une justice prompte et exacte.

Si, après cette explication, il survient entre les sieurs de la Varenne et de Ricouart, quelque difficulté qu'on n'ait pas prévue, S. M. souhaite qu'ils s'en expliquent en-

H 2

semble avec douceur et amitié, et toujours en vue de son service et du bien public, et s'ils ne peuvent pas s'accorder, ils proposeront chacun leurs raisons, sur lesquelles S. M. leur fera savoir ses intentions.

Une des principales attentions des sieurs de la Varenne et de Ricouart, doit être l'augmentation des habitans; ils y peuvent parvenir en tenant exactement la main à ce que chaque vaisseau marchand y apporte le nombre d'engagés auquel il est obligé par les Ordonnances, et s'il y en a quelqu'un qui manque d'y satisfaire, ou qui ne porte qu'une partie de ceux auxquels il est obligé, ils en informeront S. M., sans aucune indulgence pour ceux qui auront contrevenu, et ils tiendront la main à ce que les capitaines des navires marchands n'exigent qu'un prix raisonnable de chaque engagé qu'ils remettront aux habitans et par rapport aux conventions qu'il feront ensemble.

Il n'est pas moins important que chaque habitant ait le nombre de blancs prescrit par les Ordonnances, et cela est si essentiel, tant par rapport au grand nombre de nègres qui sont dans la Colonie, que pour la fortifier, que S. M. ne peut que trop leur recommander de ne point souffrir qu'il y soit contrevenu sous quelque prétexte ou quelque cause que ce puisse être.

Ils auront soin de rendre compte à S. M. du nombre d'engagés que chaque vaisseau apportera, s'ils sont de l'âge et de la qualité ordonnée, et ils tiendront la main à ce que les habitans qui n'en auront pas le nombre prescrit par les Ordonnances du Roi, les prennent des capitaines de vaisseaux à leur arrivée.

Comme rien n'est plus avantageux, pour les colonies, que d'y établir toutes les différentes sortes de cultures que la terre y peut produire, S. M. souhaite que les sieurs de la Varenne et de Ricouart y aient une attention particulière ; mais comme la seule excitation n'y suffira point, puisque depuis 30 ans elle a été inutile, les habitans n'ayant d'autres vues que de parvenir à établir une sucrerie dès qu'ils ont les moyens de le faire, et le nombre n'en étant déjà que trop grand, dans les colonies françaises, il parait nécessaire à S. M. de défendre l'établissement d'aucune nouvelle sucrerie aux îles du vent, et d'ordonner à chaque habitant de planter une certaine quantité de chacun des arbres dont le bois entre dans le commerce, comme cacao, coton et autres. Cet article est très-essentiel pour le bien de la Colonie, et S. M. souhaite que les sieurs de la Varenne et de Ricouart aient une attention particulière pour le mettre en exécution.

Sa Majesté désire qu'ils fassent faire des chemins commodes dans le cœur de l'île de la Martinique et de celle de la Guadeloupe qui n'est point encore habitée, afin qu'ils y puissent placer de petits habitans, qui, par ce moyen, auront les passages libres et aisés pour le transport de leurs denrées et marchandises.

Ils auront soin d'envoyer, toutes les années, régulièrement les recensemens des îles du vent, et observeront de les faire faire le plus exactement qu'il se pourra, et ils rendront compte de l'état de ces îles par toutes les occasions.

Sa Majesté a eu divers avis que les hôpitaux de la Martinique et de la Guadeloupe, dont les frères de la Charité ont l'administration, sont riches, et que cependant les malades y sont très-mal traités, et que ces Religieux les renvoyent souvent avant qu'ils soient parfaitement guéris ; elle veut que les sieurs de la Varenne et de Ricouart entrent dans le détail de cette administration pour examiner et remédier aux abus qui peuvent s'y être introduits, et qu'ils fassent en sorte de connaître tous les revenus de ces hôpitaux et l'emploi qu'ils en font, afin d'en rendre compte à S. M.

Le Marquis Duquesne avait informé le feu Roi, que plusieurs habitans avaient établi et demandaient à établir des Chapelles domestiques, pour y faire dire la messe, sous prétexte de l'instruction de leurs nègres. Comme cela est sujet à trop d'inconvéniens, ledit sieur Duquesne eût ordre de ne point le permettre, S. M. n'approuvant pas cet établissement. S'il subsistait, les paroisses seraient désertes, et les maîtres, leurs domestiques et les esclaves qui sont en grand nombre dans les habitations, demeureraient sans instruction, et presque sans approcher des Sacremens.

D'ailleurs on peut croire que les Prêtres et Religieux, qui desservent ces Chapelles, ne vont aux îles que pour se soustraire à la discipline de leurs Evêques et de leurs Supérieurs, et comme il n'y a point d'Evêque aux îles qui puisse veiller sur leur conduite et les interdire, quand ils tombent en faute, il serait dangereux de les y laisser établir.

Sa Majesté sait que les Prêtres et les Religieux qui vont aux îles, sans être attachés à aucune des communautés régulières qui y sont établies, ne peuvent, suivant les anciens réglemens, dire la messe sans avoir montré leurs pouvoirs aux Supérieurs et Curés déjà établis; mais si les Chapelles étaient une fois bénies et établies, on ne pourrait plus les empêcher de la dire quelque scandaleux qu'ils fussent, parce que les missionnaires n'ont aucune jurisdiction sur eux.

Toutes ces raisons obligent S. M. d'ordonner aux sieurs de la Varenne et de Ricouart de faire cesser l'exercice dans toutes les Chapelles domestiques qui sont aux îles du vent, en cas qu'il en subsiste encore, et d'empêcher qu'à l'avenir il n'en soit établi aucune, sans des ordres particuliers de S. M., qui s'y est déterminé avec d'autant plus de raison qu'elle sait que les Religieux qui y sont établis et qui y desservent les cures, sont en nombre suffisant, et qu'ils y instruisent les peuples avec soin et édification.

Les conseillers honoraires du Conseil Supérieur de la Martinique ayant prétendu avoir la préséance, et présider au préjudice du plus ancien des Conseillers titulaires, le Conseil Supérieur rendit un Arrêt le 8 novembre 1712, par lequel il donne la préséance au plus ancien titulaire. Les conseillers honoraires se sont plaints de cette décision, et ont demandé à S. M. d'expliquer ses intentions sur ce sujet. Les sieurs de la Varenne et de Ricouart leur feront savoir que S. M. a approuvé ledit Arrêt du Conseil Supérieur, du 8 novembre 1712, et n'estime point que les conseillers honoraires doivent présider, en aucune occasion, au préjudice des conseillers titulaires.

S. M. observera aux sieurs de la Varenne et de Ricouart, qu'il ne convient point que les espèces soient à une plus haute valeur dans les colonies que dans le royaume ; ainsi, S. M. souhaite qu'elles aient une valeur égale à celle qu'elles auront en France, et qu'elles augmentent et diminuent à proportion.

Cependant, sur les représentations qui ont été faites par les sieurs de Blenac et Mithon, au sujet des pistoles d'Espagne, des piastres et anciennes espèces qui n'ont plus de cours en France ; S. M. leur a fait savoir, et aux sieurs Duquesne et de Vaucresson qu'elle leur permettait de régler le cours de ces différentes espèces, comme ils le jugeraient le plus à propos pour le bien de son service et du commerce, en prenant l'avis des négocians de l'île les plus entendus, et d'observer de ne rendre, sur cela, aucune Ordonnance en forme qui pourra être suppléée par des lettres écrites aux juges et autres gens capables de tenir la main à ce qui sera convenu, et leur a fait recommander en même tems d'approcher, le plus qu'ils pourront, ces espèces de la valeur qu'elles ont en France. Les sieurs de la Varenne et Ricouart agiront en conformité pour ce qui regarde la valeur des espèces dans les îles du vent.

Fait à Paris, le 25 août 1716, *Signés*, LOUIS; vu et approuvé, PHILIPPE D'ORLEANS.

(N°. 44.) LETTRE du Conseil de Marine, à M. D'Hauterive, Procureur-général, sur les Procédures civiles et criminelles.

Du 19 octobre 1716.

LE Conseil a examiné le mémoire que vous lui avez envoyé, par votre lettre du 10 mars dernier, sur deux difficultés que vous proposez; la première regarde l'exécution de l'article XXXV des requêtes civiles de l'Ordonnance de 1667 ; cet article s'explique avec tant de netteté, qu'il n'a pas besoin d'éclaircissement: l'usage de toutes les Cours du royaume est de porter les requêtes civiles dans les Cours et Juris-dictions où les Arrêts et jugemens ont été rendus ; tous les officiers qui se trouvent pré-sens peuvent connaître des requêtes civiles, et il n'est pas nécessaire d'appeller au jugement les officiers qui ont assisté au premier Arrêt; ils peuvent être juges de la requête civile ; mais en leur absence, les autres officiers présens y sont appellés par l'Ordonnance, et il ne s'agit que de remplir le nombre de Juges qu'elle prescrit.

La seconde difficulté regarde les jugemens en matiere criminelle ; le Conseil ne peut se départir de la règle générale qui est suivie dans tout le royaume ; et quoique le Conseil Supé-rieur de la Martinique soit autorisé de juger au nombre de cinq juges, les Arrêts doivent toujours passer de deux voix.

Le Conseil examinera, sur l'avis de MM. de la Varenne et Ricouart, s'il convient d'aug-menter le nombre d'officiers dans votre compa-

gnie , comme vous le proposez. *Signés* , L. A.
DE BOURBON ; *et plus bas* , le Maréchal
D L*TRE'ES.

Enregistré au Conseil Souverain.

(N°. 45.) REGLEMENT *concernant les Siéges
d'amirauté que le Roi veut être établis dans
tous les ports des îles françaises , en quelque
partie du monde qu'elles soient situées.*

Du 12 janvier 1717.

LE Roi s'étant fait représenter l'Ordonnance
rendue par le feu Roi , en l'année 1681 ,
sur le fait de la marine , pour être gardée et
observée dans son royaume , terres et pays de
son obéissance , ce qui n'a point eu lieu jusqu'à présent , attendu qu'il n'y a point encore
d'amirauté établie dans les colonies de l'Amérique , ni des Indes Orientales , ce qui donne
occasion à toutes sortes de juges et praticiens
de s'attribuer la connaissance des affaires maritimes , sans aucune capacité ni connaissance des
Ordonnances, ce qui cause un préjudice considérable au commerce et à la navigation, que les Rois
prédécesseurs de S. M , ont toujours regardée
comme affaire très-importante , et qui ne pouvait être bien administrée que par des Ordonnances particulières , et par des Jurisdictions
établies exprès pour les faire observer. S. M. ,
de l'avis du Duc d'Orléans , son oncle, Régent,
a résolu le présent Réglement.

TITRE PREMIER.

Des Juges de l'Amirauté et de leur compétence.

ART. 1er. Il y aura, à l'avenir, dans tous les ports des îles et colonies françaises, en quelque partie du monde qu'elles soient situées, des juges pour connaître des causes maritimes, sous le nom d'officiers d'amirauté, privativement à tous autres juges, et pour être, par eux, lesdites causes, jugées suivant l'Ordonnance de 1681, et autres Ordonnances et Réglemens touchant la marine.

II. La nomination desdits juges appartiendra à l'Amiral, comme en France, sans, toutefois, qu'ils puissent exercer qu'après avoir, sur la dite nomination, obtenu une commission de S. M , au grand sceau, laquelle commission sera révocable, *ad nutum*.

III. Ils pourront être choisis parmi les juges des Jurisdictions ordinaires, sans être obligés de prendre des lettres de compatibilité : ils rendront la justice au nom de l'Amiral, conformément à l'Ordonnance de 1681, et au Réglement de 1669, et les appels de leurs sentences seront relevés en la manière prescrite par ladite Ordonnance, et ainsi qu'il sera expliqué ci après ; ils ne pourront, en même tems, être juges de l'Amirauté et officiers des Conseils Supérieurs.

IV. Leur compétence sera la même qui est expliquée par l'Ordonnance de 1681, livre premier, titre second, et par l'Edit de 1711.

V. Il y aura dans chaque Siége d'amirauté, un Lieutenant, un Procureur du Roi, un

Greffier et un ou deux huissiers , suivant le besoin , avec les mêmes fonctions qui leur sont attribuées dans l'Ordonnance de 1681.

VI. Les Lieutenans et Procureurs du Roi, seront reçus au tribunal , où se porteront les appels de leurs sentences ; les greffiers et les huissiers seront reçus par les officiers de leur Siége.

VII. Les Lieutenans et les Procureurs du Roi ne pourront être reçus qu'ils ne soient âgés de vingt-cinq ans ; ils seront dispensés d'être gradués , pourvu , toutefois, qu'ils aient une connaissance suffisante des Ordonnances et des affaires maritimes , sur lesquelles ils seront interrogés avant que d'être reçus.

VIII. Les Lieutenans rendront la justice , et tiendront les audiences dans le lieu où se rendra la justice ordinaire , et on conviendra des jours et des heures , afin que cela ne fasse point de confusion.

IX. En cas d'absence , mort, maladie , ou récusation d'aucun desdits officiers , ses fonctions seront faites par le juge ordinaire le plus prochain , jusqu'à ce qu'il y ait été pourvu ; lequel juge sera tenu de faire mention expresse , dans ses sentences et procédures , de sa commission.

X. Le greffier sera tenu de se conformer exactement à l'Ordonnance de 1681 , pour ce qui regarde ses fonctions , et en cas d'absence , mort, ou maladie , il y sera commis par le Lieutenant , jusqu'à ce qu'il y ait été pourvu.

XI. Les huissiers seront reçus, et exploiteront conformément à l'Ordonnance de 1681, excepté en ce qui regarde la vente des bâtimens, dont les officiers d'amirauté sont chargés par l'Edit de 1711, et qui se fera en la manière expliquée ci-après.

XII. Les Procureurs du Roi et les greffiers seront obligés de tenir des registres, ainsi qu'il est prescrit par l'Ordonnance de 1681, et si les officiers sont choisis parmi ceux des Jurisdictions ordinaires, ils tiendront leurs registres distincts et séparés par chaque Jurisdiction, et sans que les affaires de l'une soient confondues avec celles de l'autre.

TITRE II.

Du Receveur de l'Amiral.

Dans tous les lieux où il y aura des officiers de l'amirauté, l'Amiral pourra établir un Receveur pour délivrer ses congés, et faire les fonctions prescrites au titre VI, livre 1er, de l'Ordonnance de 1681.

TITRE III.

Des procédures et des jugemens.

Art. I. Les affaires de la compétence de l'Amiral, seront instruites et jugées conformément à l'Ordonnance de 1681, et les appels seront portés au Conseil Supérieur où ressortit la justice ordinaire du lieu.

II. Les demandes pour le paiement de partie ou du total de la cargaison d'un vaisseau prêt à faire voile pour revenir en France, seront jugées sommairement, et exécutées nonobstant appel et sans préjudice d'icelui, et les détenteurs desdites marchandises, contraints, par la vente de leurs effets, même par corps, s'il est besoin, à en acquitter le prix, lorsqu'il ne s'agira que d'un paiement non contesté ; et s'il y a quelque question incidente, la sentence de l'amirauté sera toujours exécutée par provision, nonobstant l'appel, et sans préjudice d'icelui, en donnant caution.

TITRE IV.

Des congés et rapports.

ART. I. Aucun vaisseau ne sortira des ports et hâvres desdites colonies et établissemens français, pour faire son retour en France ou dans quelqu'autre colonie, ou pour aller directement en France ou dans les autres colonies, sans congé de l'Amiral, enregistré au greffe de l'amirauté du lieu de son départ, à peine de confiscation du vaisseau et de son chargement.

II. Fait, S. M., défenses à tous Gouverneurs desdites colonies, ou Lieutenans-généraux particuliers des places, et autres officiers de guerre, de donner aucun congé, passe-port, et sauf conduit pour aller en mer, et à tous maîtres et capitaines de vaisseaux d'en prendre, sous peine, contre les maîtres et capitaines qui en auront pris, de confiscation du vaisseau et marchandises ; et contre ceux qui auront donné lesdits congés, passe-ports et sauf conduits, d'être tenus des dommages et intérêts de ceux à qui ils en auront fait prendre.

III. Ne seront, néanmoins, les maîtres tenus de prendre aucun congé pour retourner
au port de leur demeure, s'il est situé dans
l'étendue de l'amirauté où ils auront fait leur
décharge.

IV. Lorsque les Gouverneurs généraux ou
particuliers auront à donner à quelques maîtres
ou capitaines de vaisseau, des ordres dont
l'exécution sera importante pour le service de
S. M., ils les mettront au dos des congés de
l'Amiral, signé d'eux, et suivant la formule
qui sera mise ci-après.

V. Les maîtres des bâtimens dont la navigation ordinaire consiste à porter des sucres
ou autres marchandises d'un port à un autre,
dans la même île, comme aussi ceux qui navigueront d'île en île, et iront de la Martinique aux îles de la Guadeloupe, Grenade,
Grenadins, Tabago, Marie - Galante, Saint-
Martin, Saint - Barthélemy, Saint - Vincent,
Sainte-Alouzie et la Dominique, et ceux qui
iront de l'île de Cayenne à la province de
Guyanne, et de la côte de Saint-Domingue
à l'île de la Tortue, prendront des congés de
l'Amiral, lesquels leur seront donnés pour
un an.

VI. Ceux qui font leur commerce ordinaire
à l'île Royale, de port en port, ou qui iront
aux îles adjacentes, île de sable, à celle du
golfe Saint-Laurent, et aux côtes dudit golfe,
prendront aussi des congés de l'Amiral, lesquels leur seront donnés pour un an ; mais
s'ils viennent à Quebec, ils y prendront un
nouveau congé.

VII. Les maîtres desdits bâtimens, avant

de recevoir leur congé, feront, au greffe, leur soumission de n'aller dans aucune île ou côte étrangère, à peine de confiscation du vaisseau et marchandises, et de trois cens livres d'amende, dont ils donneront caution.

VIII. Les maîtres des bâtimens qui navigueront dans le fleuve et golfe de St-Laurent, prendront aussi des congés de l'Amiral, qui leur seront donnés pour un an; lesquels congés, pour un an, seront toujours datés du premier janvier de l'année où ils seront délivrés.

Ceux de Quebec iront à l'île Royale, et seront tenus d'en prendre pour chaque voyage.

IX. Les congés pour les vaisseaux qui doivent retourner en France, ne pourront être délivrés par le Receveur, ni enregistrés à l'amirauté, qu'après avoir averti le Gouverneur de la Colonie, et ne pourront, lesdits vaisseaux, ramener aucun passager ni habitant, sans la permission expresse desdits Gouverneurs.

X. Les congés pour la pêche ne pourront être délivrés que du consentement des Gouverneurs, qui auront attention à empêcher qu'on n'en abuse, pour faire le commerce avec les étrangers.

XI. Tous les maîtres ou capitaines des navires arrivant dans les colonies et autres établissemens français, seront tenus de faire leur rapport au Lieutenant de l'amirauté, vingt-quatre heures après leur arrivée au port, à peine d'amende arbitraire.

XII. Excepté, seulement, ceux qui arrivant à l'île Royale, pour la pêche, entreront dans les ports et hâvres où il n'y aura point d'amirauté; auquel cas, ils seront, seulement, tenus

de

de faire leur rapport à l'amirauté la plus prochaine, dans un mois, au plus tard, du jour
de leur arrivée, sous les mêmes peines.

XIII. Dispense, S. M., les maîtres des bateaux énoncés dans les articles 3, 5 et 6 du
présent titre, de faire leur rapport ; ils seront,
seulement, tenus de faire viser, par le greffier
de l'amirauté, leur congé à chaque voyage,
si ce n'est qu'ils aient trouvé quelques débris,
vu quelque flotte, ou fait quelque rencontre
considérable à la mer, dont ils feront leur
rapport aux officiers de l'amirauté, qui le recevront sans frais.

XIV. Défend, S. M., aux maîtres de décharger aucunes marchandises avant que d'avoir
fait leur rapport, si ce n'est en cas de péril
et événement, à peine de punition corporelle
contre les maîtres, et de confiscation des marchandises déchargées.

XV. Le Procureur du Roi de chaque Siége
d'amirauté sera tenu, à la fin de chaque année, d'envoyer à l'Amiral, un état des officiers
de sa Jurisdiction, et de ce qui s'y est passé
de plus considérable ; comme aussi la liste des
bâtimens qui y sont arrivés, le jour de leur
arrivée et de leur départ, suivant la formule
qui lui en sera donnée.

XVI. Il est défendu à tous marchands,
maîtres, capitaines et autres gens de mer naviguant dans les mers de l'Amérique, d'y faire
aucun commerce avec les étrangers, et d'aborder, à dessein, aux côtes ou îles de leur établissement, sous peine, pour la première fois,
de confiscation des vaisseaux qui y auront été,
et de leur chargement, et de galère en cas

de récidive, contre le maître et les matelots qui auront fait cette navigation.

XVII. Les maîtres et pilotes, en faisant leur rapport, représenteront leurs congés, déclareront le tems et le lieu de leur départ, le port et le chargement de leurs navires, la route qu'ils auront tenue, les hasards qu'ils auront trouvés, les désordres arrivés dans leurs vaisseaux, et toutes les circonstances de leur voyage; représenteront aussi leur journal de voyage qui leur sera remis, s'ils le désirent, par les officiers de l'amirauté, au bout de huit jours et sans frais, après qu'ils en auront extrait les choses qui pourront servir à assurer ou perfectionner la navigation des îles : ils auront soin d'en rendre compte à l'Amiral, tous les trois mois.

XVIII. Les capitaines et maîtres des vaisseaux arrivant des colonies françaises dans les ports de France, seront tenus, en faisant leur rapport, de déclarer comme ils ont été reçus dans les colonies ; de quelle manière s'y rend la justice ; quels frais et quelles avaries ils ont été obligés de payer, depuis leur arrivée jusqu'à leur départ. Enjoint, S. M., aux officiers d'amirauté, d'interroger, exactement, les maîtres et capitaines sur ces articles; de recevoir les plaintes des passagers et matelots qui en auront à faire, et d'en dresser procès verbal, qu'ils seront tenus d'envoyer à l'Amiral de France.

TITRE V.
De la visite des vaisseaux.

ART. I. A l'arrivée des vaisseaux, la visite sera faite par les officiers de l'amirauté, suivant l'Edit de 1711; ils observeront de quelles

marchandises ils seront chargés, quel est leur
équipage, quels passagers il amènent, et feront mention du jour de l'arrivée du vaisseau,
et en dresseront leur procès-verbal.

II. La visite des vaisseaux destinés à retourner en France, se fera, avant leur chargement, par les officiers d'amirauté, avec un
charpentier nommé, et en présence du maître,
qui sera tenu d'y assister, sous peine d'amende
arbitraire, pour examiner si le vaisseau est en
état de faire le voyage ; sera faite aussi la visite des agrès et apparaux en présence d'un
ou de deux capitaines nommés par les officiers
d'amirauté, à l'effet de voir s'ils sont suffisans
pour le voyage, et seront tenus, les maîtres
qui se préparent à charger leurs vaisseaux,
d'en avertir les officiers d'amirauté, deux jours
avant de commencer, sous peine, contre les
contrevenans, de les faire décharger et rechar-
ger à leurs dépens.

III. Ils prendront la déclaration du maître et de
l'écrivain, ou du dépensier, de l'état, qualité et
quantité de victuailles, pour juger si elles sont convenables et suffisantes pour la longueur du voyage,
et le nombre de l'équipage et des passagers, et
ne pourra la quantité de victuailles, être moindre
de 60 rations, et de deux tiers de barrique d'eau
pour chaque personne.

IV. Si les deux tiers de l'équipage soutiennent contre la déclaration du maître et de
l'écrivain ou du dépensier, que les victuailles
ne sont pas de bonne qualité, ou qu'il n'y
en a pas la quantité portée par la déclaration,
les officiers d'amirauté en feront la vérification ;
et en cas que la déclaration se trouve fausse,
le maître et l'écrivain seront condamnés, chacun

à cent livres d'amende, et à prendre les victuailles, ainsi qu'il sera ordonné ; ce qui sera
exécuté à la diligence du Procureur du Roi,
et de celui des maîtres que les deux tiers de
l'équipage nommeront : le prix desdites victuailles, sera pris sur le corps du vaisseau,
et même sur le chargement, dont on pourra
vendre jusqu'à la concurrence du prix desdites
victuailles, sauf à être supportée, ladite dépense, par qui il appartiendra ; ce qui sera
réglé par les officiers d'amirauté du lieu où
le vaisseau fera son retour.

V. Sera, par lesdits officiers d'amitauté, dressé
un procès-verbal de l'état du vaisseau, des
agrès et apparaux, et des vivres, duquel procès-verbal il sera délivré, aux maîtres, une
copie, qu'ils seront tenus de représenter à
l'amirauté du lieu de leur retour, sous peine
d'amende arbitraire.

Pour ce qui est des frais de justice, expéditions des congés et autres procédures, ils
seront reçus par les officiers d'amirauté, sur
le même pied qu'ils ont été reçus jusqu'à
présent par les juges ordinaires, et s'il arrivait
quelque difficulté à cet égard, elle sera réglée
par provision, par le Conseil Supérieur, se
réservant, S. M., de les régler particulièrement et en détail, par un tarif exprès qu'elle
fera arrêter en son conseil, sur les avis et
instructions que les officiers des Conseils Supérieurs, Intendans, négocians et autres que
S. M. jugera à propos de consulter, auront
ordre d'envoyer incessamment ; lequel tarif,
ordonné par S. M., sera imprimé, exposé dans
le lieu le plus apparent du greffe, afin que
tout le monde puisse y avoir recours.

Mande et ordonne, S. M., à M. le Comte de Toulouse, Amiral de France, de tenir la main à l'exécution du présent Réglement, de le faire publier, afficher et enregistrer partout où besoin sera.

Fait à Paris, le 12 janvier 1717. *Signés,* LOUIS; *et plus bas,* par le Roi, PHELYPEAUX.

Enregistré au Conseil Souverain.

(N°. 46.) ORDRE *du Roi qui défend, sous peine de confiscation, à tout particulier d'importer ou de garder chez soi, pour sa consommation, des farines autres que du barillage de France.*

Du 10 mai 1717.

SA Majesté étant informée que, nonobstant les ordres qu'elle a donné pour l'exécution des Ordonnances et Réglemens qui défendent le commerce étranger dans les îles françaises de l'Amérique, il s'introduit des farines étrangères; S. M., de l'avis de Monsieur le Duc d'Orléans, son oncle, régent, a résolu le présent Réglement, ainsi qu'il suit :

ART. Ier. Toutes farines qui ne seront point du barillage de France ou du Canada, et qui seront apportées dans les îles françaises de l'Amérique, seront réputée farines étrangères, et en cette qualité seront confisquées dans tels vaisseaux qu'elles soient apportées, et de quelques ports qu'ils soient partis.

II. Il ne pourra être vendu, auxdites îles, des farines autres que du barillage de France ou du Canada ; excepte cependant, S. M.; celles qui auront été amenées sur des prises, en tems de guerre, ou confisquées pour commerce étranger ; lesquelles pourront être vendues et consommées dans lesdites îles.

III. Défend, S. M., à toutes personnes de quelque qualité et condition qu'elles soient, dans lesdites îles, d'avoir, chez eux, des farines qui soient d'autres barillages que de celui de France ou du Canada, soit pour la consomration, soit pour en faire commerce, à peine de confiscation, à moins, cependant, que lesdites farines ne proviennent de prises, en tems de guerre, ou de confiscation pour commerce étranger.

IV. Ceux qui auront, chez eux, des farines provenant de prises ou de confiscation, seront teuus, à la première réquisition, de justifier la vente qui leur en aura été faite, par un extrait certifié du Juge.

V. Veut, S. M., que lors de la vente qui sera faite desdites farines, il soit fixé, par le Juge, un tems pour la consommation d'icelles, auquel l'acheteur se soumettra, et dont il sera fait mention sur l'extrait qui lui sera délivré, après lequel tems expiré, les farines qui pourront se trouver chez ledit acheteur, d'autre barillage que celui de France ou du Canada, seront confisquées.

Enjoint, S. M., aux Gouverneurs et Lieutenans généraux, desdites îles, Intendans, Gouverneurs particuliers, Commissaires Ordonnateurs, et à tous ses autres officiers qu'il appartiendra, de tenir, chacun en droit soi, la main à l'exécution du présent Réglement, lequel sera

enregistré aux Conseils Supérieurs desdites
îles, et·lû, publié et affiché par-tout où
besoin sera, à ce que personne n'en ignore.

Fait à Paris, le 10 mai 1717. *Signés*,
LOUIS; *et plus bas*, par le Roi, PHELYPEAUX,
et scellé du sceau ordinaire.

(Nº. 47.) *DECLARATION du Roi sur la publication des affaires, à l'issue de la Messe
paroissiale.*

Du 2 août 1717.

LOUIS, etc., SALUT : Le feu Roi, notre
très-honoré Seigneur et bisayeul, voulant procurer que le service divin fût célébré avec
toute la décence et la dignité convenable, a
dispensé par l'article XXXII de son Edit du
mois d'avril 1655, concernant la Jurisdiction
Ecclésiastique, les Curés, leurs Vicaires et
autres Ecclésiastiques, de publier aux Prônes,
ni pendant l'office divin, les actes de Justice
ni autres qui regardent l'intérêt particulier de
nos sujets ; et par sa Déclaration, du 16 décembre 1698, il a ordonné que cet article
aurait lieu, même à l'égard de nos propres
affaires ; et comme nous avons été informés
que ledit article XXXII de l'Edit du mois
d'avril 1655, et ladite Déclaration du 16 décembre 1698, ne sont point exécutés dans
toutes les colonies soumises à notre obéissance ;
nous avons estimé nécessaire d'y pourvoir en
même tems ; que conformément à notre Déclaration du 25 février 1708, l'Edit du Roi

I 4

Henri II , du mois de février 1556 , qui établit peine de mort contre les femmes qui cachent leur grossesse et laissent périr leurs enfans , soit publié tous les trois mois aux Prônes des paroisses.

A CES CAUSES , de l'avis , etc. ; et de notre certaine science , etc. : nous avons ordonné , dit et déclaré , et par ces présentes signées de notre main, desdites Ordonnances et Déclarations , voulons et nous plaît que dans toutes les colonies soumises à notre obéissance , les Curés , leurs Vicaires et autres Ecclésiastiques séculiers ou réguliers , faisant les fonctions curiales , soient dispensés comme par ces présentes nous les dispensons , de publier aux Prônes ni pendant l'office divin , les actes de Justice et autres qui regardent nos propres affaires , excepté, cependant , l'Edit du Roi Henri II , du mois de février 1556 , qui établit peine de mort contre les femmes qui cachent leur grossesse et laissent périr leurs enfans ; lequel sera exécuté selon sa forme et teneur , et publié de trois mois en trois mois , aux Prônes des Messes paroissiales.

Enjoignons aux Curés , Vicaires et autres faisant les fonctions curiales , de faire ladite Déclaration et d'envoyer un certificat , signé d'eux , à nos Procureurs des Jurisdictions , dans lesquelles leurs Paroisses sont situées , à peine d'y être contraints par saisie de leur temporel , à la requête de nos Procureurs généraux , en nos Conseils Supérieurs : voulons que les publications des actes de Justice et autres qui regardent l'intérêt particulier de nos sujets , soient faits par les huissiers , sergens ou Notaires, à l'issue des grandes Messes de paroisse, et que ces publications, avec les affiches qui en seront par eux posées aux grandes portes des Eglises, soient de pareille force et valeur, même pour les décrets, que si lesdites publications avaient été faites auxdits Prônes; et qu'à l'égard de ce qui regarde nos propres affaires, les publications en soient faites, seulement à l'issue des Messes de paroisse, par les officiers qui en seront chargés, et soient de même effet et vertu, que si elles étaient faites aux Prônes desdites Messes, nonobstant tous Edits, Déclarations et Coutumes à ce contraire, auxquels nous avons, par ces présentes, dérogé et dérogeons à cet égard.

Si mandons, etc.

Enregistrée au Conseil Souverain.

(N°. 48.) *DECLARATION du Roi sur les Minutes des Notaires.*

Du 2 août 1717.

Louis, etc., Salut : La conservation des Minutes des actes et contrats qui sont passés pardevant Notaires étant d'une importance extrême pour assurer le bien et le repos des familles, l'article LXXXIII de l'Ordonnance d'Orléans, a obligé tous les Notaires d'enregistrer leurs notes et minutes, et de signer le registre; cet article veut aussi qu'après le décès d'un Notaire, inventaire soit fait par le Juge ordinaire des lieux, des registres et protocoles du décédé, et qu'ils soient mis au greffe

pour y être grossoyés , signés et délivrés par
le greffier aux parties qui le requerront ,
moyennant salaire comptant , dont moitié demeurera au greffier , et l'autre moitié sera délivrée à l'héritier ou héritiers du décédé ; mais
ayant été informé que cette Ordonnance n'est
point exécutée dans les colonies soumises à
notre obéissance , où les Notaires n'étant point
érigés en charge , il arrive souvent que les
Minutes et protocoles des Notaires décédés ne
sont point enregistrés ni même attachés ensemble , et que restant entre les mains d'héritiers ,
quelquefois inconnus aux parties intéressées ,
elles ne savent à qui s'adresser pour en avoir
des expéditions , et quand les héritiers les leur
ont indiquées , outre qu'elles soint en mauvais
ordre , il s'en trouve souvent de soustraites ou
perdues : un pareil abus pouvant causer de
grands désordres dans les familles , nous avons
estimé nécessaire d'y pourvoir :

A ces causes , de l'avis , etc. , et de notre
certaine science , etc. ; nous avons dit , déclaré
et ordonné , disons , déclarons et ordonnons ,
voulons et nous plaît ce qui suit :

Art. I. Du jour de la publication des présentes , tous les Notaires , tant royaux que
des seigneuries , établis dans les colonies soumises à notre obéissance , seront tenus de lier
ensemble , par ordre d'année et de date , les
Minutes de tous les actes et contrats qui auront
été passés pardevant eux , dans les années précédentes à celle de la publication des présentes , de distinguer les Minutes , année par année , et de mettre chaque année , séparément ,
dans un carton ou papier double , en manière

de registre , sur le dos duquel ils coteront l'année.

II. Ils seront aussi tenus de lier ensemble, par ordre de dates , les Minutes des actes et contrats qui seront par eux passés pendant le cours de chaque année , au fur et à mesure que les actes auront été passés , et de mettre lesdites minutes , ainsi liées , dans un carton ou papier double , comme dit est , sur le dos duquel ils coteront pareillement l'année.

III. Le Procureur du Roi des Jurisdictions ordinaires et les Procureurs fiscaux des justices seigneuriales , seront tenus de se transporter sans frais dans l'étude de chaque Notaire de leur district , trois mois après la publication des présentes , pour visiter les minutes de toutes les années qui auront précédé celle de ladite publication , et voir si les Notaires auront exé- cuté ce qui est prescrit par le premier article des présentes.

IV. Ils seront aussi tenus de s'y transporter sans frais , dans les trois premiers mois de cha- que année , pour visiter les Minutes de l'année précédente , et voir si les Notaires auront exé- cuté le second article des présentes , et con- servé leurs Minutes des années antérieures en bon et dû état.

V. Ils dresseront des procès-verbaux , sans frais , de l'état où ils auront trouvé les Minu- tes des Notaires de leur district , et seront te- nus d'envoyer les procès-verbaux dans les trois mois de leur date , au Procureur général du Conseil Supérieur , dans le ressort duquel ils seront , pour en être fait rapport audit Conseil par ledit Procureur général , et sur icelui ordonné par arrêt, que lesdits procès-verbaux demeureront au greffe dudit Conseil, et en outre fait droit à qui il appartiendra.

VI. Les Notaires qui n'auront pas satisfait aux deux premiers articles des présentes, seront condamnés, par ledit Conseil Supérieur, à une amende arbitraire, qui ne pourra, pourtant, pas excéder six livres, pour la première fois, et à plus grande peine, même d'interdit en cas de récidive.

VII. Incontinent après la publication des présentes, les Juges ordinaires des lieux, à la requête des Procureurs du Roi de leur Jurisdiction, et les Juges des justices seigneuriales, à la requête des Procureurs fiscaux desdites justices, seront tenus de se transporter, sans frais, aux domiciles des héritiers des Notaires décédés dans leurs districts, ou de ceux qui se seront démis de l'emploi de Notaires avant la publication des présentes, pour se faire représenter les Minutes et protocoles des défunts ou de ceux qui se seront démis, desquels ils feront inventaire, sans frais ; feront délivrer, gratis, une expédition dudit inventaire aux héritiers des Notaires décédés ou à ceux qui se seront démis dudit emploi ; après lequel inventaire ils feront relier ensemble, lesdites Minutes et protocoles, par ordre d'année et de date, par leur greffier, comme il est dit ci-devant, et ensuite déposés en leurs greffes.

VIII. Lesdits Juges seront encore tenus de se transporter, sans délai ni frais, à la même requête, aux domiciles des Notaires qui décéderont dans leur district, ou qui se démettront de leur emploi, après la publication des présentes, y feront inventaire, sans frais, de leurs Minutes et protocoles ; duquel inventaire ils feront délivrer, gratis, une expédition aux héritiers, comme il est dit à l'article ci devant, et feront ensuite déposer lesdites Minutes et protocoles en leurs greffes.

IX. Lesdits Procureurs du Roi et Procureurs fiscaux enverront, audit Procureur général, dans les trois mois de leurs dates, les procès-verbaux de transport desdits Juges aux domiciles des héritiers des Notaires décédés, ou de ceux qui se seront démis de leur emploi avant la publication des présentes, et aux domiciles des Notaires décédés, ou qui se seront démis depuis ladite publication, ensemble une expédition de l'inventaire qu'ils auront fait des Minutes ou protocoles trouvés chez lesdits Notaires, pour en être de même fait rapport audit Conseil Supérieur, par ledit Procureur général, et sur icelui ordonner, par arrêt, que lesdits procès verbaux et expéditions d'inventaire demeureront au greffe dudit Conseil, et en outre fait droit, ainsi qu'il appartiendra.

X. Enjoignons à tous nos sujets desdites colonies qui auront des Minutes de Notaires, de les rapporter aux Juges de leurs domiciles, quinzaine après la publication des présentes, pour en être sur le champ fait inventaire, duquel il leur sera délivré une expédition, gratis, et être ensuite déposé au greffe, et faute par eux de les rapporter, permettons aux Procureurs du Roi et fiscaux d'en faire et faire faire toutes les perquisitions nécessaires, le tout aussi sans frais.

XI. Les greffiers qui seront dépositaires desdites Minutes et protocoles, seront tenus de donner pendant cinq ans, à compter du jour de l'inventaire desdites Minutes ou protocoles, à l'héritier ou héritiers des Notaires décédés, et à ceux qui se seront démis de leur emploi ou à leurs héritiers, la moitié des salaires qu'ils recevront pour les grosses et expéditions des actes et contrats qu'ils pourraient signer et délivrer aux parties qui en requerront, desquelles grosses et expéditions ils seront tenus de tenir un état année par année, où sera fait mention des sommes qu'ils auront reçues, qu'ils affirmeront véritable pardevant les juges, et dont ils remettront moitié, comme il est dit ci-dessus, et ledit tems de cinq ans passé, lesdits salaires appartiendront entièrement auxdits greffiers.

Si donnons en mandement à nos amés et féaux les gens tenans nos Conseils Supérieurs à l'Amérique et aux Indes Orientales, que ces présentes ils aient à faire lire, publier et enregistrer, et le contenu en icelles garder et observer selon sa forme et teneur, nonobstant tous Edits, Réglemens et Ordonnances à ce contraires, auxquels nous avons dérogé et dérogeons, car tel est notre plaisir ; en témoin de quoi nous avons fait mettre notre scel à cesdites présentes.

Donné à Paris, le 2ᵉ. jour d'août l'an de grâce 1717, et de notre règne le second. *Signés*, LOUIS ; vu et approuvé, PHILIPPE D'ORLEANS ; *et plus bas*, par le Roi, PHELYPEAUX.

Enregistrée au Conseil Souverain.

(N°. 49.) *ORDONNANCE de MM. les Général et Intendant, sur l'enivrement des rivières.*

Du 2 avril 1718.

DEFENSES à toutes personnes, de quelque qualité et conditions qu'elles soient, d'enivrer les rivières pour y prendre du poisson, et de se servir du bois à enivrer, chaux ou autres matières ou drogues quelles qu'elle puisse être, sous peine, contre les blancs, de 50 livres d'amende pour la première fois, moitié à l'hôpital, et l'autre moitié au dénonciateur, et du double et de trois mois de prison, en cas de récidive; et aux nègres, à peine d'être mis au carcan pendant 3 jours de marché consécutifs et d'un mois de prison pour la première fois, et à peine du fouet en cas de récidive, et de la fleur de lys et de trois mois de prison.

Enregistrée au Conseil Souverain.

(N°. 50.) *ORDONNANCE du Roi, qui défend aux capitaines des vaisseaux qui apporteront des nègres aux îles, de descendre à terre, ni d'y envoyer leurs équipages, sans en avoir obtenu les permissions des Gouverneurs.*

Du 3 avril 1718.

SA Majesté étant informée que les capitaines des vaisseaux qui apportent des noirs dans les îles de l'Amérique, ont communication avec les habitans desdites colonies, et souffrent que les équipages de leurs vaisseaux descendent à terre, quoique les nègres qu'ils amènent, et

même partie desdits équipages aient des maladies contagieuses, ce qu'il est de conséquence
d'empêcher, afin que, par cette fréquentation,
lesdites maladies contagieuses ne se communiquent point aux habitans desdites îles ; S. M.,
de l'avis de M. le Duc d'Orléans, régent,
fait défenses à tous capitaines des vaisseaux
qui porteront des noirs dans lesdites îles, de
descendre à terre, ni de permettre à leurs
équipages d'y aller ; comme aussi d'avoir aucune fréquentation avec les habitans, tant par
eux que par les personnes de leurs équipages,
qu'ils n'en aient auparavant obtenu la permission de celui qui commandera dans l'endroit
où ils arriveront, laquelle permission leur sera
accordée s'il n'y a point de maladies contagieuses dans leur bord ; et en cas qu'il y en
ait, il leur sera indiqué un endroit où ils
pourront mettre les malades à terre pour les
y faire traiter, sans que, pendant le tems que
lesdites maladies dureront, ils puissent avoir
communication avec lesdits habitans.

Mande et ordonne, S. M., à M. le Comte
de Toulouse, Amiral de France, aux Gouverneurs et ses Lieutenans généraux, en l'Amérique Méridionale, Gouverneurs particuliers,
et autres ses officiers qu'il appartiendra, de
tenir, chacun en droit soi, la main à l'exécution de la présente Ordonnance, qui sera
lue, publiée et affichée par-tout où besoin
sera, à ce que personne n'en ignore.

Fait à Paris, le 3ᵉ. jour d'avril 1718. *Signés*,
LOUIS ; vu et approuvé, PHILIPPE D'OR-
LEANS ; *et plus bas*, PHELYPEAUX.

(Nº. 51.) *Lettre du Conseil de marine, à MM. de Feuquiere et Silvecane, Général et Intendant, sur les Séances du Conseil Souverain.*

Du 14 août 1718.

Sur ce que le sieur Mesnier a informé, Messieurs, qu'il avait assemblé extraordinairement, à Saint - Pierre, le Conseil Supérieur de la Martinique, pour des affaires qui ne pouvaient pas souffrir de retardement, le Conseil a jugé à propos de vous expliquer qu'il ne doit jamais y avoir aucune assemblée du Conseil Supérieur, ailleurs qu'au Fort - Royal de la Martinique, qui est le lieu ordinaire de sa résidence, et que le Conseil ne doit jamais être assemblé extraordinairement par l'Intendant ni par le Commissaire ordonnateur, en son absence, que du consentement du Gouverneur et Lieutenant général, ou de l'officier qui en son absence se trouvera commander dans l'île : vous aurez soin de vous y conformer l'un et l'autre, et de faire enregistrer cette décision, afin qu'il n'y soit pas contrevenu dans la suite.

Enregistrée au Conseil Souverain.

(Nº. 52.) *Arret du Conseil Souverain, sur les Notaires devenus officiers de Justice.*

Du 9 novembre 1718.

La Cour fait défenses à tous officiers des Juridictions du ressort qui ont été Notaires de connaître et porter jugement ou conclusions

Tome I.   J dans les affaires où il s'agira de prononcer sur les actes et contrats qu'ils auront passé en cette qualité, à peine d'interdiction et des dépens, dommages et intérêts des parties. Mande, etc.

(N°. 53.) ORDONNANCE de MM. les Général et Intendant, sur les Maîtres d'école.

Du 9 novembre 1718.

RIEN n'étant si nécessaire pour le progrès de la Religion et l'exécution des lois établies dans les royaumes, auxquels la fidélité qu'on doit aux Souverains est indispensablement attachée, que l'éducation Chrétienne qu'on doit donner à la jeunesse, il est par conséquent du devoir essentiel de ceux à qui l'autorité du Prince est confiée, de pourvoir à ce qui peut servir à la procurer : la permission accordée de tout tems, à cet effet, d'établir des écoles publiques, est le premier et le plus sûr moyen qui a été mis en pratique ; mais malgré le fruit et le grand bien qu'on en peut recueillir, la multiplicité et l'incapacité des maîtres sont les deux écueils qui les font échouer.

On ne saurait trop prendre de précautions pour donner dans un âge tendre aux jeunes plantes qu'on veut élever, les impressions qui leur sont nécessaires, et qui doivent régler leur raison naissante, qui se fortifie par la suite sur les principes qu'elle a reçus.

L'éducation de la jeunesse ne peut donc être confiée qu'aux soins des personnes connues, et éprouvées pour la capacité, les mœurs et la conduite ; en sorte qu'avec une rétribution honnête qui puisse les faire subsister dans leurs emplois et suivant leur condition, ils puissent s'y donner tout entier, et rendre les jeunes gens, qu'on leur confie, dans les sentimens de piété et dans le point d'érudition qu'on s'était proposé, en les leur remettant entre les mains : ces raisons, si conformes aux lois divines et humaines, nous ont fait approfondir l'état où cette matière se trouve dans ces îles ; nous avons consulté, là-dessus, plusieurs Pasteurs éclairés, et, enfin, sur leurs lumières et sur notre connaissance particulière, nous nous sommes déterminés à faire, là-dessus, un Réglement qui pût, à l'avenir, assurer l'exécution d'une chose si attachée au bien public.

A ces causes, nous avons, par ces présentes, dit, statué et ordonné, disons, statuons et ordonnons qu'à l'avenir il ne s'établira aucun maître pour enseigner la jeunesse dans les Paroisses des îles, que dans le nombre qui sera approuvé par les Pasteurs desdites Paroisses, à proportion de la quantité des âmes commises à leur charge, et qu'après que lesdits Curés les auront reconnus de mœurs et de capacité requises ; ce qu'ils feront apparoir aux Juges des lieux avant leurs établissemens, par des certificats en bonne forme desdits Curés, sur lesquels lesdits Juges leur donneront leur permission, et non autrement; et que lesdites écoles soient proches des Eglises autant que faire se pourra, afin que les Curés puissent plus facilement y avoir l'œil.

Que les maîtres desdites écoles soient exacts à conduire, eux-mêmes, leurs écoliers tous

J 2

les jours à la Messe, et aient soin de les faire assister aux Catéchismes les jours que les Révérends Pères Curés les feront.

Que les garçons et les filles seront séparés dans lesdites écoles, et ne seront point mêlés ensemble, de même que pour en sortir; observant, lesdits maîtres d'école à cet égard, de congédier les filles, au moins une demi-heure avant les garçons.

Que lesdits maîtres n'exigeront des parens des enfans qu'on enverra chez eux, que la rétribution dont ils seront convenus avec lesdits Curés, et dont ils feront mention dans leurs certificats, pour être ordonnés ensuite par les mêmes Juges, en observant, par les Pasteurs, de régler cette rétribution sur un pied que lesdits maîtres puissent en subsister.

Défendons à toutes personnes de tenir des écoles publiques, qu'aux conditions établies par le présent Réglement, sous peine de cinquante livres d'amende, applicable aux pauvres honteux de la Paroisse, auxquels les Curés en feront la distribution, et de trois jours de prison.

Et afin que personne n'en prétende cause d'ignorance, nous ordonnons que ce présent Réglement sera enregistré aux greffes des Conseils Supérieurs et des Jurisdictions des îles du vent de l'Amérique, lû, publié et affiché à l'issue des Messes paroissiales, à la diligence des Procureurs géneraux ou de leurs substituts, qui en feront remettre des expéditions aux Curés des Paroisses de leur ressort pour s'y conformer.

Enjoignons auxdits substituts des Procureurs

généraux, de tenir la main à l'exécution des présentes, et de poursuivre les contrevenans à icelles, ainsi que les maîtres des écoles publiques qui se trouveront, à l'avenir, de mauvaises mœurs, sur les simples plaintes et dénonciations desdits Curés.

Donné sous le cachet de nos armes, etc., au Fort-Royal de la Martinique, le 9 novembre 1718. *Signés*, DE PAS FEUQUIERE et MESNIER.

(N°. 54.) DÉCLARATION *du Roi, sur les gens sans aveu.*

Du 12 mai 1719.

LOUIS, etc., SALUT : Les Rois nos prédécesseurs ont pourvu, par plusieurs Ordonnances, Edits et Déclarations, aux désordres que causent nécessairement la fainéantise et l'oisiveté, en prononçant différentes peines, et même celle des galères contre les vagabonds et gens sans aveu; mais le besoin que nous avons de faire passer des habitans dans nos colonies, nous a fait regarder, comme un grand bien pour notre état, de permettre à nos Juges, au lieu de condamner lesdits vagabonds aux galères, d'ordonner qu'ils soient transportés dans nos colonies comme engagés, pour y travailler aux ouvrages auxquels ils seront destinés, ainsi qu'il est porté par notre Déclaration du 8 janvier dernier, enregistrée en notre Cour de Parlement de Paris, le 20 dudit mois.

Nous avons cependant appris que, quoique

J 3

ladite Déclaration permette en général à toutes les Cours et Juges d'ordonner que les vagabonds et gens sans aveu soient transportés dans nos colonies, plusieurs de nos Cours et autres Juges ont douté que la disposition de cette Déclaration pût être étendue au-delà de notre bonne ville de Paris et banlieue d'icelle, parce que son objet principal paraît avoir été d'écarter, de ladite ville et banlieue, ces vagabonds et ceux qui auraient été ou seraient dans la suite condamnés aux galères ou au bannissement ; et comme notre intention a toujours été, en prononçant les peines portées par ladite Déclaration, de permettre à nos Juges, dans toute l'étendue de notre royaume, d'ordonner que tous ceux qui étant convaincus d'être vagabonds auraient pû et dû être condamnés aux galères, suivant la rigueur des Ordonnances des Rois, nos prédécesseurs, seraient transportés dans nos colonies ; nous avons cru qu'il était nécessaire d'expliquer, sur ce sujet, nos intentions d'une manière si précise, qu'il ne pût rester aucun doute sur une matière qui intéresse également la sûreté de nos Etats et le bien des colonies.

A ces causes, etc. Nous ordonnons, etc, que les Ordonnances, Edits et Déclarations, au sujet des vagabonds et gens sans aveu, soient exécutées selon leur forme et teneur ; et cependant voulons que nos Cours et autres Juges de notre royaume, pays, terres et seigneuries de notre obéissance, dans le cas où lesdites Ordonnances, Edits et Déclarations prononcent la peine des galères contre lesdits vagabonds, puissent ordonner que ces hommes soient transportés dans nos colonies pour y travailler comme engagés, soit pour un tems, soit pour toujours, conformément à notre Déclaration du 8 janvier dernier, sans que ladite peine puisse être regardée comme une mort civile, ni emporter confiscation ; voulons que ceux qui auront été transportés dans nos colonies, en vertu des jugemens de condamnation, ne puissent entrer dans notre royaume pendant le tems prescrit par les jugemens, sous peine d'être mis au carcan et condamnés, en outre, aux galères perpétuelles, si nos Juges n'estiment plus à propos qu'ils soient transportés de nouveau dans nos colonies, pour y re e à perpétuité comme engagés, auquel cas leurs biens seront et demeureront confisqués.

Si mandons en mandement, etc. au Parlement de Bretagne.

(N°. 55.) *Ordonnance du Roi, qui défend aux Gouverneurs et Lieutenans généraux, Gouverneurs particuliers et Intendans des colonies, d'avoir des habitations.*

Du 7 novembre 1719.

S Majesté étant informée que parmi les Gouverneurs et les Lieutenans généraux, Gouverneurs particuliers et Intendans des colonies françaises de l'Amérique Méridionale, il y en a qui font valoir des habitations plantées en sucre, indigo, cacao et autres denrées et marchandises desdites colonies, et que quelques-uns ont dessein d'en établir de nouvelles, ce qui n'étant point convenable au service de S. M., et que d'ailleurs leur résidence, dans

J 4

lesdites colonies, n'étant que pour un tems, cela pourrait les embarrasser dans la suite, lorsque S. M. les destinerait en d'autres lieux pour son service ; elle a, de l'avis de M. le Duc d'Orléans, son oncle, régent, ordonné et ordonne qu'à l'avenir il ne pourra être acquis, par achat ni autrement établi pour le compte des Gouverneurs et Lieutenans généraux, Gouverneurs particuliers et Intendans des colonies, aucunes habitations pour y faire du sucre, indigo, tabac, cacao, coton, gingembre, roucou, ni autres denrées ou marchandises desdites colonies ; leur permet néanmoins, S. M., d'avoir des jardins portant fruits, légumes et herbages pour leur usage particulier seulement ; et à l'égard de ceux qui ont actuellement des habitations, leur défend, S. M., d'y faire aucunes augmentations, sous quelque prétexte que ce puisse être.

Enjoint, S. M., auxdits Gouverneurs et Lieutenans généraux, Gouverneurs particuliers et Intendans de se conformer à la présente Ordonnance.

Fait à Paris, le 7 novembre 1719. *Signés,* LOUIS ; vu et approuvé, PHILIPPE D'ORLEANS ; *et plus bas,* par le Roi, FLEURIAU.

(N°. 56.) ORDONNANCE *de MM. les Général et Intendant, qui défend la chasse pendant trois mois de l'année.*

Du 10 janvier 1720.

ÉTANT informés que malgré les défenses si

souvent réïtérées au sujet de la chasse du gibier, en cette île, dans le tems des pontes, qui est le seul moyen praticable pour en empêcher la destruction, les habitans non-seulement n'y ont aucun égard, mais même enlèvent tous les œufs qu'ils trouvent, ce qui est la cause certaine de la rareté du gibier, dont le secours ne laisse pas d'être d'une grande utilité, surtout dans un pays où la vie et la subsistance sont très-difficiles, par rapport au grand nombre d'habitans, à la consommation considérable qui s'y fait, et à la rareté des bestiaux.

Nous estimons qu'il est très-nécessaire d'y remédier, et d'empêcher que cet abus ne continue à l'avenir, dans l'espérance que nous avons que le pays se peuplera insensiblement de ramiers, perdrix, tourterelles et autres gibiers, pour à quoi parvenir, nous défendons à tous habitans, de quelque qualité et condition qu'ils soient, d'aller ou d'envoyer à la chasse du gibier, pendant les mois d'avril, mai et juin, soit dans cette île, soit dans les autres de notre Gouvernement, ni d'enlever les œufs des nids, sous peine de trois cens livres d'amende, applicable à l'hôpital du Fort-Royal, pour la première fois ; de pareille amende pour chaque récidive, et de huit jours de prison.

Enjoignons à tous capitaines de milice et autres officiers d'y tenir la main, chacun dans leur quartier, et de nous rendre compte de ce qui se passera, à cet égard, dans la saison des pontes, sous telles peines qu'il appartiendra, etc., etc.

Donné à la Martinique , etc. , le 10 janvier 1720. *Signés* , DE PAS FEUQUIERE et BÉNARD.

(N°. 57.) ARRET *du Conseil d'Etat du Roi, portant Règlement pour les Farines qui s'envoient dans les colonies.*

Du 1er. février 1720.

LE Roi étant informé des fraudes qui se commettent journellement sur la qualité et sur le poids des Farines , qui s'envoient dans les colonies , où par un usage abusif elles se vendent en barils et non au poids , et que les barils qui devraient contenir cent quatre-vingts à deux cens livres de farine , n'en contiennent que cent cinquante à cent soixante-dix ; que les Farines se trouvent de mauvaise qualité par le son et les recoupes , ou échauffées pour n'avoir pas sué , ou pour n'avoir pas été bien pressées dans les barils ; à quoi étant nécessaire de remédier, ainsi qu'aux autres fraudes et abus qui pourraient se commettre dans le commerce des Farines : ouï le rapport. S. M. étant en son Conseil , de l'avis de M. le Duc d'Orléans, régent , a ordonné et ordonne ce qui suit :

ART. I. Toutes les Farines destinées pour les colonies, seront de pure fleur de bon froment, sans aucun mélange.

II. Les boulangers et autres ne pourront faire mettre des Farines en barils , qu'elles n'aient sué et reposé , au moins , pendant un mois, à peine de confiscation des Farines et des barils.

III. Les Farines seront renfermées dans des

barils bien construits et de bon bois, sans aucun aubier ou aubour.

IV. Les boulangers, marchands et autres qui feront mettre des Farines en barils, seront tenus d'y apposer leurs marques à feu sur les deux bouts des barils ; laquelle marque sera figurée et employée sur les factures.

V. La tare ou poids des barils vides, sera marquée avec une rouannette sur les fonds des barils.

VI. L'Intendant des îles et colonies françaises de l'Amérique, où les Farines seront débar-quées, aura soin, à l'arrivée des vaisseaux, de faire faire la visite par telle personne qu'il voudra commettre, d'un baril de Farine de chaque marque différente, pour reconnaître le poids brut du baril et la qualité de la Farine y contenue, dont il sera dressé procès-verbal, qui sera par lui envoyé au Conseil de marine.

VII. Les Farines mises en barils, qui au-ront été reconnues en France de mauvaise qua-lité, ou dont les barils ne contiendront pas la quantité portée par la facture, seront confis-quées et le prix appliqué au profit des pau-vres, et ceux qui auront commis la fraude condamnés en vingt livres d'amende, pour chaque baril, par les Juges qui en doivent connaître.

VIII. Les Farines tamisées ou non tamisées, qui seront destinées pour les colonies, pour-ront être transportées dans les ports de mer, par rivières ou par terre, sans payer aucuns droits, conformément aux Lettres-Patentes du mois d'avril 1717, et à l'Arrêt du Conseil du 11 juin 1718, à la charge de prendre des acquits-à-caution dans les bureaux de leurs passages, et de les faire viser lors de leur embarquement par les commis des fermiers qui pourraient avoir droit d'en percevoir sur les Farines.

IX. Enjoint, S. M., aux sieurs Intendans et Commissaires départis pour l'exécution de ses ordres dans les provinces et généralités du royaume, et aux Intendans et Commissaires établis dans les îles, de tenir la main, chacun en droit soi, à l'exécution de présent Arrêt; lequel sera lû, publié et affiché par-tout où il appartiendra, à ce que personne n'en ignore.

Fait au Conseil d'Etat du Roi, S. M. y étant; tenu à Paris, le 1er. février 1720. *Signé*, PHELYPEAUX.

(N°. 58.) *ORDONNANCE de MM. les Général et Intendant, sur les Orfèvres.*

Du 3 février 1720.

ART. I. Nous défendons, à l'avenir, à tous Orfèvres de s'établir dans les îles du vent, sans avoir été examinés par les Juges des lieux auxquels ils feront apparoir de leurs conditions, bonnes mœurs et renommée, et dont ensuite ils obtiendront permission par écrit, le tout gratis; et ordonnons, en conséquence, à tous ceux qui sont actuellement établis, d'obtenir permission dans deux mois du jour de la publication des présentes, sous peine de 500 livres d'amende, applicable, moitié à l'hôpital du Fort-Royal , et l'autre moitié ainsi qu'il sera ordonné par les Juges des lieux.

II. Enjoignons à tous Orfèvres d'avoir un registre qui sera paraphé, gratis, tous les ans par les Juges des lieux , dans lequel ils écriront , jour par jour , les matières d'or qu'ils acheteront, le prix d'icelles, le nom, domicile, et la qualité de ceux de qui ils acheteront, et observeront le même ordre pour ce qu'ils vendent au poids et à l'espèce de l'ouvrage ; le tout sous les peines portées au premier article , et de plus grande s'il y échet.

III. Ils auront un pareil registre paraphé de même, où ils écriront, jour par jour, les matières qu'ils recevront pour mettre en œuvre, le poids d'icelles, les noms, qualités et domiciles de ceux qui les leur remettront , dans lequel ils écriront pareillement la remise qu'ils feront de l'ouvrage, avec le poids et la somme qu'ils auront reçue pour la façon ; le tout, aussi, sous les mêmes peines dudit premier article.

IV. Leur défendons, sous quelque prétexte que ce soit, d'acheter aucune matière d'or ou d'argent, soit en poudre, lingots, ou mis en œuvre, d'aucuns soldats et matelots, sans permission de leurs capitaines , non-plus que d'aucunes personnes inconnues et non domiciliées, et nègres libres , sans un répondant , de même que d'aucuns esclaves , sous peine des galères et de confiscation de leurs biens , sans que cette peine puisse être réputée comminatoire.

V. Enjoignons auxdits Orfèvres d'avoir leurs marques, et leur défendons de vendre aucun ouvrage sans que l'empreinte de leur marque y soit, sous les mêmes peines portées aux premier et troisième articles des présentes.

VI, Et pour connaître le titre de leur ouvrage et empêcher les malversations pour le trop d'alliage, leur défendons, très-expressément, de vendre ni délivrer aucun ouvrage sans avoir été, auparavant, approuvé et marqué du poinçon, par celui auquel nous en confierons la garde, dans chacun des principaux bourgs des îles, et qui sera par nous commis à cet effet, à l'avenir, par nos successeurs, avec serment en justice, en payant cinq sols par chaque marque; et afin que personne n'en prétende cause d'ignorance, etc.

Donné à Saint-Pierre de la Martinique, le 3 février 1720. *Signés*, DE PAS FEUQUIERE et BÉNARD.

Enregistrée au Conseil Souverain.

(Nº. 59.) *ARRET du Conseil Souverain, sur les acquisitions à faire par les Religieux desservans les Cures.*

Du 6 mai 1720.

LA Cour fait défenses à tous les Religieux, Missionnaires desservans les Cures de l'île, de faire, à l'avenir, aucun achat, si ce n'est pour leur subsistance, sans la permission et le consentément par écrit de leurs Supérieurs, et ordonne que ledit Arrêt sera notifié aux Révérends Pères Supérieurs, à la diligence du Procureur-général et de ses Substituts. Mande, etc.

(N°. 60.) REGLEMENT *local* , *sur le luxe des* *esclaves.*

Du 4 juin 1720.

ART. I. QUE tous mulâtres indiens , de tout sexe , esclaves qui servent au jardin et à la culture des terres , ne pourront être , à l'avenir , habillés que conformément à l'Ordonnance de 1685 , et de toile de vitré , soit pour chemises ou caleçons , et tout au plus de chemises de gros Morlaix et de caleçons et jupes de gros ginga ou grosses indiennes , pour les fêtes et dimanches , sans pouvoir porter d'autre habillement , sous peine de prison et de confiscation de leurs hardes , au profit de ceux qui les arrêteront , par moitié avec l'hôpital du Fort-Royal , et de peine afflictive en cas de récidive.

II. Que tous mulâtres indiens ou nègres , de tout sexe , aussi esclaves , qui serviront leurs maîtres et maîtresses à titre de valets et servantes dans les maisons ou à leur suite , seront communément habillés ou de vitré ou de Morlaix , ou de vieilles hardes équivalentes , seulement de leurs maîtres et maîtresses , avec colliers et pendans d'oreilles de rassade ou argent , et pourpoints et candalle de livrée , suivant la qualité desdits maîtres et maîtresses , avec chapeaux et bonnets , turbans et bresilièns simples , sans dorures ni dentelles , ni autres ajustemens , sous les mêmes peines qu'au précédent article , sans pouvoir porter aucuns bijoux d'or ni de pierreries , ni soie , ni rubans , ni dentelles , sous quelque prétexte que ce soit.

III. Que tous mulâtres indiens et nègres affranchis ou libres de naissance , de tout sexe pourront s'habiller de toile blanche, ginga, cotonille, indiennes ou autres étoffes équivalentes de peu de valeur, avec pareils habits dessus, sans soie, dorure ni dentelle, à moins que ce ne soit à très-bas prix ; pour ces derniers, chapeaux, chaussures et coiffures simples, sous les mêmes peines qu'aux deux premiers articles, même de perdre leur liberté en cas de récidive.

IV. Ordonnons, au surplus, que tous Réglemens concernant la police des nègres, cidevant rendus, seront exécutés selon leur forme et teneur ; et afin que personne n'en ignore, etc.

Enregistré au Conseil Souverain.

(N°. 61.) *Ordonnance de MM. les Général et Intendant, sur la Remontrance du Procureur-général, qui prescrit la vérification des titres de tous les gens de couleur qui se prétendent libres.*

Du 7 juillet 1720.

« Remontre, le Procureur-général du Roi,
« que nonobstant les défenses de S. M., re
« gistrées et publiées où besoin a été, à tous
« habitans de donner la liberté à leurs esclaves,
« sans être par vous, Messieurs, autorisés,
« sous les peines y portées ; plusieurs habitans
« y sont contrevenus, en sorte que dans les
« bourgs, villes et quartiers de cette île, il
« y a quantité de nègres et mulâtres qui se
« disent libres et jouissent effectivement, au
« mépris des Ordonnances du Roi, de tous
« les droits et privilèges des regnicoles, tant
« par

« par le commerce, cabarets, qu'autrement,
« ce qui occasionne la plupart des désordres
« et des vols qui arrivent ; leurs maisons ser-
« vant d'asile et de refuge à tous les brigands ;
« et comme cet abus, non seulement, est con-
« traire aux intentions de S. M., mais aussi
« aux bonnes mœurs, à la Religion et au
« bien du Gouvernement, il est nécessaire d'y
« remédier et de purger la société civile de
« cette source de vols et de libertinage, pour-
« quoi ledit Procureur - général a recours à
« votre autorité.

« Ce considéré, Messieurs, et attendu le
« cas dont il s'agit il vous plaise ordonner
« que dans trois mois, pour tout délai, tous
« mulâtres et nègres, de l'un et l'autre sexe,
« se prétendant libres, rapporteront, devant
« tels commissaires qu'il vous plaira nommer,
« leurs titres de liberté, ou la justifieront par
« chose équivalente et conforme aux Ordon-
« nances rendues à ce sujet, pour iceux exa-
« miner, confirmer ceux qui le sont d'ancienne
« naissance ou à juste titre, et condamner les
« autres qui en auront joui sans titre ou à
« faux principe, à être déclarés esclaves au
« profit de S. M., pour à quoi parvenir, il
« vous plaira rendre les Ordonnances néces-
« saires à cette reconnaissance, qui seront lûes,
« publiées et affichées par-tout où besoin sera,
« et vous ferez bien. „

Signé, DE HAUTERIVE.

Vu la présente remontrance, dans laquelle
nous n'avons rien trouvé que de conforme aux

intentions de S. M. , et aux ordres dont nous sommes chargés , nous ordonnons que dans ledit délai de trois mois, tous les mulâtres et nègres, de tout sexe , qui se prétendent libres, justifieront de leur liberté et en rapporteront leurs titres, savoir : devant M. l'Intendant pour le département de Saint-Pierre ; devant les subdélégués de l'intendance dans les quartiers de l'île , et devant M. Girardin , fils , conseiller, pour le Fort Royal , pour ensuite le tout à nous rapporté être ordonné ce qu'il appartiendra sur lesdites libertés , ce qui sera incessamment publié dans tous les quartiers de l'île , à la diligence de M. le Procureur-général ou de ses substituts.

Donné , etc. , au Fort-Royal de la Martinique , le 7 juillet 1720. *Signés* , DE PAS FEUQUIERE et BENARD.

(N°. 62.) *ORDONNANCE du Roi , sur le port d'armes.*

Du 23 juillet 1720

SA Majesté étant informée des désordres qui sont causés dans ses colonies par des personnes qui portent l'épée , quoiqu'ils ne dussent pas la porter , et désirant les faire cesser , S. M. , de l'avis , etc. , fait très-expresses inhibitions et défenses à tous négocians , marchands , bourgeois et autres qui ne sont point officiers des vaisseaux marchands , de porter aucunes armes offensives ni défensives , dans les villes et bourgs de ses colonies , à peine de trois mois de prison ; permet , S. M. , aux capitaines ,

lieutenans et enseignes desdits vaisseaux de
porter l'épée.

Mande, etc.

(N°. 63.) *ORDONNANCE du Roi , qui défend*
de tirer des coups de canon dans les rades des
colonies , à moins que ce ne soit pour faire
signal d'incommodité , ou de quelqu'autre né-
cessité.

Du 8 avril 1721.

S A Majesté étant informée que les capitaines
des vaisseaux marchands tirent très-souvent des
coups de canon dans les rades des colonies,
sur-tout dans celles du Fort-Royal et du bourg
Saint-Pierre de la Martinique , lorsqu'ils font
entr'eux des fêtes , ou qu'ils veulent saluer des
personnes qui vont à leur bord , ce qui cons-
titue les armateurs de ces vaisseaux dans des
dépenses inutiles et superflues , et est même
souvent cause de la prise de leurs vaisseaux,
parce qu'il ne leur reste plus de poudre pour
se défendre contre les corsaires et les forbans ;
étant aussi informée que dans ces sortes de
saluts , le défaut de précaution cause les
malheurs qui y arrivent ; les canonniers étant
tués ou estropiés en tirant , et le même accident arrivant quelquefois à ceux à qui on
fait ces sortes de saluts ; qu'outre ces inconvéniens , les coups de canon qui sont souvent
tirés pendant la nuit , ne servent qu'à causer
de l'alarme dans les colonies , il a paru nécessaire à S. M. d'empêcher la continuation d'un
pareil usage , qui ne peut être que nuisible et

préjudiciable à ses sujets : pour à quoi remédier S. M. , de l'avis de M. le Duc d'Orléans, régent, fait très-expresses inhibitions
et défenses à tous capitaines, maîtres et autres
officiers des vaisseaux marchands, de tirer, à
l'avenir, sous quelque prétexte que ce puisse
être, aucun coup de canon, lorsqu'ils seront
mouillés dans les rades des colonies françaises,
à moins que ce ne soit pour faire signal d'incommodité ou de quelqu'autre nécessité, sans
permission expresse de l'officier du Roi qui
commandera dans les lieux et les rades où seront mouillés lesdits vaisseaux, à peine contre
les contrevenans, de cent livres d'amende, et
du double en cas de récidive.

Mande et ordonne, S. M. , à M. le Comte
de Toulouse, Amiral de France, de tenir la
main à l'exécution de la présente Ordonnance,
qui sera lûe, publiée et affichée par-tout où
besoin sera.

Fait à Paris, le 8 avril 1721. *Signés,*
LOUIS ; vu et approuvé, PHILIPPE D'OR-
LEANS ; *et plus bas,* par le Roi, FLEURIAU.

Enregistrée au Conseil Souverain.

(Nº. 64.) ORDONNANCE *de MM les Général
et Intendant, sur la peste.*

Du 18 avril 1721.

FAISONS très-expresses inhibitions et défenses,
sous peine de la vie, à tous capitaines et
maîtres de navires et autres bâtimens marchands,
venant de Marseille, Languedoc et autres ports

de la Méditerranée , de mouiller dans aucune rade des îles du vent , sans auparavant en avoir reçu les ordres du Commandant du quartier où ils aborderont , de mettre à terre ni de faire communiquer aucun de leurs officiers ou autres gens de leur équipage , avec ceux des vaisseaux mouillés dans les rades , ni d'en recevoir à leurs bords , sous les mêmes peines de la vie ; même défenses à tous habitans , marchands et autres personnes de quelque qualité et condition qu'elles soient.

Ordonnons aux capitaines de navires , commandans dans les rades , de notifier ladite Ordonnance à tous les capitaines venans des ports de la Méditerranée , au-devant desquels ils enverront leurs canots et chaloupes au large , à peine , contre lesdits Capitaines-commandans dans lesdites rades , de répondre des événemens.

Fait , etc., à la Martinique , le 18 avril 1721. *Signés*, DE PAS FEUQUIERE et BENARD.

Enregistrée au Conseil Souverain.

(N°. 65.) *ARRET en Réglement du Conseil Souverain , sur la Police.*

Du 14 mai 1721.

ART. Ier. LE Conseil défend aux cabaretiers de l'île , de vendre , à aucuns mulâtres ou nègres , de tout sexe , aucunes liqueurs , à quelle heure que ce soit , pendant les fêtes et dimanches , soit pour boire dans leurs cabarets ou les aller boire ailleurs , à peine de cent

cinquante livres tournois d'amende, applicable
moitié au dénonciateur, et lorsqu'il n'y en
aura pas, ladite moitié applicable au pont du
bourg Saint-Pierre, pour les contraventions
qui arriveront audit lieu ; au Fort-Royal et à
la Trinité, ladite moitié applicable aux réparations du palais, et l'autre moitié aux hôpitaux ; fait pareilles défenses aux nègres et mulâtres libres qui ne sont pas cabaretiers, de recevoir, chez eux, aux mêmes fins, les esclaves,
sous les peines ci-dessus.

II. Que ceux qui ont des esclaves attaqués
de ladrerie soient obligés de les séquestrer dans
des lieux écartés, et sans communication avec
personne, sous peine de cent livres d'amende,
applicable aux hôpitaux ; fait défenses aux
chirurgiens et autres traitans des pians, de recevoir, chez eux, dans les bourgs et villes,
des personnes attaquées de ce mal, sous les
mêmes peines.

III. Ordonne aux cabaretiers de se conformer
aux Réglemens de police sur le fait des ouvriers, matelots et domestiques, et à l'article
de la Coutume de Paris, à cet égard, à peine
d'être déchus de toutes demandes à ce sujet.

IV. Fait défenses à tous habitans des bourgs
et villes, de nourrir, dans iceux, aucuns
cochons, soit à l'attache soit autrement, sous
peine de confiscation d'iceux, au profit de
l'hôpital, et de dix écus d'amende, moitié audit
hôpital, et moitié au dénonciateur.

V. Ordonne aux propriétaires des canots
passagers, à Saint-Pierre, d'aller les déclarer
la sur-veille des conseils, au Procureur du
Roi, pour recevoir ses ordres pour ceux dont

il aura besoin pour le transport de Messieurs du Conseil, au Fort-Royal, et des prisonniers, sous peine, contre les contrevenans, de trente livres tournois d'amende, applicables aux réparations du palais du Conseil.

VI. Enjoint aux Procureurs du Roi des jurisdictions du ressort, de tenir la main, chacun à leur égard, à l'exécution du présent Réglement, de faire régulièrement leur police les fêtes et dimanches, et faire assigner les contrevenans aux audiences de police, pour y être condamnés conformément au présent Réglement. Ordonne, etc.

(N°. 66.) *Lettres - patentes sur les exemptions des Religieux.*

Du mois d'août 1721.

Louis, etc.; Salut : la piété des Rois, nos prédécesseurs, les ayant engagé à faire porter dans les pays les plus éloignés les lumières de la foi, ils ont cru ne pouvoir accorder assez de privilèges et exemptions à ceux que leur zèle, pour la gloire de Dieu, déterminait à se donner de pareilles peines.

Nous voyons avec plaisir que leurs vœux ont eu tous les succès qu'on pouvait en espérer, et que plusieurs Ordres Religieux, poussés du même zèle, ont fait des établissemens qui procurent aux habitans des îles du vent de l'Amérique, tous les secours de Religion qu'ils pourraient espérer au milieu de notre royaume.

Le feu Roi, notre très-honoré seigneur et bisayeul, étant informé que les Religieux établis

K 4

dans nosdites îles, avaient su faire un si bon
usage des priviléges dont ils avaient joui depuis leur établissement, qu'ils avaient acquis
des habitations considérables, jugea à propos
de mettre des bornes à leurs priviléges et de
régler ceux dont ils jouiraient à l'avenir : pour
cet effet, ordonna, en 1703, au sieur de
Machault, Commandant à la Martinique, de
tenir la main à ce que chaque Ordre Religieux
ne pût étendre ses habitations au-delà de ce
qu'il faut de terre pour employer cent nègres ;
mais ayant été informée que ce Réglement n'a
pas eu son exécution, et qu'il s'élevait tous
les jours des contestations par rapport à leurs
exemptions, nous avons cru ne pouvoir rien
faire ce plus utile que de fixer les priviléges et
exemptions dont jouiront, à l'avenir, les Religieux établis aux îles du vent de l'Amérique, et
par ce moyen leur ôtant tout sujet de discussion,
leur donner le moyen de travailler avec plus
d'attention et de succès au salut des âmes.

A ces cau es, et de l'avis, etc. ; Nous
avons ordonné et ordonnons, par ces présentes
signées de notre main, que les Religieux établis
aux îles du vent de l'Amérique, ne pourront,
à l'avenir, faire aucune acquisition, soit terres
ou maisons, sans notre permission expresse et
par écrit, à peine de réunion à notre domaine ;
et en cas que par la suite nous jugions à propos de leur accorder nosdites permissions, ils
seront tenus de payer les droits d'amortissement et autres droits qu'ont coutume de payer
les Religieux établis dans notre royaume.

Nous ordonnons pareillement que chaque
Ordre Religieux établi dans lesdites îles, jouira,

à l'avenir, de tous droits de capitation, droits de poids, droits de corvées, de guet et garde, et de tous droits qui pourraient être établis, à l'avenir, pour 30 nègres travaillans sur leurs habitations, ensemble pour les nègres employés au service desdits Religieux, savoir : pour la maison principale desdits Religieux, dans chaque île, jusqu'au nombre de 12 nègres, et pour chaque Curé jusqu'au nombre de trois nègres.

Accordons, en outre, aux Curés de Cayenne qui sont obligés d'aller par mer administrer les Sacremens à leurs paroissiens, l'exemption pour quatre nègres d'augmentation qui servent à conduire les canots dont ils ont besoin.

Ordonnons que les nègres desdits Religieux qui ne sont point compris dans les exemptions ci-dessus spécifiées, soient sujets aux mêmes droits que ceux des habitans desdites îles; confirmons lesdits Religieux dans les droits de pêche et de chasse, à l'exclusion de tous autres, sur leurs habitations, et dans le droit de cueillir les herbages et autres choses qui se trouvent sur les rives de leurs habitations par l'ouverture des eaux et marais, dont en tant que de besoin, est ou serait, nous leur avons fait et faisons don par ces présentes. Ordonnons, au surplus, que le Fermier de notre domaine d'Occident, continuera à payer auxdits Religieux, les mêmes sommes qu'il leur a payées par le passé.

Si mandons, etc.

Enregistrée au Conseil Souverain.

(N°. 67.) DECLARATION du Roi, qui règle la manière d'élire des tuteurs et des curateurs aux enfans dont les pères possédaient des biens, tant dans le royaume que dans les colonies, et qui defend à ceux qui seront émancipés, de vendre leurs nègres.

Du 15 décembre 1721.

LOUIS, etc.; SALUT : Depuis l'établissement des colonies françaises en Amérique, plusieurs de nos sujets y ont transporté une partie de leur fortune et de leur famille, soit qu'ils y aient établi un véritable domicile, soit qu'ils se soient contentés d'y passer un tems considérable pour faire valoir les habitations qu'ils y ont acquises ; mais comme il arrive souvent que la succession des pères de famille, qui ont fait ces sortes d'établissemens, est composée en partie de biens situés dans notre royaume, et en partie de biens qu'ils possédaient dans nos colonies ; les tutelles ou curatelles, les émancipations et les mariages de leurs enfans mineurs qu'ils laissent ou en France ou en Amérique, font naître un doute considérable sur la Jurisdiction du tribunal, auquel il appartient d'y pourvoir; les Juges de France se croyant fondés à en connaître, même par rapport aux biens situés en Amérique, lorsqu'il est certain que le père des mineurs avait conservé son ancien domicile au-dedans de notre royaume, et les officiers que nous avons établis dans nos colonies, soutenant par la même raison, que c'est à eux d'y pourvoir, même par rapport aux biens situés en France, lorsque le domicile du père a été véritable-

ment transféré dans une des parties de l'Amérique qui sont soumises à notre domination ;
mais quoique cette distinction paraisse juste
en elle-même, et conforme aux principes généraux de la jurisprudence ; l'expérience nous
a fait voir qu'elle peut être sujette à de grands
inconvéniens, soit parce qu'elle donne lieu à
plusieurs contestations sur le domicile du père
des mineurs, qu'il est assez souvent difficile
de déterminer dans les différentes circonstances
de chaque affaire particulière, soit parce qu'il
est presqu'impossible qu'un tuteur établi en
France, puisse veiller exactement à l'administration des biens que les mineurs ont dans
l'Amérique, et réciproquement qu'un tuteur
établi dans nos colonies, puisse gérer la tutelle
avec une attention suffisante par rapport aux
biens qui sont situés en France ; en sorte qu'il
arrive souvent que l'une ou l'autre partie du
patrimoine des mineurs est négligée ou confiée,
par le tuteur, à des mains peu sûres, qui
abusent de son absence pour dissiper un bien
dont il est fort difficile au tuteur, de se faire
rendre un compte fidèle.

Nous avons cru qu'à l'exemple des législa-
teurs romains qui avaient introduit l'usage de
donner des tuteurs différens aux mineurs, par
rapport aux biens qu'ils possédaient dans des
pays fort éloignés les uns des autres ; nous
devions aussi partager l'administration des biens
qui appartiennent aux mêmes mineurs en France
et en Amérique, en sorte que ces différens pa-
trimoines soient régis, à l'avenir, par des tuteurs différens, en confiant néanmoins le soin
de l'éducation des mineurs, et la préférence

à l'égard de leur mariage , au tuteur du lieu
où le père desdits mineurs avait son domicile ,
qui est toujours regardé comme celui des mineurs , suivant les règles établies par les Ordonnances que les Rois , nos prédécesseurs , ont
faites sur cette matière.

Enfin , comme nous avons été informés que
les nègres employés à la culture des terres ,
étant regardés , dans nos colonies , comme des
effets mobiliers , suivant les lois qui y sont
établies , les mineurs abusent souvent du droit
que l'émancipation leur donne de disposer de
leurs nègres , et en ruinant , par-là , les habitations qui leur sont propres , font encore un
préjudice considérable à nos colonies , dont
la principale utilité dépend du travail des nègres
qui font valoir les terres ; nous avons jugé à
propos de leur en interdire la disposition jusqu'à
ce qu'ils aient atteint l'âge de vingt-cinq ans ,
et nous nous portons d'autant plus volontiers
à faire une loi nouvelle sur ces différentes
matières , qu'elle sera en même tems un effet
de la protection que nous donnons à ceux de
nos sujets , à qui la faiblesse de leur âge la
rend encore plus nécessaire qu'aux autres , et
une preuve de l'attention que nous aurons
toujours pour ce qui peut favoriser le commerce des colonies françaises , et le rendre utile
à tout notre royaume , dont l'abondance et
le bonheur font le principal objet de nos soins
et de nos vœux.

A ces causes , de l'avis , etc. , et de notre
certaine science , etc. ; voulons et nous plaît
ce qui suit :

Art. 1er. Lorsque nos sujets mineurs , aux-

quels il doit être pourvu de tuteur ou de curateur, auront des biens situés en France, et
d'autres situés dans les colonies françaises, il
leur sera nommé des tuteurs dans l'un et dans
l'autre pays, savoir : en France, par les juges
de ce royaume, auxquels la connaissance en
appartient, et ce, de l'avis des parens ou
amis desdits mineurs qui seront en France,
pour avoir, par lesdits tuteurs ou curateurs,
l'administration des biens de France, seulement,
même des obligations, contrats de rentes et
autres droits et actions à exercer sur des personnes domiciliées en France, et sur les biens
qui y sont situés; et dans les colonies, par
les Juges qui y sont établis, aussi de l'avis
des parens et amis qu'ils y auront; lesquels
tuteurs ou curateurs élus dans les colonies,
n'auront, pareillement, l'administration que des
biens qui s'y trouveront appartenans auxdits
mineurs, ensemble des obligations, contrats de
rentes et autres droits et actions à exercer sur
des personnes domiciliées dans les colonies, et
sur les biens qui y sont situés ; et seront,
lesdits tuteurs ou curateurs de France, et ceux
des colonies françaises, indépendans les uns
des autres, sans être responsables que de la
gestion et administration des biens du pays
dans lequel ils auront été élus, de laquelle
ils ne seront tenus de rendre compte que devant les Juges qui les auront nommés.

II. L'éducation des mineurs sera déférée au
tuteur qui aura été élu dans le pays où le
père avait son domicile dans le tems de son
décès, soit que les mineurs, enfans du même
père, fassent leur demeure dans le même pays,

ou que les uns demeurent en France , et les
autres aux colonies ; le tout à moins que sur
l'avis des parens et amis desdits mineurs , il
n'en soit autrement ordonné par le Juge du
lieu où le père avait son domicile au jour de
son décès.

III. Les lettres d'émancipation que lesdits
mineurs obtiendront, seront entérinées , tant
dans les tribunaux de France, que dans ceux
des colonies, dans lesquels la nomination de
leur tuteur aura été faite , sans que lesdites
lettres d'émancipation puissent avoir aucun effet
que dans celui des deux pays où elles auront
été entérinées.

IV. Les mineurs , quoiqu'émancipés , ne
pourront disposer des nègres qui servent à
exploiter leurs habitations , jusqu'à ce qu'ils
aient atteint l'âge de vingt-cinq ans accomplis,
sans néanmoins que lesdits nègres cessent d'être
réputés meubles , par rapport à tous autres
effets.

V. Les mineurs qui voudront contracter mariage , soit en France , soit dans les colonies
françaises , ne pourront le faire sans l'avis et
le consentement, par écrit, du tuteur ou curateur nommé dans le pays où le père avait
son domicile au jour de son décès , sans néanmoins qu'il puisse donner ledit consentement
que sur l'avis des parens qui seront assemblés,
à cet effet, pardevant le Juge qui l'aura nommé tuteur ; et sauf audit Juge, avant que
d'homologuer leur avis, d'ordonner que l'autre
tuteur qui aura été établi en France ou dans
les colonies , ensemble les parens que les mineurs auront dans l'un ou dans l'autre pays,

zième de chaque mois et prescrit que la première arrivera le 15 février, et les trois autres
subséquentes les 15 de chacun des mois ;
et pour ce qui regarde les sols marqués, qui
valent actuellement deux sols pièce, ils resteront au même prix jusqu'à ce que les pièces
de vingt sols se trouvent réduites à quatorze
sols, et celles de dix sols à sept sols chacune,
et lorsque les unes et les autres se trouveront
réduites aux prix de quatorze sols et sept sols ;
il sera observé que les huit sols marqués vaudront la pièce de quatorze sols, et les quatre
celle de sept sols, et ainsi en diminuant jusqu'à ce qu'elles soient à douze sols et six sols,
afin qu'il y ait toujours un équilibre entre ces
trois sortes de monnaies, qui sont les plus
petites de ces îles, et qu'à l'avenir, à commencer du même jour que commencera la première diminution, il sera observé que dans
tous les paiemens qui se feront au-dessus de
cent livres, il ne sera employé que la moitié
des sommes à payer en pièces de vingt sols
et dix sols, et l'autre moitié en piastres, demies
et quarts, louis ou pistoles et autres espèces
de France ; le tout jusqu'à ce que nous re-
cevions des ordres précis du Conseil de marine,
auquel nous enverrons copie de notre présente Ordonnance, au sujet du cours des
espèces.

Donné au Fort-Royal de la Martinique,
le 9 janvier 1722. *Signés*, DE PAS FEUQUIERE
et BENARD.

(Nº. 69.) ORDONNANCE *de MM. les Général et Intendant, qui suspend l'exécution de celle du 9 janvier précédent, sur la diminution du tarif des monnaies.*

Du 4 février 1722.

SUR la requête qui nous a été présentée le 29 du mois passé, par quinze capitaines de vaisseaux marchands, tendante à nous représenter qu'ils étaient chargés de plus de deux millions six cens mille livres de réaux et demi réaux, sur lesquels il doit y avoir, au quinze de ce mois, une diminution d'un dixième, ce qui serait pour eux une trop grande perte, eu égard au peu de tems qu'ils avaient pour employer leursdites espèces.

Nous voulons bien avoir quelqu'égard à leur représentation, quoiqu'il soit suffisamment justifié par le procès-verbal qu'a dressé M. Mesnier, du 31 du mois passé, en conséquence de notre Ordonnance du 29 dudit mois, que lesdits capitaines nous ont imposé par leur requête, n'ayant que pour environ trois cens mille livres desdites espèces, et ne leur étant dû qu'à-peu-près onze cens mille livres.

Cependant, voulant bien avoir égard à ce qu'il n'y a pas encore de sucres nouveaux, et qu'ils ne commenceront d'être faits que dans le mois prochain, et pour faciliter à ceux qui sont le plus chargés desdites espèces le moyen de s'en défaire ; nous ordonnons qu'aulieu que par notre Ordonnance du 9 janvier dernier, ces espèces devaient commencer à diminuer le 15 de ce présent mois ; elles ne commenceront à diminuer que le 15 du mois de mars prochain, et qu'au surplus notre susdite Ordonnance du 9 janvier dernier, sera exécutée dans tout son contenu, en reculant chacune des diminutions indiquées de mois en mois.

Donnée au Fort Saint-Pierre de la Martinique, etc., le 4 février 1722. *Signés*, DE PAS FEUQUIERE et BENARD.

(Nº. 70.) *DECLARATION du Roi, concernant les marchandises des colonies françaises.*

Du 14 mars 1722.

LOUIS, etc., SALUT : Par l'article XXVI, de nos Lettres-Patentes du mois d'avril 1717, portant Réglement pour le commerce des îles et colonies françaises, nous avons très-expressément défendu aux habitans desdites îles et colonies, et aux négocians de notre royaume, de transporter dans les pays étrangers ou dans les îles étrangères voisines desdites colonies, par des vaisseaux français ou étrangers, aucunes marchandises du crû des îles françaises, à peine de confiscation des vaisseaux et marchandises, et de mille livres d'amende, et encore à peine contre les capitaines et maîtres de bâtimens de répondre en leur propre et privé nom desdites confiscations et amendes, de prison pendant un an, et d'être déclarés incapables de commander ni de servir en qualité d'officier sur aucun bâtiment; à l'effet de quoi les capitaines seront tenus de représenter, à leur arrivée en France, un état signé des commis du domaine d'Occident, des marchan-

dises qu'ils ont chargées auxdites îles et
colonies.

Quoique la dernière disposition dudit article soit essentielle, et la plus grande sûreté
qui puisse être prise contre le commerce étranger, par la vérification qui doit être faite des
marchandises, à l'arrivée des vaisseaux en
France, sur l'état du chargement fait aux îles;
cependant nous sommes informés que la plupart des maîtres des bâtimens revenans des
îles, se sont dispensés de rapporter aucun état
de chargement dans la forme prescrite, et que
les commis de nos fermes dans les ports de
France, ne peuvent y assujettir ni procéder
sûrement contr'eux, dans la crainte que les
Juges n'y aient aucun égard, sous prétexte
que ledit article XXVI, du Réglement de
1717, ne prononce aucune peine contre ceux
qui seront en défaut de rapporter ledit état
signé du commis du domaine d'Occident aux
îles et colonies françaises, mais seulement contre
ceux qui font le commerce étranger, ce qui
rend les défenses de ce commerce illusoires,
par l'impossibilité de reconnaître en France si
toutes les marchandises qui ont été chargées
aux îles, sont fidèlement rapportées dans les
ports du retour, et s'il n'en a point été déchargé dans les pays étrangers; c'est à quoi
nous avons estimé nécessaire de remédier par
une disposition qui déclare les peines prononcées
par ledit Réglement de 1717, contre les maîtres
des bâtimens qui feraient le commerce étranger,
également encourues par ceux qui seraient en
défaut de rapporter leur état de chargement,
signé des commis des îles et colonies françaises;

avec d'autant plus de justice, que cette règle
étant de facile exécution, et d'ailleurs nécessaire pour assurer la perception de nos droits, tant
aux îles qu'en France, les maîtres des bâtimens
n'ont pû s'en écarter que dans la vue de faire un
commerce très-préjudiciable au bien de notre état,
de frauder en même tems nos droits, et de
se soustraire aux peines qu'ils auraient méritées
par une double contravention.

A CES CAUSES, et autres à ce nous mouvant,
de l'avis, etc.; nous avons par ces présentes,
signées de notre main, dit, statué et ordonné,
disons, statuons et ordonnons, voulons et
nous plaît que l'article XXVI de nos Lettres-
Patentes du mois d'avril 1717, soit exécuté
selon sa forme et teneur; et en conséquence
que les maîtres des bâtimens revenans des îles
et colonies françaises, soient tenus de représenter, à leur arrivée en France, un état signé
et certifié des commis du domaine d'Occident,
des marchandises qu'ils auront chargées auxdites
îles et colonies.

Ordonnons que faute par lesdits maîtres de
remettre dans les vingt-quatre heures de leur
arrivée dans les ports de France, aux commis
des bureaux de nos fermes, ledit état de chargement, ou faute de rapporter les marchandises conformes audit état, suivant la vérification qui en sera faite par lesdits commis,
ils soient réputés avoir fait commerce des marchandises desdites îles avec l'étranger, et en
conséquence que les vaisseaux et marchandises
soient confisqués; les propriétaires desdites
marchandises et les capitaines et maîtres desdits
bâtimens, condamnés solidairement en l'amende

L 3

de mille livres , et autres peines portées par ledit article XXVI , de nos Lettres-Patentes du mois d'avril 1717.

Si donnons en mandement à nos amés et féaux Conseillers , les gens tenans nos Cours de Parlement et des aides à Paris , que ces présentes ils aient à faire lire , publier et enregistrer , et le contenu en icelles garder , observer et exécuter selon leur forme et teneur, nonobstant tous Edits , Déclarations , Réglemens , Arrêts ou autres choses à ce contraires, auxquelles nous avons dérogé et dérogeons par ces présentes ; aux copies desquelles , collationnées par l'un de nos amés et féaux Conseillers-Secrétaires , voulons que foi soit ajoutée comme à l'original , car tel est notre plaisir ; en témoin de quoi nous avons fait mettre notre scel à cesdites présentes.

Donnée à Paris , le 14 mars 1722 , et de notre règne le septième. *Signés* , L O U I S , vu et approuvé , PHILIPPE D'ORLEANS , régent présent ; *et plus bas* , par le Roi, PHELYPEAUX.

(N°. 71.) *ORDONNANCE de MM. les Général et Intendant qui défend la sortie des espéces.*

Du 4 avril 1722.

Pour empêcher les capitaines des vaisseaux marchands et autres négocians , d'exposer leurs espèces aux risques de la mer et des forbans, et de s'exposer eux-mêmes à ceux de trouver les espèces diminuées à St.-Domingue, comme elles sont ici, et cela avec d'autant plus de

raison que MM. de Sorel et Montholon, Général et Intendant dudit Saint-Domingue, ont
reçu les mêmes ordres du Conseil que nous,
pour la diminution des espèces, et que nous
leur avons donné avis de ce que nous avons
ordonné à cet égard.

Le tout exactement considéré, nous défendons à tous capitaines des vaisseaux marchands,
négocians et autres de quelque condition qu'ils
puissent être, d'embarquer des espèces de quelque sorte qu'elles soient, pour les transporter
de cette île en quelque lieu que ce puisse
être, sans notre permission expresse et par écrit,
à peine, contre les contrevenans, de six mois
de prison et confiscation des espèces, dont
moitié sera donnée aux dénonciateurs, et l'autre
appliquée aux hôpitaux ou pauvres des lieux
où les contraventions auront été faites ; et pou.
que notre présente Ordonnance ait plus sûre
ment son exécution, nous avertissons q
ceux qui seront convaincus d'avoir été inform
de l'embarquement de quelques espèces, te
qu'elles soient, sans nous en avoir averti, se
condamnés à une pareille prison de six
et à mille livres d'amende, au profit de
pitaux et pauvres des lieux.

Donnée, etc., au Fort-Royal de la
nique, le 4 avril 1722. *Signés*, DE P⟨
QUIERE et BÉNARD.

(N°. 72.) *ORDONNANCE de MM. les*
et Intendant, qui fixe la valeur d..
à 16 sols.

Du 13 avril 1722.

SUR les représentations qui nous.

par divers marchans et négocians de St.-Pierre, par leur requête, quoiqu'elle expose, mal à-propos, que la diminution ordonnée a fait augmenter les menues denrées bien loin de les faire diminuer ; quoique nous n'ayons eu en vue, en ordonnant cette diminution, que de procurer, sur-tout, aux pauvres et à ceux qui ne sont que médiocrement à leur aise, le moyen d'avoir ces sortes de menues denrées à meilleur compte qu'elles étaient, sans faire attention qu'on ne s'apperçoit jamais du fruit et des avantages que peuvent procurer les di-minutions qu'après qu'elles sont arrivées et passées, et quoiqu'elle nous représente encore plus inutilement que la colonie ne peut, à cause de ces diminutions, déboucher ses denrées, ce qui est exposé d'autant plus inutilement, qu'on ne les a jamais vues aux prix excessifs auxquels elles se vendent actuellement et de-puis un an, et que tous ceux qui en deman-dent n'en peuvent pas trouver ; cependant pour faire droit sur ce qui peut être juste et con-venable de l'exposé dans la susdite requête, ayant par précaution fait peser devant nous une piastre indistinctement prise avec onze réaux, aussi pris au hasard, à quatre ou cinq sols près, ils n'ont pas pesé tout-à-fait la piastre, de manière que ces onze réaux, sur le-pied de seize sols chacun, vaudront encore seize sols plus que la piastre, valant huit livres, sans compter les quatre sols qui ont pû man-quer pour égaler le poids de la piastre, et avons fait plusieurs autres épreuves qui ont, à peu de chose près, équivalu à celle ci-dessus.

Nous ordonnons que lors de la prochaine diminution, du 15 de ce mois passé, les mêmes espèces resteront aux prix qu'elles seront, savoir : les escalins à seize sols, les demi escalins à huit sols, et les sols marqués à deux sols. Le tout, jusqu'à ce qu'il ait plû au Roi et à son Conseil, auquel nous envoyons copie de notre présente Ordonnance, et de la susdite requête, d'en ordonner autrement, qu'il sera libre à tous particuliers de payer les sommes qu'ils devront en telles espèces que bon leur semblera, et que notre présente Ordonnance aura cours à commencer du seizième du présent mois.

Donnée au Fort-Royal, etc., le 13 avril 1722, *Signés*, DE PAS FEUQUIERE et BENARD.

(N°. 73.) *ORDONNANCE de MM. les Général et Intendant, qui rétablit à* 20 *sols la valeur courante de l'escalin.*

Du 29 juin 1722.

VU les deux requêtes à nous présentées par plusieurs des principaux habitans, négocians et autres demeurans dans cette île, même par plusieurs des capitaines de vaisseaux marchands, qui y sont actuellement mouillés, par lesquelles ils nous représentent que depuis que les escalins et demi escalins, qui valaient, ci-devant, vingt et dix sols, ont été réduits à seize et huit sols, ils sont si resserrés qu'on n'en voit plus du tout dans le commerce, parce qu'il y a quantité de gens qui les ramassent, et qui sont si avides d'intérêt, qu'ils donnent jusqu'à cinq pour cent pour en avoir, dans le dessein de les porter ou de les envoyer à Saint-Domingue, où ils ont avis qu'ils valent toujours vingt et dix sols, quoique nous n'ayons eu en vue, dans la diminution ordonnée de ces deux espèces, que de nous conformer à ce qui nous a été ordonné par le Conseil de marine, à ce qui nous a été demandé par plusieurs négocians et habitans, et de faire diminuer de prix des denrées qui sont portées à des prix incroyables; cependant, sur ce que nous savons certainement que depuis le 15 avril dernier, que ces deux espèces ont été réduites à seize et huit sols, il en a été emporté par les vaisseaux qui sont partis pour St.-Domingue, pour près de cent mille écus, suivant les déclarations faites à M. Mesnier, commissaire de la marine, à Saint - Pierre, auxquelles nous avons assujetti les capitaines, à peine de confiscation, sans compter ce qui peut en avoir été emporté par ceux qui ne les auront point déclarées, et appréhendant que l'espérance d'un gain de vingt pour cent, en transportant ces espèces à Saint - Domingue, où l'on compte qu'elles valent toujours vingt et dix sols, quoique le Conseil nous aie marqué qu'il donnait le même ordre à Saint-Domingue qu'à la Martinique, ne dégarnisse entièrement ces îles de ces espèces, voulant bien faire attention à ce qui nous est représenté et au bien public de ces colonies, qu'il a plu à S. M. de confier à nos soins.

Nous ordonnons que les escalins et demi escalins vaudront et passeront dans le commerce, pour vingt et dix sols, savoir : dans cette île à commencer du jour de demain que notre présente Ordonnance sera publiée dans cette ville, et dans les îles de la Grenade, la Guadeloupe et Marie-Galante, à compter du jour de la publication de notre susdite Ordonnance.

Donnée au Fort-Royal de la Martinique, le 29 juin 1722. *Signés*, DE PAS FEUQUIERE et BENARD.

(N°. 74.) *LETTRES-PATENTES du Roi portant établissement des Religieux de la* Charité, *à l'hôpital du Fort-Royal.*

Du mois de juillet 1722.

L'ARTICLE Ier. permet au Vicaire-général de la Charité d'envoyer tel nombre de Religieux qu'il jugera à-propos, au bourg du Fort-Royal, dans le bâtiment destiné à leur servir de couvent, et en même tems d'hôpital pour les troupes, les marins et les autres sujets du Roi, du sexe masculin.

Les articles suivans portent don auxdits Religieux desdits bâtimens, de la chapelle qui doit y être construite sous l'invocation de Saint-Louis, ensemble de tous les terreins, dons, legs, prêts, biens, meubles et autres appartenans audit hôpital, avec exemption de capitation pour trente de leurs domestiques, etc.

Le surplus conforme à la teneur des Lettres-Patentes du mois de février 1686, portant établissement des Religieux de la Charité, au Fort Saint-Pierre.

(N°. 75.) DECLARATION du Roi concernant les terres concédées aux îles du vent de l'Amérique.

Du 3 août 1722.

LOUIS, etc., SALUT : Les abus qui se sont passés aux îles de l'Amérique, par rapport aux concessions des terres, ont déterminé le feu Roi, notre très-honoré Seigneur et bisayeul, à ordonner, par Arrêt de son Conseil, du 26 septembre 1696, que dans six mois, du jour et date dudit Arrêt, pour toute préfixion et délai, les habitans qui auraient encore quelque partie de leurs terres en friche, seraient tenus de les mettre en culture de sucres, vivres et autres denrées nécessaires pour la subsistance et le commerce de ladite Colonie, à faute de quoi, et ledit tems passé, qu'elles seraient réunies à notre domaine, à la diligence de notre Procureur-général du Conseil Supérieur, sur les Ordonnances qui en seraient rendues par le Gouverneur-général pour nous, et l'Intendant desdites îles, pour être ensuite par eux fait de nouvelles concessions desdites terres en la manière accoutumée ; et étant informés que ces abus subsistent toujours, et que même plusieurs habitans ont obtenu, à diverses fois, jusqu'à cinq et six concessions de terres, lesquelles ils ne mettent point en valeur ; que d'autres se sont contentés de faire seulement des abatis de sus, sans y faire aucune culture, croyant par-là se mettre à couvert de la réunion, et qu'enfin il s'en est trouvé dont les uns ont vendu le bois qui était dessus, ce qui cause un préjudice notable à ceux qui veulent s'établir auxdites îles, lesquels ne trouvent point de terre où pouvoir se placer, quoiqu'il y en ait encore plus de la moitié aux îles de la Guadeloupe et de la Grenade qui ne sont point en valeur, il est de notre justice d'empêcher la continuation d'un pareil désordre.

A CES CAUSES, de l'avis, etc., et de notre certaine science, etc.; nous avons, par ces présentes, signées de notre main, dit, statué et ordonné, disons, statuons et ordonnons, voulons et nous plaît que les propriétaires des terres situées en nos îles et colonies du vent de l'Amérique, soit par concession, contrat d'acquisition, succession, donation ou autrement, même les propriétaires desdites terres en minorité, soient tenus de faire un établissement dessus, et d'en commencer le défrichement dans un an du jour et date de l'enregistrement des présentes ; d'en défricher les deux tiers dans le terme de six années suivantes, savoir : un tiers dans les trois premières années, et l'autre tiers dans les trois suivantes ; sinon, et à faute de ce faire par eux, ordonnons qu'à la diligence de nos Procureurs des Jurisdictions où seront situées les terres, elles soient réunies à notre domaine, sur les Ordonnances du Gouverneur et Lieutenant général pour nous, et Intendant de Justice, Police et Finances auxdites îles, que nous avons, pour ce, commis, et par eux concédés à d'autres habitans en la manière accoutumée.

Voulons aussi que dans toutes les nouvelles concessions qu'ils donneront, à l'avenir, les clauses de former un établissement la première année et de commencer à les défricher, et celle d'en mettre les deux tiers en valeur dans les six années suivantes, savoir : un tiers dans les trois premières années, et l'autre tiers dans les années suivantes, y soient insérées, le tout à peine d'être déchus desdites concesons, qui seront réunies à notre domaine, ainsi qu'il est dit ci-devant, et concédées à d'autres, en la manière ordinaire ; permettons aux propriétaires desdites terres, d'en conserver un tiers en bois debout, et leur défendons de vendre les terreins qui leur seront concédés ou qu'ils auront achetés, à moins qu'ils ne soient au tiers défrichés, à peine de réunion à notre domaine, de restitution du prix de la vente, et de mille livres d'amende, applicable aux fortifications desdites îles ; leur défendons aussi de vendre aucun bois desdites terres, à moins que ce ne soit des bois de teinture, qu'ils n'en aient défriché le tiers, à peine de cent livres d'amende, applicable comme ci-devant, et du double en cas de récidive.

Voulons, en outre, que ceux qui possèdent des hastes et corails, soit par concession ou autrement, soient obligés d'y mettre des bêtes à cornes et des cochons, par proportion aux terreins qu'ils posséderont, et que faute par eux, d'y en avoir, lesdites hastes et corails, soient réunies à notre domaine, ainsi qu'il est dit ci-devant pour les terres ; exceptons des réunions ci-devant ordonnées, les concessions de terres appartenantes aux mineurs qui se trouvent en non valeur, à cause du mauvais état de leurs affaires, pourvu, cependant, qu'elles aient été mises en valeur par ceux qui les possédaient avant eux, et que les tuteurs fassent déclaration aux greffes des Jurisdictions où seront situés lesdits biens, portant qu'ils ne sont point en état de les faire valoir, à cause du dérangement des affaires desdits mineurs ; l'expédition de laquelle déclaration, sera visée par ledit Gouverneur et Lieutenant général et Intendant.

Voulons et nous plaît que toutes les peines de réunion et d'amendes, portées par ces présentes, ne puissent être réputées en aucun cas, peines comminatoires, et que toutes les discussions et affaires qui pourront arriver pour l'exécution des présentes, soient jugées par lesdits Gouverneur et Lieutenant général et Intendant desdites îles, et que les réunions et condamnations d'amendes soient faites à la diligence de nos Procureurs des Jurisdictions où les terres seront situées, à peine d'interdiction contr'eux, s'ils ne donnent pas avis auxdits Gouverneur et Lieutenant général et Intendant, des délinquans aux présentes ; laquelle interdiction sera déclarée avoir eté encourue par l'Intendant, sans qu'il la puisse lever que par nos ordres ; de tout ce faire leur donnons pouvoir, autorité et mandement spécial.

Si donnons en mandement, à nos amés et féaux les gens tenant nos Conseils Supérieurs à la Martinique et à la Guadeloupe, que ces présentes ils aient à faire lire, publier et registrer, et le contenu en icelles garder et observer selon leur forme et teneur, nonobstant tous Edits, Déclarations, Arrêts, Réglemens et autres choses à ce contraires, auxquels nous avons dérogé par ces présentes, car tel est notre plaisir ; en témoin de quoi nous avons fait mettre notre scel à cesdites présentes.

Donné à Versailles, le 3 août l'an de grâce 1722, et de notre règne le septième. *Signés,* LOUIS ; vu et approuvé, PHILIPPE D'ORLEANS ; *et plus bas*, par le Roi, FLEURIAU.

Enregist. au Conseil Souverain.

(Nº. 76.) ORDONNANCE *de M. l'Intendant, sur celle de* 1687, *concernant les Fermes.*

Du 7 novembre 1722.

VU l'extrait ci-joint de l'Ordonnance de 1687, tit. 2, de plusieurs articles qui ont rapport à la régie du domaine du Roi, nous ordonnons qu'ils seront lûs et publiés dans les principaux lieux et bureau du domaine de cette île, ainsi que de celle de la Grenade et Marie-Galante, afin que tous les négocians ; capitaines et maîtres des bâtimens de mer, n'en puissent prétendre cause d'ignorance, et aient à s'y conformer.

Donnée au Fort-Royal de la Martinique, le 7 novembre 1722. *Signé,* BENARD.

Extrait de l'Ordonnance de 1687.

TITRE II.

ART. Iᵉʳ, Nos droits de sortie seront payés au premier et plus prochain bureau du chargement des marchandises, et ceux d'entrée au premier et plus prochain bureau de la route,

et

et les marchands et voituriers seront tenus, en arrivant aux lieux où les bureaux sont établis, de les conduire directement au bureau ; le tout à peine de confiscation des marchandises, et de l'équipage qui aura servi à les conduire, et de trois cens livres d'amende.

III. Les voituriers ou conducteurs des marchandises, seront tenus, sous les peines portées par l'article premier, de faire leur déclaration sur le registre, ou d'en apporter une signée des marchands ou propriétaires des marchandises, ou de leurs facteurs, qui demeurera au bureau, et qui sera encore transcrite sur le registre, et signée par les voituriers ou conducteurs, s'ils savent signer.

IV. Les déclarations contiendront la qualité, le poids, le nombre et la mesure des marchandises, le nom du marchand ou du facteur qui les envoie, de celui à qui elles sont adressées, le lieu du chargement, et celui de la destination, et les marques et numéros des ballots seront mis en marge des déclarations.

V. Ceux qui feront aborder des vaisseaux, bateaux ou barques dans nos ports de mer ou autres lieux où nos bureaux sont établis, seront aussi tenus, sous les mêmes peines, de donner dans les vingt-quatre heures après leur arrivée, pareille déclaration des marchandises, de leur chargement, et de représenter leurs connaissemens.

VI. Les voituriers ou conducteurs des marchandises, soit par eau ou par terre, qui n'auront pas en main leurs factures ou déclarations à leur arrivée, seront tenus de faire leurs déclarations sur le registre, du nombre de leurs ballots et des marques et numéros qui y seront, à la charge de faire ou de rapporter dans quinzaine, si c'est par terre, et dans six semaines, si c'est par mer, une déclaration des marchandises en détail, et cependant ils laisseront leurs ballots dans le bureau ; et ce tems passé, sans avoir fait ou rapporté une déclaration en détail, les marchandises seront confisquées, et les voituriers ou conducteurs condamnés à trois cens livres d'amende.

VII. Ceux qui auront donné ou fait leurs déclarations, n'y pourront plus augmenter ni diminuer, sous prétexte d'omission ou autrement, et la vérité ou la fausseté de la déclaration sera jugée sur ce qui aura été premièrement déclaré.

VIII. Après les déclarations faites et les connaissemens représentés, les marchandises seront visitées, pesées, mesurées et nombrées, et ensuite nos droits payés.

IX. Les marchandises ne pourront être déchargées des bateaux et vaisseaux, sans un congé par écrit du Fermier, et en sa présence, soit que la décharge soit faite à terre ou de bord à bord.

XI. Défendons aux maîtres des vaisseaux et bateaux, d'y recevoir aucunes marchandises sans un congé par écrit du Fermier, et de se mettre en mer ou sur les rivières, sans avoir en main les acquits du paiement de nos droits ou à caution, à peine de confiscation de leurs marchandises, vaisseaux et bateaux, et de tout leur équipage, et de deux cens livres d'amende.

XII. Les marchands ou voituriers seront interpellés d'être présens à la visite des marc chandises, et en cas de refus, il en sera fait mention dans les procès-verbaux de saisie, à peine de nullité.

XIII. Si la déclaration se trouve fausse dans la qualité des marchandises, elles seront confisquées, et toutes celles de la même facture, appartenantes à celui qui aura fait la fausse déclaration, même l'équipage, s'il lui appartient ; mais non la marchandise ni l'équipage appartenant à d'autres marchands, si ce n'est qu'ils eussent contribué à la fraude ; et si la déclaration est fausse dans la quantité, la confiscation ne sera ordonnée que pour ce qui n'aura point été déclaré.

XIV. Nos droits seront payés comptant, et néanmoins, en cas que le Fermier ait délivré son acquit de paiement, sans le recevoir, il pourra décerner ses contraintes sur les extraits des registres contenant les déclarations et soumissions des voituriers, et les contraintes seront exécutées contre les redevables, comme pour nos propres deniers.

TITRE VIII.

ART. Ier. Toutes marchandises de contrebande seront confisquées avec l'équipage qui aura servi à les conduire, même les marchandises qui seront ensemble, aux termes de l'article XIII, du titre II, et les marchands et voituriers seront condamnés à cinq cens livres d'amende, sans préjudice des peines afflictives portées par nos Ordonnances, suivant la qualité de la contravention.

VIII. Défendons à tous Gouverneurs ou Lieutenans généraux de nos provinces et tous autres ; de donner aucuns passe - ports pour faire entrer ou sortir des marchandises mentionnées aux articles précédens ; voulons que sans y avoir égard , elles soient sujettes aux peines portées par l'article premier.

TITRE XII.

ART. VII. Ils pourront, en cas de soupçon de fraude, sur la réquisition du Fermier ou de son commis, faire des visites dans les maisons des marchands ou autres, même faire faire ouverture des portes.

VIII. La fraude ne pourra être poursuivie extraordinairement, mais civilement par saisie ou par action, si ce n'est en cas de rebellion ou autre délit.

TITRE XIII.

ART. I.er Les articles 26, 28, 29, 30, 31 et 43, de notre Ordonnance, du mois de juillet 1681, au titre commun pour toutes les fermes, concernant les amendes et confiscations, seront observés.

II. Si les marchandises confisquées ne peuvent être gardées, sans perte considérable, elles pourront être vendues nonobstant l'appel, aux termes de l'article 10, du titre XI.e

---

(N°. 77.) ORDONNANCE de M·M. les Général et Intendant, sur le cours des espèces.

Du 17 novembre 1722.

ORDONNONS que, conformément à l'Ordonnance de S. M., les piastres et demi piastres seront reçues au poids, sur le pied de sept livres dix sols par piastre, et trois livres quinze sols par demi piastre, ainsi qu'il est porté par ladite Ordonnance ; que les pistoles, doubles pistoles, quadruples, vieux louis et doubles louis, quoiqu'il ne soit point parlé desdits vieux louis dans l'Ordonnance de S. M., seront aussi reçus au poids, sur le pied de trente livres par pistole ou vieux louis, double et quadruple, à proportion, et pour ce qui regarde les quarts de piastres, les réaux et demi réaux, qui font la monnaie la plus courante et usité dans ce pays ; nous ordonnons qu'ils continueront d'être reçus, sans être sujets au poids, attendu la difficulté qu'il y aurait de trouver le nombre des poids et balances suffisans, et de l'embarras presque insurmontable que cela causerait aux petits détailleurs et aux nègres de ces îles, qui ne laissent pas d'y faire un commerce très-considérable et très-nécessaire pour la vie, par les bestiaux, volailles, fruits, herbages, maïs, farine de manioc et autres menues denrées qu'ils y vendent ; pour éviter lesquels inconvéniens, nous ordonnons que les quarts de piastres seront reçus dans le commerce, sur le pied de trente-sept sols six deniers, les deux faisant la demi piastre, et les quatre la piastre, comme aussi que les réaux seront reçus attendu la grande légéreté de la plûpart d'iceux, et pour éviter les fractions que les petits détailleurs et les nègres ne viendraient jamais à bout de concevoir, sur le pied de dix-huit sols la pièce, et les demi réaux, par conséquent, et par cette même raison, neuf sols, le tout sous le bon plaisir de S. M., et jusqu'à ce qu'il lui aie plû interpréter son Ordonnance, ainsi qu'elle le trouvera bon.

Donnée au Fort-Royal de la Martinique, etc., le 17 novembre 1722. *Signés*, DE PAS FEUQUIERE et BENARD.

──────────

(N°. 78.) ORDONNANCE *du Roi, pour la défense des jeux aux colonies françaises de l'Amérique.*

Du 15 décembre 1722.

SA Majesté ayant été informée qu'au mépris de ses Ordonnances concernant les jeux de hasard, plusieurs habitans et autres particuliers des îles et colonies françaises de l'Amérique, même des commerçans de France qui vont auxdites îles, et leurs commissionnaires y jouent des jeux de hasard, dont l'injuste inégalité excite de fréquentes querelles entre les joueurs, donne lieu à des usures odieuses, et par ce moyen cause la ruine de plusieurs familles, en engageant les jeunes gens dans la débauche et le libertinage : à quoi voulant pourvoir, de l'avis de M. le Duc d'Orléans, régent, elle a fait et fait très-expresses inhibitions et défenses à toutes personnes, de quelque qualité et condition qu'elles soient, de jouer ni de donner à jouer dans leurs maisons aux jeux de bassette, pharaon, lansquenet, hoca, quinquenove, biribi, aux dez et autres jeux de hasard ; comme aussi à tous hôteliers, cabavetiers, aubergistes, limonadiers et autres, de souffrir qu'on joue dans leurs maisons, à peine de cinq cens livres d'amende contre chacun des contrevenans, pour la première fois, et de plus grande en cas de récidive, applicables, lesdites amendes, un quart au dénonciateur, un autre quart à l'hôpital le plus prochain, et l'autre moitié aux ouvrages publics; veut, S. M., qu'au défaut de dénonciateur, le quart qui doit lui revenir soit aussi appliqué aux ouvrages publics, et que lesdites amendes soient prononcées par les Intendans desdites colonies, Commissaires-ordonnateurs ou leurs subdélégués en leur absence, à la poursuite et diligence des Procureurs de S. M. dans les Jurisdictions.

Mande et ordonne, S. M., aux Lieutenans-généraux, ses Gouverneurs dans ses colonies de l'Amérique Septentrionale et Méridionale, Intendans, Gouverneurs particuliers, Commissaires-ordonnateurs, et à tous autres ses officiers et justiciers qu'il appartiendra, de tenir chacun en droit soi, la main à l'exécution de la présente Ordonnance, qui sera lûe, publiée et affichée par-tout où besoin sera, à ce que personne n'en ignore, et enregistrée ès-greffes des Jurisdictions desdites colonies.

Fait à Versailles, le 15 décembre 1722. *Signés,* LOUIS; vu et approuvé, PHILIPPE D'ORLEANS; *et plus bas,* par le Roi, FLEURIAU.

M 4

(N°. 79.) ARRET *en réglement du Conseil Supérieur, sur le remplacement des Juges des Siéges, en cas d'absence ou empêchement.*

Du 26 janvier 1723.

SUR ce qui a été remontré au Conseil par le Procureur-général du Roi, en icelui, que dans les Jurisdictions des bourgs Saint-Pierre et de la Trinité, les Procureurs postulans prennent le Siége, et rendent la justice à l'exclusion des Procureurs du Roi et de leurs substituts, en quoi ils se trouvent autorisés par un ancien Réglement enregistré au Conseil; que cet usage, en autorisant à ce, lesdits Procureurs, renferme en lui-même plusieurs inconvéniens, ce qui est très-sensible à la Cour, puisque, par un Arrêt récemment rendu, il a été ordonné qu'en l'absence du Juge de la ville du Fort-Royal, les substituts tiendront le Siége, et ensuite après eux les Procureurs postulans, suivant l'ordre du tableau, pourquoi requiert ledit Procureur-général du Roi, qu'il plaise au Conseil faire un Réglement général, en conformité de ce qui s'observe en la Jurisdiction royale de cette ville : surquoi la matière mise en délibération ;

Le Conseil ordonne qu'en cas d'absence ou récusation des Juges du ressort ou de leurs Lieutenans, les Procureurs du Roi ou leurs substituts, tiendront le Siége, et après eux les Procureurs postulans, suivant l'ordre du tableau ; et sera, le présent Arrêt, etc.

(N°. 80.) ORDONNANCE *du Roi, sur les corvées à faire par les bateaux, chaloupes, etc. pour le services des fortifications.*

Du 18 avril 1723.

SA Majesté s'étant fait représenter l'Ordonnance des sieurs de Feuquiere, Gouverneur et Lieutenant-général des îles du vent, et Bénard, Intendant, en date du 18 avril 1722, par laquelle il est enjoint aux propriétaires des bateaux, de fournir pour leur corvée d'une année, chacun une barquée de pierres et autres matériaux, pour les fortifications ; et aux maîtres des canots, d'y fournir chacun deux canotées, à peine, contre ceux qui contreviendraient, de 300 livres d'amende, applicable à l'hôpital.

Sa Majesté estimant juste que les propriétaires desdits bateaux et maîtres desdits canots, contribuent comme les autres habitans desdites îles, aux travaux des fortifications, elle a ordonné et ordonne, que les propriétaires des bateaux des îles du vent, fourniront, par an, à l'endroit qui leur sera indiqué, une barquée de pierres et autres matériaux, pour les fortifications de l'île où ils habiteront, et aux maîtres de canots, d'en fournir aussi deux canotées par an, à peine, contre les contrevenans, de 300 livres d'amende, applicable à l'hôpital de l'île de leur demeure.

Veut et entend, S. M., que, suivant l'usage, lesdits matériaux soient pris sur le bord de la mer par lesdits barques et canots, et débarqués le plus près qu'il sera possible, des endroits où il sera déterminé de travailler, et

que le Gouverneur et Lieutenant-général des
îles du vent, et l'Intendant, ordonnent le
transport desdits materiaux dans les années qu'ils
le jugeront nécessaire, indiquent les endroits
de débarquement d'iceux, et les noms des personnes auxquelles ils seront remis, dont les
propriétaires desdits bateaux, et maîtres desdits
canots, seront tenus de retirer certificats.

Mande et ordonne, S. M., au Gouverneur
et Lieutenant-général des îles du vent, à l'Intendant desdites îles, et autres officiers qu'il
appartiendra, de tenir, chacun en droit soi,
la main à l'exécution de la présente Ordonnance, qui sera lûe, publiée et affichée par-
tout où besoin sera.

Fait à Versailles, le 18 avril 1723. *Signés,*
LOUIS; vu et approuvé, PHILIPPE D'OR-
LEANS; *et plus bas,* par le Roi, FLEURIAU.

(N°. 81.) *ORDONNANCE de MM. les Général
et Intendant, sur les Huissiers.*

Du 12 août 1723.

LES différentes plaintes qui nous sont portées
tous les jours contre les huissiers qui négligent,
souvent même refusent de faire les significations
qui leur sont confiées, et les autres actes judiciaires dépendans de leurs fonctions, nous
ont donné lieu de rechercher les causes de cet
abus, qui interrompt le cours de la justice,
et ôte la confiance du commerce, par la difficulté que trouvent les marchands et les créanciers de se faire payer de leurs dettes; ce qui,
par une suite naturelle, interrompt la circu-

lation si nécessaire au maintien du commerce
et au bon ordre ; nous avons remarqué que
lesdits huissiers eux-mêmes donnent lieu à ces
plaintes par leur mauvaise volonté, leur avarice, et leur connivence avec les parties
contre lesquelles les saisies sont ordonnées :
pour leur ôter, à l'avenir, tout prétexte d'excuse, et les obliger de remplir exactement leur
devoir, indifféremment à l'égard des premiers
habitans et des petits habitans ; après en avoir
conféré avec M. le Procureur-général.

Nous ordonnons à tous huissiers et sergens
de faire, à la première réquisition, les significations et autres actes de leurs fonctions, tant
dans les villes qu'à la campagne, indistinctement à toutes personnes, de quelque rang,
qualité et condition qu'elles soient ; défendons
en conséquence de les troubler dans lesdites
fonctions, à peine contre ceux qui tomberont
dans le cas, d'être poursuivis extraordinairement
et punis suivant la rigueur des Ordonnances ;
en cas de refus desdits huissiers, nous les interdisons pour un mois, et les condamnons
en 50 livres d'amende envers les hôpitaux,
au paiement de laquelle ils seront contraints
par corps ; seront, les peines ci-dessus déclarées,
encourues sur une simple plainte, pour la
preuve de laquelle, en cas de déni, il suffira
de produire un seul témoin digne de foi.

Pour mieux juger de la justice des plaintes
qu'on pourrait faire de la négligence desdits
huissiers ou sergens, nous ordonnons qu'ils
donneront, lorsqu'on leur demandera, des reconnaissances ou récépissés des comptes, contrats,
sentences, arrêts et autres procédures qu'on

leur confiera pour faire des significations où mettre en exécution, lesquels seront datés du jour de la remise desdites pièces, à peine, en cas de refus, de cinquante livres d'amende comme ci-dessus, suffisant pareillement, à cet égard, que la plainte soit appuyée d'un seul témoin.

En cas de négligence desdits huissiers ou sergens, ce qui sera aisé à connaître par la date des récépissés, nous les condamnons pareillement en 50 livres d'amende, remettant l'exécution de cet article à la prudence des Juges, pardevant qui les plaintes en seront portées.

En ce qui concerne les salaires desdits huissiers et sergens, lorsqu'ils exploiteront dans les villes, bourgs et campagnes où ils seront demeurans, nous leur enjoignons de se conformer au tarif qui sera incessamment renouvellé, à cause de la cherté des vivres, et rectifié tous les ans à la séance de janvier du Conseil Souverain, duquel nous prendrons les avis, et en cas de contestation sur lesdits salaires, quand il y aura transport, lesdits huissiers ou sergens seront tenus de faire taxer leurs exploits par celui de messieurs du Conseil Souverain qui se trouvera dans le quartier où il n'y a point de justice établie; et dans ceux où il y en a, par le Juge ou par le Procureur du Roi et ses substituts; ce qui sera fait par lesdits Juges, sans frais et sur le champ.

Permettons auxdits huissiers et sergens de retenir les pièces des parties pour sûreté de leurs salaires, et jusqu'à ce qu'ils aient été payés, sans qu'après le paiement d'iceux ils les puissent retenir, sous quelque prétexte que ce soit, et seront alors contraints par corps, à la remise desdites pièces.

Seront tenus, les huissiers qui se feront recevoir dans la suite, de donner caution de la somme de 500 livres, pour la sûreté des sommes que l'on ne peut se dispenser de leur confier.

Prions Messieurs du Conseil Souverain de la Martinique, d'enregistrer la présente Ordonnance, et de tenir la main à ce qu'elle soit exécutée selon sa forme et teneur; ordonnons qu'elle sera pareillement enregistrée aux greffes des Jurisdictions, lûe, publiée à l'audience tenante; renvoyons son exécution aux Juges des quartiers dont les jugemens à ce sujet, seront exécutés par provision.

Donnée, etc.

Enregistrée au Conseil Souverain.

(N°. 82.) Ordonnance *de* MM. *les Général et Intendant, au sujet des loteries.*

Du 20 septembre 1723.

Nous sommes informés que par un abus très-contraire au bon ordre d'une exacte police, on admet des esclaves à des jeux publics et des espèces de loteries qu'on fait de nippes qui leur sont propres; et cet abus est devenu si commun que ce qui pouvait n'être d'abord qu'un amusement indifférent, est devenu d'une très-dangereuse conséquence : on a vu des personnes libres se mêler publiquement, sans scrupule, avec des esclaves, et ne pas faire difficulté de se les égaler, en jouant avec eux : outre le scandale que cela cause, et que les domestiques sont par-là détournés de leur devoir et du service de leurs maîtres, il est dangereux d'inspirer la passion du jeu à des esclaves qui n'étant retenus par aucun motif d'honneur et de religion, pourraient, pour se satisfaire, se porter dans la suite à de très-grands désordres : si nous devons nos soins à la punition du crime, ce qui peut y donner occasion et troubler l'ordre de la société, doit être aussi l'objet de nos intentions.

A ces causes, nous avons fait très-expresses inhibitions et défenses à toutes personnes de quelque qualité et condition qu'elles soient, de faire des loteries sans permission des Juges des lieux ; défendons très-expressément d'y admettre des esclaves de l'un et de l'autre sexe, directement ni indirectement, de leur donner à jouer ou de jouer pour eux ou avec eux, à quelque fin et pour quelque raison que ce puisse être, à peine, contre les contrevenans, de 500 livres d'amende, et de confiscation des marchandises, le tout à l'hôpital, pour la première fois, et en cas de récidive, à peine de 1000 livres d'amende et de confiscation des marchandises, applicable comme dessus, et d'être poursuivis extraordinairement, sans que ces peines puissent être réputées comminatoires par les Juges, auxquels nous enjoignons de tenir la main exactement à l'exécution des présentes.

Donnée au Fort-Royal, le 20 septembre 1723. *Signés*, DE PAS FEUQUIERE et BLONDEL.

Enregistrée au Conseil Souverain.

(N°. 83.) ORDONNANCE *du Roi, pour la plantation des maniocs.*

Du 6 décembre 1723.

SA Majesté s'étant fait représenter l'Ordonnance rendue par les sieurs de Feuquière, Gouverneur, Lieutenant-général, et Blondel, Intendant des îles du vent de l'Amérique, du 16 août dernier, à l'occasion des plantes de manioc, qui sert de nourriture ordinaire aux domestiques blancs et esclaves nègres, dont la disette est devenue si grande, et le prix augmenté si considérablement par la négligence des habitans des îles, à cultiver cette plante, qu'ils sont hors d'état d'en acheter, et par conséquent de fournir auxdits domestiques et esclaves, la subsistance ordonnée par les Réglemens rendus à ce sujet ; et ayant reconnu qu'il est de l'intérêt de ses sujets desdites colonies de continuer la culture desdits maniocs, pour la conservation de leurs nègres et le soutien de leur commerce, S. M. a confirmé et autorisé ladite Ordonnance, et conformément à icelle, a ordonné et ordonne ce qui suit, qu'elle veut être exécuté selon sa forme et teneur.

ART. Ier. Tous les habitans desdites îles du vent, de quelque qualité et condition qu'ils soient, seront tenus d'avoir dorénavant par chaque année, sur leurs habitations, pour la subsistance de chacun de leurs domestiques blancs et noirs, la quantité de 500 fosses de manioc, par tête desdits domestiques, à peine, contre ceux qui y contreviendront, de 50 livres d'amende, applicable aux travaux des fortifications que S. M. fait faire dans lesdites îles, pour chaque quantité de 500 fosses de manioc qu'ils se trouveront n'avoir point cultivé.

II. Veut, à cet effet, S. M., qu'il soit fait, à l'avenir, au mois de décembre de chaque année, une visite exacte dans toutes les habitations, par le capitaine de milice de chaque quartier, accompagné de quatre habitant qui seront nommés par lesdits Général et Intendant, ou par les Gouverneurs particuliers et subdélégués dudit Intendant, lesquels prêteront serment entre les mains desdits capitaines de milice, pour faire le dénombrement, tant desdits domestiques blancs et noirs, que de la quantité de 500 fosses de manioc, par tête, qu'ils auront trouvé sur chaque habitation, conformément au modèle qui leur sera remis par lesdits Gouverneur, Lieutenant-général, et Intendant, Gouverneurs particuliers et subdélégués, chacun dans l'étendue de leur département.

III. Lesdits capitaines de milice feront tenus de remettre lesdits dénombremens signés et affirmés véritables, tant par eux que par lesdits habitans, entre les mains desdits Gouverneur général et Intendant, Gouverneurs particuliers et subdélégés, avant le premier janvier suivant.

IV. Enjoint, S. M., auxdits Gouverneurs particuliers et subdélégués, auxquels lesdits dénombremens auront été remis, de les envoyer après ledit jour premier janvier, le plutôt que faire se pourra, auxdits Général et Intendant, pour être ensuite, par eux, envoyé à S. M., la liste des habitans desdites îles qui auront contrevnu à la presente Ordonnance.

V.

V. En cas que, par les vérifications et dénonciations qui seront faites auxdits Gouverneur, Lieutenant-général, Intendant, Gouverneurs particuliers et subdélégués, lesdits
dénombremens ne se trouvent pas exacts et
véritables, l'amende sera de 100 livres, applicable au dénonciateur, contre chaque habitant dont la déclaration ne sera pas véritable,
outre et par-dessus celle de 50 livres, encourue par chaque quantité de 500 fosses de manioc qui se trouvera n'avoir point été cultivée
par tête de domestiques blancs et noirs, comme
il est dit à l'article I.

VI. Les quatre habitans qui auront signé
un dénombrement qui ne se trouvera pas véritable, seront condamnés, solidairement, en
100 livres d'amende, applicable pareillement
au dénonciateur.

VII. Le capitaine de milice qui aura pareillement signé un dénombrement qui ne sera
pas véritable, sera interdit des fonctions de
sa charge, sauf de plus grande peine, si le
cas y échet, sur l'avis qui en sera donné à
S. M., par lesdits Général et Intendant.

VIII. Ordonne en outre, S. M., que les
habitans qui seront convaincus de n'avoir pas
exécuté les articles 22, 23, 24, 25, 26 et
27 des Lettres-Patentes en forme d'Edit, du
mois de mars 1685, en ce qui concerne la
subsistance et l'habillement desdits nègres esclaves, soient condamnés en 500 livres d'amende,
applicables aux travaux des fortifications desdites îles.

Mande et ordonne, etc.
Enregist. au Conseil Souverain.
Tome I,   N

(Nº. 84.) *Declaration du Roi , portant créa-*
tion d'u.: Su. situt du Procureur - general aú
Conseil Souverain de la Martinique.

Du mois de décembre 1723.

Louis, etc. ; SALUT : Nous avons été informés que les différentes contestations qui sont
portées, par appel, en notre Conseil Souverain de la Martinique, sont si fort multipliées,
que notre Procureur général audit Conseil, ne
peut seul vaquer aux affaires qui sont de son
ministère ; et voulant pourvoir à ce que nos
sujets de ladite île ne souffrent point par le
retardement des jugemens de leurs procès.

A CES CAUSES, nous avons créé, érigé et
établi, et par ces présentes signées de notre
main, créons, érigeons et établissons un nôtre
Conseiller, Substitut de notre Procureur-général en notre Conseil Souverain de la Martinique, aux mêmes et semblables fonctions
que les Substituts de nos Procureurs-généraux ;
et étant nécessaire de pourvoir dudit office une
personne capable et expérimentée au fait de
Judicature ; sur le bon et louable rapport qui
nous a été fait de la capacité, expérience,
fidélité et affection à nous servir, du sieur Le
Sauvage, nous lui avons donné et octroyé,
donnons et octroyons, par cesdites présentes,
l'office de notre Conseiller, Substitut de notre
dit Procureur-général au Conseil Souverain de
ladite île, pour l'avenir, tenir et exercer, en
jouir et user aux honneurs, pouvoirs, libertés,
fonctions, autorités, priviléges et exemptions.

Si donnons en mandement, à nos amés et

féaux les gens tenant nos Conseils Supérieurs à la Martinique, etc.; cessant et faisant cesser tous troubles et empêchemens à ce contraires; et qu'après qu'il leur sera apparu de bonne vie et mœurs, conversation, R. C. A. et R. dudit sieur Le Sauvage, et après avoir pris de lui le serment requis et accoutumé, ils le reçoivent, mettent et instituent en possession dudit office, l'en fassent jouir et user paisiblement et pleinement, et le fassent obéir et entendre de tous ceux et ainsi qu'il appartiendra, car tel est notre plaisir, etc.

Donnée à Versailles, au mois de décembre 1723. et de notre règne le neuvième. *Signés*, LOUIS; *et plus bas*, par le Roi, PHELYPEAUX.

Enregist. au Conseil Souverain.

(Nº. 85.) *DECLARATION du Roi, sur les Minutes des Notaires.*

Du 4 janvier 1724.

LOUIS, etc., SALUT : Par notre Déclaration du 2 août 1717, rendue au sujet du dépôt des Minutes des actes des Notaires, dans nos colonies de l'Amérique, nous aurions entre autres choses ordonné que ces minutes des Notaires qui décéderaient ou qui se démettraient de leurs emplois, seraient déposées au greffe de nos Jurisdictions ordinaires ou de celles des seigneurs, dans le ressort desquels cesdits Notaires seraient établis; nous avons depuis été informés qu'il est survenu une contestation au Conseil Supérieur de la Guadeloupe, à l'occa-

sion des minutes du nommé Neys , Notaire
en la Jurisdiction ordinaire de la Basse Terre
de ladite île , qui a été destitué de son emploi,
par Arrêt dudit Conseil Supérieur, du 4 mars
dernier, et dont les Minutes ont été déposées
au greffe dudit Conseil Supérieur , en vertu
dudit Arrêt ; et estimant convenable que toutes
ces Minutes des Notaires décédés , de ceux qui
se démettront volontairement ou qui seront
destitués , soient déposées en un même greffe.

A ces causes, nous , en interprétant , en
tant que de besoin, notre Déclaration dudit
jour 2 août 1717 , avons dit , déclaré et ordonné , et par ces présentes , signées de notre
main , disons, déclarons et ordonnons , voulons et nous plaît ce qui suit : que ces Minutes des Notaires destitués par autorité de
justice ou autrement , ainsi que celles des Notaires décédés , ou qui se seraient démis de
leurs emplois, seront déposées aux greffes des
Jurisdictions, dans le ressort desquelles cesdits
Notaires auront été établis , en se conformant
aux formalités prescrites par notre dite Déclaration dudit jour 2 août 1717 , laquelle sera
exécutée selon sa forme et teneur ; voulons,
en conséquence, que sans s'arrêter audit Arrêt
du Conseil Supérieur de la Guadeloupe, les
minutes dudit Neys , destitué en vertu dudit
Arrêt, soient remises au greffe de la Jurisdiction ordinaire de la Basse-Terre de ladite île,
et que toutes les autres Minutes des Notaires
qui auraient pû être destitués de leurs emplois
par autorité de justice ou autrement , dans
l'étendue de nos dites colonies, soient pareillement remises , si fait n'a été , aux greffes des

Jurisdictions de leurs districts, à ce faire les
dépositaires contraints ; quoi faisant, déchargés.

Si donnons en mandement, à nos amés et
féaux les gens tenant nos Conseils Souverains
dans nos colonies, etc.

Donnée à Versailles, le 4 janvier, l'an de
grâce 1724, et de notre règne le neuvième.
Signés, LOUIS ; *et plus bas*, par le Roi,
Phelypeaux.

Enregist. au Conseil Souverain.

(Nº. 86.) *Lettre du Roi, au Conseil Souverain, sur les séances du Conseil.*

Du 18 janvier 1724.

" Nos amés et féaux, nous avons jugé qu'il
" convenait mieux, pour l'administration de la
" justice, que notre Conseil Supérieur de la
" Martinique tienne ses séances depuis six
" heures précises du matin, jusqu'à midi et
" demi, lesquelles séances pourront cependant
" être cessées pendant une demie-heure, et
" qu'il ne s'assemble point de relevée, attendu
" la grande chaleur ; c'est à quoi nous vous
" recommandons de vous conformer exactement,
" si n'y faites faute ; car tel est notre plaisir.

" Donnée à Versailles, le 18 janvier 1724.
" *Signés*, LOUIS ; *et plus bas*, par le Roi,
" Phelypeaux.

Enregist. au Conseil Souverain.

(N°. 87.) *Extrait d'une Ordonnance de MM.
les Général et Intendant, sur la police des
bouchers, boulangers, poissonniers et marchands
de légumes, d'herbages et de lait, pour l'approvisionnement des bourgs.*

Du   janvier 1724.

Défendu aux bouchers de vendre la livre
de viande de cochon et de mouton plus de 12
sols ; lesdits bouchers tenus d'avoir des soufflets
et non de souffler leurs bêtes avec la bouche,
sous peine de 50 livres d'amende. Defense
à toute autre personne que les bouchers autorisés de tuer des animaux, à peine de 100
livres d'amende. Défense à toute personne,
sous peine de 150 livres d'amende, pour les
blancs, de la même amende et de 15 jours
de prison pour les gens de couleur libres, et
du fouet et de la prison pour les esclaves,
d'aller dans les grands chemins à la rencontre
des marchands de légumes, herbages et autres
comestibles destinés à l'approvisionnement journalier des bourgs. Enjoint aux cabaretiers de
se servir de mesure étalonnée et non de bou-
teille, pour la vente et distribution de leur
vin, sous peine de 100 livres d'amende. La
livre de poisson taxée à 7 sous 6 deniers.
Ordonné de faire jauger et étalonner les mesures servant à la distribution du laitage, et
défendu de mêler de l'eau au lait apporté au
marché, sous peine de 50 livres d'amende
contre le vendeur libre, et du fouet si la
fraude provient de l'esclave.

Fait, etc., à la Martinique, le   janvier
1724. *Signés,* DE PAS FEUQUIERE et BLONDEL,

(N°. 88.) *Ordonnance du Roi*, *sur les vénéfices et po o* .

Du mois de février 1724.

Louis , etc. ; Salut : Nous avons été informés qu'au préjudice de l'Édit de notre très-honoré seigneur et bisayeul , du mois de juillet 1722 , pour la punition des crimes , et entre autres de ceux qui se commettent par les vénéfices et le poison ; il s'est trouvé dans nos colonies des îles du vent de l'Amérique , principalement parmi les nègres esclaves , des personnes assez méchantes pour se servir desdits vénéfices et poisons , au détriment de la vie de nos sujets desdites colonies , et rien n'étant plus important que d'arrêter le cours de ces crimes énormes , nous avons cru devoir renouveller les dispositions portées par ledit Edit. .

A ces causes , nous avons dit , déclaré et ordonné , disons , déclarons et ordonnons , ce qui suit.

Art. Ier. Que toutes personnes, de quelque qualité et condition qu'elles soient , qui sont établies et qui s'établiront dans nos colonies des îles du vent de l'Amérique , nègres esclaves et autres qui seront convaincus de s'être servis de vénéfices et de poisons , soit que la mort s'en soit ensuivie ou non , comme aussi ceux qui seront convaincus d'avoir composé ou distribué du poison pour empoisonner , seront punis de mort ; et parce que ces sortes de crimes sont non-seulement les plus détestables et les plus dangereux de tous , mais encore les plus difficiles à découvrir ; nous voulons

que tous ceux , sans exception , qui auront
connaissance qu'il aura été travaillé à faire du
poison , qu'il en aura été demandé ou donné,
soient tenus de dénoncer , incessamment , ce
qu'ils en sauront , à nos Procureurs-généraux
des Conseils Supérieurs de la Martinique et
de la Guadeloupe , à leurs Substituts ou aux
Procureurs pour nous des Jurisdictions ordinaires
desdites îles du vent, et en cas d'absence, au
premier officier public des lieux , à peine d'être
extraordinairement procédé contr'eux , et punis
selon les circonstances et exigence des cas ,
comme fauteurs et complices desdits crimes ,
et sans que les dénonciateurs soient sujets à
aucunes peines , ni même aux intérêts civils;
lorsqu'ils ont déclaré et articulé des faits ou
indices considérables qui seront trouvés véritables et conformes à leur dénonciation , quoique dans la suite les personnes comprises dans
lesdites dénonciations soient déchargées des ac-
cusations, dérogeant à cet effet à l'article LXXIII ,
de l'Ordonnance d'Orléans, pour le fait du vénéfice et poison seulement , sauf à punir les calom-
niateurs selon la rigueur de ladite Ordonnance.

II. Ceux qui seront convaincus d'avoir attenté à la vie de quelqu'un par vénéfice et
poison , en sorte qu'il n'ait pas tenu à eux que
ce crime n'ait été consommé , seront punis
de mort.

III. Seront réputés au nombre des poisons,
non-seulement ceux qui peuvent causer une
mort prompte et violente , mais aussi ceux qui
en altérant peu-à-peu la santé , causent des
maladies , soit que lesdits poisons soient simples,
naturels ou composés et faits de la main de

l'artiste; et en conséquence, défendons à toutes sortes de personnes, à peine de la vie, même aux médecins, apothicaires et chirurgiens, à peine de punition corporelle, d'avoir et garder de tels poisons simples ou préparés, qui retenant toujours leur qualité de venin, et n'entrant en aucune composition ordinaire, ne peuvent servir qu'à nuire, et sont de leur nature pernicieux et mortels.

IV. A l'égard de l'arsenic, du réalgal, de l'orpiment et du sublimé, quoiqu'ils soient poisons dangereux de toute leur substance, comme ils entrent et sont employés en plusieurs compositions nécessaires, nous voulons, afin d'empêcher, à l'avenir, la trop grande facilité qu'il y a eu jusqu'ici d'en abuser, qu'il ne soit permis qu'aux marchands qui demeureront dans les villes et bourgs, d'en vendre et d'en livrer eux-mêmes, seulement aux médecins, apothicaires, chirurgiens, orfèvres, teinturiers, maréchaux et autres personnes publiques, qui par leurs professions sont obligés d'en employer, lesquels, néanmoins, écriront, en les prenant, sur un registre particulier, tenu, pour cet effet, par lesdits marchands, leurs noms, qualité et demeure, ensemble la quantité qu'ils auront prise desdits minéraux; et si dans le nombre desdits artisans qui s'en servent, il s'en trouve qui ne sachent écrire, lesdits marchands écriront pour eux ; quant aux personnes inconnues audit marchand, comme peuvent être les chirurgiens et maréchaux qui demeurent sur les habitations, ils apporteront des certificats en bonne forme, contenant leurs noms, demeures et professions, signés du Juge

des lieux, ou d'un Notaire et de deux témoins, ou du Curé ou de deux principaux
habitans; lesquels certificats et attestations demeureront chez lesdits marchands, pour leur
décharge; seront aussi les épiciers, merciers
et autres marchands demeurant dans lesdits
villages et habitations, tenus de remettre incessamment ce qu'ils auront desdits minéraux,
entre les mains des anciens marchands épiciers
ou apothicaires des villes et bourgs les plus
prochains des lieux où ils demeureront lesquels leur en rendront le prix, le tout à
peine de 3000 livres d'amende, en cas de
contravention, même de punition corporelle
s'il y échet.

V. Enjoignons à tous ceux qui ont droit
par leurs professions et métiers, de vendre ou
ach ter desdits minéraux, de les tenir en des
lieux sûrs, dont ils garderont eux-mêmes la
clef; comme aussi leur enjoignons d'écrire sur
un registre particulier, la qualité des remèdes
où ils auront employé desdits minéraux, les
noms de ceux pour qui ils auront été faits,
et la quantité qu'ils y auront employée, et
d'arrêter, à la fin de chaque année, sur lesdits
registres, ce qui leur en restera, le tout à peine
de 1000 livres pour la première fois, et de plus
grande s'il y échet.

VI. Défendons aux médecins, chirurgiens,
apothicaires, épiciers, droguistes, teinturiers,
maréchaux et tous autres, de distribuer desdits
minéraux en substance, à quelque personne
que ce puisse être, et sous quelque prétexte
que ce soit, sous peine d'être punis corporelle-
ment; et seront tenus de composer eux-mêmes

ou de faire composer en leur présence , par leurs garçons , les remèdes où il devra entrer nécessairement desdits minéraux , qu'ils donneront après cela à ceux qui leur en demanderont pour s'en servir aux usages ordinaires.

VII. Défenses sont faites à toutes personnes , autres qu'aux médecins et apothicaires , d'employer aucuns insectes vénimeux , comme serpens, crapauds, vipères et autres semblables, sous prétexte de s'en servir à des médicamens ou à faire des expériences, et sous quelque prétexte que ce puisse être, s'ils n'en ont la permission expresse par écrit.

VIII.. Faisons très-expresses défenses à toutes personnes , de quelque qualité, profession et condition qu'elles soient , excepté aux médecins et apothicaires approuvés , d'avoir aucuns laboratoires et d'y travailler aucunes préparations de drogues ou distillations , sous prétexte de remèdes chimiques , expériences, secrets particuliers , recherche de la pierre philosophale, conversion , multiplication ou rafinement des métaux , confection de cristaux ou pierre de couleur , et autres semblables prétextes , sans en avoir auparavant obtenu de nous par lettres du grand sceau , la permission d'avoir lesdits laboratoires , présenté lesdites lettres et fait déclaration en conséquence à l'Intendant desdites îles. Défendons pareillement à tous distillateurs , vendeurs d'eau-de-vie , de faire autre distillation que celles de l'eau-de-vie et de l'esprit de vin , sauf à être choisi d'entr'eux le nombre qui sera jugé nécessaire pour la confection des eaux fortes , dont l'usage est permis , lesquels ne pourront, néanmoins, y travailler, qu'en vertu de nosdites lettres, et après en avoir fait leur déclaration, à peine de punition exemplaire.

Si donnons en mandement, à nos amés et féaux les gens tenant nos Conseils Supérieurs de la Martinique et la Guadeloupe, que ces présentes, etc.; car tel est notre plaisir, etc.

Donnée à Versailles, au mois de février, l'an de grâce 1724, et de notre règne le neuvième. *Signés,* LOUIS; *et plus bas,* par le Roi, PHELYPEAUX.

(N°. 89.) DECLARATION *du Roi, sur les saisies mobiliaires, et sur les gardiens des effets saisis.*

Du 24 mars 1724.

LOUIS, etc; SALUT : Nous sommes informés que dans nos îles, les créanciers éprouvent des difficultés pour se faire payer de leurs débiteurs; que les saisies des sucres, nègres et autres choses mobiliaires qui se font dans les habitations, et principalement dans celles qui sont éloignées des villes et bourgs, sont presque impossibles, faute de trouver des gardiens; qu'il y a un grand inconvénient à charger, de cette fonction, le plus proche voisin, attendu qu'il n'y peut vaquer sans se distraire du soin de la culture des terres de son habitation, où sa présence est d'autant plus nécessaire pour contenir ses nègres, et régler les travaux journaliers, que souvent il s'y trouve seul, et que d'un autre côté le transport des sucres, qui font toujours la meilleure partie des effets qui peuvent être ainsi saisis, n'est pas praticable sans une perte considérable ; c'est pour remédier à ces inconvéniens que nous avons réglé, statué et ordonné, et par ces présentes régions, statuons et ordonons ce qui suit :

1°. Tout huissier ou sergent qui procéderont par voie de saisie mobiliaire dans les habitations de nosdites îles du vent, pourront établir, pour gardiens, les propriétaires des choses saisies, à la représentation desquelles, lesdits propriétaires seront contraints, même par corps, ce qui n'aura cependant lieu que dans les habitations et non dans les villes et bourgs.

2°. Lesdits huissiers ou sergens seront tenus avant d'établir pour gardiens lesdits propriétaires, de faire mention dans leur procès-verbal de saisie, de l'impossibilité où ils auront été d'en trouver d'autres, à peine de nullité.

3°. Dérogeons à l'effet de ce que dessus, et pour cet égard seulement, à l'article 13, du titre XIX, de l'Ordonnance de 1667.

Si mandons, etc.

Enregist. au Conseil Souverain.

(N°. 90.) *Arret en Réglement du Conseil Souverain, portant enregistrement de l'Ordonnance du Roi sur les vénéfices et poisons.*

Du 18 mai 1724.

VU l'Edit du Roi pour la punition des crimes qui se commettent par les vénéfices et le poison, en date du mois de février dernier, etc. ; vû les conclusions de   °. Le Sauvage, Conseiller-Substitut, pour le Procureur-général du Roi, et ouï le rapport de M°. Lhomme de Montigny.

Le Conseil a ordonné et ordonne que ledit Edit sera registré ès-registres du greffe de la Cour et des Jurisdictions et Siéges d'amirauté du ressort, pour être exécuté selon sa forme et teneur, lû, publié et affiché par-tout où besoin sera, et par tableau dans les greffes ; et en conséquence de l'article IV, attendu la multiplicité des marchands qui s'établissent sans être connus, ordonne que par M. l'Intendant, il en sera seulement nommé un d'office au bourg Saint Pierre, un en cette ville du Fort-Royal, un au bourg de la Trinité, un au bourg St.-Jacques de l'île de la Grenade, et un autre pour le bourg de l'île Marie-Galante, lesquels marchands ainsi nommés, pourront seuls, à l'exclusion de tous autres, faire la distribution des drogues portées audit Edit, et conformément à icelui, après avoir prêté serment devant le Juge des lieux, de s'y conformer ; seront tenus de faire côter et parapher leurs registres par ledit Juge, qui les visera de trois en trois mois ; seront pareillement tenus, les marchands et pacotilleurs, tant français qu'étrangers, de vendre leurs drogues comprises audit article IV, aux susdits marchands, à prix raisonnable, et non à d'autres marchands, sous les peines portées audit Edit.

Enjoint aux greffiers des amirautés, d'avertir de ce que dessus, les capitaines de navires à leur arrivée, pour par eux y tenir et faire tenir la main, par leur équipage et passagers :

des enregistremens et publication duquel Edit, sera la Cour certifiée au premier jour, icelui et le présent Arrêt préalablement notifié auxdits greffiers des Jurisdictions et amirautés, à la diligence du Procureur-général ou de ses Substituts.

Fait à la Martinique au Conseil Souverain, le 18 mai 1724.

(N°. 91.) *Reglement concernant les Officiers de la Jurisdiction du bourg Saint-Pierre de la Martinique.*

Du 22 mai 1724.

SA Majesté s'étant fait représenter le Réglement rendu, le 4 novembre 1723, par les sieurs de Feuquière, Gouverneur et Lieutenant-général des îles du vent, et Blondel, Intendant desdites îles, au sujet des fonctions des officiers de la Jurisdiction de la Martinique; et désirant expliquer à ce sujet ses intentions, elle a, par le présent Réglement, ordonné ce qui suit :

ART. 1er. Les audiences, pour la justice royale pour la Martinique, qui se tiendront au bourg Saint-Pierre, se tiendront deux fois la semaine, les lundi et samedi, depuis huit heures précises du matin, jusqu'à midi.

Et en cas qu'il y ait fête l'un de ces deux jours, l'audience sera remise au jour d'avant ou d'après; ce que le Juge sera tenu d'indiquer à la dernière audience qu'il tiendra avant la fête, et dont sera fait mention sur le registre du greffier.

II. Les officiers de la Jurisdiction se trouveront exactement auxdites audiences, pour les
affaires y être décidées par le Juge, après y
avoir pris les conclusions du Procureur du Roi
ou de l'un de ses substituts, et l'avis du Lieutenant.

III. Seront portées auxdites audiences toutes
les affaires sommaires, pour y être jugées sans
pouvoir être renvoyées à l'extraordinaire, ni
appointées à écrire et produire, à moins qu'il
n'y ait beaucoup de pièces à examiner, et qu'il
ne s'agisse de faits embrouillés, ou de discussions qui demandent une instruction plus particulière.

IV. Sera tenu, par le greffier, un rôle
exact des affaires qui devront être jugées à
l'audience, lequel sera arrêté avant l'ouverture
par l'officier qui tiendra le Siége ; et en cas
que toutes les affaires du rôle n'aient pû être
examinées le matin, l'audience sera continuée
le même jour de relevée, depuis trois heures,
jusqu'au soleil couchant.

V. Les affaires dans lesquelles il y aura
beaucoup de pièces à examiner et qui étant
chargées de faits embrouillés et de discussions,
ne pourront être jugées à l'audience, seront
jugées à l'extraordinaire, ainsi que les affaires
criminelles, et toutes distribuées à l'officier qui
tiendra l'audience.

VI. Les séances, pour l'extraordinaire, se
tiendront les mardi, jeudi et vendredi, depuis
huit heures du matin jusqu'à midi, et continuées de relevée, si cela est nécessaire.

VII. Les officiers de ladite Jurisdiction se
rendront exactement au palais et au greffe, à

sept

sept heures et demie, pour conférer ensemble des affaires de la Jurisdiction, entendre les parties et appointer les requêtes et tenir régulièrement l'audience à huit heures précises du matin, sans que l'heure en puisse être retardée, sous quelque prétexte que ce soit; et en cas d'absence du Juge, du Procureur du Roi, ou de l'un d'eux, l'audience sera ouverte par le Lieutenant et le Substitut.

VIII. Le Procureur du Roi de la justice royale, sera tenu de faire exactement la police, tant par lui que par ses Substituts, lesquels S. M. autorise à la faire dans les cas qu'ils croiront nécessaires, en rendant par eux compte audit Procureur du Roi.

Enjoint, S. M., aux huissiers et sergens de leur obéir, et de faire, en conséquence, chez les marchands, artisans et autres, la visite des poids et mesures, de tenir la main à ce que les nègres se contiennent sans faire aucun tumulte les fêtes et dimanches, et qu'il ne se passe aucun désordre dans les cabarets, soit à vin, soit à tafia, conformément au Réglement de police.

Mande S. M., aux officiers du Conseil Souverain de la Martinique, de tenir la main à l'exécution du présent Réglement, lequel sera lû, publié et enregistré au greffe dudit Conseil, et exécuté selon sa forme et teneur, nonobstant tous Edits, Déclarations, Ordonnances, Réglemens à ce contraires, auxquels S. M. a dérogé et déroge par le présent : ordonne aux officiers de la Jurisdiction de Saint-Pierre et autres du ressort du Conseil Souverain de la Martinique, de s'y conformer exactement,

Fait à Versailles, le 22 mai 1724. *Signés,*
LOUIS ; *e plus bas,* par le Roi, PHELYPEAUX.

Enregist. au Conseil Souverain.

(N°. 92.) REGLEMENT *de MM. les Général
et Intendant, sur les amendes.*

Du 8 juillet 1724.

LE Directeur-général du domaine d'Occident,
en ces îles, nous ayant présenté un état des
amendes prononcées au profit du Roi, en la
Jurisdiction principale de cette île, depuis le
19 novembre 1717, jusques et compris l'année 1723, délivré et certifié véritable par le
sieur Doissin, greffier de ladite Jurisdiction,
lesquelles amendes montent, ensemble, à la
somme de 6209 livres, sur laquelle il n'y a
de reçu que celle de 830, et nous ayant présenté sa requête à ce sujet, pour prévenir,
à l'avenir, une pareille négligence dans le recouvrement desdites amendes, nous avons cru ne
pouvoir mieux faire que de rappeller les dispositions des Ordonnances du Roi, rendues
à ce sujet ;

1°. Conformément à l'article XXVII, du
titre III, de l'Ordonnance de François Ier.,
du mois d'octobre 1535, enjoignons aux
greffiers des Jurisdictions et Conseils Souverains,
de tenir bon et fidèle registre des amendes envers le Roi, sous peine d'interdiction et d'amende
arbitraire, état desquelles ils délivreront tous
les trois mois aux receveurs du domaine, lorsqu'ils en seront par eux requis, lequel état

sera en quatre colonnes, la première, contiendra la date du jugement, la seconde, la qualité et quantité des amendes, la troisième, l'appel qui en sera fait, et la quatrième, l'événement de l'appel.

2°. Afin que sous prétexte de l'appel, les condamnés ès-dites amendes n'en éludent le paiement, ordonnons que faute par eux d'avoir fait statuer sur leurs appels, dans six mois pour tout délai, du jour et date d'iceux, ils seront contraints au paiement desdites amendes, sauf néanmoins, au cas que la sentence fût infirmée par la suite, à leur rendre, par le receveur des domaines, les sommes par eux payées pour lesdites amendes.

3°. Les condamnés ès-dites amendes seront tenus de payer ès-mains desdits receveurs, les sommes auxquelles se monteront lesdites amendes, huitaine après la signification de l'extrait du jugement qui en portera la condamnation, à peine, après ce tems expiré, d'être contraints par corps au paiement desdites sommes, pour quoi tiendront prison jusqu'après le paiement fait, sans pouvoir être élargis que sur la quittance desdits receveurs, ou que les deniers soient consignés au greffe, conformément aux Ordonnances de Louis XII de 1498, de François Ier. de 1535, et de Henry III de 1585.

4°. A l'égard des autres amendes qui auront été prononcées avec des destinations particulières, il en sera pareillement fait un registre par lesdits greffiers, sous les mêmes peines que dessus, l'état desquelles amendes ils nous apporteront tous les six mois, ensemble un autre au Procureur-général, pour être à sa diligence pourvu à ce que lesdites amendes soient exactement payées et employées suivant leur destination, dont il nous rendra compte.

Seront, ces présentes, enregistrées au greffe des Conseils Souverains et des Jurisdictions, expédition desquelles sera ensuite délivrée au Directeur-général du domaine en ces îles.

Donné au Fort-Royal, etc.

Enregistr. au Conseil Souverain.

(N°. 93.) *ORDONNANCE du Roi, en interprétation de celle du 3 avril 1718, au sujet des vaisseaux qui font la traite des nègres aux îles françaises de l'Amérique.*

Du 25 juillet 1724.

SA Majesté s'étant fait représenter l'Ordonnance par elle rendue le 3 avril 1718, par laquelle il est fait défenses à tous capitaines de vaisseaux qui porteront des nègres dans les îles de l'Amérique, de descendre à terre, ni de permettre à leurs équipages d'y aller, comme aussi d'avoir aucune fréquentation avec les habitans, tant par eux que par les personnes de leurs équipages, qu'ils n'en aient auparavant obtenu la permission de celui qui commandera dans l'endroit où ils arriveront; laquelle permission leur sera accordée, s'il n'y a point de maladies contagieuses dans leur bord, et en cas qu'il y en ait, il leur sera indiqué un endroit où ils pourront mettre les malades à terre, pour les y faire traiter, sans que pendant le tems que lesdites maladies dureront, ils puis-

sent avoir communication avec lesdits habitans.
Et S. M. ayant été informée que des capitaines de
vaisseaux négriers vendent leurs nègres aux habitans desdites îles, avant que la visite de santé ait été
faite, et la permission de mettre les nègres à
terre accordée, ce qui donne occasion aux capitaines de vendre en fraude des nègres qu'ils
prétendent leur appartenir comme pacotilles.

A quoi étant nécessaire de remédier, S. M.
en interprêtant, en tant que de besoin, l'Ordonnance dudit jour 3 avril 1718, qui sera,
au surplus, exécutée selon sa forme et teneur,
a fait et fait très-expresses inhibitions et défenses aux capitaines desdits vaisseaux négriers,
de vendre aucuns nègres, et aux habitans desdites îles, de quelque qualité et condition qu'ils
soient, d'en acheter d'eux, avant que la visite
de santé desdits bâtimens ait été faite, et la
permission de mettre les nègres desdits navires
à terre accordée, à peine, contre chacun des
contrevenans, de 1000 livres d'amende, applicable au profit du dénonciateur, et en outre,
contre les capitaines, d'être déclarés incapables
de commander.

Mande et ordonne, S. M., à M. le Comte
de Toulouse, Amiral de France, aux Gouverneurs et ses Lieutenans-généraux, en l'Amérique Méridionale, Gouverneurs particuliers et
autres ses officiers qu'il appartiendra, de tenir,
chacun en droit soi, la main à l'exécution
de la présente Ordonnance, qui sera lûe,
publiée et affichée partout où besoin sera.

Fait à Chantilly, le 25 juillet 1724. *Signés,*
LOUIS; *et plus bas*, par le Roi, PHELYPEAUX.

Enregist. au Conseil Souverain.

(N°. 94.) ARRET *du Conseil Souverain, sur les consignations d'amendes d'appel.*

Du 7 novembre 1724.

SUR ce que le Procureur-général du Roi a remontré au Conseil que par un abus qui s'est jusqu'à présent pratiqué en cette île, les greffiers, receveurs des consignations d'appel, ont toujours remis lesdites consignations sur les désistemens desdits appels, ce qui est contraire aux Ordonnances du Roi, requérant qu'il y soit pourvu pour l'avenir : sur quoi faisant droit, le Conseil fait défenses au greffier en chef du Conseil, et à ses commis receveurs des consignations d'appel, de remettre, à l'avenir, aux parties, les amendes lorsqu'ils se désisteront de leursdits appels, à moins qu'il n'en soit ainsi ordonné par Arrêt de la Cour, à peine d'en répondre en leur propre et privé nom ; ce qui leur sera notifié à la diligence du Procureur-général du Roi.

Fait à la Martinique, etc.

(N°. 95.) REGLEMENT *des droits, salaires et vacations des officiers des Siéges d'amirauté des îles du vent de l'Amérique.*

Du 26 décembre 1724.

LE Roi s'étant fait représenter le Réglement du 7 décembre 1722, concernant la taxe des droits, salaires et vacations des officiers des Siéges d'amirauté des îles du vent de l'Amérique : S. M. étant informée que les droits, salaires et vacations attribués auxdits officiers, sont trop modiques en certains cas, eu égard au travail qu'ils sont obligés de faire, et la cherté des choses nécessaires à la vie, elle a résolu le présent Réglement, qu'elle veut être exécuté selon sa forme et teneur.

ART. Ier. Le Réglement du 7 décembre 1722 ne sera plus exécuté, à l'avenir, du jour de l'enregistrement du présent, dans les amirautés des îles du vent.

II. Il sera payé pour l'enregistrement des congés des navires qui feront voyage en Europe ou autres voyages de long cours, au Juge trois livres, au Procureur de S. M. deux livres, et autant au greffier, y compris son expédition.

III. Pour les vaisseaux qui feront voyage dans les ports des autres îles et colonies, le Juge prendra trente sols, le Procureur de S. M. vingt sols, et le greffier autant, y compris son expédition.

IV. Pour l'enregistrement des congés qui seront donnés pour un an aux bâtimens dont la navigation ordinaire consiste à porter des sucres ou autres marchandises d'un port à un autre, dans la même île, comme aussi ceux qui navigueront d'île en île, et iront de la Martinique aux îles de la Guadeloupe, Grenade, Grenadins, Tabago, Marie-Galante, Saint-Martin, Saint-Barthelemy, St.-Vincent, Sainte-Lucie et la Dominique, et ceux qui iront de l'île de Cayenne à la province de la Guiane, sera payé au Juge trente sols, au Procureur de S. M. vingt sols, et autant au greffier, y compris son expédition.

V. Les pêcheurs ne prendront qu'un seul

O 4

congé par an , pour l'enregistrement duquel
ils paieront au Juge trente sols , au Procureur
de S. M. vingt sols , et autant au greffier, y
compris son expédition.

VI. Pour les rapports et déclarations qui'seront
faits au retour des navires , il sera payé au
Juge cinq livres , au Procureur de S. M. trois
livres six sols huit deniers , et au greffier autant , y compris son expédition , à la réserve
toutefois des pêcheurs , qui ne seront tenus de
faire leurs rapports et déclarations , qu'en cas
qu'ils aient trouvé quelques débris ou quelque
flotte , ou fait quelque rencontre considérable
à la mer ; lesquels rapports et déclarations
seront reçus sans frais ; et à la réserve aussi
de ceux qui font leur commerce ordinaire d'un
port à un autre dans la même île, ceux qui
navigueront d'île en île , et iront de la Martinique aux îles de la Guadeloupe, Grenade,
Grenadins , Tabago , Marie-Galante , Saint-
Martin , Saint - Barthelemy , Saint - Vincent,
Sainte-Lucie et la Dominique , et ceux qui
iront de l'île de Cayenne à la province de
Guiane ; lesquels ne seront point sujets à faire
leurs déclarations et rapports que dans les
mêmes cas des pêcheurs , mais seulement de
faire viser leurs congés à chaque voyage par
le greffier de l'amirauté, ce qu'il sera tenu de
faire sans frais.

VII. Pour l'enregistrement des commissions
en guerre , passe ports et ai tres , requérant la
permission du Juge pour en faire l'enregistrement , prendront les officiers , savoir : le Juge
trois livres, le Procureur de S. M. deux livres,
et le greffier autant , y compris son expédition.

VIII. Pour les rapports et déclarations des prises faites en guerre ou en commerce étranger, auront les officiers pareille somme que celle qui leur est taxée pour l'enregistrement des commissions données pour armer en guerre, et prendront, outre ce, pour l'audition de chaque témoin qu'ils entendront pour la vérification desdits rapports, savoir: le Juge quinze sols et le greffier dix.

IX. A l'égard des enquêtes et informations, non concernant les prises et commerce étranger, prendra le Juge, pour l'audition de chaque témoin, quinze sols, et le greffier dix; et quant aux matières criminelles, il sera procédé au recollement et confrontation, le Juge prendra, pour le recollement de chaque témoin, dix sols, et le greffier six sols huit deniers; sera pareillement pris par le Juge, pour la confrontation de chaque témoin, vingt sols, et par le greffier treize sols quatre deniers; et pour le décret, sera pris par le Juge trente sols, par le Procureur du Roi, pour ses conclusions, trente sols, et par le greffier, pour le décret, y compris son expédition, vingt sols.

X. Pour les descentes, à bord des navires, à leur arrivée, à l'effet de dresser le procès-verbal de visite, conformément à l'article 1er, du titre V, du Réglement du 12 janvier 1717, auront les officiers, savoir : le Juge sept livres dix sols, le Procureur de S. M. cinq livres, le greffier cinq livres, y compris son expédition, et l'huissier quarante-cinq sols,

XI. Pour les descentes, à bord des navires, avant leur départ et leur chargement, à l'effet de dresser autre procès-verbal de visite, con-

formément à l'article II, du titre V dudit Réglement du 12 janvier 1717, auront lesdits
officiers, savoir ; le Juge sept livres dix sols,
le Procureur de S. M. cinq livres, le greffier
cinq livres, y compris son expédition, et le
charpentier six livres.

XII. La déclaration du maître, de l'écrivain ou du dépensier, de l'état, qualité et
quantité de victuailles, ordonnés par l'article
III, du titre V dudit Réglement du 12 janvier
1717, sera reçu, sans frais, par les officiers
d'amirauté, et il ne sera point fait de nouvelle
visite à cet effet, à moins que les deux tiers
de l'équipage ne soutiennent contre ladite déclaration ; auquel cas il sera payé, pour ladite
visite, au Juge sept livres dix sols, au Procureur de S. M. cinq livres, et au greffier cinq
livres, y compris son expédition.

XIII. Pour les confections d'inventaires,
procès-verbaux, estimations, ventes, adjudications des marchandises et choses mobiliaires,
partages et autres actes qui seront expédiés hors
l'audience, dans le lieu de la demeure des
officiers, le Juge prendra, pour chaque vacation de trois heures, six livres, et le greffier
quatre livres, outre son expédition, pour
laquelle il prendra cinq sols par rôle de trente
lignes.

XIV. Pour les vacations des interrogatoires
et les épices des jugemens et sentences par
rapport, les Juges les taxeront en leur conscience : les Procureurs de S M. ne pourront
prendre pour leurs conclusions définitives, que
les deux tiers des épices que le Juge se sera
taxé ; et seront tenus, les officiers, d'écrire de

leur main sur les minutes de tous actes et expéditions, dont ils prendront des émolumens,
les taxes qu'ils se seront faites, et les greffiers
sur les grosses, à peine de concussion.

XV. Lorsque les officiers seront tenus de
sortir du lieu de leur demeure pour les fonctions de leurs charges, le Juge prendra, pour
chaque jour, quinze livres, le Procureur de
S. M. dix livres, et le greffier dix livres,
non compris les voitures que les parties fourniront, ainsi que la subsistance desdits officiers,
suivant l'usage qui se pratique aux îles.

XVI. Pour les sentences d'adjudication des
marchandises, soit des prises faites en guerre
ou pour commerce étranger, le Juge prendra
cinq livres, le Procureur de S. M. trois livres
six sols huit deniers, et le greffier trois livres
six sols huit deniers ; et lorsqu'il y aura des
remises auxdites adjudications, le Juge prendra
en outre pour chacune, trente sols, et le
greffier vingt sols ; leur défend, S. M., de
donner plus d'une seule sentence pour chaque
prise, à peine de concussion.

XVII. Pour l'adjudication aux greffes des
bâtimens par saisie ou volontairement, le Juge
prendra quatre livres dix sols, le Procureur
de S. M. trois livres, et le greffier trois livres,
et pour chaque remise avant l'adjudication, ils
prendront comme à l'article ci-dessus, et pour
la réception de caution, le Juge prendra une
livre cinq sols, et le greffier seize sols huit
deniers.

XVIII. Pour un jugement portant recollement et confrontation, le Juge prendra trente
sols, le Procureur de S. M. vingt sols, et le

greffier vingt sols : ils prendront les mêmes droits pour un jugement portant élargissement d'un prisonnier.

XIX. Les interprêtes auront, par vacation de trois heures, sept livres dix sols, et seront en outre payés des traductions de pièces, suivant qu'il sera réglé par le Juge.

XX. Ceux qui seront établis gardiens auront par jour, tant pour salaire que pour nourriture, six livres.

XXI. Les huissiers et sergens prendront, pour chaque publication aux lieux accoutumés, trente sols, non compris l'affiche, qui sera taxée par le Juge ; pour chaque criée, pour vente par vacation de trois heures, trois livres ; pour exploit simple et copie dans les lieux de leur demeure, quinze sols, et pour un exploit, libelle et copie, aussi dans les lieux de leur demeure, trente sols.

XXII. Les experts et visiteurs qui seront nommés par justice, seront payés suivant la taxe ordinaire, qui en sera faite par le Juge, eu égard à la différence des cas et la distance des lieux ; et lorsqu'ils auront employé une vacation entière de trois heures, ils auront, par vacation, sept livres dix sols, outre les chevaux ou canots pour leur transport en campagne, et la subsistance, suivant l'usage des îles.

XXIII. Les chirurgiens nommés pour faire les rapports, auront, pour chaque rapport et visite de blessure ou maladie, cinq livres, pour l'ouverture des cadavres et leur rapport, quinze livres, et pour leurs transports en campagne, cinq livres par jour, non compris leurs opérations, outre les chevaux ou canots et la subsistance, suivant l'usage des îles.

XXIV. Les concierges auront, pour chaque extrait d'emprisonnement, recommandation ou élargissement, quinze sols.

XXV. Ne pourront, les officiers desdites amirautés, prendre aucuns droits, salaires et vacations, que ceux ci-dessus, ni en exiger aucuns pour les actes et jugemens d'audience, prestation de serment, ordonnances apposées au bas des requêtes concernant l'instruction, permission d'enlever, par les héritiers, les coffres, hardes et équipages, tant des maîtres et matelots, que de toute autre personne décédée en mer, non plus que pour la levée des corps de ceux qui auront été noyés, réception des officiers, publications des Edits et Déclarations de S. M., Réglemens et Arrêts, à peine de concussion, hors de ceux qui seront donnés au sujet des prises faites en guerre ou pour commerce étranger, dont l'enregistrement sera fait à la requête des parties, pour l'enregistrement et publication desquels le Juge prendra trois livres, le Procureur de S. M. deux livres, et le greffier une livre six sols.

XXVI. Défend, S. M., auxdits officiers, de porter aucunes affaires d'audience à l'extraordinaire, hors celles qui demandent célérité comme voies de fait, crimes, fuites, départ des parties ou des vaisseaux, à peine, contre lesdits officiers, d'interdiction, de perte de leurs vacations, nullités des procédures, dommages et retardement des parties : veut, S. M., que lorsqu'une audience ne suffira pas pour juger les affaires qui y seront pendantes, elles soient continuées à la première audience.

Mande et ordonne, S. M., à M. le Comte

de Toulouse, Amiral de France, de tenir la main à l'exécution du présent Réglement, et de le faire publier, afficher et registrer partout où besoin sera.

Fait à Versailles, le 26 décembre 1724. *Signés*, LOUIS; *et plus bas*, par le Roi, PHELYPEAUX.

Enregist. au Conseil Souverain.

(N°. 96.) ORDONNANCE *de MM. les Général et Intendant, sur la police de la rade de Saint-Pierre, concernant le commerce étranger.*

Du 3 mars 1725.

NE pouvant douter que les anglais, à qui les besoins de l'île nous déterminent, quelquefois, à donner la permission d'y vendre des chevaux, des bois, des moutons et autres marchandises semblables qui ne peuvent nous être fournies par les vaisseaux de France, abusent de notre condescendance pour introduire, en fraude, des farines, du bœuf et des marchandises sèches, comme indiennes, calencas et caladery, qu'ils débarquent pendant la nuit, sans que l'amirauté ni le domaine puissent s'y opposer, et ne connaissant de moyen de corriger cet abus que de charger les chaloupes de ronde de veiller avec attention à ce qui se passe la nuit dans l'étendue de la rade, depuis l'anse Latouche jusqu'à la pointe du Prêcheur; nous avons fait le présent Réglement, de l'exécution duquel nous chargeons le sieur Gautier, Commandant actuellement dans la rade du

Fort Saint-Pierre, ou ceux qui le remplaceront dans ce commandement.

1°. Le Commandant de la rade sera attentif que les rondes de nuit soient régulièrement faites, et que les officiers des navires qui sont chargé, s'acquittent sagement de ce devoir.

2°. Il sera consigné aux officiers qui commanderont les chaloupes de rondes, de ne rien laisser débarquer, pendant la nuit, d'aucuns bâtimens anglais.

3°. Quand les bâtimens anglais louvoieront dans la rade, en attendant que nous leur ayons donné nos ordres, le Commandant de la rade n'en laissera rien débarquer, et défendra aux canots des autres bâtimens ou aux canots passagers, d'aller à leur bord, avant qu'il soit informé du parti que nous aurons pris à leur égard.

4°. Si pendant la nuit la chaloupe de ronde apperçoit quelques canots débordans de quelques bâtimens anglais, elle en fera la visite, et s'il s'y trouvait des marchandises, elle conduira ces canots à bord du commandant qui en informera, le lendemain, M. le Marquis de Champigny, Gouverneur de l'île, ou celui qui se trouvera commander à Saint-Pierre, en son absence, et même le domaine, pour y être pourvu comme de droit.

5°. Et comme nous sommes informés que plusieurs bâtimens français font, pendant la nuit, des renversemens de marchandises suspectés de fraude des droits du Roi, et même de commerce étranger, nous défendons de rien débarquer ni embarquer dans aucun canot ou autre bâtiment, après le coup de canon de retraite ; enjoignons au commandant de la rade d'y tenir la main,

Nous nous réservons à faire rendre justice aux officiers des chaloupes qui auront découvert quelque commerce étranger se faisant dans les rades de cette île, conformément aux ordres du Roi.

Sera, la présente Ordonnance, enregistrée au greffe des amirautés de ces îles, lûe, publiée et affichée, même remise par copie aux Commandans de la rade à chaque mutation, à la diligence du Directeur-général du domaine en ces îles, auquel lesdits Commandans en donneront leur reçu.

Mandons, etc.

Fait au Fort-Royal de la Martinique, etc., le 3 mars 1725. *Signés*, DE PAS FEUQUIERE et BLONDEL.

(N.º 97.) REGLEMENT *du Roi pour l'établissement et l'entretien des chemins royaux, publics et de communication, aux îles du vent de l'Amérique.*

Du 17 avril 1725.

LE Roi ayant été informé de la nécessité indispensable d'entretenir et réparer les chemins royaux ou publics, et de communication aux îles du vent de l'Amérique, et d'en ouvrir de nouveaux pour la commodité de ses sujets qui sont établis et qui s'établiront, après, dans les différens quartiers desdites îles, afin qu'ils puissent, par la communication de ces chemins, se procurer des secours mutuels, tirer des lieux

destinés

destinés au commerce, des bords de mer, et des ports où les vaisseaux abordent, les vivres et autres denrées venant de France, dont ils ont besoin, et en même tems faire voiturer commodément, de chacune de leurs habitations dans les ports, les sucres et autres marchandises de la Colonie, pour être embarqués sur les vaisseaux qui font leur retour en France. Et s'étant fait représenter les différens Réglemens rendus, à ce sujet, par les Gouverneurs et Intendans desdites îles, et entr'autres celui rendu par les sieurs de Feuquiere, Gouverneur, Lieutenant-général, et Blondel, Intendant, le 11 septembre de l'année dernière, S. M. a approuvé les principaux articles dudit Réglement ; mais ne voulant rien laisser à désirer à l'occasion des difficultés et contestations qui pourraient naître, ni sur l'attribution de Jurisdiction desdites contestations, elle a résolu d'expliquer ses intentions par le présent Réglement, qu'elle veut être exécuté selon sa forme et teneur :

ART. 1er. Il sera distingué trois sortes de chemins, qui sont les chemins royaux ou publics, les chemins particuliers et ceux de communication, et déterminé trois sortes de façons dans les chemins, savoir : l'ouverture, l'entretien et la réparation.

II. L'ouverture des chemins consiste à abattre les arbres, arracher les souches et les racines, ôter les grosses roches, combler les trous et les crevasses qui se rencontrent, ferrer les ravines, faire les escarpes et les saignées nécessaires, et enfin mettre les chemins dans un état praticable et commode au public.

Tome I.   P

III. L'entretien des chemins consiste au soin de sarcler les herbes et arracher les halliers ou haziers qui y croissent, et autres menus ouvrages de peu de conséquence.

IV. La réparation consiste à combler les crevasses, les trous et les ravines qui s'y forment, de quelques causes qu'elles proviennent, à ouvrir les saignées, refaire les escarpes et en faire de nouvelles où il sera nécessaire, faire des ponts, rétablir ceux qui sont faits, paver les endroits bourbeux et marécageux et autres qui en ont besoin ; et enfin à faire tous les autres ouvrages nécessaires pour rendre les passages libres, fermes, commodes et assurés.

V. L'ouverture des chemins royaux sera faite par tous les habitans des paroisses, sur lesquelles lesdits chemins passeront, et elle sera ordonnée par le Gouverneur-général et Intendant des îles du vent, contradictoirement avec les parties intéressées, sur le procès-verbal et rapport du grand voyer, et, à son défaut, du voyer du département duquel il s'agira, ou de tel autre qui sera commis à cet effet, et l'Ordonnance qui sera rendue à ce sujet, contiendra le lieu par où le chemin doit passer, et le nom des paroisses qui devront y contribuer.

VI. La connaissance de l'ouverture des chemins particuliers et de communication, ainsi que de l'entretien et réparation desdits chemins et des chemins royaux, appartiendra à l'Intendant.

VII. Après que l'ouverture des chemins royaux aura été ordonnée, les travaux qui devront y être faits, seront déterminés par le grand voyer, qui prendra, sur cela, les avis des officiers de milice des paroisses intéressées, même des habitans qui se trouveront à cette ouverture ; et en cas d'avis différent , celui du grand voyer sera suivi , et conformément à icelui , il sera travaillé sans retardement ni délai , sauf cependant les représentations desdits habitans devant le Gouverneur-général et l'Intendant.

VIII. Comme la différence des lieux et la qualité des terreins empêchent de déterminer précisément la largeur des chemins , tant dans les bois que dans les pays habitués , ladite largeur sera déterminée par le grand voyer , conformément à l'article précédent ; ce qui sera pareillement observé dans les chemins déja établis , en appellant cependant , lors de ladite ouverture , les habitans sur le terrein desquels lesdits chemins passeront , à l'effet de faire leurs représentations , dont le voyer dressera procès-verbal pour en faire son rapport au Gouverneur et à l'Intendant, qui en décideront.

IX. Dans le cas des deux articles précédens, sera dressé procès-verbal , par le grand voyer , de ce qui aura été déterminé , tant pour les travaux que pour la largeur des chemins , et contiendra , ledit procès-verbal , les différens avis qu'il y aura eu , ainsi que les protestations qui pourront être faites , desquelles il sera donné acte par le grand voyer , sans que , sous ce prétexte, les travaux ne puissent être ni différés ni retardés , sauf à y être fait droit dans la suite, ainsi qu'il appartiendra.

X. La quantité de nègres pour travailler à l'ouverture des chemins , sera déterminée par le grand voyer , et seront, lesdits nègres com-

mandés par les capitaines de milice des paroisses, qui en feront la répartition sur chaque
habitant, à proportion de ce que chacun aura
de nègres, et sur le pied du dernier dénombrement qui aura été donné ; et ceux desdits
habitans qui n'auront pas de nègres ou qui
en auront peu, serviront de commandeurs,
ce qui leur tiendra lieu de contingent.

XI. Les travaux des chemins seront conduits
par les officiers de milice de la paroisse, chacun
à tour de rôle ; conformément à ce qui
aura été déterminé, et sans qu'ils puissent
s'en écarter; ils seront assistés de leurs sergens,
aussi chacun à tour de rôle ; ce qui sera observé, tant dans l'ouverture que dans la réparation des chemins.

XII. Chaque particulier privilégié ou non
privilégié, entretiendra les chemins royaux ou
publics qui passent sur ses terres, suivant la
disposition de l'article III, et il sera procédé
deux fois par chaque année, régulièrement
dans les mois de février et d'août, sous les
peines qui seront ci-après ordonnées.

XIII. Cependant s'il se trouve quelque
particulier surchargé de chemins, il y sera
soulagé par ses voisins qui en auront le moins,
ou qui n'en auront point ; et s'il a d'autres
droits à ce sujet sur aucun de sesdits voisins,
il pourra se pourvoir, et seront, lesdits droits,
réglés contradictoirement par l'Intendant ou
ses subdélégués, sans cependant que dans le
cours de l'instance, l'habitant surchargé puisse
se dispenser de travailler auxdits chemins, en
conformité des articles ci-dessus.

XIV. Les réparations des chemins royaux

seront faites dans chaque paroisse par les habitans d'icelles, et ainsi qu'il sera ci-après expliqué, et il y sera procédé, une fois l'année, au premier d'avril ; et seront, les travaux desdites réparations, déterminés par le grand vover, comme il est porté à l'art. VII.

XV. Nonobstant l'article ci-devant, le chemin qui va du bourg Saint-Pierre à la Basse-Pointe, sera réparé par ceux qui y ont toujours contribué ou dû contribuer, et ce, jusqu'à ce qu'il en soit autrement ordonné, s'il y a lieu.

XVI. Les réparations des chemins seront faites par corvées de nègres, qui seront commandées aux habitans qui doivent y contribuer ; et seront, les travaux desdites réparations, conduits par les officiers de milice, le tout conformément à ce qui est ordonné pour l'ouverture des chemins à l'article X.

XVII. Dans les réparations des chemins royaux qui servent aux particuliers pour le transport de leurs denrées, ceux qui se servent de cabrouets ou traînes, fourniront le triple de nègres, à la proportion de trois pour un ; et ceux qui ne se servent que de chevaux et mulets, en fourniront seulement le double, à la proportion de deux pour un ; ce qui n'aura lieu, pour chaque particulier, que dans les endroits desdits chemins dont il fera usage pour ledit transport.

XVIII. Nonobstant les deux articles précédens, les habitans des grandes paroisses, où il y a beaucoup de chemins royaux, pourront se partager entr'eux les réparations desdits chemins, de façon que chacun fasse ceux de son côté ;

P 3

et à cet effet, ils pourront s'assembler après que les officiers de milice en auront pris la permission de l'officier-major ou commandant du quartier, pour en convenir entr'eux, conformément à l'esprit du présent Réglement, à la charge que les conventions seront rapportées à l'Intendant, pour être par lui autorisées, et ensuite exécutées en tout leur contenu.

XIX. Outre la réparation générale annuelle, il en sera fait d'autres toutes les fois que le cas le requerra, et il y sera procédé conformément aux articles ci-dessus.

XX. Pourra, le grand voyer, quand il le jugera nécessaire, visiter les chemins royaux ou publics de l'île, et sera tenu de ce faire, au moins une fois chaque année, quinze jours avant qu'on travaille à la réparation desdits chemins ; dans laquelle visite il sera accompagné du capitaine de la paroisse, ou à son défaut, du Lieutenant ou de l'enseigne, de façon qu'il y ait toujours avec lui un officier.

XXI. Aura soin, le grand voyer, d'informer le capitaine de chaque paroisse où il ira, du jour qu'il s'y rendra, afin de visiter les lieux conjointement, prendre les mesures nécessaires pour lesdites réparations, en convenir à l'amiable, si faire se peut, et déterminer la quantité des nègres qui seront nécessaires pour accélérer les ouvrages ; sur laquelle quantité le capitaine fera la répartition suivant la disposition de l'article X.

XXII. Les capitaines de milice auront soin dans ces visites, de se faire accompagner de leurs autres officiers, même d'avertir les notables et autres habitans desdites paroisses, afin que si aucuns ont quelques remontrances à faire au sujet des chemins, ils puissent être écoutés dans leurs raisons, dont le grand voyer dressera procès-verbal, si besoin est, et se chargera même de leurs remontrances, pour être sur le tout statué ce qu'il appartiendra.

XXIII. Pourra, le grand voyer, dans ses visites générales, s'il se trouve des ouvrages considérables à faire, tels que sont les ponts sur les rivières, les levées, les pavés et autres travaux de conséquence, réquérir de l'officier-major de l'île, commandant dans le quartier, l'assemblée des paroissiens des lieux où lesdits travaux doivent être faits, recevoir leurs avis, en dresser procès-verbal, donner acte des protestations et oppositions, si aucunes y a, pour sur le tout, être sur son rapport ordonné ce qu'il appartiendra.

XXIV. Seront, au cas ci-desssus, les assemblées convoquées par le capitaine de milice, suivaut les ordres qu'il en aura de l'officier-major de l'île, commandant dans le quartier, ou à son défaut, par les autres officiers de la paroisse, sur une simple publication, si c'est à jour de fête ou de dimanche, ou par billets qui seront écrits par lesdits officiers aux habitans les plus notables et les plus intéressés; et ne pourront être les délais pour lesdites assemblées, plus courts que de deux jours francs; et sera, le lieu de ladite assemblée, indiqué par le grand voyer, à moins que l'officier-major, commandant le quartier, ne soit présent et ne veuille assister à ladite assemblée, auquel cas il l'a convoquera, et indiquera le lieu où elle se fera.

XXV. Faute par les habitans d'assister aux assemblées ainsi convoquées, il sera passé outre, et ordonné ce qui sera nécessaire sur le simple rapport du grand voyer.

XXVI. Sera tenu, le grand voyer, d'informer l'officier-major, commandant du quartier, des travaux que l'on aura déterminé, et de ce qui se sera passé dans les différentes paroisses de son commandement ; ce que le grand voyer pourra faire par lui-même, si sa commodité le lui permet, ou par le voyer du quartier, auquel il en donnera ordre.

XXVII. Personne ne pourra être exempt de fournir les nègres qui lui seront commandés pour les ouvrages des chemins, sous prétexte de privilèges ou exemptions, pas même les maisons religieuses et officiers-majors qui auront des habitations ; et seront, les réparations, faites sans aucun égard auxdits privilèges et exemptions, de quelque espèce qu'elles puissent être, lesquelles nous déclarons n'avoir pas lieu au fait des chemins.

XXVIII. Les voyers du quartier visiteront les chemins de leur département, le plus souvent qu'il leur sera possible ; ils seront tenus et obligés d'en faire deux visites, au moins, par chaque année, accompagnés d'un officier, et ce, après le tems fixé pour l'entretien des chemins, dont ils dresseront procès-verbal, et dans lequel ils feront mention de l'état auquel ils auront trouvé lesdits chemins, et des personnes qui auront manqué audit entretien ; et sera, ledit procès-verbal, signé desdits voyers et de l'officier de milice, même des autres habitans qui se trouveront à ladite visite, pour ledit procès-verbal envoyé à l'Intendant, être pourvu à ce qui sera nécessaire, et les délinquans condamnés, conformément à ce qui sera ci-après ordonné.

XXIX. Seront tenus en outre les voyers des quartiers, en cas qu'ils trouvent des délinquans, d'en donner avis à l'instant au capitaine de la paroisse, lequel donnera sur le champ ordre audit délinquant, de travailler audit entretien, sans cependant que la peine encourue et ci-après ordonnée, puisse ê tre remise.

XXX. Tous capitaines et officiers de milices se conformeront à ce que dessus, à peine d'interdiction pour la première fois, et de cassation en cas de récidive.

XXXI. Les voyers des quartiers, chacun dans leur département, seront tenus de bien et fidèlement procéder en leurs visites et procès-verbaux, à peine, en cas de contravention, de cinquante livres d'amende pour la première fois, du double en cas de récidive, et pour la troisième fois, à peine, outre l'amende de cent livres, d'être cassés et punis comme prévaricateurs.

XXXII, Les particuliers qui manqueront d'entretenir leurs chemins dans le tems ordonné, seront condamnés en trente livres d'amende, et s'ils y manquent, sur le second ordre qui leur en sera donné, l'amende sera de soixante livres ; mais en cas d'obstination, ils y seront contraints par corps ; et seront, lesdites amendes, encourues sur le simple fait, sans qu'elles puissent être remises ni modérées.

XXXIII. Les habitans qui manqueront d'en-

voyer le nombre de nègres qui leur seront commandés , tant pour l'ouverture que pour la
réparation des chemins , paieront trois livres
par jour , pour chaque nègre qu'ils auront
manqué d'envoyer , à quoi l'officier de milice,
qui assistera auxdits travaux et les conduira,
tiendra exactement la main , à peine d'en répondre en son propre et privé nom , même
en cas de grande négligence , sous les peines
portées en l'article XXX , et ne pourra non
plus, ladite peine , être remise ni modérée sous
quelque prétexte que ce soit , et sera ainsi encourue sur le simple fait.

XXXIV. L'officier qui assistera auxdits travaux , tiendra un état-journal , sur lequel il
marquera les nègres que chacun aura envoyés
par chaque jour , et mettra en marge ceux
que chacun aurait dû envoyer ; lequel état
sera remis à la fin des ouvrages , pour , sur icelui , les délinquans être condamnés conformément à l'article ci-dessus.

XXXV. Le grand voyer ou les voyers de
quartiers , chacun dans leur département , auront soin d'aller visiter les travaux , et de voir
si on les exécute conformément à ce qui aura
été déterminé , et en cas d'inexécution , il en
sera donné avis à l'Intendant , pour y être par
lui pourvu ainsi qu'il appartiendra.

XXXVI. La largeur des chemins royaux
ou publics, sera déterminée de façon que la
rampe des cannes , des lisières et autres cultures , n'incommode point le public ; ceux qui
planteront des cannes , lisières , arbres ou arbrisseaux , à la largeur déterminée , seront tenus
de les tailler deux fois l'an , à peine de dix

livres d'amende ; et dans les bois debout et marécageux, on pourra, suivant la nécessité, étendre la largeur desdits chemins royaux ou publics, depuis 30 jusqu'à 50 et 60 pieds ; fait S. M., inhibitions et défenses aux particuliers, de planter aucunes haies vives, mortes, ou cultures, dans les chemins qu'ils doivent à leurs voisins, soit par obligation ou redevance, afin que ceux qui ont droit de passage sur eux, aient toujours la largeur franche qui leur aura été réglée, à peine, comme dessus, de dix livres d'amende.

XXXVII. Et comme il est d'une grande nécessité de pourvoir aux passages des rivières sur lesquelles on n'a pû encore faire des ponts, et dont les débordemens fréquens interrompent non-seulement toute communication, mais encore exposent souvent la vie des hommes ; les habitans des quartiers où il y a de pareilles rivières, prendront incessamment les mesures les plus justes pour y faire des ponts ; veut S. M., qu'ils soient aidés et favorisés dans ces entreprises, par le Gouverneur-général et Intendant ; et cependant il sera pourvu auxdits passages, dans les endroits les plus faciles et les moins dangereux, et seront rendus lesdits passages, les plus assurés que faire se pourra, à quoi sera procédé suivant la disposition des articles 7, 8 et 9.

XXXVIII. Les levées qui seront faites dans les lieux marécageux, lorsqu'elles passeront dans les savannes où sont nourris et où l'on élève des bestiaux, seront une fois bien faites par le public ; et celles qui sont déjà faites, une fois bien réparées, et ensuite demeure-

ront lesdites levées à la charge des propriétaires, tant pour l'entretien que pour les réparations, à moins que par des haies ou autres
moyens, lesdits propriétaires n'empêchent leurs
bestiaux d'aller et communiquer en aucune
façon sur lesdites levées, qui est ce qui contribue le plus à leur destruction ; auquel cas
ils ne seront tenus que du simple entretien,
suivant la disposition de l'article 3.

XXXIX. Lorsque ces levées passeront dans
des lieux plantés en cannes ou autres, dans
lesquels les bestiaux ne communiquent point,
ne seront tenus les propriétaires, que de l'entretien ; et s'ils s'en servent à leur usage particulier, si c'est avec des traînes ou cabrouets,
ils fourniront tous leurs nègres lors des réparations ; et si c'est avec des chevaux ou mulets,
la moitié de leurs nègres ; et les autres particuliers fourniront seulement leur part contin-
gente, comme pour les autres chemins.

XL. Seront tenus les propriétaires, de faire
et réparer les ponts sur les fossés ou canaux
qu'ils auront faits pour égouter leurs terres,
ou pour leurs autres nécessités particulières;
et à l'égard de ceux qui seront nécessaires sur
les fossés que le public aura faits, ils seront
faits et réparés par le public, à moins que les
propriétaires ne s'en servent seuls à leurs usages,
auquel cas ils seront tenus de les réparer.

XLI. Si aucuns propriétaires ou autres font
passer des traînes ou cabrouets sur les ponts,
tant des levées que des autres chemins royaux,
ils seront tenus d'entretenir et réparer lesdits
ponts à leurs dépens ; et dans les lieux où
cela sera possible, seront faits des ponts parti-

culiers pour les gens de pied et de cheval,
lesquels seront bons , solides et d'une largeur
convenable ; et seront lesdits ponts, faits par
les propriétaires, s'ils y ont donné occasion ,
sinon par le public.

XLII. Les particuliers qui auront des barrières dans les grands chemins , seront obligés
de les entretenir en bon état , même de réparer les passages desdites barrières , lesquelles
seront battantes et faciles à ouvrir , à peine de
vingt livres d'amende.

XLIII. Toutes les amendes pour fait des
chemins , seront applicables à la réparation desdits chemins , et à la construction et réparation
des ponts et autres ouvrages nécessaires. Veut
S. M., qu'elles soient levées par les capitaines
de milice , et remises aux voyers des quartiers,
chacun dans leur département, lesquels en tiendront un état exact , pour le remettre avec
lesdites amendes , au grand voyer, qui en rendra compte au Gouverneur-général et à l'Intendant , dont il restera dépositaire ; et sera ,
le fonds desdites amendes , employé ainsi qu'il
appartiendra.

XLIV. Tout particulier aura droit de chemin , sur celui aux étages duquel il se trouvera le plus court et le plus commode ; et
sera , la largeur dudit chemin , en cas de contestation , réglée par l'Intendant , sur l'avis et
rapport du grand voyer, ou du voyer de quartier , qui sera appellé à cet effet.

XLV. Les étages seront considérés eu égard
aux chasses des habitations , même eu égard
aux villes , ports , embarquemens et chemins
royaux, dans les cas nécessaires.

XLVI. Lorsqu'un particulier découvrira un chemin plus court et plus commode que celui dont il est en possession, il pourra se pourvoir, et il y sera fait droit sur le procès-verbal de commodité ou incommodité, du voyer du quartier du département duquel il s'agira, ensemble sur les dommages et intérêts que pourra prétendre à cause de ce changement, celui qui devra ledit chemin.

XLVII. Si un habitant pour aller à son embarquement, d'où il tire et où il porte ses denrées, ne peut trouver sur celui aux étages duquel il est, un chemin praticable, en ce cas, il pourra demander un chemin aux autres habitans ses voisins, aux étages desquels il n'est pas, et sera, ledit chemin, ordonné contradictoirement avec les parties intéressées, sur le procès-verbal du grand voyer ou des voyers du quartier.

XLVIII. Dans les cas ci-dessus, le chemin sera ordonné dans le lieu le plus commode que faire se pourra ; mais le moins ruineux et le moins à charge à celui ou ceux sur lesquels il passera.

XLIX. Seront les propriétaires des terres, dans le cas des trois articles précédens, sur lesquels lesdits chemins passeront, dédommagés par ceux qui les auront obtenus, et ce, à dire d'arbitres, qui auront égard à la nature des terres, aux plantations et même aux incommodités et dommages que pourraient en recevoir lesdits propriétaires ; et seront, lesdits dédommagemens, prononcés en ordonnant lesdits chemins, par une seule et même Ordonnance.

L. L'ouverture des chemins particuliers sera

faite par celui ou ceux qui devront s'en servir ;
ils seront entretenus dans les bois debout, par
ceux qui y passeront, et dans les pays habitués, par les propriétaires ; ils seront réparés
et entretenus toutes les fois qu'ils en auront
besoin, par tous ceux qui s'en serviront, même
par les propriétaires s'ils en font usage, sous
les peines portées par les art. 32 et 33.

LI. Les chemins de communication étant
d'une grande utilité, ils ne doivent point être
refusés par les habitans les uns aux autres ; et en cas
de refus, ils pourront être ordonnes en connaissance de cause : ceux qui sont déja établis
subsisteront, sauf à être changés et placés dans
les lieux les plus commodes aux propriétaires
sur lesquels ils passeront, et seront ouverts,
entretenus et réparés tant par les propriétaires,
que par ceux qui en feront usage, sous les peines
portées par lesdits articles 32 et 33.

LII. Les chemins qui auront été ordonnés
dans différens lieux des îles pour les usages
de l'eau, subsisteront ainsi qu'ils ont été ordonnés ; et en cas qu'il en soit demandé d'autres
dans d'autres lieux, il y sera procédé suivant
le droit des parties.

LIII. Aucun ne pourra faire des balcons
sur les rues, qu'après y avoir appellé le grand
voyer, pour l'intérêt public ; et ne pourra,
ledit grand voyer, accorder aucune permission d'en bâtir, que du consentement des parties
qui pourront y avoir intérêt ; lesquels, en cas
de contestation pour leurs intérêts particuliers,
pourront se pourvoir devant les Juges des lieux,
pour y être statué suivant et conformément à
l'usage et coutume de Paris pour les vues ;

et sur leur jugement, pourra, ledit grand voyer, accorder lesdites permissions, s'il y a lieu; lesquelles seront visées par le Procureur de S. M. en la jurisdiction ordinaire.

LIV. Seront tenues les personnes qui voudront faire bâtir des maisons dans les villes et bourgs, de prendre l'alignement du grand voyer ou de celui qui sera par lui commis à cet effet, en présence du Procureur de S. M., et ce, à peine de démolition des bâtimens, qui sera ordonnée par les Juges des lieux, en cas que lesdits bâtimens ne se trouvent pas dans un juste alignement.

LV. Seront les alignemens, pentes et ruisseaux des rues, et les égouts, réglés par ledit grand voyer, en présence du Procureur de S. M., et les propriétaires des maisons, tenus de se conformer à ce qui aura été ainsi réglé, à peine d'y être contraints pardevant les Juges des lieux, et lesdites choses faites ou réparées à leurs dépens.

LVI. Pourra le grand voyer, dans chaque jurisdiction, commettre un expert, tant pour les alignemens des maisons, que pour les façons des rues, en nommant ledit expert au greffe, dont le greffier dressera acte; et seront tenus les Juges, d'employer ledit expert dans toutes les affaires concernant la voyerie, et ses vacations par eux taxées eu égard au travail, après toutefois que lesdits experts auront prêté serment devant lesdits Juges, en présence du Procureur de S. M.

LVII. Lorsque les rues et chemins seront encombrés ou incommodés, ledit grand voyer, les voyers ou commis, enjoindront aux particuliers

culiers de faire ôter lesdits empêchemens, ordures et encombremens, sinon les particuliers désobéissans seront condamnés par les Juges des lieux, à l'amende de vingt livres.

LVIII. Défend S. M. à tous particuliers de jetter dans les rues, eau ni ordures par les fenêtres, de jour ni de nuit ; faire préaux ni aucuns jardins en saillies aux hautes fenêtres, ni pareillement tenir fumier, terreau, bois ni autres choses, dans les rues et voies publiques, plus de vingt-quatre heures, et encore sans incommoder les passans, à peine de vingt livres d'amende contre les contrevenans, qui seront condamnés par les Juges des lieux ; à l'effet de quoi les voyers ou commis se transporteront par toutes les rues, de quinze en quinze jours, afin de commander qu'elles soient délivrées et nétoyées, et que les passans ne puissent en recevoir aucune incommodité.

LIX. Aucun ne pourra faire faire des éviers ou égouts, plus haut que le rez-de-chaussée, s'ils ne sont couverts jusqu'audit rez-de-chaussée, et même sans la permission dudit grand voyer ou commis.

LX. Fera, au surplus, ledit grand voyer, les mêmes fonctions que ceux du royaume.

Enjoint S. M. aux Gouverneur et Lieutenant-général desdites îles du vent, à l'Intendant et à tous ses officiers et justiciers qu'il appartiendra, de tenir, etc.

Fait à Versailles, le 17 avril 1725. *Signés,* LOUIS *; et plus bas,* par le Roi, PHELYPEAUX.

Enregist. au Conseil Souverain.

(N°. 98.) *ORDONNANCE de MM. les Général et Intendant, sur les Duels.*

Du 8 mai 1725.

SA Majesté ayant été informée qu'il se fait dans les îles du vent, et principalement à la Martinique, des appels en place publique, et en présence de nombre de personnes, et même en particulier et par des lettres, ce qui est très-contraire à ses Ordonnances et Edits contre les duels ; elle nous a ordonné de ne le pas souffrir, et de faire joindre le Procureur du Roi aux parties civiles en pareil cas, et même de le faire agir d'office, en cas qu'il n'y ait pas de parties civiles ; et étant nécessaire que le public sache les intentions de S. M., qui sont qu'on ne tolère en façon quelconque, soit par l'impunité ou autrement, les violences dans les pays de sa domination.

Nous ordonnons aux Procureurs du Roi des Jurisdictions de ces îles, d'agir d'office contre ceux qui tireront l'épée, de quelque qualité et condition qu'ils soient, et pour quelque cause que ce soit ; ordonnons que sur le champ ils nous enverront et à M. le Procureur-général, copie de leurs plaintes, pour recevoir nos ordres à ce sujet.

Prions Messieurs du Conseil Souverain, d'enregistrer notre présente Ordonnance dans le greffe dudit Conseil, et de la faire enregistrer dans ceux des Jurisdictions, publier et afficher par-tout où besoin sera, afin que personne n'en ignore. Fait, etc.

Enregist. au Conseil Souverain.

(N°. 99.) ARRET *du Conseil Souverain , qui* *défend d'appeller des Ordonnances du Juge or-* *dinaire, de permis d'assigner, et sur les délais* *des assignations.*

Du 16 mai 1725.

LE Conseil faisant droit sur le requisitoire du Procureur-général du Roi , fait défenses à tous Procureurs ou autres personnes , d'appeller des Ordonnances de permis d'assigner , sauf à eux à proposer pardevant les Juges leurs excep-tions dilatoires et péremptoires , pour , par le Juge , y avoir tel égard que de raison , sauf l'appel à la Cour , et cependant ordonné que les délais des Ordonnances seront exactement observés , sur-tout à l'égard des domiciliés.

Et sera , le présent Arrêt , lû , publié et enregistré en l'audience des Jurisdictions , à la diligence du Procureur-général du Roi , ou de ses substituts.

Fait au Conseil Souverain de la Martinique , le 16 mai 1725.

(N°. 100.) LETTRE *du Roi , sur les Séances* *du Conseil Souverain.*

Du 17 octobre 1725.

" NOs amés et féaux , nous vous aurions
" par notre lettre du 18 janvier 1724 , ordonné
" de tenir une seule séance par jour pour
" l'administration de la justice en notre Conseil
" Supérieur , depuis six heures du matin , jus-
" qu'à midi et demi , à cause de la grande
" chaleur ; mais ayant égard aux représenta-

« tions que vous nous avez faites, qu'il im-
« porte au bien de nos sujets et à l'accéléra-
« tion de la Justice, de tenir deux séances
« par chaque jour ; nous vous faisons cette
« lettre pour vous dire que notre intention est,
« qu'aux jours que notre Conseil Supérieur
« s'assemblera, il soit tenu deux séances, savoir:
« celle du matin, depuis sept heures jusqu'à
« midi ; et celle de relevée, depuis trois heures
« jusqu'à six, si ni faites faute, car tel est notre
« plaisir, etc.

Enregist. au Conseil Souverain.

(N°. 101.) DECLARATION *du Roi, en inter-*
prétation de l'Edit de 1685, contre les escla-
ves, sur les donations faites à des personnes
de sang mêlé, et le recelé d'esclaves.

Du 5 février 1726.

LOUIS, etc ; SALUT : Le feu Roi, notre très-
honoré seigneur et bisayeul aurait par ses Lettres-
Patentes, en forme d'Edit, du mois de mars
1685, établi une loi et des règles certaines,
sur ce qui concerne l'état et la qualité des esclaves aux îles de l'Amérique ; mais sur les représentations qui nous ont été faites, qu'il convient au bien et à l'avantage de nosdites colonies, d'ajouter à certaines dispositions dudit
Edit, et d'en retrancher d'autres, eu égard
aux circonstances présentes.

A CES CAUSES, de notre certaine science,
pleine puissance et autorité royale ; nous en
interprétant en tant que besoin est ledit Edit

du mois de mars 1685 , avons dit , déclaré et
ordonné , et par ces présentes , disons , déclarons et ordonnons , voulons et nous plaît ce
qui suit : que l'article XXXIX dudit Edit soit exécuté selon sa forme et teneur ; et en conséquence que les affranchis qui auront donné
retraite dans leurs maisons aux esclaves fugitifs,
soient condamnés par corps envers le maître,
en l'amende de 300 livres de sucre par chaque
jour de rétention ; et les autres personnes libres
qui leur auront donné pareille retraite , en dix
livres tournois d'amende , par chaque jour de
rétention ; et en ajoutant à cet article , ordonnons que conformément à ce qui est porté par
notre dit Edit du mois de mars 1724, qui sert
de loi pour les esclaves de notre province de
la Louisiane , faute par lesdits nègres affranchis
ou libres qui auront donné retraite auxdits
esclaves , de pouvoir payer ladite amende de
300 livres de sucre , par chaque jour de rétention des esclaves fugitifs , ils soient réduits
à la condition d'esclaves , et comme tels vendus
au plus offrant et dernier enchérisseur , à la
diligence de notre Procureur en la Jurisdiction ,
en laquelle ils seront demeurans.

Voulons que si le prix provenant de la vente
qui en sera faite excède l'amende encourue , le
surplus soit adjugé au profit de l'hôpital le plus
prochain ; voulons aussi que conformément à
ce qui est porté par l'article LII de notre dit
Edit du mois de mars 1724 , tous esclaves
affranchis ou nègres, leurs enfans et descendans,
soient incapables de recevoir , à l'avenir , des
blancs , aucune donation entre-vifs , à cause
de mort ou autrement , sous quelque dénomi-

nation ni prétexte que ce puisse être, nonobstant ce qui est porté par les articles LVI, LVII et LIX dudit Edit du mois de mars 1685, auxquels nous avons dérogé et dérogeons par ces présentes, pour cet égard seulement ; et ordonnons qu'en cas qu'il soit fait auxdits nègres affranchis ou libres, ou à leurs enfans et descendans, aucuns dons ou legs en quelque manière que ce soit, ils demeureront nuls à leur égard, et soient appliqués au profit de l'hôpital le plus prochain. Ordonnons, au surplus, que notre dit Edit du mois de mars 1685, soit exécuté selon sa forme et teneur.

Si donnons en mandement, etc.

Donné à Versailles, le 5 février 1726.

Enregist. au Conseil Souverain.

(N°. 102.) *ORDONNANCE du Roi, sur les Bancs dans les Eglises.*

Du 26 février 1726.

SA Majesté ayant été informée qu'il est survenu plusieurs contestations au sujet de la concession des bancs des Eglises dans les îles du vent, qui ont donné lieu en différens tems à plusieurs Ordonnances des Gouverneurs généraux et Intendans desdites îles, qu'ils ont rendues en conformité du Réglement fait le 10 octobre 1712, par les sieurs de Phelypeaux et Vaucresson, auxquelles il est donné différentes interprétations, et voulant prévenir les contestations qui pourraient naître, par la suite, à cette occasion, et donner moyen aux fabriques qui ne sont pas suffisamment dotées, de soutenir les dépenses à quoi elles sont engagées, elle a résolu, en attendant que les Églises soient mieux fondées qu'elles ne le sont, et jusqu'à ce qu'il en soit autrement ordonné, de rendre la présente Ordonnance, qu'elle veut être exécutée selon sa forme et teneur, et à cet effet, S. M., sans avoir égard audit Réglement du 10 octobre 1712, en ce qui concerne la concession des bancs dans les Eglises, a ordonné et ordonne qu'à l'avenir, à compter du jour de l'enregistrement et publication de la présente Ordonnance, les veuves qui resteront en viduité, jouiront des bancs concédés à leurs maris, en payant le même prix de la concession qui leur en aura été faite; qu'à l'égard des enfans dont les pères et mères seront décédés, les bancs concédés à leurs pères et mères, seront criés et publiés comme vacans, en la manière ordinaire, au plus offrant et dernier enchérisseur.

Mande, etc., etc.

Enregist. au Conseil Souverain.

(N°. 103.) *Lettre du Roi, au Conseil Souverain, sur le rang des Conseillers n'étant point en corps.*

Du 5 mars 1726.

" Nos amés et féaux, nous avons été in-
" formés qu'il y a eu, l'année dernière, des
" difficultés entre le sieur Marquis de Cham-
" pigny, Gouverneur, et quelques officiers

Q 4

« de notre Conseil Supérieur établi en ladite
« île, pour le rang dans la marche à la pro-
« cession de la paroisse du bourg St.-Pierre ;
« et nous vous faisons cette Lettre pour vous
« dire que les officiers qui composent notre
« Conseil, ne peuvent faire corps en quelque
« nombre qu'ils soient, que dans notre ville
« du Fort-Royal, qui est le lieu où notre
« Conseil tient ses séances par nos ordres ; et
« que lorsque les officiers de notre Conseil ou
« partie de ceux qui le composent, se trou-
« veront dans d'autres endroits de notre île,
« ils ne pourront marcher aux processions ni
« dans aucunes autres cérémonies publiques,
« qu'après l'officier-major ou commandant dans
« le quartier, et à la tête des jurisdictions,
« s'il y en a.

« Le feu Roi a bien voulu laisser subsister,
« par tolérance, le banc qui est pour le Con-
« seil, dans l'Eglise du bourg Saint-Pierre,
« quoiqu'il eût transféré les séances dudit Con-
« seil, au Fort-Royal, nous voulons bien
« aussi que ledit banc subsiste ; mais notre
« intention est qu'il ne soit occupé que par
« les officiers de notre Conseil ; sans que leurs
« femmes et leurs enfans puissent s'y mettre
« avec eux.

« Vous vous conformerez en ce qui est de
« nos intentions, si n'y faites faute : car tel
« est notre plaisir. „

Enregistr. au Conseil Souverain.

(N°. 104.) ORDRE *du Roi*, *au sujet des va-*
cations des Siéges dans les îles du vent.

Du 12 mars 1726.

SA Majesté ayant ordonné , entr'autres choses , par son Réglement du 22 mai 1724 ,
que les audiences de la justice royale de la
Martinique, établie au bourg Saint-Pierre, se
tiendront deux fois la semaine , les lundi et
samedi , depuis huit heures du matin jusqu'à
midi , et étant informés que sous prétexte qu'il
n'y a point de tems de vacations limité par ce
Réglement, les officiers de cette jurisdiction
s'en indiquent quand ils le jugent à propos,
ce qui éloigne les jugemens des affaires, et est
très-préjudiciable à ceux qui ont des causes
pendantes en la jurisdiction : à quoi voulant
pourvoir, S. M. a ordonné et ordonne que
les vacations de ladite jurisdiction de Saint-
Pierre de la Martinique , et des autres jurisdictions établies en ladite île, ne dureront que
pendant la quinzaine de Pâques ; passé lequel
tems, veut S. M, , que les audiences soient
tenues , à l'ordinaire , les lundi et samedi de
chaque semaine , conformément audit Réglement, sans que , sous quelque prétexte que
ce soit, les Juges et officiers de ladite jurisdiction et des autres , puissent indiquer d'autres
vacations , à peine d'interdiction.

Mande , etc. , etc.

Enregist. au Conseil Souverain.

(Nº. 105.) ORDONNANCE *de MM. les Général* *et Intendant, sur les Cures et paroisses.*

Du 11 mai 1726.

LE temporel des Eglises qui est régi et administré par les Marguilliers de chaque paroisse, est non-seulement pour agrandir, augmenter et entretenir les Eglises, mais encore pour procurer que le service divin s'y fasse avec toute la décence dûe aux augustes mystères de notre Religion; ainsi, ceux à qui le Roi a confié son autorité, sont obligés de veiller avec soin, et de prendre garde que les biens des Eglises soient, conformément aux intentions de S. M., régis et gouvernés suivant les règles d'une prudente administration ; ces motifs nous ayant engagé à prendre une connaissance particulière de l'état de chaque paroisse des îles du vent, et de la manière dont elles sont régies, nous avons reconnu que, jusqu'à présent, les Marguilliers ont, presque par-tout, rempli leurs fonctions avec beaucoup de négligence, ce que nous attribuons moins à la mauvaise volonté, qu'à l'ignorance de leurs devoirs; nous avons reconnu en même tems, que les registres des baptêmes, mariages et mortuaires tenus par les Religieux desservans les Cures, sont en très-mauvais ordre, ce qui est d'une grande conséquence pour le public, puisque ces registres étant ce qui constate l'état des personnes et assure le repos des familles, leur mauvais ordre peut être une source intarissable de procès : ces considérations nous ont porté à rappeller les Ordonnances de nos Rois à ce sujet, et de faire un Réglement-général où chacun puisse apprendre ses obligations, et qui, en pourvoyant autant qu'il est possible au passé, établisse une règle constante et uniforme pour l'avenir.

A ces causes, sous le bon plaisir de S. M., nous avons réglé, statué et ordonné ce qui suit :

Art. 1er Il sera, incessamment, fait dans chaque paroisse, à la diligence des Marguilliers en charge, un inventaire de tous les articles, papiers et renseignemens, meubles et ornemens de chaque Eglise, auquel il sera procédé en présence des Religieux desservant les Cures, et de deux anciens Marguilliers ou principaux habitans, et sera, ledit inventaire, écrit sur le registre des délibérations, et signé des Religieux, Marguilliers et témoins, et contiendra, ledit registre, toutes les délibérations de paroisses, les fondations, les marchés, les arrêtés de compte des Marguilliers, et autres concernant le temporel des Eglises.

II. Les Marguilliers ne resteront qu'une année en charge ; sera, cependant, loisible aux paroissiens de les continuer par délibération et de leur consentement ; mais à chaque changement de Marguilliers, sera fait nouvel inventaire du recollement des papiers, ornemens et autres effets des Eglises, pour reconnaître les déficits et les augmentations ; et sur ce pied, le nouveau Marguillier se chargera du contenu audit inventaire, pour en rendre compte lorsqu'il sortira de sa charge ; sera pareillement, ledit recollement écrit sur le registre, après l'arrêté des comptes qui auront été rendus par le Marguillier qui sortira de sa charge.

III. Les comptes des Marguilliers seront tenus sur un autre registre, le plus nettement
qu'il sera possible, en débit et crédit, de sorte
que dans une page il soit écrit ce que chacun
devra, et dans l'autre, vis-à-vis, ce qu'il aura
payé.

IV. Feront, lesdits Marguilliers, note particulière sur ledit registre, des dons et aumônes
qui seront faits auxdites Eglises, ensemble de
l'argent qui proviendra des quêtes; et ils feront
une pareille note des dépenses et paiemens qu'ils
auront faits pendant leur gestion, et seront,
lesdits registres, cotés et paraphés par le Juge
des lieux, à la diligence desdits Marguilliers.

V. Seront tenus, lesdits Marguilliers, de
rendre compte de leur gestion, un mois après
être sorti de charge, et de payer comptant et
sans différer, la solde de leurs comptes, entre
les mains des nouveaux Marguilliers qui s'en
chargeront en recette, et en cas qu'il soit dû
par les paroissiens, seront tenus les Marguilliers qui sortiront de charge, de justifier qu'ils
ont fait les diligences nécessaires pour le recouvrement de ce qui peut être dû à la fabrique, à peine d'en demeurer responsables en
leur propre et privé nom.

VI. Ne pourront les Marguilliers des Eglises,
accepter aucune fondation que par assemblée
et délibération de Paroisse.

VII. Ne pourront, pareillement, lesdits
Marguilliers, concéder les bancs ni donner la
permission de mettre des épitaphes dans les
Eglises, sans avoir par les Marguilliers, pris
l'avis des Religieux desservans les Cures; et
sur le fait des bancs, ils se conformeront au
tarif et aux Ordonnances du Roi.

VIII. Auront soin les Marguilliers, de faire sonner les cloches aux heures réglées pour le service divin ; et en cas que les clercs de l'œuvre, chantres ou sacristains, ne fassent pas leur devoir, les Marguilliers les destitueront sur l'avis et les plaintes desdits Religieux.

IX. Seront tenus les Marguilliers, d'exécuter ou faire exécuter ponctuellement les services et œuvres-pies exprimés dans les fondations qui auront été acceptées, dont leurs consciences demeureront chargées, et auront soin de fournir exactement les ornemens, luminaires, et autres choses nécessaires au service divin.

X. Faisons défenses aux Marguilliers, acolites et autres personnes, de divertir ni appliquer le revenu des biens qui ont été donnés par les fondations aux Églises et Chapelles, à d'autres usages qu'à celui auquel ils sont destinés : leur défendons, pareillement, d'entreprendre aucun bâtiment pour continuer ou augmenter les Églises et paroisses, sans en avoir obtenu notre permission, que nous ne donnerons qu'en conséquence de la délibération des paroissiens, et après avoir fait dresser un procès-verbal par experts, qui contiendra la nécessité, tant de nouveaux bâtimens, que de l'augmentation et rétablissement d'iceux ; et cependant, ordonnons qu'à la diligence des Marguilliers et aux frais des fabriques, les cimetières seront incessamment clos ; enjoignons d'entretenir et réparer les clôtures toutefois que besoin sera.

XI. Seront tenus les Marguilliers, de faire les quêtes ordinaires dans les Églises aux heures accoutumées, à peine d'en répondre, et d'être obligés de faire recette forcée de la quête à laquelle ils auront manqué, sur le pied de la plus forte quête de l'année courante et de l'année précédente.

XII. Lesdits Religieux assisteront, si bon leur semble, à toutes les assemblées générales et particulières de la paroisse, qui seront tenues en leur présence et avec les paroissiens : invitons lesdits paroissiens, sur-tout, les anciens Marguilliers, de s'y trouver exactement.

XIII. Seront lesdites assemblées, convoquées à la réquisition des Marguilliers en charge, et publiées au prône par trois dimanches consécutifs et au son de la cloche, en la manière accoutumée ; lesdits Religieux auront la première place, signeront les premiers les délibérations, et donneront leur voix immédiatement avant les Marguilliers en charge ; ou celui qui présidera, lesquels opineront les derniers; pourront aussi lesdits Religieux, avant les délibérations, représenter ce qu'ils jugeront à propos par forme de simple proposition, de sorte que les assistans aient une entière liberté dans leurs avis.

XIV. Ordonnons qu'aux dépens de la fabrique, il sera fourni, par les Marguilliers, tous les ans, aux Religieux desservans la Cure, deux registres cotés et paraphés par le Juge des lieux, pour servir à écrire les baptêmes, mariages et mortuaires des personnes libres, que lesdits Religieux feront en double grosse et minute ; et en ce qui concerne les esclaves, il sera tenu à leur sujet un registre particulier, aussi aux dépens de la fabrique.

XV. Seront ténus lesdits Religieux desservans

les Cures, de rapporter deux mois, au plus tard, après la fin de chaque année, au greffe de la Jurisdiction, la grosse du registre des baptêmes, mariages et mortuaires de personnes libres, pour être déposés audit greffe : enjoignons aux greffiers de tenir la main à l'exécution du présent article, à peine d'en répondre ; et seront, lesdits greffiers, tenus de garder lesdits registres pour recours, et pour en délivrer des extraits aux parties qui le requerront.

XVI. Ordonnons que dans le cours de la présente année mil sept cent vingt-six, les Religieux desservans les Cures, rapporteront aux Juges des lieux, tant les anciens que les nouveaux registres des baptêmes, mariages et mortuaires, pour être sur le champ et sans remise arrêtés, cotés et paraphés par lesdits Juges, qui les visiteront exactement, barreront et parapheront le blanc, si aucun y a, le tout sans frais. Ordonnons pareillement, que dans le même tems, autant qu'il se pourra, il sera fait des copies de tous lesdits registres, à la diligence des Marguilliers, et aux dépens de la fabrique, pour, lesdites copies, être collationnées par le Juge, et déposées au greffe.

XVII. Enjoignons à tous Religieux desservans les Cures, leurs Vicaires, Notaires et autres personnes publiques qui recevront des testamens et autres actes contenant legs, aumônes ou dispositions au profit des hôpitaux, Eglises ou autres œuvres-pies, d'en donner avis à M. le Procureur-général du Roi, incontinent que lesdits testamens ou autres actes auront lieu, et de mettre ès-mains dudit Procureur-général, des extraits en bonne forme

desdits actes, pour en faire les poursuites nécessaires, à peine de répondre en leur propre
et privé nom, des dépens, dommages et intérêts; et afin que le présent Réglement soit
chose stable à l'avenir, ordonnons qu'il sera
remis à M. le Procureur-général, pour en requérir l'enregistrement, le faire lire, publier
et afficher par-tout où besoin sera, même registré à la tête des registres de chaque paroisse, afin que personne n'en prétende cause
d'ignorance.

Enregistr. au Conseil Souverain.

(N° 106.) *DECLARATION du Roi , qui confirme
la vente des terres en bois debout, appartenant
à des mineurs.*

Du 13 août 1726.

Louis, etc., Salut : Depuis notre avénement à la couronne, nous avons eu une sin-
gulière attention à procurer l'augmentation du
commerce dans nos colonies de l'Amérique, en
accélérant et facilitant la culture des terres qui
ont été concédées en notre nom; nous aurions,
à cet effet, réglé par notre Déclaration du 3
août 1722 ce que nous voulons être observé aux
îles du vent de l'Amérique, pour obliger de
mettre en valeur, dans les délais y portés,
les terres en bois debout, provenant tant de
concession que d'acquisition ; et étant informés
que depuis l'établissement desdites îles, on y
a toléré les ventes des terres en bois debout
appartenant à des mineurs, que leurs tuteurs
ou

ou curateurs ont été dans la nécessité de vendre, sur le fondement que leurs pupilles n'avaient point assez d'esclaves pour les habituer , ni suffisamment de biens pour subsister et les mettre en valeur ; que dans ces sortes de ventes il n'a été observé aucune des formalités prescrites par la Coutume de Paris, ou par nos Ordonnances et celles des Rois, nos prélécesseurs, qui étaient, la plupart, ignorées dans nos colonies ; et voulant prévenir tous les procès que les défauts de formalités dans les acquisitions faites des terres en bois debout desdits mineurs pourraient faire naître, et empêcher que les acquéreurs de bonne foi qui ont mis la plus grande partie de ces terres en valeur, ne puissent être troublés dans la propriété et possession d'icelles, dans lesquelles il paraît d'autant plus juste de les maintenir , que lesdites terres en bois debout, échues auxdits mineurs, auraient pû tomber dans le cas de la réunion à notre domaine, faute d'avoir été mises en valeur dans le tems prescrit par les titres de concession, et que les acquéreurs, en les mettant en valeur, ont concouru à nos intentions.

A ces causes, etc. ; nous avons approuvé, confirmé et autorisé , etc. , tous les contrats de vente faits au jour de l'enregistrement des présentes, des terres en bois debout appartenantes à des mineurs, lesquelles se trouveront établies par les acquéreurs et propriétaires d'icelles, nonobstant qu'ils aient été faits sans observer les formalités prescrites par la Coutume de Paris, ou par nos Ordonnances, et celles des Rois, nos prédécesseurs, dont nous avons relevé et dispensé, relevons et dispensons les acquéreurs par cesdites présentes, dérogeant à cet effet, et pour cet égard seulement, auxdites Coutume et Ordonnances ; voulons, en conséquence, que lesdits acquéreurs, leurs héritiers ou ayans-cause, soient maintenus et conservés comme nous les maintenons et conservons en la propriété et possession desdites terres, pourvu, toutefois, qu'il ne paraisse aucune mauvaise foi, tant de la part des acquéreurs que des tuteurs, curateurs ou autres qui auraient fait lesdites ventes, et sauf à nos Juges à faire droit sur les lésions qui pourraient être alléguées.

Si donnons en mandement, à nos amés et féaux les gens tenans nos Conseils Supérieurs à la Martinique et à la Guadeloupe, que ces présentes, etc.

Donnée à Versailles, le 13 août 1726, et de notre règne le onzième. *Signés*, LOUIS; *et plus bas*, par le Roi, PHELYPEAUX.

Enregist. au Conseil Souverain.

(Nº. 107,) *DECLARATION du Roi, sur les déguerpissemens.*

Du 24 août 1726.

LOUIS, etc., SALUT : Il a été établi par les Ordonnances des Rois, nos prédécesseurs, et par les différentes Coutumes, de régler certaines formalités pour parvenir aux saisies réelles et décrets des biens fonds dans l'étendue de notre royaume : nos îles du vent de l'Amérique qui sont régies par la Coutume de notre

bonne ville, prévôté et vicomté de Paris, sont
assujetties aux mêmes formalités ; mais ayant
été informés qu'il se fait de fréquentes mutations auxdites îles , par les ventes et reventes
des biens fonds auxquels sont attachés des esclaves et bestiaux, pour l'entretien des différentes manufactures qui sont établies dessus ;
que nonobstant les conventions avantageuses et
les longs termes qui sont accordés aux acquéreurs des fonds , pour satisfaire à leurs engagemens, ils éludent très-souvent le paiement
du prix desdits fonds et dépendances, par l'assurance où ils sont , qu'ils ne peuvent être troublés dans la possession et propriété desdites
acquisitions , que par voie de saisie réelle , à
quoi les vendeurs ne se déterminent presque
jamais , dans l'appréhension de perdre leur dû ;
cette sorte de procédure entraînant infaillible-
ment, par la mauvaise administration des Commissaires ou des Fermiers judiciaires , la perte
ou la désertion desdits nègres , qui sont le
principal objet desdites habitations , et sans lesquels les manufactures ne peuvent se soutenir ,
joint aux longues procédures , aux frais im-
menses, et à la difficulté d'observer les formalités prescrites par les Ordonnances et par
la Coutume , dont la plupart sont ignorées
auxdites îles ; et voulant prévenir les abus
qui arrivent à l'occasion desdites mutations, et
établir auxdites îles une Jurisprudence qui , en
levant les difficultés prescrites par lesdites Ordonnances et Coutume , assure aux vendeurs
leur paiement ou la faculté de rentrer dans
leurs fonds , faute par les acquéreurs d'avoir
satisfait à leurs engagemens dans les tems prescrits.

A CES CAUSES, etc. ; voulons et nous plaît
que dans les cas où les acquéreurs des biens
fonds auxdites îles du vent, seront en défaut
de payer dans les termes prescrits par leurs engagemens, il soit loisible aux vendeurs de les
poursuivre en déguerpissement ou résolution
de vente, ensemble pour les dommages et intérêts qui pourront résulter, eu égard à l'état
des biens lors de la rentrée, à celui où ils se
trouveront lors du déguerpissement, à dire
d'arbitres, qui seront choisis par les parties
ou nommés d'office par nos Juges des Jurisdictions, où lesdits biens seront situés : voulons, en ce cas, que les arbitres aient égard tant
aux dépérissemens qu'aux améliorations qui
auront pû être faites sur lesdits biens, et que
sur les uns et sur les autres, ainsi que sur les
jouissances, nos Juges prononcent, suivant
l'exigence des cas, sauf l'appel aux Conseils
Supérieurs établis auxdites îles : ordonnons
pareillement que le déguerpissement et résolution de vente, puissent avoir lieu, quand
même les vendeurs auraient reçu un ou plusieurs paiemens à-compte, lesquels, en ce cas,
ils seront tenus de rendre à l'acquéreur, dans
les mêmes termes et délais qu'ils les auront
reçus, déduction faite des dommages et intérêts prononcés, ainsi que dit est ; dérogeant
à toutes Ordonnances, Us et Coutumes à ce
contraires, pour cet égard seulement : n'entendons néanmoins, par ces présentes, priver
les vendeurs de se servir de la voie de saisie
réelle et de décrets, pour parvenir aux paiemens
de ce qui pourra leur être dû, pour raison
des ventes par eux faites, auquel cas ils seront

tenus de se conformer aux formalités prescrites par lesdites Coutume et Ordonnances, sous les peines y portées.

Si donnons en mandement, à nos amés et féaux les gens tenans nos Conseils Supérieurs à la Martinique et à la Guadeloupe, que ces présentes, etc.

Donnée à Versailles, le 24 août 1726, et de notre règne le onzième. *Signés*, LOUIS; *et plus bas*, par le Roi, PHELYPEAUX.

Enregist. au Conseil Souverain.

(Nº. 108.) *DECLARATION du Roi, sur les licitations et partages.*

Du 24 août 1726.

Louis, etc.; Salut : La plus grande partie des biens fonds des îles du vent de l'Amérique, étant d'une espèce à ne pouvoir être partagés sans détruire les manufactures qui y sont établies, et sans exposer les familles à être ruinées, l'usage d'en partager seulement la valeur s'y est introduite jusqu'à présent; ensorte que presque tous lesdits partages de succession et communautés, soit entre majeurs ou mineurs, s'y sont faits par licitation, et sur le pied que l'un des héritiers où le survivant a eu le principal établissement avec une grande partie des terres, et tel nombre d'esclaves et de bestiaux, nécessaires pour leur culture et l'entretien des manufactures établies sur l'habitation, à la charge de faire à chacun des co-partageans, dans les termes convenus, lesdits retours d'eux,

R 3

à proportion de l'estimation des biens qui composent chaque succession ou communauté ; et
lorsque dans lesdites successions il s'est trouvé
plusieurs établissemens , ils ont été partagés
aussi par licitation entre les parties , de la manière qui a été jugée la plus convenable et
sans tirer au sort , par l'impossibilité de faire
les lots égaux , en faisant pareillement des retours aux co-partageans , sur le pied de l'estimation , et ce , à dire d'arbitres choisis par
les parties ou nommés d'office par les Juges
des lieux , et en présence des tuteurs ou curateurs en cas de minorité.

Nous sommes informés que la plupart de ces
sortes de partages ont été faits de bonne foi ,
sans que les formalités pour l'aliénation des
biens des mineurs , prescrites par nos Ordonnances et celles de nos prédécesseurs , même
par la Coutume de notre bonne ville , prévôté
et vicomté, de Paris , sous laquelle nosdites
îles sont régies , aient été observées ; ce qui
donnerait matière à une infinité de procès, s'il
n'y était par nous pourvu ; et notre intention
étant de procurer la sûreté des biens dans les
anciennes familles desdites îles , accoutumées à
l'air et à la nourriture du pays , et formées à
la culture des terres , à l'entretien des manufactures , et à la manière de contenir les esclaves.

A ces causes , etc. ; voulons et nous plaît
ce qui suit :

Art. Ier. Tous les partages de successions
et communautés faits aux îles de l'Amérique,
soit entre majeurs ou entre mineurs, par licitation et sans tirer au sort , et dans lesquels

il ne s'est trouvé qu'un principal établissement
qui n'a pu être partagé, et qui a été laissé
au survivant ou à un des héritiers avec la plus
grande partie des terres, et tel nombre d'esclaves et de bestiaux convenable pour la culture d'icelles et l'entretien des manufactures,
en faisant à chacun des co-partageans les retours d'eux, à proportion de l'estimation des
biens qui composaient chaque succession ou
communauté, à dire d'arbitres convenus entre
les parties, ou nommés d'office, en présence
des tuteurs ou curateurs en cas de minorité,
seront censés et réputés bons et valables, nonobstant que les formalités prescrites par nos
Ordonnances et celles des Rois, nos prédécesseurs, et par la Coutume de Paris, n'aient
point été observées.

II. Les partages ci-devant faits des successions ou communautés auxdites îles, par licitation et sans tirer au sort, dans le cas où
il s'est trouvé plusieurs établissemens qui ont
été situés, tant pour les terres que pour les
esclaves et bestiaux, de la manière la plus convenable, en faisant par ceux qui ont eu lesdits établissemens, les retours à leurs co-partageans, à proportion de l'estimation desdits
biens, à dire d'arbitres, et en présence des
tuteurs ou curateurs, et en cas de minorité,
sans avoir pareillement observé lesdites formalités requises par lesdites Ordonnances et Coutume, seront censés et réputés bons et valables.

III. En cas, cependant, qu'il y ait eu lé-
sion dans les partages faits en la manière prescrite par les deux précédens articles, les parties
qui auront été lésées, pourront se pourvoir

pardevant nos Juges des Jurisdictions ordinaires, où lesdits biens seront situés, ainsi qu'il appartiendra, et eu égard au tems desdits partages.

IV Les successions et communautés qui auront été partagées auxdites îles, à compter du jour de l'enregistrement et publication des présentes, tant entre majeurs qu'entre mineurs, le seront en la même forme et manière ci-devant usités auxdites îles, et conformément à ce qui est marqué par les articles I et II des présentes, à condition, néanmoins, que lesdits partages seront autorisés par délibérations des parens et amis, assemblés à cet effet, au nombre de trois, au moins, devant les Juges des lieux, en la manière ordinaire.

V. Pourront les Juges, sur l'avis desdits parens et amis assemblés, même sur l'avis d'un seul, contre celui de tous les autres, ordonner que les biens, dont les partages seront faits à l'avenir, seront criés et publiés par trois dimanches consécutifs, pour être ensuite adjugés à l'audience, après une remise de huitaine seulement, au plus offrant et dernier enchérisseur, supposé qu'il s'en trouve qui fassent monter lesdits biens à des prix plus hauts que ceux portés par lesdits partages.

VI. Les adjudicataires ne pourront, néanmoins, se mettre en possession des biens à eux adjugés, qu'après la quinzaine expirée, pendant lequel tems il sera loisible à celui ou ceux des co partageans qui auront été mis en possession par lesdits partages, de demander à y être maintenus, en offrant de payer le prix porté par l'adjudication; ce qui s'exécutera par un simple acte au greffe ou pardevant notaires, signifie aux autres co-partageans et à l'adjudicataire, lequel, à ce moyen, demeurera bien et valablement déchargé de l'adjudication envers tous les co-partageans, à la diligence desquels ou de l'un d'eux, il sera donné acte par lesdits Juges ; sinon ladite quinzaine expirée, les co-partageans n'y seront plus reçus, et l'adjudication demeurera en sa force et vertu.

VII. Dérogeant, à l'effet de tout ce que dessus et pour cet égard seulement, à tous Edits, Déclarations, Ordonnances, Réglemens, Arrêts, Coutumes et autres choses à ce contraires, etc.

Donnée à Versailles, le 24 août 1726, et de notre règne le onzième.

Enregist. au Conseil Souverain.

(N°. 109.) *Declaration du Roi, au sujet des retraits lignagers.*

Du 24 août 1726.

Louis, etc. ; SALUT : Quoique la Coutume de notre bonne ville, prévôté et vicomté de Paris ait été publiée dans nos îles du vent de l'Amérique, et enregistrée au greffe du Conseil Souverain de la Martinique, dès le troisième novembre 1681 ; néanmoins, nous avons été informés que la plupart des articles de cette Coutume n'ont point été suivis auxdites îles, entr'autres l'article CXXXII, qui porte que l'an du retrait de propre héritage tenu en franc-aleu, ne court que du jour que l'acquisition a été publiée et insinuée en jugement au plus

prochain Siége royal ; que ce défaut de formalité donne ouverture aux retraits lignagers contre
les ventes des fonds faites depuis l'année 1681
jusqu'à présent, la plupart des fonds de l'Amérique étant en franc-aleu ; ensorte qu'il n'y a
presque point d'habitations vendues depuis cette
époque, qui ne fût dans le cas de retrait, si
les lignagers voulaient en revenir ; et comme la
nécessité de publication et insinuation de contrats de vente n'a été établie que pour prévenir
et empêcher les fraudes qu'on pourrait faire
pour se soustraire à l'action du retrait ; qu'il
est notoire que les ventes qui se sont faites aux
îles, ont été assez publiques pour n'être point
ignorées par les lignagers, que plusieurs acquéreurs de bonne foi se verraient à la veille
d'être ruinés par ce défaut de formalité, s'il
n'y était par nous pourvu ; et voulant prévenir et empêcher les procès qui pourraient naître
à ce sujet, et constater l'état et la fortune des
habitans desdites îles.

A CES CAUSES, etc. ; voulons et nous plaît
que tous les immeubles vendus auxdites îles
du vent, avant l'enregistrement des présentes,
ne soient plus sujets à retrait, quoique les
contrats d'acquisition n'aient point été publiés
ni insinués, conformément à l'article CXXXII
de la Coutume de Paris, auquel nous avons
dérogé et dérogeons, pour cet égard seulement,
pourvu, toutefois, qu'il ne paraisse aucune
mauvaise foi de la part des acquéreurs, et qu'ils
se soient mis publiquement en possession des
terres par eux acquises, de sorte que les lignagers n'aient pû en ignorer la vente par le
ait desdits acquéreurs ; voulons, néanmoins ;

que ledit article cxxxii ait lieu auxdites îles, à l'avenir, et à compter du jour de l'enregistrement des présentes aux Conseils Souverains desdites îles.

Si donnons en mandement, à nos amés et féaux les gens tenans nos Conseils Supérieurs à la Martinique et à la Guadeloupe, que ces présentes, etc.; nonobstant l'article cxxxii de la Coutume de Paris et autres choses à ce contraires, auxquelles nous avons dérogé et dérogeons, etc.

Donnée à Versailles, le 24 août 1726, et de notre règne le onzième. *Signés*, LOUIS; *et plus bas*, par le Roi, PHELYPEAUX.

Enregist. au Conseil Souverain.

(N°. 110.) *ARRET en Réglement du Conseil Souverain de la Martinique, au sujet des esclaves saisis, épaves ou criminels.*

Du 13 septembre 1726.

VU la remontrance du Procureur - général au sujet d'un Réglement général, nécessaire en ce qui concerne les nègres saisis, les épaves et les criminels. l'Arrêt de ce jour qui nomme Mᵉ. Jean Assier, Conseiller en la Cour, pour faire son rapport sur ladite remontrance; tout vû et considéré, la matère mise en délibération et ouï le rapport dudit Mᵉ. Jean Assier, le Conseil ordonne :

ART. Iᵉʳ. Qu'il sera permis aux habitans d'envoyer dans les prisons des Jurisdictions, leurs esclaves prévenus ou soupçonnés de crimes, et que les geoliers desdites prisons seront tenus de les recevoir.

II. Qu'après que lesdits esclaves auront été constitués prisonniers, les maîtres seront tenus de donner sur le champ et dans les vingt-quatre heures, leur requête en plainte ou en dénonciation contre lesdits esclaves.

III. Que faute par lesdits maîtres d'avoir donné leursdites requêtes, ils supporteront les frais de la nourriture, gîte et geolage de leurs nègres, depuis le jour de leur entrée ju qu'au jour desdites requêtes.

IV. Au cas que lesdits esclaves prisonniers soient condamnés et punis pour crimes, les maîtres seront tenus de les retirer ou faire retirer le jour ou le lendemain de leur exécution, de même qu'au cas où lesdits esclaves auront été absous, à peine, contre lesdits maîtres, de payer la nourriture, gîte et geolage de leurs esclaves, pendant le tems qu'ils les laisseront en prison, à compter du lendemain de ladite exécution du jugement et arrêt qui les aura absous, si ce n'est, cependant, au cas de la question ; auquel cas ceux desdits esclaves qui l'auront subie, pourront être laissés neuf jours ès-dites prisons, à la charge du Roi.

V. Seront tenus les Substituts dudit Procureur-général, de travailler incessamment et sans délai, à l'instruction des procès criminels des esclaves prisonniers, et de faire les diligences nécessaires sitôt que les requêtes en plainte des maîtres leur auront été remises par les parties, ou renvoyées par les Juges, à peine, en cas de négligence de leur part dans l'instruction desdits procès, d'y être pourvu.

VI. Que les nègres épaves seront pareille-ment mis è-dites prisons, à la charge et garde des geoliers. Enjoint auxdits geoliers de tenir registre desdits nègres, lequel registre sera paraphé en marge par le Substitut du Procureur-général en la Jurisdiction desdites prisons, et ce, pour chaque nègre qui sera amené, et dans les vingt-quatre heures où ils y auront été amenés, sous telles peines qu'il appartiendra contre les geoliers qui n'auront pas tenu lesdits registres, lesquels ils seront tenus de représenter toutes les fois qu'ils en seront requis.

VII. Que les nègres épaves seront, à l'avenir, vendus tous les trois mois, savoir : en janvier, avril, juillet et octobre, à la diligence des Substituts du Procureur-général en chaque Jurisdiction, les receveurs du domaine appellés ; et seront, lesdits nègres, criés par trois dimanches consécutifs, à la porte du palais de chaque Jurisdiction, par le premier huissier ou sergent requis. Ordonne qu'à chaque jour des criées, lesdits esclaves seront exposés aux portes desdits palais, pour y être reconnus par leurs maîtres, qui s'y transporteront à cet effet, si bon leur semble ; de tout quoi lesdits huissiers ou sergens dresseront procès-verbal en bonne et dûe forme.

VIII. Sera toujours loisible aux habitans d'aller dans les prisons pour y reconnaître leurs esclaves et les retirer, si bon leur semble, auquel cas ils déchargeront les registres desdits geoliers.

IX. Qu'en cas de reconnaissance desdits esclaves avant leurs ventes, les maîtres en les retirant, payeront aux geoliers, les frais de nourriture, gîte et geolage, même ceux des criées, si aucunes y a. Fait défenses aux geôliers de cacher aucun des nègres prisonniers, sous telles peines qu'il appartiendra, et d'être poursuivis extraordinairement.

X. Ce faisant, le Conseil ordonne qu'après lesdits trois mois, lesdits nègres seront vendus et adjugés par les Juges des lieux, au plus offrant et dernier enchérisseur, en la manière ordinaire, et ne pourront être, lesdits nègres, réclamés par leurs maîtres après lesdites ventes, dont le prix sera remis auxdits receveurs du domaine du Roi ; lesquels receveurs seront tenus de le rendre aux anciens maîtres desdits esclaves, dans l'an du jour de leur vente, s'ils justifient que lesdits nègres leur appartiennent, sinon et ledit délai passé, ils n'y seront plus reçus.

XI. Fait défenses d'exposer auxdites ventes, d'autres nègres que ceux qui se trouveront aux prisons avant le premier jour desdits mois de janvier, avril, juillet et octobre, et avant la première criée.

XII. Ordonne que les Substituts du Procureur-général du Roi, se conformeront au présent Réglement dans les taxes qu'ils feront des états des geôliers. Ordonne que le présent Arrêt sera enregistré aux greffes des Jurisdictions du ressort, lû, publié et affiché dans toutes les paroisses de l'Isle, à ce que personne n'en ignore ; le tout à la diligence du Procureur-général du Roi, ou de ses Substituts, qui en certifiera la Cour à la prochaine séance.

Fait à la Martinique, au Conseil Souverain, le 13 septembre 1726. *Signé*, RAMPONT.

(N°. 111.) *Arret en réglement du Conseil Supérieur de la Martinique, qui fixe la valeur courante de la piastre d'Espagne et du Louis d'or de France.*

Du 22 septembre 1726.

VU les Arrêts du Conseil d'Etat du Roi, le premier qui indique des diminutions sur les espèces d'or et d'argent, donné à Paris le 2 juin dernier ; l'autre qui ordonne que les anciens Louis et les matières d'or, qui sont ou seront portées dans les monnaies, seront converties en Louis d'or de la dernière empreinte, icelui en date du 14 dudit juin, ensemble la Lettre du Conseil de Marine écrite à MM. les Général et Intendant, en date du 16 dudit juin ; et après que lecture a été faite desdits Arrêts et Lettre susdatés, desquels ledit Procureur-général du Roi a requis l'enregistrement, icelui ouï en ses conclusions.

Le Conseil a ordonné et ordonne que lesdits Arrêts du Conseil d'Etat du Roi, et Lettre du Conseil de Marine susdatés, seront registrés ès-registres du greffe de la Cour, pour sortir leurs plein et entier effet, lûs, publiés et affichés par-tout où besoin sera, à la diligence du Procureur-général du Roi, ou de ses Substituts. Ordonne, en outre, ledit Conseil, que proportionnellement à l'évaluation de soixante-quinze livres le marc d'argent, porté auxdits Arrêts ; les piastres d'Espagne et vieux écus qui ont eu cours en ces îles jusqu'à ce jour, sur le pied de cinq livres, auront cours, à l'avenir, sur le pied de huit livres, les demis, quarts, huitième et seizième à proportion ; les pistoles d'Espagne et autres vieux Louis d'or qui avaient eu cours sur le pied de vingt francs, auront aussi cours, à l'avenir, sur le pied de trente-deux livres, et les demi à proportion ; et à l'égard des monnaies de Portugal, les grandes auront cours sur le pied de quarante livres, et les petites sur le pied de trente deux livres, ce qui sera aussi lû, publié et affiché à la même diligence.

Fait audit Conseil Supérieur de la Martinique, etc., le 22 septembre 1726. *Signé*, MOREAU.

(N°. 112.) *ARRET en Réglement du Conseil Supérieur, concernant les colporteurs dans les Campagnes.*

Du 6 mai 1727.

LA Cour, sans déroger aux Arrêts rendu sur le fait en question, et en interprétation de celui du 13 mars, permet à tous particuliers habitans de cette île, d'envoyer dans ses différens quartiers, leurs nègres esclaves pour y vendre et débiter toute sorte de marchandises, commestibles et autres, sous les conditions suivantes :

1°. Que lesdits nègres seront toujours accompagnés d'un blanc.

2°. Que les maîtres desdits nègres seront tenus de faire, au commencement de chaque année, leur déclaration au greffe de la Jurisdiction dans laquelle ils seront demeurans, des noms et qualités des nègres qu'ils enverront ensemble, du nom des blancs qui les accompagneront

gneront, sauf à réitérer, dans le courant de
l'année, lesdites déclarations, en cas de changement des blancs ou nègres, ou d'augmentation, lesquelles déclarations seront portées sur
les registres particuliers sans frais.

3°. Que chaque fois que lesdits nègres et
blancs seront envoyés par lesdits maîtres, qu'iceux
maîtres, seront tenus de joindre auxdites marchandises, un état d'icelles d'eux certifié véritable,
lequel état les colporteurs seront tenus de représenter toutes les fois qu'ils en seront requis, sauf, au cas que lesdits colporteurs fussent
trouvés avec d'autres marchandises que celles
portées audit état, à être, iceux, traduits pardevant l'officier de milice le plus prochain, qui
en dressera procès-verbal sommaire, sur lequel
sera fait droit par le Juge des lieux, ainsi qu'il
appartiendra à la diligence des Substituts du
Procureur-général.

4°. En cas de vol ou de désordre des blancs
et nègres, sera fait droit ainsi qu'il appartiendra sur les circonstances du fait.

Ordonne que le présent Arrêt sera lû, publié et affiché, etc.

Fait à la Martinique, etc., le 6 mai 1727.
Signé, RAMPONT.

_____

(N°. 113.) *LETTRES-PATENTES du Roi, en
forme d'Edit, concernant le commerce étranger
aux îles et colonies de l'Amérique.*

Du mois d'octobre 1727.

LOUIS, etc., SALUT : Les soins que le feu
Roi notre très-honoré Seigneur et bisayeul s'est

Tome I. S

donné pour l'augmentation de nos îles et colonies, ceux que nous avons pris à son exemple, depuis notre avénement à la couronne,
les dépenses qui ont été faites et celles que
nous faisons annuellement pour ces îles et colonies, ont eu pour objet le maintien et la
sûreté desdites îles et colonies, l'augmentation
de la navigation et du commerce de nos sujets.
Nos vues ont eu le succès que nous pouvions
en attendre ; nos îles et colonies considérablement augmentées sont en état de soutenir une
navigation et un commerce considérables par la
consommation et le débit des nègres, denrées
et marchandises qui leur sont portées par les
vaisseaux de nos sujets, et par les chargemens
des sucres, cacaos, cotons, indigos et autres
productions desdites îles et colonies, qu'ils y
prennent en échange pour les porter dans les
ports de notre royaume ; mais nous avons été
informés qu'il se serait introduit un commerce
frauduleux, d'autant plus préjudiciable, qu'outre
qu'il diminue la navigation et le commerce de
nos sujets, il pourrait être dans la suite d'une
dangereuse conséquence au maintien de nosdites
îles et colonies : les justes mesures que nous
prenons pour qu'il leur soit fourni de France
et de nos autres colonies, les nègres, les denrées et marchandises dont elles peuvent avoir
besoin, et la protection que nous devons au
commerce de nos sujets, nous ont déterminé
de fixer par une Loi certaine, des précautions
suffisantes pour faire cesser le commerce frauduleux, et des peines sévères contre ceux qui
tomberont dans la contravention.

A CES CAUSES, etc.; nous avons, etc; statuons et ordonnons qu'il ne soit reçu dans les colonies soumises à notre obéissance, que les nègres, effets, denrées et marchandises qui y seront portées par des navires ou autres bâtimens de mer français, qui auront pris leur chargement dans les ports de notre royaume ou dans nosdites colonies, et qui appartiendront à nos sujets nés dans notre royaume ou dans lesdites colonies ; et en conséquence, voulons et nous plaît ce qui suit :

TITRE PREMIER.

Des vaisseaux fai·ant le commerce étranger.

ART. 1er. Défendons à tous nos sujets nés dans notre royaume et dans les colonies soumises à notre obéissance, de faire venir des pays étrangers et colonies étrangères, aucuns nègres, effets, denrées et marchandises pour être introduits dans nosdites colonies, à l'exception néanmoins, des chairs salées d'Irlande, qui seront portées par des navires français, qui auront pris leur chargement dans les ports du royaume, le tout à peine de confiscation des bâtimens de mer qui feront ledit commerce, et de leur chargement, et de mille livres d'amende contre le capitaine, qui sera, en outre, condamné à trois ans de galère.

II. Défendons, sous les mêmes peines, à nosdits sujets, de faire sortir de nosdites îles et colonies, aucuns nègres, effets, denrées et marchandises pour être envoyés dans les pays étrangers et colonies étrangères ; permettons néanmoins, aux négocians français, de porter en droiture de nos îles de l'Amérique, dans les

ports d'Espagne, les sucres de toutes espèces,
à l'exception des sucres bruts, ensemble toutes
les autres marchandises du crû desdites îles, conformément à ce qui est réglé par l'Arrêt de
notre Conseil, du 27 janvier 1726.

III. Les étrangers ne pourront aborder avec
leurs vaisseaux ou autres bâtimens, dans les
ports, anses et rades de nos îles et colonies,
même dans nos îles inhabitées, ni naviguer à
une lieue autour d'icelles îles et colonies, à
peine de confiscation de leurs vaisseaux et autres bâtimens, ensemble du chargement, et de
mille livres d'amende, qui sera payée solidairement par le capitaine et les gens de l'équipage.

IV. Ordonnons à tous nos officiers, capitaines commandans de nos vaisseaux, de courre
sur les vaisseaux et autres bâtimens de mer étrangers qu'ils pourront trouver dans lesdits para-
ges, même sur ceux appartenans à nos sujets,
faisant le commerce étranger ; de les réduire
par la force des armes, et de les amener dans
l'île la plus prochaine du lieu où la prise aura
été faite.

V. Permettons à tous nos sujets de faire aussi
la course sur lesdits vaisseaux et autres bâtimens de mer étrangers, et sur ceux appartenans à nos sujets faisant le commerce étranger;
et voulons qu'à l'avenir, il soit inséré dans les
commissions en guerre et marchandises, qui seront données par l'Amiral de France, que ceux
qui en seront porteurs pourront courir sur les
vaisseaux et autres bâtimens de mer qui se trouveront dans le cas susdit ; les réduire par la force
des armes, les prendre et amener dans l'île la

plus prochaine du lieu où la prise aura été faite ; lesquelles commissions ne pourront leur être délivrées qu'après avoir donné caution de même que s'ils armaient en guerre.

VI. Les prises ainsi faites, soit par nos vaisseaux ou par ceux de nos sujets, seront instruites et jugées par les officiers de l'amirauté, conformément aux Ordonnances et Réglemens rendus à ce sujet, sauf l'appel au Conseil Supérieur de l'île ou colonie où la prise aura été jugée, excepté en tems de guerre, que les procédures des prises faites sur la nation avec laquelle nous serons en guerre, seront envoyées au Secrétaire-général de la marine, pour être jugées par l'Amiral, ainsi qu'il est accoutumé ; et il appartiendra sur les prises qui seront déclarées bonnes, le dixième à l'Amiral, conformément à l'Ordonnance de 1681.

VII. Le produit des prises faites par nos vaisseaux sera partagé, après le dixième de l'Amiral déduit, savoir : un dixième à celui qui commandera le vaisseau qui aura fait la prise ; un dixième à celui qui commandera l'escadre, s'il y en a une ; un dixième au Gouverneur notre Lieutenant-général de la colonie où la prise sera conduite ; un autre dixième à l'Intendant ; et le surplus, moitié aux équipages des vaisseaux, et l'autre moitié sera mise en dépôt entre les mains des commis du trésorier de la marine dans ladite colonie, pour être employée suivant les ordres que nous en donnerons, soit à l'entretien ou augmentation des hôpitaux, bâtimens, batteries et autres ouvrages nécessaires ès-dites colonies.

VIII. Les prises qui seront faites par les

S 3

vaisseaux de nos sujets, seront adjugées à celui qui les aura faites, sauf le dixième de l'Amiral ; et sur le surplus du produit, il en sera levé le cinquième, dont la moitié sera mise en dépôt entre les mains du commis du trésorier de la marine dans les colonies , pour être employée suivant nos ordres, soit à l'entretien ou augmentation des hôpitaux , bâtimens, batteries et autres ouvrages nécessaires ès-dites colonies, et l'autre moitié sera partagée, les deux tiers au Gouverneur notre Lieutenant-général , et l'autre tiers à l'Intendant de la colonie où le vaisseau preneur aura fait son armement ; et à l'égard des prises qui seront faites par les vaisseaux qui auront été armés en France, ladite moitié sera partagée comme il est dit ci-dessus , entre le Gouverneur notre Lieutenant-général, et l'Intendant de la colonie où la prise aura été conduite.

IX. Les Gouverneurs particuliers des colonies de Cayenne, de la Guadeloupe et de l'Isle Royale , jouiront pour les prises qui seront conduites ès-dites colonies , soit par nos vaisseaux ou par ceux de nos sujets armés en France, ou dans lesdites colonies , des parts attribuées, par les articles VII et VIII des présentes, au Gouverneur notre Lieutenant - général ; et pareillement les Commissaires — Ordonnateurs desdites colonies , jouiront de celles attribuées à l'Intendant.

X. Ordonnons à tous les officiers de nos troupes ou des milices, commandans dans les différens quartiers de nos colonies, même aux capitaines de milice dans leurs quartiers, d'envoyer arrêter les bâtimens étrangers qui se trouveront dans les ports , anses et rades de leur district , et les bâtimens français y faisant le commerce étranger : et sur lesdits bâtimens ainsi pris, il appartiendra le dixième à l'Amiral , et du surplus , il en appartiendra le tiers à l'officier qui aura envoyé faire la prise , un autre tiers qui sera partagé par moitié entre celui qui commandera le détachement et les soldats ou habitans qui l'auront composé ; et le restant sera mis en dépôt entre les mains du commis du trésorier de la marine , pour être employé suivant nos ordres , soit à l'entretien ou augmentation des hôpitaux , bâtimens , batteries ou autres ouvrages nécessaires ès-dites colonies.

XI. Les vaisseaux ou autres bâtimens étrangers , soit de guerre ou marchands , qui par tempête ou autres besoins pressans seront obligés de relâcher dans nos colonies , ne pourront , à peine de confiscation des bâtimens marchands et de leurs cargaisons , mouiller que dans les ports ou rades des lieux où nous avons des garnisons , savoir : dans l'île de la Martinique , au Fort-Royal , au bourg Saint-Pierre et à la Trinité ; dans l'île de la Guadeloupe , à la rade de la Basse-Terre , au petit Cul-de-sac et au Fort-Louis ; à la Grenade , dans le principal port , aussi bien qu'à Marie-Galante ; et dans l'île de Saint-Domingue , au petit Goave , à Léogane , à Saint-Louis , à Saint-Marc , au Fort de Paix et au Cap Français , auxquels lieux ils ne pourront être arrêtés , pourvu qu'ils justifient que leur destination ni leur chargement n'était point pour nosdites colonies , et il leur sera en ce cas , donné tous les secours et assistance dont ils pourront avoir besoin : ordonnons au Gouverneur notre Lieute-

S 4

nant - général, où autre officier commandant,
d'envoyer, sur le champ un détachement de
quatre soldats et un sergent, à bord désdits
vaisseaux et autres bâtimens, avec ordre d'empêcher l'embarquement et le débarquement d'aucuns nègres, effets, denrées et marchandises,
pour quelque cause et sous quelque prétexte
que ce soit; lequel détachement demeurera à
bord desdits vaisseaux et autres bâtimens, aux
dépens des propriétaires d'iceux, tant qu'ils
resteront dans les ports et rades de nos colonies.

XII. Les capitaines desdits vaisseaux et
autres bâtimens ainsi relâchés, qui auront besoin
des vivres, agrès ou autres ustensiles pour
pouvoir continuer leur navigation, seront tenus
de demander permission au Gouverneur notre
Lieutenant-général, ou commandant en son absence, et à l'Intendant, de les embarquer; laquelle permission ne pourra leur être accordée
qu'après que leur demande aura été communiquée au Directeur du domaine, et débatue
par lui, s'il y a lieu; et en cas que dans les
débats du Directeur du domaine, il y eût de
sa part opposition à ladite permission, ses motifs, ainsi que ceux du Gouverneur notre Lieutenant-général, ou commandant en son absence,
et de l'Intendant, seront redigés dans un procès-
verbal signé d'eux, lequel sera envoyé, avec
copie de ladite Ordonnance, au Secrétaire d'état
ayant le département de la marine, pour nous
en rendre compte.

XIII. S'il est absolument nécessaire pour le
radoub ou carène des bâtimens étrangers ainsi relâchés, de débarquer leurs effets, denrées et marchandises, les capitaines d'iceux seront tenus d'en

demander permission au Gouverneur notre Lieutenant-général , ou commandant en son absence,
et à l'Intendant ; laquelle permission ne pourra
pareillement leur être accordée qu'après que
leur demande aura été communiquée au Directeur du domaine , et débatue par lui , s'il
y a lieu ; et il sera aussi rendu par lesdits Gouverneur notre Lieutenant-général , ou commandant en son absence , et Intendant , une Ordonnance portant ladite permission , et en cas
que dans les débats du Directeur du domaine ,
il y ait eu de sa part opposition à ladite permission , ses motifs , ainsi que ceux du Gouverneur notre Lieutenant-général , ou commandant en son absence , et de l'Intendant , seront
rédigés dans un procès-verbal signé d'eux , lequel sera envoyé , avec copie de ladite Ordonnance , au Secrétaire d'état ayant le département de la marine , pour nous en rendre compte.

Voulons que ladite Ordonnance soit exécutée
par provision , et qu'en cas de débarquement
desdits effets , denrées et marchandises , il soit
fait un procès-verbal en présence du Directeur
du domaine , contenant la quantité et la qualité
des marchandises qui seront débarquées , signé
du capitaine du navire , et de l'écrivain ou
facteur , et dudit Directeur du domaine ; duquel
procès-verbal copie sera envoyée au Secrétaire
d'état ayant le département de la marine ; que
ledit Gouverneur notre Lieutenant-général , ou
le commandant en son absence , fasse établir
une sentinelle à la porte du magasin dans lequel seront déposés lesdits effets , denrées et
marchandises , pour empêcher qu'il n'en soit
rien tiré pour être introduit et vendu dans les

dites colonies , et ce , pendant tout le tems
que lesdits effets , denrées et marchandises resteront dans ledit magasin , lequel sera fermé à
trois serrures , dont une des clefs sera remise
à l'Intendant , une autre au Directeur du domaine , et la troisième au capitaine ou maître
du navire.

Voulons aussi qu'en cas qu'il soit débarqué
des nègres , il en soit dressé un rôle où ils
soient exactement signalés ; qu'ils soient remis
en séquestre entre les mains de quelque personne solvable , pour les représenter lors du
rechargement du navire ou bâtiment dont ils
auront été débarqués ; et qu'au défaut d'un séquestre , le capitaine donne au bas dudit rôle ,
sa soumission de les représenter lors du rechargement du navire , sans qu'il puisse en être
distrait aucun par vente ou autrement ; le tout
à peine de confiscation de la valeur desdits nègres , du bâtiment et de la cargaison.

XIV. La dépense que les vaisseaux et autres
bâtimens de mer étrangers ainsi relâchés dans
nos îles et colonies , seront obligés d'y faire ,
sera payée en argent ou en lettres de change;
et en cas que les capitaines n'aient point d'argent , et qu'il ne se trouve personne dans lesdites îles et colonies qui veuille répondre du
paiement desdites lettres de change , il pourra
être accordé par le Gouverneur notre Lieutenant-général , ou le commandant en son absence,
et l'Intendant , sur la demande des capitaines
desdits bâtimens , qui sera pareillement communiquée au Directeur du domaine , et débatue
par lui , s'il y a lieu , permission de vendre
une certaine quantité de nègres , effets , den-

rées ou marchandises , pour le paiement de ladite dépense seulement ; et il sera rendu par
lesdits Gouverneur notre Lieutenant-général ,
ou commandant en son absence , et l'Intendant , une Ordonnance portant ladite permission , dans laquelle il sera fait mention de ce
à quoi aura monté ladite dépense , ensemble de
la quantité et qualité des nègres , effets , denrées et marchandises qui pourront être vendus ;
et en cas que dans les débats du Directeur
du domaine , il y eût de sa part opposition à
ladite permission , ses motifs , ainsi que ceux
du Gouverneur notre Lieutenant-général , ou
commandant en son absence , et de l'Intendant ,
seront rédigés dans un procès-verbal signé d'eux ,
lequel sera envoyé avec copie de l'Ordonnance ,
au Secrétaire d'état ayant le département de
la marine , pour nous en rendre compte. Voulons que ladite Ordonnance soit exécutée par
provision , et que la vente ainsi permise ne
puisse excéder le montant de la dépense desdits
bâtimens , sous quelque prétexte que ce soit.

XV. Voulons qu'aussitôt que lesdits navires
étrangers qui auront relâché , seront en état de reprendre leur chargement , les nègres , effets ,
denrées et marchandises qui auront été débarqués , y soient rembarqués , et qu'il soit fait
un recollement sur le procès-verbal de débarquement desdits nègres , effets , denrées et marchandises , pour connaître s'il n'en a rien été
tiré ; duquel procès-verbal de recollement , qui
sera signé par le Directeur du domaine , copie
sera envoyée au Secrétaire d'état ayant le département de la marine , et qu'après ledit rembarquement , lesdits vaisseaux mettent à la voile,

Voulons aussi que ceux qui auront pareillement relâché , et desquels il n'aura rien été débarqué, partent de même au premier tems favorable , après qu'ils auront été mis en état de
naviguer, à peine contre les capitaines des uns
et des autres de ces bâtimens, de mille livres
d'amende , et de confiscation desdits bâtimens
et de leur chargement : les Gouverneurs nos
Lieutenans-généraux , Gouverneurs particuliers,
où autres officiers commandans dans nosdites
colonies , ne souffriront point que lesdits bâtimens y fassent un plus long séjour que celui
qui leur sera absolument nécessaire pour les
mettre en état de tenir la mer.

XVI. Faisons défenses aux capitaines desdits
navires étrangers, facteurs et autres tels qu'ils
puissent être, de débarquer, vendre ni debiter
aucuns nègres , effets , denrées et marchandises
apportés par lesdits navires , ni d'embarquer
aucuns nègres , effets , denrées et marchandises
de la colonie où ils auront relâché , à peine
de confiscation desdits bâtimens et de leur chargement , et de mille livres d'amende , qui sera
payée solidairement par les capitaines et les gens
de l'équipage.

TITRE II.

*Des nègres, effets, denrées et marchandises qui seront
trouvés sur les grèves, ports et havres, provenant
tant des vaisseaux français faisant le commerce
étranger, que des vaisseaux étrangers.*

ART. Ier. Les nègres, effets, denrées et marchandises qui seront trouvés sur les grèves,
ports et havres, et qui proviendront des navires
appartenans à nos sujets faisant le commerce

étranger, seront confisqués, ensemble le bâtiment d'où ils auront été débarqués, et son chargement, le capitaine condamné à mille livres
d'amende, et en outre, à trois ans de galère;
la moitié de laquelle amende appartiendra au
dénonciateur.

II. Les nègres, effets, denrées et marchandises qui seront pareillement trouvés sur les
grèves, ports et havres, et qui proviendront
des navires étrangers, seront aussi confisqués,
ensemble le bâtiment d'où ils auront été débarqués, et son chargement, et le capitaine condamné à mille livres d'amende, qui sera payée
solidairement avec les gens de l'équipage, et
dont moitié appartiendra au dénonciateur.

III. Lesdites confiscations, peines et amendes
seront jugées par les officiers d'Amirauté, sauf
l'appel aux Conseils Supérieurs.

TITRE III.

Des nègres, effets, denrées et marchandises qui seront
trouvés à terre, provenant tant des vaisseaux fran-
çais faisant le commerce étranger, que des vaisseaux
étrangers.

ART. Ier. Les nègres, effets, denrées et marchandises qui seront trouvés à terre, et qui
proviendront des navires appartenans à nos sujets
faisant le commerce étranger, seront confisqués,
ensemble le bâtiment d'où ils auront été débarqués, et son chargement; le capitaine condamné à mille livres d'amende, et en outre, à trois
ans de galère.

II. Les nègres, effets, denrées et marchandises qui seront pareillement trouvés à
terre, et qui proviendront des navires étrangers,

seront aussi confisqués, ensemble le bâtiment d'où ils auront été débarqués, et son chargement ; et le capitaine condamné à mille livres d'amende, qui sera payée solidairement avec les gens de l'équipage.

III. Ceux chez qui il se trouvera des nègres, effets, denrées et marchandises provenant des navires français faisant le commerce étranger, et des navires étrangers, seront condamnés à quinze cens livres d'amende, et en outre, à trois ans de galère.

IV. Lesdites amendes et confiscations appartiendront, savoir : moitié au dénonciateur, et l'autre moitié au fermier de notre domaine.

V. L'instruction des procès pour raison desdites contraventions, sera faite par les Juges ordinaires, sauf l'appel à nos Conseils Supérieurs.

TITRE IV.

Des appels des sentences qui seront rendues, tant à l'occasion des navires français faisant le commerce étranger, que des navires étrangers.

ART. 1er. Les appels qui seront interjettés en nos Conseils Supérieurs, des sentences rendues, tant par les Juges ordinaires que par ceux de l'Amirauté, à l'occasion des navires français faisant le commerce étranger, et des navires étrangers, y seront jugés en la manière suivante.

1. Nos Conseils Supérieurs continueront de s'assembler en la manière ordinaire et accoutumée.

III. Les séances qu'ils tiennent ordinairement et pendant lesquelles sont expédiées toutes les affaires qui sont en état d'y être portées, seront partagées en deux,

IV. Il sera porté à la première séance les affaires, tant civiles que criminelles qui concerneront les particuliers, autres que celles qui regarderont le commerce étranger, ou qui pourront y avoir rapport, ainsi que les vaisseaux étrangers.

V. Il sera porté à la seconde séance, qui se tiendra immédiatement ensuite de la première, toutes les affaires qui pourront concerner ledit commerce étranger, ou y avoir rapport, et toutes celles concernant aussi les vaisseaux étrangers.

VI. Il n'assistera à ladite seconde séance, que le Gouverneur notre Lieutenant-général, l'Intendant, les officiers-majors qui ont séance auxdits Conseils, cinq Conseillers que nous nommerons à cet effet, le Procureur-général et le greffier. Voulons que le cas arrivant que quelques-uns desdits Conseillers ne se trouvent pas auxdites séances, soit par absence, maladie ou autre cause légitime, les jugemens soient rendus et exécutés, lorsqu'il y aura le nombre de trois desdits Conseillers seulement.

TITRE V.

Des marchandises provenant des vaisseaux étrangers, introduites par le moyen des vaisseaux français.

Art. Ier. Les marchandises provenant des navires étrangers, qui seront trouvées dans les bâtimens appartenans à nos sujets, seront confisquées, et les capitaines desdits bâtimens, facteurs ou écrivains d'iceux, condamnés solidairement à trois mille livres d'amende, et en outre, les capitaines à trois ans de galère, et les facteurs ou écrivains, à six mois de prison.

Lesdites confiscations et amendes appartiendront, savoir : moitié au dénonciateur, et l'autre moitié sera mise en dépôt entre les mains du commis du trésorier de la marine dans nos colonies, pour être employée suivant les ordres que nous en donnerons, soit à l'entretien et augmentation des hôpitaux, bâtimens, batteries et autres ouvrages nécessaires ès-dites colonies.

II. Lesdits capitaines, facteurs ou écrivains, seront tenus de justifier par factures, manifestes ou charte-partie, connaissemens et polices en bonne forme, et ce, pardevant l'Intendant, à la première réquisition qui leur en sera faite, que les marchandises qu'ils auront vendues proviennent en entier de celles qu'ils ont chargés en France, et faute par eux d'y satisfaire, ils seront censés et réputés avoir vendu des marchandises provenant des navires étrangers, ou des navires français faisant le commerce étranger, et comme tels condamnés aux peines portées par l'article précédent.

III. Et attendu que les procès qui seront intentés pour raison desdites contraventions, requièrent célérité, attribuons la connaissance desdites contraventions, aux Intendans de nos colonies, et icelles interdisons à toutes nos Cours et autres Juges.

IV. Voulons que dans les cas où lesdits capitaines seront convaincus desdites contraventions, il soit mis et placé par lesdits Intendans, un homme de confiance sur chacun desdits navires, pour les ramener en France à leurs propriétaires.

V. Voulons que toutes personnes de quelque qualité et condition qu'elles soient, qui seront

convaincues

convaincus d'avoir fait le commerce étranger par le moyen des bâtimens de mer à eux appartenans, ou qu'ils auront pris à frêt, qui auront favorisé l'introduction des marchandises venues par des vaisseaux étrangers, ou qui auront envoyé dans les pays ou colonies étrangères des nègres, effets, denrées ou marchandises de nos colonies, soient condamnés outre les amendes portées par ces présentes, à trois ans de galère.

VI. Voulons que les contraventions pour raison de commerce étranger, et de l'introduction des nègres, effets, denrées et marchandises étrangères dans nos colonies, de même que pour l'envoi des nègres, effets, denrées et marchandises de nos îles et colonies dans les pays étrangers, puissent être poursuivies pendant cinq ans, après qu'elles auront été commises, et que la preuve par témoins ou autrement, puisse en être faite pendant ledit tems.

VII. Attribuons toute Cour, Jurisdiction et connaissance aux Intendans de nos colonies, pour juger et décider toutes contestations, différends et procès, soit en demandant ou en défendant, que les étrangers pourront avoir avec nos sujets résidans dans lesdites colonies, et icelle connaissance, interdisons à toutes nos autres Cours et Juges.

VIII. Donnons pouvoir aux Commissaires-Ordonnateurs et premiers Conseillers dans les îles et colonies où il n'y aura point d'Intendant, de faire les fonctions attribuées par ces présentes aux Intendans.

Tome I. T

TITRE VI.

Des étrangers établis dans les colonies.

ART. Ier. Les étrangers établis dans nos colonies, même ceux naturalisés, ou qui pourraient l'être à l'avenir, ne pourront y être marchands, courtiers et agens d'affaires de commerce, en quelque sorte et manière que ce soit, à peine de trois mille livres d'amende applicables au dénonciateur, et d'être bannis à perpétuité de nosdites colonies ; leur permettons seulement d'y faire valoir des terres et habitations, et d'y faire commerce des denrées qui proviendront de leurs terres.

II. Accordons à ceux qui peuvent y être présentement, un délai de trois mois, du jour de l'enregistrement des présentes, après lequel tems ils seront tenus de cesser tout négoce de marchandises tel qu'il puisse être, et seront les contrevenans, condamnés aux peines portées par l'article précédent.

III. Faisons défenses à tous marchands et négocians établis dans nosdites colonies, d'avoir aucuns commis, facteurs, teneurs de livres ou autres personnes qui se mêlent de leur commerce, qui soient étrangers, encore qu'ils soient naturalisés ; leur ordonnons de s'en défaire, au plus tard, dans trois mois, du jour de l'enregistrement des présentes, à peine contre lesdits marchands et négocians, de trois mille livres d'amende, applicables au dénonciateur, et contre les commis, facteurs, teneurs de livres, et autres personnes qui se mêlent de leurs affaires, d'être bannis à perpétuité desdites colonies.

IV. Enjoignons à nos Procureurs-généraux

et leurs Substituts, de veiller à l'exécution des trois articles ci-dessus, à peine d'en répondre en leur propre et privé nom.

Si donnons en mandement, à nos amés et féaux les gens tenans nos Conseils Supérieurs, établis ès dites îles et colonies, que ces présentes, etc.

Données à Fontainebleau, au mois d'octobre 1727, et de notre règne le treizième. *Signés,* LOUIS ; *et plus bas,* par le Roi, PHELYPEAUX.

Enregist. au Conseil Souverain.

(N°. 114.) *MEMOIRE du Roi, aux sieurs Marquis de Champigny et Blondel, au sujet du commerce des espagnols des îles et terre ferme de l'Amérique.*

Du 28 octobre 1727.

SA Majesté n'ayant pas jugé à propos d'excepter des défenses portées par les Lettres-Patentes en forme d'Edit, concernant le commerce des étrangers aux îles et colonies francaises, celui des espagnols des îles et terre ferme de l'Amérique ; elle a estimé nécessaire d'expliquer aux sieurs Marquis de Champigny et Blondel, que le commerce des espagnols aux îles françaises étant aussi utile à l'état et aux colonies, que celui des autres nations y est pernicieux ; son intention est non-seulement que les espagnols des îles et terre ferme de l'Amérique soient reçus aux îles, mais encore que les sieurs Marquis de Champigny et Blondel mettent tout en usage pour les y attirer.

Qu'ils permettent aux négocians et habitans des îles du vent, d'aller commercer à la Trinité, à Caraque et autres lieux de la terre ferme, et îles de la domination du Roi d'Espagne, et qu'ils les y excitent autant qu'il pourra dépendre d'eux ; en observant, toutefois, que ce commerce ne serve pas de prétexte d'aller à Saint-Thomas, et qu'il ne soit fait dans les bâtimens qui y seront destinés, aucuns versemens de nègres, denrées ou marchandises, à Sainte-Lucie et ailleurs, à quoi ils veilleront avec toute l'attention possible, et prendront les plus justes mesures pour empêcher toute prévarication à cet égard.

Ce commerce est d'autant plus utile, qu'outre qu'il n'y a point d'autre expédient pour introduire de l'or et de l'argent dans les colonies, il procure le débouchement des denrées et des marchandises qu'on porte de France aux îles, ce qui est un grand avantage pour le commerce du royaume.

Il n'en est pas de même du commerce des autres nations à la faveur duquel on enlève des îles l'or et l'argent, on y introduit beaucoup de denrées et marchandises, on en enlève frauduleusement les sucres, cacaos et indigos, ce qui est également préjudiciable à la navigation et au commerce du royaume, et aux droits des fermes de S. M., à quoi elle ajoutera que la fréquentation, particulièrement des anglais aux îles, peut leur procurer des connaissances, et leur donner des vues très-préjudiciables à leur sûreté en tems de guerre.

Les sieurs Marquis de Champigny et Blondel doivent sentir, par les effets différens de ces

deux commerces, combien ils doivent s'appliquer à protéger l'un et à détruire l'autre. S.
M. attend de leur zèle qu'ils s'y attacheront
de manière que ses intentions, à cet égard,
seront remplies dans toute leur étendue; c'est
un service des plus essentiels qu'ils puissent
rendre.

Fait à Fontainebleau, le 28 octobre 1727.
Signés, L O U I S; *et plus bas*, par le Roi,
PHELYPEAUX.

(N.º 115) REGLEMENT *du Conseil Souverain*,
*qui autorise les Notaires à recevoir le serment
des arbitres.*

Du 17 janvier 1728.

SUR ce que le Procureur-général du Roi a
dit qu'il lui a été fait plusieurs représentations
dans les cas où il est ordonné des estimations
être faites par arbitres, et qu'iceux prêteront
préalablement serment devant les Juges des
lieux, plusieurs habitans, pour s'éviter les peines d'un voyage souvent très-long et toujours
couteux, refusent d'être arbitres; que ceux qui
en acceptent la qualité sont obligés de faire lesdits voyages pour se rendre au siége des Jurisdictions et y prêter le serment, ce qui éloigne
considérablement l'expédition des affaires; pour
quoi ledit Procureur-général du Roi a requis
qu'il plut à la Cour y pourvoir et autoriser
les Notaires à recevoir le serment des arbitres;
pour quoi la matière mise en délibération.

La Cour faisant droit sur le réquisitoire dudit
Procureur-général du Roi, ordonne que, dans

T 3

les cas où les arbitres nommés en exécution des Sentences ou Arrêts de la Cour ou par iceux, ne seront point résidens dans le lieu du siége des Jurisdictions, et qu'ils procéderont à des visites, estimations ou vacations en leurs qualités d'arbitres, et dans d'autres lieux que celui des siéges royaux, en ce cas, les Notaires qui travailleront aux partages. inventaires ou autres actes dans lesquels leur ministère sera nécessaire. iceux Notaires seront autorisés à recevoir le serment desdits arbitres dont ils feront mention en tête de leurs actes ; et sera, le présent Arrêt, enregistré au greffe des Jurisdictions du ressort, à la diligence dudit Procureur-général du Roi, ou de ses Substituts, et exécuté selon sa forme et teneur.

Fait à la Martinique au Conseil Souverain, le 17 janvier 1728.

(N°.116 .) *ORDONNANCE de MM. les Général et Intendant, sur la lèpre et le séquestrement des lépreux.*

Du 25 mai 1728.

LES habitans de l'île Grande - Terre Guadeloupe, ayant présenté le 20 avril 1725, à M. le Comte de Moyencourt, Gouverneur pour le Roi, un Mémoire, par lequel ils auraient exposé que les motifs de leur conservation les obligeaient d'avoir recours à lui pour arrêter les progrès de la maladie de la lèpre, dans cette partie de l'île Guadeloupe ; parce que

cette maladie pourrait forcer lesdits habitans
d'abandonner la colonie, si pour l'extirper entièrement à l'exemple de ce qui s'est pratiqué
dans les siècles passés, on ne prenait pas le
parti de séquestrer, sans distinction et sans exception, les personnes qui ont le malheur d'en
être attaquées. Ledit sieur Comte de Moyencourt par sa lettre du 10 mai suivant, aurait
envoyé ledit Mémoire à MM. le Chevalier de
Feuquière et Blondel, Gouverneur et Lieutenant-général, et Intendant des îles du vent,
proposant de demander les ordres du Roi pour
séquestrer les malades dans l'île de la Désirade,
après en avoir fait faire une visite exacte par
le médecin du Roi et d'habiles chirurgiens.

MM. de Feuquière et Blondel envoyèrent
ce Mémoire à la Cour le 26 du même mois,
et Mgr. le Comte de Maurepas, par sa dépêche du 16 octobre suivant, leur a marqué
que S. M. a appris avec peine les dangers où
sont les habitans de la Grande-Terre Guadeloupe par cette maladie, et qu'elle approuve
la résolution prise de séquestrer ceux qui ont
le malheur d'en être atteints, même celle de
les transporter dans l'île de la Désirade,
qui est à portée de recevoir ceux qui y seront
envoyés, et S. M. recommande à MM. le Chevalier de Feuquière et Blondel, d'ordonner
aux médecins et chirurgiens qui seront chargés
de cette visite, de déclarer, sans aucun égard
ni distinction de personne, ceux qui seront
attaqués de cette maladie.

En exécution de ces ordres et de ceux donnés
en conséquence, le 19 janvier 1726, par MM.
le Chevalier de Feuquière et Blondel, les sieurs

de la Clartiere, Classe , Kangon Moulin et Marchand furent nommés, par une assemblée tenue à la Grande-Terre Guadeloupe , le 3 mars 1726 , députés pour faire un Mémoire contenant les moyens de parvenir à faire passer lesdits malades dans l'île de la Désirade , qu'ils achevèrent le 11 du même mois , et ledit Mémoire ayant été remis à MM. le Chevalier de Feuquière et Blondel , par le sieur Mesnier, Commissaire-Ordonnateur et subdélégué , à son retour de la Guadeloupe , ils y firent quelques observations qui ayant été discutées par plusieurs lettres et réponses , entr'autres par la lettre de MM. de Feuquière et Blondel, du 20 avril 1726 , et la réponse des sieurs Kangon Moulin , Classe et Marchand, du 4 juin suivant.

Lesdits sieurs de Feuquière et Blondel rendirent une Ordonnance le 16 avril 1727 , par laquelle en homologuant le procès-verbal du 31 mars précédent , qui règle la manière de lever les deniers nécessaires pour la visite des médecins et chirurgiens, ils ordonnent qu'il sera procédé à leur nomination , et au Réglement de leurs salaires et frais de voyages ; en conséquence de cette Ordonnance la levée des deniers ayant été faite , il fût dressé le 1er. décembre suivant, un procès-verbal de la nomination du sieur Peyssonnel , médecin du Roi, et des sieurs Laurent Lemoyne et Jean Molon, chirurgiens , pour faire ladite visite.

MM. le Chevalier de Feuquière et Blondel en homologuant ledit procès-verbal de nomination, ordonnèrent le 24 du même mois , que lesdits sieurs médecins et chirurgiens, après avoir prêté serment, procéderaient à ladite visite, et recevraient les dénonciations des habitans qu'ils garderaient secrètes, desquelles visites et dénonciations, ils dresseraient des procès-verbaux qui leur seraient envoyés pour être définitivement statué sur l'établissement et transports des malades de la lèpre dans l'île de la Désirade, conformément aux Mémoires des 11 mars et 4 juin 1726.

En exécution de cette dernière Ordonnance, MM. de Moyencourt et Mesnier ordonnèrent, le 14 janvier de cette année, les publications nécessaires pour faire ladite visite ; les obligations de dénoncer, celle de se laisser visiter, et les peines prononcées contre ceux qui refuseraient ladite visite, ou cacheraient leurs esclaves malades ; le même jour 14 janvier, ils chargèrent le sieur Demaisoncelle, Commandant à la Grande-Terre Guadeloupe, de l'exécution de leurs ordres à ce sujet, de donner main forte aux médecins et chirurgiens, en cas de nécessité, et de les accompagner pendant leur visite ; et pareillement le même jour, ils donnèrent une instruction au sieur Peyssonnel, médecin, et aux sieurs Laurent Lemoyne et Jean Molon, chirurgiens, pour la visite des malades soupçonnés de lèpre, à laquelle ils ont procédé, après avoir prêté serment le 31 du même mois, pardevant le sieur Mesnier.

Vu lesdits Mémoires, Ordonnances et autres pièces, ensemble les procès-verbaux commencés le 7 février dernier, et finis le 20 du même mois, par lesdits sieurs Peyssonnel, médecin du Roi, entretenu en l'île Guadeloupe, et Lemoyne et Molon, chirurgiens, par lesquels il nous a paru qu'ils ont visité, en mâles ou femelles, 89 blancs, 47 mulâtres libres, et 120 nègres esclaves ; desquelles personnes ils ont déclarés 22 blancs, 6 mulâtres, et 97 nègres attaqués de la maladie de la lèpre, 6 blancs et 5 nègres n'avoir point encore été visités, et le surplus sain, quant à présent. Le procès-verbal du 4 mars dernier, desdits médecin et chirurgiens, commis pour ladite visite, contenant leurs sentimens. La déclaration et le résultat de ladite visite, avec les avis donnés le 7 de ce mois, par le sieur Bordegaraye, médecin du Roi, au quartier Saint-Pierre de la Martinique, et le 10 de ce mois, par le sieur Carrel, médecin du Roi, au quartier du Fort Royal de ladite île.

Nous avons, sous le bon plaisir de S. M., fait le présent Réglement.

(*Suit le Réglement dont voici l'extrait.*)

Les personnes reconnues lépreuses seront transportées, incessamment, dans l'île de la Désirade. — Celles qui, soupçonnées de lèpre, se sont soustraites à la visite, en sont déclarées atteintes, et seront traitées comme telles. — Les malades qui, après le délai fixé pour le départ, seront trouvés ailleurs qu'à la Désirade, pourront être fusillés par les personnes qui les rencontreront. — Le rendez-vous des malades est le bourg Saint-François, île de la Désirade. — Les malades seront répartis en cinq habitations, à la tête de chacune desquelles il sera établi un blanc en qualité de chef. Ce chef aura sur les blancs qui vivront sur l'habitation, les droits d'un père de famille ; et les nègres lépreux seront répartis sur les cinq habitations , de manière que chacune soit partagée d'un nombre égal de serviteurs , atteints au même degré de la maladie. — Peines et amendes prononcées contre les parens des lépreux qui les céleraient aux magistrats. — Les maîtres de bâtimens qui aideraient des lépreux à se soustraire à leur retraite , seront fusillés. — Défenses aux pères , mères , enfans , maris ou femmes de lépreux, de les accompagner dans leur retraite à la Désirade, à moins qu'ils ne soient eux-mêmes infectés. — Les lépreux se fourniront de vivres pour six mois. — Les nègres lépreux en seront pourvus par leurs maîtres. — Il sera importé à la Désirade , aux frais des malades , un certain nombre de vaches , chèvres , brebis et volailles. — Défendu d'en exporter de cette île. — Les graines et plants de vivres nécessaires y seront aussi envoyés. — Etc. , etc.

Fait au Fort-Royal de la Martinique , le 25 mai 1728. *Signés*, CHAMPIGNY et BLONDEL,

---

(N°. 117.) *ARRET du Conseil d'Etat du Roi, portant Réglement au sujet des contestations entre l'Amirauté de France et les Fermiers-généraux, sur la compétence des matières de la contrebande et du commerce prohibé qui se fait , tant en mer et dans les ports , havres et rivages du royaume , qu'aux îles et colonies françaises de l'Amérique.*

Du 25 mai 1728.

Vu par le Roi étant en son Conseil , les

Mémoires présentés en icelui, tant par l'Amiral de France, que par l'adjudicataire des fermes générales unies, au sujet des contestations qui sont survenues jusqu'à présent entre l'Amirauté de France et les Fermiers-généraux, sur la compétence des matières de la contrebande et du commerce prohibé qui se fait par mer et dans les ports, havres et rivages du royaume, et à l'Amérique, et sur l'application des amendes et confiscations qui proviennent des saisies qui y sont faites des marchandises de cette espèce, qui ont donné lieu jusqu'à ce jour à différens conflits de Jurisdictions entre les Juges des amirautés et les Juges des traités; et S. M., pour terminer ces contestations et prévenir celles qui pourraient survenir, ayant résolu de déterminer, par un Réglement, quels sont les droits qui doivent appartenir aux uns et aux autres : ouï le rapport du sieur le Pelletier, Conseiller d'Etat ordinaire, et au Conseil Royal, Contrôleur-général des Finances, S. M. étant en son Conseil, a ordonné et ordonne ce qui suit :

ART. Ier. La connaissance des contraventions qui seront découvertes en France, sur les vaisseaux et dans les ports, rades, côtes et rivages de la mer, sur le fait des marchandises de contrebande ou prohibées, à l'entrée ou à la sortie, appartiendra aux sieurs Intendans et Commissaires départis dans l'étendue des provinces et généralités du royaume, conjointement avec les officiers des amirautés, sauf l'appel au Conseil en matières civiles, et en dernier ressort en matières criminelles, en appellant pour les matières criminelles, s'il est besoin, des officiers

ou gradués pour composer le nombre requis
par l'Ordonnance. S. M. leur en attribuant
toute Cour, Jurisdiction et connaissance, et icelle
interdisant à ses autres Cours et Juges ; et les
jugemens seront intitulés du nom desdits sieurs
Intendans et officiers des amirautés à ce commis par le présent Arrêt.

II. Le produit des amendes et confiscations
appartiendra à S. M. ou à l'adjudicataire de
ses fermes, à la requête et aux frais duquel
seront faites toutes les poursuites, sans que
l'Amiral de France y puisse rien prétendre,
sous quelque prétexte que ce soit.

III. Les officiers des amirautés connaîtront
en première instance des contraventions sur le
fait du commerce étranger, tant en matières civiles que criminelles, et des marchandises de
contrebande ou prohibées qui seront découvertes sur les vaisseaux et dans les ports, rades,
anses, côtes et rivages de la mer dans les îles
et colonies françaises, sauf l'appel au Conseil
Supérieur, à l'exception des contraventions portées par le titre V des Lettres-Patentes du mois
d'octobre 1727, dont la connaissance appartiendra aux Intendans et aux officiers d'amirauté,
en appellant en outre, s'il est besoin, le nombre de gradués ou officiers requis par l'Ordonnance, dans le cas où il écherra de prononcer
une peine afflictive.

IV. Le produit des amendes et confiscations
provenant des contraventions qui seront découvertes par les commis du domaine d'occident,
dans les ports, anses, côtes et rivages de la
mer aux îles et colonies françaises, sera remis
à la caisse du domaine, et appartiendra, moitié

à S. M. où à l'adjudicataire de ses fermes, moitié aux dénonciateurs et employés du domaine, qui auront contribué à la capture et découverte.

V. La connaissance des contraventions qui seront découvertes à terre par les employés du domaine auxdites îles et colonies, appartiendra aux Intendans, sauf l'appel au Conseil, à l'exception de celle où il écherra de prononcer une peine afflictive, auquel cas la connaissance en dernier ressort sera attribuée auxdits sieurs Intendans, en appellant le nombre de gradués ou officiers requis par l'Ordonnance : et le produit des amendes et confiscations qui en proviendra, tant en matière civile que criminelle, sera remis à la caisse du domaine, et appartiendra moitié à S. M. ou à l'adjudicataire de ses fermes, moitié aux dénonciateurs et employés du domaine, qui auront contribué à la capture et découverte.

VI. Le produit des amendes et confiscations qui proviendront des prises faites en mer par les pataches et commis du fermier, munis de commissions de l'Amiral de France, nécessaires pour faire la course, sera remis à la caisse du domaine, et appartiendra (le dixième de l'Amiral déduit), moitié à S. M. ou à l'adjudicataire de ses fermes, moitié aux dénonciateurs et employés du domaine qui auront contribué aux prises.

VII. Les amendes et confiscations, soit dans les affaires actuellement indécises en France et en Amérique, soit dans les affaires jugées sur lesquelles le fermier est en instance pour raison de partage, appartiendront à S. M. ou à l'adjudicataire de ses fermes, conformément aux articles IV, V et VI du présent Réglement.

VIII. Les effets et marchandises saisies, tant en France qu'aux îles et colonies françaises, par les commis de l'adjudicataire des fermes, ne pourront être déposés que dans ses bureaux ; et dans le cas des prises faites en course où il échet le dixième à l'Amiral de France, l'adjudicataire ou ses commis seront tenus de les enfermer sous deux clefs différentes, dont une demeurera aux officiers de l'amirauté, et l'autre au Receveur des fermes dépositaire, jusqu'à jugement définitif.

IX. Et pour indemniser l'Amiral de France des droits qu'il a prétendu lui appartenir, tant sur la contrebande en France, que sur le fait du commerce aux îles et colonies françaises, et pour mettre fin au procès que cette prétention a fait naître, il lui sera payé tous les ans au 1er. jour de chaque année par l'adjudicataire des fermes, à commencer de la présente année 1728, la somme de vingt mille livres, sans qu'à l'avenir l'Amiral de France ou ses successeurs puissent avoir les mêmes prétentions, ni demander une plus forte indemnité, sous quelque prétexte que ce soit ; et sans qu'à l'occasion du présent Réglement le fermier puisse prétendre aucun droit ni connaissance sur les confiscations qui seront prononcées par les officiers d'amirauté, dans toutes les affaires de quelque nature que ce puisse être qui ne regarderont pas directement les marchandises de contrebande ou prohibées, et la conservation des droits des fermes.

X. Le fermier, sous prétexte de la conservation des droits de S. M. et service de ses fermes, soit pour la voiture des sels et empêcher la contrebande, ou pour quelqu'autre raison que ce puisse être, ne pourra mettre, avoir ni tenir aucun bâtiment à la mer, de quelque grandeur que ce soit, sans congé ou commission de l'Amiral de France, enregistré à l'amirauté du lieu dudit bâtiment, sous les peines portées par l'Ordonnance de 1681, à l'exception néanmoins des simples canots servant à la visite des bâtimens dans les ports et rades ; et seront les congés des bâtimens, destinés à la voiture des sels, pris pour chaque voyage ; et à l'égard des bâtimens et pataches qui sont continuellement en mer, pour le service des fermes de S. M., le congé sera délivré pour un an.

XI. Sera permis à l'adjudicataire des fermes, de tenir en mer et aux embouchures des rivières, des vaisseaux, pataches ou chaloupes armés, à la charge par lui de mettre de six en six mois, au greffe de l'amirauté de la Province, un état certifié de lui ou de son commis-général, des noms et surnoms de ceux qui y seront employés.

XII. Lui sera aussi permis pour composer ses équipages, de choisir tels matelots qu'il voudra, pourvu qu'ils ne soient pas retenus pour le service de la marine.

XIII. Il lui sera délivré un congé de l'Amiral de France, pour les bâtimens ou pataches qu'il jugera à propos d'armer sur les côtes du royaume, lequel sera pour un an ; et il sera tenu de le renouveller à son échéance, sous les peines portées par l'Ordonnance de 1681.

XIV. Et pour ce qui est des pataches, ou

bateaux

bateaux ou autres bâtimens que le fermier jugera
à propos d'armer aux îles de l'Amérique, pour
faire la course dans l'étendue prescrite par les
Réglemens, sur les bâtimens faisant le commerce
étranger, il sera tenu de prendre une commission de l'Amiral de France, ainsi qu'il est ordonné par l'art. V des Lettres-patentes du mois
d'octobre 1727, laquelle commission sera délivrée pour un an.

XV. S'il arrivait qu'un bâtiment faisant le
commerce étranger aux côtes des îles de l'A-
mérique, fût attaqué en même tems par un ar-
mateur ayant commission de l'Amiral de France,
et par un bâtiment armé par le fermier sous
pareille commission, la prise sera partagée
entr'eux suivant la force des équipages et le
nombre des canons, conformément à l'Ordonnance de 1681.

XVI. Il ne sera rien innové sur les prises et
contraventions concernant le faux sel et le faux
tabac dans les ports, côtes et rivages du royaume, dont la compétence demeurera aux officiers
des gabelles et autres officiers qui en doivent
connaître suivant les Réglemens, qui seront
exécutés selon leur forme et teneur, en ce
qui n'est point dérogé par le présent Arrêt.

XVII. Seront au surplus les Lettres-patentes
du mois d'octobre 1727, et autres Réglemens
concernant les marchandises de contrebande ou
prohibées, exécutés selon leur forme et teneur.
Enjoint S. M. aux sieurs Intendans et Commissaires départis dans les Provinces et généralités du royaume et ès-dites îles et colonies
françaises, de tenir la main, etc.

Fait au Conseil d'Etat du Roi, S. M. y étant.

tenu à Versailles, le 25 mai 1728. *Signé*, PHE-
LYPEAUX.

(N°. 118.) ORDONNANCE *de MM. les Général*
et Intendant, sur la police des Canots passagers.

Du 2 juin 1728.

LES équipages des canots passagers de cette
île étant composés de nègres esclaves qui
souvent causent des désordres dont leurs maîtres
doivent être responsables, et ces canots étant
quelquefois employés au transport des marchandises du commerce étranger ; notre attention nous oblige à chercher les moyens de
procurer en tout ce qui dépend de nous
une exacte police, et exécution des ordres
du Roi contre le commerce étranger, pour
faire valoir celui des sujets de S. M.

A CES CAUSES, nous déclarons les Propriétaires des canots passagers responsables de
tous les désordres que causeront les équipages
desdits canots ; déclarons pareillement leurs
canots et équipages sujets à saisie et confiscation, s'ils transportent des marchandises en
commerce étranger et prohibé ; et afin de
mieux connaître les canots qui seront surpris
en faute, nous ordonnons que les Propriétaires desdits canots seront tenus de faire déclaration à l'Amirauté du Fort-Royal, sous
nos yeux, qu'ils sont Propriétaires d'un canot passager, et du nom par eux donné à
ce canot, dont ils prendront un numéro qu'ils
seront tenus de faire apposer sur le stribord

à l'arrière de leur canot, par les Huissiers
de l'Amirauté, auxquels pour les frais de
peinture et huile, nous attribuons 3 livres
par canot, et 6 livres s'il est prouvé que ledit canot soit venu au Fort-Royal sans avoir
satisfait à notre présente Ordonnance. En cas
de vente desdits canots, les Propriétaires nouveaux seront tenus de faire une nouvelle déclaration au Greffe de l'Amirauté de cette dite
Ville, dans laquelle sera fait mention du
numéro qui se trouvera y avoir été apposé.
Mandons aux Officiers de l'Amirauté, etc.

Fait au Fort-Royal, le 2 juin 1728.
Signés, DE CHAMPIGNY et D'ORGEVILLE.

———————➤———————

(N°. 119.) *ARRET du Conseil d'État du Roi,
en interprétation de celui du 25 mai dernier,
qui règle les contestations d'entre l'Amirauté de
France et les Fermiers-généraux, sur la compétence des matières de contrebande.*

Du 14 septembre 1728.

LE Roi s'étant fait représenter en son Conseil, l'Arrêt rendu en icelui le 25 mai dernier, portant réglement au sujet des contestations entre l'Amirauté de France et les Fermiers-généraux, sur la compétence des matières de la contrebande et du commerce prohibé qui se fait tant en mer, que dans les
ports, havres et rivages du Royaume, qu'aux
îles et colonies françaises de l'Amérique : et
S. M. étant informée que l'exécution dudit
Réglement pourrait donner lieu à quelques

difficultés entre l'Amirauté de France et les Fermiers-généraux, à quoi S. M. voulant pourvoir. Ouï le rapport du sieur le Pelletier Conseiller d'Etat ordinaire., et au Conseil Royal, Contrôleur-général des Finances, S. M. étant en son Conseil, en interprêtant en tant que de besoin les dispositions de l'Arrêt dudit jour 25 mai dernier, a ordonné et ordonne ce qui suit :

ART. Ier. Les procès-verbaux des commis du fermier et des huissiers visiteurs, et les autres pièces et procédures, seront déposés aux greffes des amirautés.

II. La répétition des procès verbaux, et l'instruction des procès seront faits par les sieurs Intendans et Commissaires départis, lorsqu'ils seront sur les lieux, avec faculté néanmoins d'en faire le renvoi au siége de l'amirauté, sinon et en cas d'absence, par le lieutenant-général de l'amirauté ; et en cas d'empêchement légitime, par les autres Juges ou avocats du siége, suivant l'ordre du tableau, le tout à la requête et aux frais du fermier, seulement dans les cas où il aura formé les demandes ; et il sera permis audit fermier de requérir l'adjonction du Procureur du Roi.

III. Les officiers d'amirauté pourront juger seuls lesdits procès en cas d'absence desdits sieurs Commissaires départis, après néanmoins qu'ils les auront informés des affaires qu'ils auront à juger, et qu'ils auront pris leur agrément pour les juger en leur absence. Veut néanmoins S. M., que dans les villes où lesdits sieurs Commissaires rési-

dent, ils président à tous les jugemens ; que
le siége se tienne chez eux dans les affaires
civiles, et à l'amirauté pour le jugement des
affaires criminelles.

IV. Chaque greffier de l'amirauté tiendra
la plume dans toutes les instructions et jugemens des procès, délivrera tous les actes et
sentences, et les minutes demeureront déposées au greffe de chacune desdites Jurisdictions, pour y avoir recours en cas de besoin.

V. Les huissiers visiteurs des siéges de
l'amirauté, continueront leurs fonctions conformément à l'article V, du titre V, de l'Ordonnance de la marine de 1681, sous les
peines y portées, sauf au fermier à prendre
le fait et cause, s'il les trouve fondés ; à
l'effet de quoi lesdits huissiers visiteurs lui
remettront sur le champ un double de leurs
procès-verbaux, pour avouer et désavouer la
poursuite ; et en cas de désaveu, ledit fermier
ne participera ni aux frais ni aux profits des
jugemens qui seront rendus. Veut S. M. ,
que lesdites assignations soient données, et
les significations des sentences et jugemens faites
par lesdits huissiers visiteurs, lorsque les saisies seront de leur fait ; et lorsqu'elles seront
du fait des commis, lesdits commis auront la
faculté de donner les assignations, lors de la
confection de leurs procès-verbaux, et en ce
cas, le fermier pourra se servir des huissiers
des fermes, et autres huissiers royaux, ainsi
qu'il est autorisé par les Ordonnances et
Réglemens.

VI. Lesdits sieurs Intendans et les officiers
d'amirauté se conformeront au surplus aux

V 3

dispositions des Ordonnances et Réglemens, et notamment aux Ordonnances de 1670, 1680 et 1687, et à l'Arrêt du 25 mai dernier, qui sera exécuté selon sa forme et teneur. Enjoint S. M., aux sieurs Intendans et Commissaires départis dans les provinces et généralités du royaume, ès-dites îles et colonies françaises, de tenir la main, etc.

Fait au Conseil d'Etat du Roi, S. M. y étant, tenu à Fontainebleau, le 14 septembre 1728. *Signé*, PHELYPEAUX.

(N°. 120.) REGLEMENT *du Roi, pour les honneurs aux îles du vent de l'Amérique.*

Du 15 novembre 1728.

S A Majesté étant informée que le Réglement du 30 septembre 1713, rendu au sujet des places et rangs dans les Eglises, processions et autres cérémonies publiques, dans les îles françaises de l'Amérique, a donné occasion dans celles du vent, à des discussions contraires au bon ordre et à la tranquillité des habitans; elle a, pour les faire cesser, et établir en même-tems une uniformité dans toutes lesdites îles du vent à cet égard, ordonné et ordonné ce qui suit :

ART. Ier. Veut S. M., que le Gouverneur Lieutenant-général et l'Intendant desdites îles du vent, aient leur Prie-Dieu et Fauteuils dans le chœur des principales Eglises de la ville du Fort-Royal et du bourg St Pierre de la Martinique, savoir : le Gouverneur Lieutenant-gé-

néral du côté de l'Epître, et l'Intendant du
même côté, mais un peu au-dessous : lesdits
Prie-Dieu et Fauteuils proche la muraille, et
que le Lieutenant de Roi au gouvernement
et le Gouverneur particulier y aient aussi un
banc du côté de l'Evangile proche la muraille, vis-à-vis du Prie-Dieu de l'Intendant,

II. En cas d'absence hors des îles du vent,
du Gouverneur Lieutenant-général, le Lieutenant au gouvernement-général prendra sa place.

III. Le Gouverneur-particulier de la Martinique pourra aussi occuper le Prie-Dieu ou
Fauteuil du Gouverneur et Lieutenant-général en son absence, et celle du Lieutenant au
gouvernement-général desdites îles du vent,
s'il est pourvu des ordres de S. M. pour
commander en chef dans lesdites îles ; lui
défend S. M., de prendre cette place que
dans ce cas, quoique Commandant en chef
dans l'île de la Martinique.

IV. Dans les Eglises autres que celles ci-
dessus, il sera mis dans le chœur des Prie-
Dieu ou Fauteuils pour le Gouverneur Lieutenant-général, l'Intendant, le Lieutenant au
gouvernement-général, et le Gouverneur-particulier, lorsqu'ils s'y trouveront.

V. A la Guadeloupe et aux autres îles du
vent où le Gouverneur Lieutenant-général et
l'Intendant ne font pas leur résidence, le
Gouverneur-particulier aura son banc dans le
chœur du côté de l'Evangile, et il gardera
sa place, quoique le Gouverneur Lieutenant-
général et l'Intendant s'y rencontrent, auquel
cas il sera mis pour eux des Prie-Dieu ou
Fauteuils au milieu du chœur.

V 4

VI. En cas d'absence du Gouverneur Lieutenant-général, de l'Intendant, du Lieutenant au gouvernement, et du Gouverneur particulier de la Martinique, le Lieutenant de Roi de ladite île, quoique Commandant en chef dans icelle, ne pourra se placer dans le chœur, non-plus que le Commissaire, quoiqu'ordonnateur par l'absence de l'Intendant, mais se mettront dans leurs places ordinaires ci-après expliquées.

VII. Veut S. M., que hors le chœur du côté de l'Epître, il y ait un banc contre la muraille pour les officiers du Conseil Supérieur, et que de l'autre côté aussi contre la muraille, il y ait un banc pour le Lieutenant de Roi, et un autre pour le Major et le Commissaire de la marine.

VIII. Que les officiers de la Jurisdiction aient leur banc après celui du Conseil, de la même suite et moins élevé.

IX. Que les Capitaines de milice aient à l'avenir des bancs distingués des autres, dans les Eglises de l'étendue de leurs Compagnies, lequel banc sera posé du côté de l'Epître à la tête des autres bancs de la nef, en observant que la place du côté de l'Evangile qui sera opposée à celle du banc du Capitaine de milice, demeure vide, lequel banc sera moins long et plus élevé que les autres, et ne pourra être occupé que par l'ancien Capitaine de milice, en cas qu'il y en ait deux; et dans aucun cas, les autres capitaines ni les officiers de sa compagnie ne pourront s'y placer, quoiqu'absent.

X. Dans les bancs ci-dessus ordonnés, tant

dans le chœur que dans la nef, même ceux destinés aux Capitaines de milice, leurs femmes et enfans ne pourront s'y placer, à l'exception toutefois des femmes du Gouverneur Lieutenant-général et de l'Intendant, auxquelles S. M. veut bien accorder cette distinction.

XI. Le pain béni sera d'abord présenté au Prêtre célébrant, aux ecclésiastiques assistans, au clergé dont les enfans de chœur font partie, ensuite au Gouverneur Lieutenant général, à l'Intendant, au Lieutenant de Roi, au Major, au Commissaire de la marine, aux officiers du Conseil Supérieur, aux officiers de la Juridiction, aux Capitaines de milice et aux marguilliers en charge, lorsqu'ils seront dans les susdits bancs ; lesdits marguilliers dans celui de l'œuvre, et non ailleurs; après quoi, au public sans distinction : le même ordre sera suivi lorsqu'on ira aux offrandes, processions et autres cérémonies de l'église.

XII. L'encens ne sera donné qu'au Gouverneur Lieutenant-général et à l'Intendant : défend S. M. de le donner à d'autres officiers, ni à eux de l'exiger, à l'exception du Lieutenant de Roi au gouvernement général, lorsque le Gouverneur Lieutenant-général sera absent desdites îles, et non autrement.

XIII. Aux assemblées et aux marches publiques, le Gouverneur Lieutenant-général marchera à la tête du Conseil, et l'Intendant à sa gauche, ensuite le Lieutenant au gouvernement-général, le Gouverneur-particulier, les Lieutenans de Roi, même ceux qui en conservant leur rang, auront quitté le service, les Majors, le Commissaire de la marine, les Conseillers et le Procureur-général, les Officiers de la Jurisdiction, et après eux, le Capitaine de milice, et la marche ci-dessus réglée, se fera de deux en deux : veut S. M., qu'elle soit précédée d'abord par les gardes du Gouverneur Lieutenant-général, lesquels marcheront immédiatement avant lui, les Sergens de la Jurisdiction et les Huissiers du Conseil qui marcheront immédiatement devant l'Intendant ; en sorte que les gardes du Gouverneur Lieutenant-général auront la droite, et les Sergens et Huissiers la gauche : sur la même ligne des Huissiers, marchera le Greffier en chef, et ensuite le premier Huissier ; le Capitaine des gardes du Gouverneur Lieutenant-général, marchera à côté et au-dessus de lui, en sorte qu'il ne soit pas sur la même ligne du Conseil.

XIV. Veut S. M., que dans ces assemblées et marches publiques, les Gouverneurs-particuliers, Lieutenans de Roi et Majors des autres îles, s'il s'en trouve sur les lieux, y assistent avec les Officiers du même titre qu'eux et dans le rang de leur ancienneté de commission, dans ce cas-là seulement.

XV. Aux feux de joie, il sera présenté trois torches, une au Prêtre officiant, et les deux autres au Gouverneur-Lieutenant-général et à l'Intendant, pour y allumer du feu, et en cas d'absence du Gouverneur Lieutenant-général, la torche sera présentée à l'Officier commandant successivement jusques et compris le Major, et en l'absence de l'Intendant, au premier Conseiller ou Commissaire de la marine, successivement au Doyen, ou au Conseiller qui sera à la tête des titulaires, au défaut desquels Officiers-majors, et du Conseil, il ne sera présenté que la torche au Prêtre officiant,

XVI. Lorsque le Gouverneur Lieutenant-général ne pourra à cause de maladie ou autres raisons, assister aux marches et processions publiques et particulières, l'Intendant marchera seul à la tête du Conseil ; le Lieutenant au gouvernement, le Gouverneur-particulier, Lieutenant de Roi et autres viendront ensuite deux à deux, ainsi qu'il est expliqué ci-devant : mais lorsque le Gouverneur Lieutenant-général sera absent de l'île, le Lieutenant de Roi au gouvernement prendra la droite de l'Intendant, en cas qu'il s'y trouve, et en son absence, le Gouverneur-particulier ; mais dans aucun cas le Lieutenant de Roi de l'île, qui y commandera en chef, ne pourra prendre place à côté de l'Intendant, qui marchera seul à la tête du Corps, et sera précédé par les Huissiers et Sergens qui marcheront deux à deux.

XVII. Lorsque l'Intendant ne pourra, à cause de maladie ou autres raisons, se trouver aux marches et processions publiques ou particulières, ou qu'il sera absent de l'île, le Gouverneur Lieutenant-général ou le Lieutenant de Roi au gouvernement, ou le Gouverneur-particulier, l'un en l'absence de l'autre, marchera seul à la tête du Corps, et le Gouverneur Lieutenant-général sera précédé par ses gardes, qui marcheront deux à deux.

XVIII. Lorsque l'Intendant assistera auxdites marches et processions, quand même

aucuns des Conseillers du Conseil n'y assis-
teraient, S. M. veut que les Huissiers et
Sergens, et le Greffier en chef conservent
leurs places, comme si le Conseil y était en
Corps.

XIX. En cas d'absence de l'Intendant, les
Conseillers qui se trouveront aux marches
publiques et particulières, seront censés y être
en Corps, lorsqu'ils y seront au nombre de
cinq ; et en ce cas, les Sergens et Huissiers
conserveront leurs places, et le Greffier en
chef se mettra en rang après le dernier Conseiller; mais lorsque lesdits Conseillers y seront
en moindre nombre, il seront censés être à
la tête de la Jurisdiction, sans que le Greffier
en chef puisse prétendre de marcher avec eux.

XX. Les Conseillers du Conseil qui se
trouveront dans les Paroisses du ressort dudit
Conseil dont ils seront Officiers, prendront
dans les marches, processions et cérémonies
publiques, le rang à la tête des Jurisdictions,
s'il y en a, après cependant l'Officier-major ou
Commandant dans le quartier.

XXI. Veut S. M., que les Lieutenans de
Roi Commandans dans les quartiers, aient
un banc placé hors du chœur du côté de
l'Epître dans l'Eglise du lieu où ils résideront ; et les Officiers de la Jurisdiction, s'il
y a un siége, en auront un du côté de l'Evangile, mais plus bas, et placé de manière
qu'il ne soit pas vis-à-vis celui desdits Lieutenans de Roi, et que le pain béni soit
donné aux uns et aux autres, et qu'ils aient
rang dans les processions et autres marches
avant les marguilliers : défend S. M. à tout

Officier commandant dans lesdits quartiers, de se placer dans le banc des Lieutenans de Roi, quand même ils seraient absens.

XXII. Les Commissaires-ordonnateurs de la Guadeloupe et de Cayenne, auront un banc dans le chœur du côté de l'Evangile, et dans les marches et cérémonies publiques ou particulières, auront la gauche des Gouverneurs; et à l'égard des Officiers desdites deux îles, veut S. M., qu'ils observent entr'eux les mêmes rangs et places à l'Eglise et dans les cérémonies publiques, et qu'ils aient le pain béni, ainsi qu'il est énoncé dans le présent Réglement, qui sera suivi et exécuté dans toutes les îles du vent de l'Amérique, à l'exception des Sergens et Huissiers de la Guadeloupe et Cayenne, qui marcheront deux à deux devant le Gouverneur et Commissaire-ordonnateur.

XXIII. Veut S. M. qu'en cas d'absence hors de l'île, des Gouverneurs de la Guadeloupe et de Cayenne, le Lieutenant de Roi commandant ait dans les marches publiques, la droite du Commissaire-ordonnateur.

XXIV. Fait défenses S. M. à toutes autres personnes, de quelque condition qu'elles soient de se placer dans les bancs, ni de se mêler dans les rangs ci-dessus réglés aux Officiers du Conseil, lorsqu'ils ne seront point dans les bancs qui leur seront destinés, et à tous les Officiers de troupes et de milices, autres que les Capitaines de quartiers, dont les droits sont réglés par les art. IX, XI et XIII du présent Réglement, de s'attribuer dans leurs quartiers, ni ailleurs, aucune place distinguée dans les Eglises d'exiger le pain béni avant les autres, ni de prétendre aucun rang dans les processions et autres marches, que ceux réglés ci-devant, le tout à peine contre ceux qui contreviendront, de 500 liv. d'amende applicables aux besoins de l'Eglise où la contravention aura été commise ; la poursuite desquelles contraventions sera faite par les marguilliers, pardevant le Gouverneur Lieutenant-général et l'Intendant, à peine d'en répondre en leur propre et privé nom, en cas de négligence de leur part.

XXV. Révoque S. M., toutes les concessions qui pourraient avoir été faites de bancs particuliers dans le chœur des Eglises des îles du vent : ordonne qu'ils seront supprimés, quand même ils auraient été concédés à titre de bienfaiteur : fait défenses aux marguilliers d'en concéder à l'avenir sous quelque prétexte, ni quelque cause que ce puisse être.

XXVI. S. M. a attribué et attribue toute Jurisdictions au Gouverneur Lieutenant-général et à l'Intendant des îles du vent, conjointement pour les discussions qu'il pourrait y avoir pour l'exécution du présent Réglement, même provisoirement à l'un d'eux, si les discussions survenaient dans un endroit où ils ne seraient pas ensemble, et leur décision sera exécutée jusqu'à ce que S. M. en ait autrement ordonné.

Mandé et ordonne, etc.

Fait à Fontainebleau, le 15 novembre 1728. *Signés*, LOUIS; *et plus bas*, par le Roi, PHE-LYPEAUX.

Enregist. au Conseil Souverain.

(N°. 121.) *RÉGLEMENT du Roi, au sujet des engagés et fusils qui doivent être portés par les navires marchands aux colonies des îles françaises de l'Amérique et de la nouvelle France.*

Du 15 novembre 1728.

L E Roi s'étant fait représenter le Réglement rendu par S. M., le 16 novembre 1716, et les Lettres-patentes expédiées sur icelui le même jour, concernant la quantité d'engagés et de fusils boucaniers ou de chasse qui doivent être portés aux colonies françaises de l'Amérique et de la nouvelle France, par les bâtimens marchands qui y sont destinés, l'Arrêt de son Conseil d'Etat, du 10 janvier 1718, qui dispense les vaisseaux de la Compagnie d'occident, aujourd'hui Compagnie des indes, de porter des engagés ou fusils dans la colonie de la Louisiane, et trois Ordonnances des 14 janvier et 20 mai 1721 et 15 février 1724, dont la première concerne les prisonniers qui seront donnés aux armateurs des vaisseaux au lieu d'engagés qu'ils doivent porter dans les colonies; la seconde dispense les armateurs de porter des engagés en payant 60 liv. pour chacun de ceux qu'ils ne transfèreront pas auxdites colonies sur leurs vaisseaux; et la 3me règle entr'autres choses, qu'il sera payé 120 liv. pour les engagés de métier qui ne seront point portés auxdites îles et colonies; et S. M. étant informée qu'il convient pour l'avantage desdites îles et colonies, et l'utilité des négocians, d'expliquer précisément ses intentions sur les différentes dispositions contenues dans lesdits Réglemens, Arrêts et Ordonnances, elle a fait le présent Réglement qu'elle veut être exécuté à l'avenir selon sa forme et teneur.

TITRE PREMIER.

Des Engagés.

ART. Ier. Tous les capitaines des bâtimens marchands qui iront aux colonies des îles françaises de l'Amérique et de la nouvelle France ou Canada, et l'île Royale, excepté les vaisseaux de la Compagnie des indes destinés pour la colonie de la Louisiane et pour la traite des nègres : ceux des marchands qui, avec la permission de ladite Compagnie, iront faire ladite traite des nègres, et ceux qui seront destinés pour aller faire la pêche de la morue, seront tenus d'y porter des engagés, savoir : dans les bâtimens de 60 tonneaux et au-dessous, trois engagés ; dans ceux de 60 jusqu'à 100, quatre engagés ; et dans ceux de 100 tonneaux et au-dessus, six engagés.

II. La condition de porter lesdits engagés sera insérée dans les congés de l'Amiral, qui seront délivrés pour la navigation desdits bâtimens et navires.

III. Lesdits engagés auront au moins dix-huit ans, et ne pourront être plus âgés de quarante ; ils seront de la grandeur au moins de quatre pieds, et en état de travailler, et le terme de leur engagement sera de trois ans.

IV. La reconnaissance en sera faite par les officiers de l'amirauté des ports où les bâtimens seront expédiés, lesquels rejetteront ceux qui ne seront pas de l'âge et de la qualité mentionnée

tionnée dans le précédent article, où qui ne
leur paraîtront pas de bonne complexion.

V. Le signalement desdits engagés sera mentionné dans le rôle d'équipage.

VI. Les engagés qui sauront les métiers
de maçon, tailleur de pierre, forgeron, ser-
rurier, menuisier, tonnelier, charpentier,
calfat et autres métiers qui peuvent être utiles
dans les colonies, seront passés pour deux,
et il sera fait mention du métier qu'ils sauront dans leur signalement; à l'effet de quoi
les capitaines ou armateurs qui présenteront
à l'avenir pour engagés des gens de métier,
seront tenus de rapporter au bureau des classes,
un certificat des maîtres du métier, sous le
titre duquel ils seront présentés portant que
lesdits engagés sont capables d'exercer ledit
métier, lesquels maîtres de métier seront à
cette fin indiqués auxdits capitaines ou armateurs par le commissaire ou commis aux classes,
qui délivrera le rôle d'équipage.

VII. Les capitaines desdits bâtimens abor-
dant dans lesdites îles et colonies françaises,
seront tenus de représenter aux Gouverneurs
et Intendans ou Commissaires-ordonnateurs,
lesdits engagés avec le rôle de leurs signalemens pour vérifier si ce sont les mêmes qui
auront dû être embarqués, et s'ils sont de la
qualité prescrite.

VIII. Chaque habitant desdites îles et colonies sera tenu de prendre un engagé par
chaque vingtaine de nègres qu'il aura sur son
habitation, outre le commandeur. Les capitaines conviendront du prix desdits engagés
avec lesdits habitans; et en cas qu'ils ne

Tome I.   X

puissent point convenir à l'amiable, lesdits
Gouverneurs et Intendans ou Commissaires-
ordonnateurs en régleront le prix , et obligeront les habitans qui n'en auront pas le nombre
ci-dessus prescrit, de s'en charger.

IX. Les capitaines seront tenus de prendre
un certificat desdits Gouverneurs visé de l'Intendant ou Commissaire-ordonnateur, dans lequel il sera fait mention de la remise desdits
engagés aux habitans, et que ce sont les
mêmes qui auront dû être embarqués.

X. Seront tenus les capitaines, à leur retour en France , en faisant leur déclaration,
de remettre lesdits certificats aux officiers de
l'amirauté ; et faute par eux de rapporter lesdits certificats , ils paieront entre les mains
du Trésorier-général de la marine en exercice,
un mois après l'arrivée de leurs bâtimens dans
le port du débarquement ; savoir : pour chaque
simple engagé , la somme de 60 liv. , et celle
de 120 liv. pour chaque engagé de métier
qu'ils n'auront pas remis dans lesdites colonies , encore même qu'ils rapportent des certificats de désertion desdits engagés, auxquels
S. M. défend aux Juges de l'amirauté d'avoir
égard. Veut S. M. , que faute d'avoir payé
dans ledit tems d'un mois, ils soient poursuivis par-devant lesdits Juges d'amirauté, et
condamnés aux paiemens desdites sommes, et
en outre à une amende d'une somme égale
à celle à laquelle ils auront été condamnés.

XI. Les particuliers que S. M. destinera
par ses ordres à passer en qualité d'engagés
dans lesdites colonies , ensemble les soldats
de recrues qui y seront envoyés, soit qu'ils

tient des métiers ou non , seront reçus dans
les vaisseaux marchands destinés pour lesdites
colonies sur le pied d'un engagé chacun , et
traités de la même manière que s'ils avaient
été engagés par les capitaines ou armateurs,
lesquels seront déchargés d'autant du nombre
qu'ils auront été obligés d'embarquer , eu
égard à la contenance de tonneaux de leurs
bâtimens : ils seront pareillement déchargés du
nombre des engagés pour les places qui seront accordées aux officiers desdites colonies
et autres qui passeront dans lesdits bâtimens.

XII. Permet S. M. , aux capitaines ou armateurs qui n'auront pas dans le tems du
départ de leurs bâtimens pour lesdites colonies,
le nombre d'engagés prescrit par le présent
Réglement , de payer , avant le départ pour
chacun de ceux qui leur manqueront, la somme
de 60 liv. , entre les mains du commis du
Trésorier-général de la marine en exercice ;
moyennant quoi , et en rapportant la quittance dudit commis , ils en seront déchargés.

XIII. N'entend S. M. comprendre dans
le précédent article , les vaisseaux qui seront
destinés pour le Canada et l'île Royale, dont
les capitaines et armateurs seront tenus d'embarquer le nombre effectif d'engagés , prescrit par le premier article de ce Réglement.

TITRE II.

Des Fusils.

ART. Ier. Tous les capitaines des bâtimens
marchands qui iront dans lesdites colonies des
îles françaises de l'Amérique , du Canada et

X 2

de l'île Royale, excepté les capitaines des vaisseaux de la Compagnie des indes, destinés
pour la Louisiane et pour la traite des nègres,
ceux des bâtimens marchands qui, avec la
permission de ladite Compagnie, iront faire
ladite traite des nègres, et ceux qui seront
destinés pour aller faire la pêche de morue,
seront tenus d'y porter chacun dans leurs
vaisseaux, quatre fusils boucaniers ou de
chasse à garniture jaune.

II. La condition de porter lesdits fusils
boucaniers ou de chasse, sera insérée dans les
congés de l'Amiral, qui seront délivrés pour
la navigation desdits navires.

III. Les fusils boucaniers auront quatre
pieds quatre pouces, et seront du calibre
d'une balle de 18 à la livre, poids de marc,
et seront légers.

IV. Les fusils de chasse seront de la longueur de quatre pieds et légers.

V Les capitaines remettront à leur arrivée,
lesdits fusils dans la salle d'armes de S. M.,
de l'endroit où ils aborderont, pour être ensuite examinés et éprouvés en présence du
Gouverneur ou Commandant en son absence.

VI. Si dans l'épreuve qui sera faite, il
s'en trouve de rebut, lesdits capitaines seront
tenus de payer 30 liv. pour chaque fusil rebuté.

VII. Ladite somme de 30 liv. sera employée par les Gouverneurs et Intendans ou
Commissaires-ordonnateurs, en achat de fusils
pour les pauvres habitans, lesquels seront distribués aussi-tôt.

VIII. Lesdits capitaines laisseront les fusils
qu'ils auront apportés, dans les magasins de

S. M , jusqu'à ce qu'eux ou leurs correspondans les aient vendus ou que le Gouverneur les ait fait distribuer dans les compagnies de milice ; auquel cas ils donneront, conjointement avec l'Intendant ou Commissaire-ordonnateur , les ordres nécessaires pour leur paiement.

IX. Lesdits capitaines seront tenus de prendre un certificat desdits Gouverneurs, visé de l'Intendant ou Commissaire-ordonnateur , de la remise desdits fusils dans lequel il sera fait mention des sommes qu'ils auront payées en cas qu'il y en ait eu de rebutés.

X. Ils seront pareillement tenus de remettre à leur retour en France, en faisant leur déclaration, lesdits certificats aux officiers d'amirauté.

XI. Les capitaines et propriétaires desdits bâtimens seront condamnés solidairement par les officiers de l'amirauté, à 50 liv. d'amende, pour chacun des fusils qu'ils n'auront pas portés dans les colonies, sauf l'appel aux Cours de Parlement où lesdites amirautés ressortissent.

TITRE III.

Des poursuites et amendes.

ART. Ier. Les contraventions aux articles du présent Réglement seront poursuivies à la requête des Procureurs de S. M. des amirautés, et les sentences qui interviendront contre les délinquans , seront exécutées pour les condamnations d'amende nonobstant l'appel, et sans préjudice d'icelui, jusqu'à la concurrence

X 3

de 300 liv., sans qu'il puisse être accordé de défenses, même lorsque l'amende sera plus forte, que jusqu'à concurrence de ce qui excédera ladite somme de 300 livres.

I. Ceux qui appelleront desdites sentences, seront tenus de faire statuer sur leur appel, ou de le mettre en état d'être jugé définitivement dans un an, du jour et date d'icelui, sinon, et à faute de ce faire ledit tems passé, ladite sentence sortira son plein et entier effet, et l'amende sera distribuée conformément à ladite sentence, et le dépositaire d'icelle bien et valablement déchargé.

III. Les amendes qui seront prononcées pour lesdites contraventions dans les siéges particuliers des amirautés, appartiendront à l'Amiral; et à l'égard de celles qui seront prononcées dans les siéges généraux des tables de marbre, il ne lui en appartiendra que moitié, et l'autre moitié à S. M., le tout conformément à l'Ordonnance de 1681.

IV. Les Gouverneurs et Intendans ou Commissaires-ordonnateurs desdites colonies, rendront compte conjointement tous les six mois, au Secrétaire d'Etat ayant le département de la marine, du nombre des engagés, et des fusils que chaque vaisseau marchand aura portés, des sommes payées pour les fusils défectueux, et de l'emploi qui en aura été fait.

Mande et ordonne, etc.

Fait à Fontainebleau, le 15 novembre 1728. Signés, LOUIS; et plus bas, par le Roi, PHE-LYPEAUX.

Enregist. au Conseil Souverain.

(N°. 122.) ORDONNANCE de MM. les Général et Intendant, sur les étrangers et gens sans aveu.

Du 14 mars 1729,

ETANT informés que plusieurs étrangers de différentes nations, et que même des français arrivent furtivement en ces îles, y séjournent et les parcourent à notre insu et à celui des officiers qui commandent pour le Roi dans les différens quartiers desdites îles.

Nous avons cru qu'il était du bon ordre et d'une exacte police de prendre de justes mesures pour que nous puissions toujours être informés non-seulement quels sont ces étrangers, mais encore quels sont les français qui arrivent journellement dans les îles du vent, et des affaires qui les y attirent, afin que nous soyons à portée de réprimer sur-le-champ et même de prévenir les entreprises téméraires qu'ils pourraient faire dans ces îles, soit par rapport au commerce, soit dans les autres parties qui intéressent la société.

A CES CAUSES, nous avons ordonné ce qui suit:

ART. Ier. Aucun étranger ne pourra séjourner à l'avenir dans les îles du vent, sous tel prétexte que ce puisse être, sans en avoir obtenu notre permission par écrit ou celle desdits officiers commandans, et ce sous les peines portés ci-après, à l'exception néanmoins des étrangers qui y sont actuellement établis, ou des matelots qui se trouvent employés sur des bâtimens français, mouillés dans les ports et rades desdites îles.

X 4

II. Les permissions qui seront accordées, soit par nous, soit par lesdits officiers commandans pour le Roi, contiendront les noms, surnoms, qualités et pays des personnes arrivées; les noms des bâtimens sur lesquels elles auront passé en ces îles, les affaires pour lesquelles les personnes arrivées auront dit être venues auxdites îles.

III. Défendons à toutes personnes de quelque qualité et condition qu'elles soient, spécialement à tous hôteliers, cabaretiers, traiteurs et aubergistes, de loger, héberger ou retirer aucune personne de telle nation qu'elle puisse être, même de la nation française, sans qu'elle lui ait fait apparoir de ladite permission, laquelle ils feront enregistrer tout au long avec leur déclaration dans les 24 heures de l'arrivée, de la personne, par l'officier chargé du soin de la police, sous peine contre les hôteliers, cabaretiers, traiteurs et aubergistes qui auront logé, hébergé ou retiré des gens dont ils n'auront pas fait enregistrer la déclaration ordonnée ci-dessus, de 500 liv. d'amende applicables un quart à l'hôpital le plus prochain du domicile des contrevenans, un quart aux pauvres de leur paroisse, et les deux autres quarts aux réparations des ouvrages publics ; et sous peine contre toutes personnes autres que les hôteliers, cabaretiers, traiteurs ou aubergistes, des amendes qui seront prononcées en connaissance de cause par les Juges de police.

IV. Ces déclarations seront enregistrées, date par date, de suite et sans aucun blanc ni transposition, par les officiers chargés du soin de la police, dans un registre que nous enjoignons à chacun d'eux de tenir à cet effet, les feuillets duquel registre seront cotés et paraphés, par premier et dernier, par les Juges des lieux.

V. N'entendons néanmoins assujettir les hôteliers, cabaretiers, traiteurs, aubergistes et tous autres, aux dispositions des précédens articles, lorsqu'ils logeront chez eux des personnes connues pour être établies et domiciliées dans la même île qu'eux, ou autres îles dépendantes du gouvernement-général, ou lorsqu'ils logeront ou retireront chez eux des officiers mariniers de la nation française, dont ils sauront positivement que les bâtimens seront mouillés dans les ports et rades des îles du vent, mais seulement lorsqu'ils logeront des personnes autres que celles exceptées par le présent article.

VI. Les étrangers auxquels il aura été permis de séjourner en ces îles, ne pourront sous aucun prétexte, quitter le lieu où leur séjour aura été fixé par la permission qui leur aura été accordée, pour se transporter dans un autre lieu, sans en avoir obtenu de nous ou des officiers commandans, une nouvelle permission au dos de celle dont ils seront munis; et ils seront tenus à leur retour dans le lieu où leur séjour aura été fixé, de rapporter ensuite de cette nouvelle permission, la certification des officiers commandans pour le Roi ou des capitaines de milice des lieux où il leur aura été permis d'aller, comme ils y auront été effectivement.

VII. Les étrangers autres que ceux exceptés par l'art. Ier., qui seront trouvés à l'avenir dans les îles du vent, sans être munis

de notre permission ou de celle des officiers
commandans pour le Roi dans les ports et
rades desdites îles, ou qui étant munis d'une
permission pour rester dans un lieu, se seraient transportés dans un autre sans avoir à
cet effet obtenu une nouvelle permission, ou
qui ayant obtenu cette nouvelle permission
seront trouvés dans un autre endroit que celui où il leur aura été permis d'aller, ou
qui s'étant rendus effectivement dans l'endroit
où il leur aura été permis de se transporter,
ne rapporteront pas à leur retour le certificat
du capitaine de milice du même lieu, ou enfin qui feront dans les îles du vent un plus
long séjour que celui qui aura été fixé par
la permission qui leur aura été accordée, seront constitués prisonniers à la diligence des
officiers chargés du soin de la police, dans
les prisons les plus prochaines du lieu où ils
auront été arrêtés, d'où ils ne pourront être
relâchés sous tel prétexte que ce puisse être,
même pour être embarqués pour les îles étrangères, qu'au préalable ils n'aient payé une
amende de 1000 liv., à laquelle nous les condamnons, ensemble les frais de gîte et geolage, ou donné caution suffisante pour le
tout ; la moitié de laquelle amende de 1000
liv. appartiendra au dénonciateur, et l'autre
moitié sera appliquée aux réparations ou cons-
tructions des ouvrages publics.

VIII. Il sera fait par les officiers chargés
du soin de la police, de fréquentes et exactes
perquisitions chez tous les hôteliers, cabaretiers, traiteurs et aubergistes, à l'effet de
connaître par la confrontation des déclarations

qu'ils auront faites, et des personnes qui se trouveront logees chez eux, s'ils ont attention de se conformer à la présente Ordonnance ; de semblables perquisitions pourront être faites chez toutes personnes autres que les hôteliers, cabaretiers, traiteurs et aubergistes, par les officiers chargés du soin de la police ; mais elles ne pourront être faites qu'en vertu des ordres qui leur seront par nous donnés à ce sujet.

IX. Et afin que les officiers chargés du soin de la police aient une connaissance exacte de tous les hôteliers, cabaretiers, traiteurs et aubergistes de leur district, nous ordonnons à ces derniers de se transporter dans les quinze jours qui suivront la publication de la présente Ordonnance, chez l'officier chargé du soin de la police du lieu de leur domicile ; pour se faire inscrire par lui, sur un registre que nous lui enjoignens de tenir, des noms, surnoms et demeures desdits hôteliers, cabaretiers, traiteurs et aubergistes, sous peine contre ceux qui, après l'expiration des quinze jours, ne se seront pas présentés pour se faire inscrire, de 300 liv. d'amende applicables moitié aux pauvres des paroisses des délinquans, et moitié aux réparations des ouvrages publics. Défendons à toutes personnes d'ouvrir cabaret et de tenir auberge, sous la même peine de 300 liv. d'amende, sans auparavant s'être fait inscrire chez l'officier chargé du soin de la police ; et sera notre présente, etc.

Donnée au Fort-Royal de la Martinique, le 14 mars 1729. *Signés*, DE CHAMPIGNY et D'ORGEVILLE.

(N°. 123.) ORDONNANCE *de MM. les Général et Intendant, sur les Mendians.*

Du 14 mars 1729.

QUOIQU'IL soit facile, non-seulement aux personnes qui savent quelque métier, mais encore à celles qui n'en ont aucun, de trouver dans ces îles le moyen de gagner leur vie, nous avons cependant le déplaisir d'y voir actuellement des gens qui, par un esprit de nonchalance, de fainéantise et de libertinage, aiment mieux mener une vie oisive, errante et misérable, que de se fixer à un travail, lesquels ne font d'autre métier que de gueuser et mendier en la ville du Fort-Royal, dans les différens bourgs de ces îles, et même sur les habitations, où ils ont la hardiesse de pénétrer jusques dans l'intérieur des maisons ; ce qui leur donne occasion de voler eux-mêmes ou de receler les vols des esclaves domestiques, avec lesquels on les voit souvent jouer et boire dans des cabarets écartés, ou dans les cases des mulâtres et des nègres libres qui les retirent et qui profitent des larcins que ces gueux mendians peuvent faire. Comme des gens de cette espèce sont, non-seulement des membres inutiles, mais à charge à la société, et que son intérêt exige ou qu'ils lui deviennent utiles, ou qu'ils en soient expulsés ;

A CES CAUSES, nous ordonnons que tous ceux qui seront trouvés quinze jours après la publication de la présente Ordonnance, gueusant et mendiant dans les îles françaises du vent, seront pris et arrêtés à la diligence des officiers qui sont chargés du soin de la police, ou des officiers de milice, pour lesdits gueux mendians être conduits dans les prisons les plus prochaines du lieu où ils auront été arrêtés, et être ensuite embarqués pour France ou pour les îles neutres voisines, d'où ils ne pourront repasser aux îles françaises du vent, sous peine d'être punis comme vagabonds; et afin qu'on les puisse reconnaître, il sera fait avant l'embarquement desdits gueux mendians, par les officiers chargés du soin de la police, des lieux où ils auront été constitués prisonniers, un rôle qui contiendra les noms, surnoms, pays et signalemens desdits gueux mendians.

Enjoignons au premier capitaine de navire ou maître de bateau requis, de les embarquer et de les transporter dans les lieux indiqués par les ordres qui leur en seront donnés. Défendons à tous hôteliers, cabaretiers et à tous autres, spécialement aux mulâtres, nègres et négresses libres, de loger, héberger ou retirer chez eux directement ni indirectement, soit de jour, soit de nuit, aucun desdits gueux mendians, sous peine de 200 liv. d'amende, applicables aux frais de l'expulsion desdits mendians; et en cas de récidive de la part desdits hôteliers et cabaretiers, du double de l'amende et de trois mois de prison; et en outre sous peine contre les mulâtres, nègres et négresses libres, d'être bannis des îles françaises du vent; et sera notre présente Ordonnance, etc.

Donnée au Fort-Royal de la Martinique, le 14 mars 1729. *Signés*, DE CHAMPIGNY et D'ORGEVILLE.

Enregist. au Conseil Souverain.

Du 8 avril 1729.

Nous faisons défenses à la dame veuve Richard Audinet de faire à l'avenir aucune eau-de-vie ni tafia dans sa brûlerie, ni dans aucun autre endroit de sa maison ; ordonnons qu'elle fera incessamment démolir la maçonnerie des chaudières de ladite brûlerie, et construire sans délai une cheminée de maçonne dans sa cuisine avec un tuyau au-dessus du toît, le tout conformément à la Coutume de Paris, sous peine de 1500 liv. d'amende, applicables aux ouvrages publics, et de supporter tous les évènemens, pertes et dépens, dommages et intérêts qui pourraient en arriver ; ce qui lui sera signifié à la diligence de M°. Marry.

Défendons en outre à toutes personnes de quelque qualité et condition qu'elles soient, d'établir ou faire bâtir aucune brûlerie, rafinerie, forge et fourneaux, dans aucun endroit du bourg Saint-Pierre ni aux environs, qu'au préalable elles n'en aient obtenu de nous la permission : ordonnons pareillement à tous les propriétaires des maisons dudit bourg qui n'ont point de cheminée de maçonne dans les cuisines de leursdites maisons, d'y en faire incessamment construire ; et à tous ceux qui ont des fonderies, forges ou fourneaux, sans maçonne ni tuyaux, de même d'en faire faire incessamment, en se conformant à la Coutume de Paris, sous peine de 300 liv. d'amende applicables aux ouvrages publics, et d'être responsables de tous les évènemens, pertes, dépens, dommages et intérêts qui en pourraient arriver ; lesdites amendes payables entre les mains de M°. Levacher, notaire.

Sera notre présente Ordonnance, etc.

Donnée à la Martinique, le 8 avril 1729. *Signés*, DE CHAMPIGNY et D'ORGEVILLE.

(N°. 125.) *ARRET du Conseil d'État du Roi, portant réglement pour le commerce des Cotons qui s'envoyent des îles françaises de l'Amérique dans les ports de France.*

Du 20 décembre 1729.

LE Roi étant informé qu'il se commet aux îles françaises de l'Amérique un abus très-préjudiable au commerce des Cotons, en ce que les négocians de ces îles sont dans l'usage de les mouiller lorsqu'ils les emballent, à l'effet de s'en procurer un plus grand poids, que les Cotons ainsi mouillés s'échauffent dans la traversée, et souvent se pourrissent, ce qui donne lieu à différens procès entre les acheteurs et les vendeurs, et à des recours de garantie contre les habitans des îles qui ont fait l'envoi desdits Cotons : et S. M. voulant arrêter le cours de cet abus capable de faire abandonner le commerce de Cotons aux négocians du royaume, au préjudice desdites colonies et de ces manufactures. Vu les représentations faites à ce sujet par les syndics de la Chambre de commerce établie à Rouen, ensemble l'avis des Députés du commerce. Ouï le rapport du sieur Le Pelletier, Conseiller d'Etat ordinaire et au Conseil Royal, Contrôleur-général des Finances. Le Roi étant en son Conseil, a ordonné et ordonne ce qui suit :

ART. Ier. Les habitans des îles françaises de l'Amérique seront tenus, à commencer un mois après le jour de la publication du présent Arrêt auxdites îles, d'emballer ou faire emballer à sec et sans les mouiller, les Cotons destinés pour être envoyés en France, à peine de 100 liv. d'amende pour chaque balle de Coton qui se trouvera en contravention.

II. Lesdits habitans seront tenus de mettre leur marque aux deux bouts de chaque balle de Coton, et à un pied de distance de chacun desdits bouts, laquelle marque sera empreinte en huile, et contiendra leur nom et celui de leur quartier ou demeure ; et ce, sous pareille peine de 100 liv. d'amende pour chaque balle qui se trouvera non marquée.

III. Fait S. M. très-expresses inhibitions et défenses à tous commissionnaires et autres habitans desdites îles, de recevoir aucuns Cotons de la Guadeloupe ou autres colonies, si les balles qui les contiendront ne se trouvent marquées conformément à la disposition du précédent article ; et ce, sous peine de confiscation de la balle non marquée.

IV. Défend pareillement S. M. aux capitaines et commandans des bâtimens qu'ils conduiront auxdites îles, de recevoir avant leur départ pour revenir en France, aucunes balles de de Coton dans leurs navires, si elles ne sont marquées conformément à ce qui est prescrit par l'art. II du présent Réglement, à peine aussi de 100 liv. d'amende, et de répondre en leur propre et privé nom, à leur arrivée dans les ports du royaume, de toutes pertes et dommages qui auront été causés par le mouillage des Cotons auxdites îles lors de leur emballage.

V. Si, dans les balles marquées conformément à l'art. II du présent Réglement, il se trouve, lors de leur arrivée en France, que les Cotons qu'elles contiendront soient endommagés et pourris pour avoir été mouillés contre la disposition portée par l'article Ier., il sera dressé procès-verbal du vice et de la pourriture desdits Cotons, par experts dont on conviendra ou qui seront nommés d'office par les Juges et Consuls du lieu de l'arrivée, ou, s'il n'y a point de Jurisdiction consulaire, par les officiers de celle qui sera la plus prochaine, et le dernier vendeur en sera garant envers l'acheteur, sauf son recours sur celui de qui il les aura achetés, et ainsi successivement jusqu'au premier vendeur, lequel sera condamné aux dommages et intérêts, frais et dépens des parties, et en outre en l'amende de 100 livres pour chaque balle.

VI. Si les Cotons dont les balles n'auront point été marquées dans le délai porté par l'article Ier. du présent Réglement, soit qu'ils soient encore auxdites îles ou en route, ou qu'ils soient arrivés en France, se trouvent endommagés pour avoir été mouillés lors de leur emballage auxdites îles, celui qui les aura vendus sera sujet, envers l'acheteur, aux condamnations

X

portées par le précédent article, sauf le recours y expliqué.

VII. Ordonne S. M. aux Juges et Consuls du royaume, et au sieur Intendant des îles et colonies françaises de l'Amérique, de prononcer sans aucun retardement les peines encourues par les contrevenans, ensemble sur les demandes en dédommagement qui seront portées devant eux pour raison des Cotons que les acheteurs justifieront par procès-verbal d'experts, en la forme prescrite, être viciés et pourris par le fait du premier vendeur; à l'effet de quoi S. M. a attribué et attribue toute Cour et Juris-diction audit sieur Intendant et auxdits Juges et Consuls, et icelle interdit à toutes ses autres Cours et Juges. Enjoint S. M. audit sieur In-tendant de tenir la main à l'exécution, etc.

Fait au Conseil d'Etat du Roi, S. M. y étant, tenu à Marly le 20 décembre 1729. *Signé*, PHELYPEAUX.

───────

(N°. 126.) *ARRET en Réglement du Conseil Souverain, concernant la prise des bestiaux,*

Du 10 juillet 1730.

SUR les plaintes portées en la Cour par diffé-rens particuliers, habitans de cette île, que la modicité du prix que l'on paie ordinairement pour les bestiaux pris en dommage, est cause que plusieurs desdits habitans sont peu soigneux de clore leurs savanes ou autrement garder leurs dits bestiaux, dont les échappées dans es plan-tations causent des dommages très-cons.derables et qu'il serait nécessaire de les contenir par la crainte d'une plus grande peine ; sur quoi la matière mise en délibération.

La Cour, ouï le Procureur-général du Roi en ses conclusions, et M^e. Jean Assier, Conseiller-rapporteur en son rapport verbal, ordonne :

1°. Que chaque habitant sera tenu et obligé de clore sa savane avec de bonnes lisières, et palissades, ou autrement contenir ses bestiaux, de sorte qu'ils ne puissent aller chez ses voisins.

2°. Qu'en cas que chaque savane soit contiguë, chaque propriétaire sera obligé de faire et entretenir la moitié de la palissade ou lisière qui les séparera, ou d'entretenir le tout à frais communs, si mieux n'aiment lesdits propriétaires laisser entr'eux leurs savanes communes.

3°. Que lorsque les bêtes cavalines ou à cornes d'un particulier seront prises chez un autre habitant, les propriétaires des bestiaux seront tenus de payer à celui chez qui ils auront été pris, la somme de 10 liv., pour la prise de chacun d'iceux, et en outre celle de 20 sols par jour pour la nourriture, à compter du jour que le maître desdits bestiaux aura été averti ; si mieux n'aime l'habitant chez qui lesdits bestiaux auront été pris, faire estimer le dommage qui pourra lui avoir été fait, et ce, par des habitans voisins, qui dresseront procès-verbal de leur estimation, sur lequel sera fait droit par le Juge des lieux en la manière ordinaire ; et sera le présent arrêt, lu, etc.

Fait à la Martinique au Conseil Souverain, le 10 juillet 1730.

(N.° 127.) DECLARATION *du Roi*, *concernant* *la Régie et perception du droit de Capitation aux Isles et Terre-Ferme du vent de l'Amérique*, *et les exemptions de ce droit.*

Du 3 octobre 1730.

LOUIS, etc., SALUT : Nous avons fait examiner en notre Conseil les différentes Ordonnances et Réglemens rendus jusqu'à présent pour l'établissement, la régie et perception du droit de capitation, faisant partie de notre domaine d'occident aux îles et terre-ferme du vent de l'Amérique, notamment les Ordonnances rendues par les sieurs de Baas, Begon, de Feuquière et Blondel Jouvancourt, ci-devant Gouverneurs, Lieutenans-généraux et Intendans auxdites îles, et après avoir reconnu que ces Ordonnances et Réglemens n'ont pas suffisamment pourvu aux abus qui se commettent sur cette partie de nos revenus et en diminuent considérablement le produit, et qu'il est nécessaire d'établir des règles certaines et convenables à l'état actuel de ces colonies, pour assurer la fidélité des dénombremens qui doivent être fournis d'année en année, faciliter la confection des rôles, accélérer les recouvremens, remédier à l'extention des privilèges et exemptions, et statuer sur les difficultés qui arrivent journellement entre le fermier de notre domaine et les redevables de la capitation; nous avons jugé à propos d'y pourvoir par le présent Réglement, dans lequel nous avons fait rédiger les articles que nous voulons être observés sur cette matière.

A ces causes, etc.; voulons et nous plaît ce qui suit :

ART. Ier. Le droit de capitation qui consiste en 100 livres de sucre brut poids de marc, sera payé par tous les particuliers habitans des îles et terre-ferme du vent de l'Amérique, de quelque pays, qualité et condition qu'ils soient, tant pour eux que pour les nègres, mulâtres, créoles et blancs engagés ou autres domestiques de l'un et l'autre sexe qu'ils auront à leur service, aux exceptions ci-après expliquées.

II. Les blancs, les nègres, les mulâtres et les créoles au-dessous de l'âge de 14 ans, et ceux au-dessus de 60 ans, seront exempts du paiement dudit droit de capitation.

III. Les créoles blancs, mâles et femelles, engagés ou domestiques, les femmes et filles blanches, de quelque pays qu'elles soient, seront exempts du paiement dudit droit pour leur personne seulement.

IV. Les ecclésiastiques séculiers résidens aux dites îles et terre-ferme, jouiront de l'exemption de tous droits de capitation pour leur personne seulement; et ceux qui seront employés à desservir les cures, jouiront en outre de l'exemption pour trois de leurs domestiques, noirs ou blancs.

Chaque Communauté religieuse établie dans nos îles du vent de l'Amérique, jouira de ladite exemption pour trente noirs travaillans sur leurs habitations, ensemble pour les nègres employés au service desdits religieux ou religieuses de chacun desdits ordres; savoir, pour la maison principale desdits religieux dans chaque île, jusqu'au nombre de douze nègres, et pour chaque Curé, jusqu'au nombre de trois nègres.

Les Curés de Cayenne qui sont obligés d'aller par mer administrer les sacremens à leurs paroissiens, jouiront en outre de l'exemption de quatre nègres d'augmentation, pour servir à conduire les canots ou pirogues dont ils ont besoin.

Les Religieux de la Charité qui desservent les hôpitaux du Fort-Royal et du bourg St.-Pierre à la Martinique, et celui de l'île de la Guadeloupe, jouiront de la même exemption de la capitation pour trente nègres travaillans sur leurs habitations, et pour vingt domestiques noirs et blancs employés dans chaque hôpital au service des pauvres.

Les nègres desdits religieux et religieuses qui ne sont point compris dans les exemptions ci-dessus spécifiées, seront sujets aux droits de capitation, de même que ceux des habitans desdites îles, conformément à nos Lettres-patentes du mois d'août 1721.

V. Le Gouverneur-général et l'Intendant, les Gouverneurs-particuliers et autres Officiers de l'Etat-major, les Officiers des Troupes, les Officiers des Conseils Supérieurs, ceux de l'Amirauté et ceux des Jurisdictions ordinaires, les officiers de milice et autres personnes ci-après désignés, seront exempts du droit de capitation, tant pour leurs personnes et les blancs qu'ils auront à leur service, que pour le nombre de nègres que nous leur avons fixé, ainsi qu'il suit.

Le Gouverneur-général et l'Intendant jouiront de l'exemption générale de tous les nègres étant à leur service.

Les Gouverneurs-particuliers jouiront de l'exemption de capitation, chacun pour 24 nègres.

Les Lieutenans de Roi, chacun pour 18 nègres.

Les majors, chacun pour 15 nègres.

Les capitaines de port, chacun pour 12 nègres.

Les capitaines des troupes, tant françaises que suisses, chacun pour 12 nègres.

Les lieutenans aides-majors, chacun pour 8 nègres.

Les sous-lieutenans, chacun pour 7 nègres.

Les enseignes et cornettes, chacun pour 6 nègres.

Les ingénieurs en chef, chacun pour 12 nègres.

Les autres ingénieurs ayant commission de nous, chacun pour 8 nègres.

Les commissaires-ordonnateurs, chacun pour 24 nègres.

Les commissaires de marine, chacun pour 12 nègres.

Les écrivains principaux, chacun pour 6 nègres.

Les commis aux classes, gardes-magasins et écrivains du Roi, chacun pour 4 nègres.

Le trésorier de la marine, pour 8 nègres.

Les commissaires particuliers d'artillerie ayant commission de nous, chacun pour 12 nègres.

Deux autres commissaires et trois lieutenans ayant commission du Gouverneur-général et de l'Intendant, chacun pour 6 nègres.

Les canonniers entretenus par le Roi, chacun pour 2 nègres; les autres pour 1 nègre seulement.

Les officiers des Conseils Supérieurs, chacun pour 12 nègres.

Les premiers substituts des Procureurs-généraux, chacun pour 8 nègres.

Les greffiers en chef des Conseils Supérieurs, chacun pour 12 nègres, à la charge de délivrer *gratis* les expéditions pour les affaires qui concernent le domaine.

Les Juges ordinaires et ceux de l'amirauté, chacun pour 12 nègres.

Les lieutenans desdits Juges, chacun pour 8 nègres.

Nos procureurs, chacun pour 12 nègres.

Les premiers substituts desdits procureurs, chacun pour 6 nègres.

Les greffiers des Jurisdictions ordinaires, et ceux de l'amirauté, chacun pour 6 nègres, à la charge de délivrer *gratis* les expéditions pour les affaires qui concernent le domaine.

Les capitaines en pied, et les majors de milice, chacun pour 12 nègres.

Les lieutenans et aides-majors, chacun pour 8 nègres.

Les cornettes et enseignes, chacun pour 6 nègres.

Les sergens, maréchaux-de-logis et brigadiers de cavalerie, chacun pour 4 nègres.

Les officiers de la compagnie de gendarmes de la Martinique, jouiront des mêmes exemptions que les officiers de milice ci-dessus, chacun à proportion de leur grade.

Les grands voyers, chacun pour 12 nègres.

Les sous-voyers, chacun pour 8 nègres.

L'arpenteur-général, pour 12 nègres.

Quatre arpenteurs particuliers à la Martinique, quatre à la Guadeloupe, deux à la Grenade, deux à Cayenne et un à Marie-Galante, suivant l'état qui en sera arrêté par le Général et l'Intendant, chacun pour 8 nègres.

Les médecins ayant brevet de nous, chacun pour 2 nègres.

Les chirurgiens employés pour leurs appointemens sur l'état des charges et dépenses annuelles desdites îles, chacun pour 8 nègres.

VI. Les officiers et autres compris dans l'article précédent, ne jouiront des exemptions de capitation, que pendant le tems qu'ils seront dans lesdits offices et emplois, et qu'ils en feront les fonctions.

VII. Les nobles dont les titres de noblesse auront été enregistrés aux Conseils Supérieurs, et les Arrêts d'enregistrement remis au bureau du domaine, seront exempts du droit de capitation pour leurs personnes, les blancs qu'ils auront à leur service, et chacun pour 12 nègres, à commencer seulement du premier Janvier de l'année qui suivra celle en laquelle ledit enregistrement aura été fait, sans que lesdits nobles puissent étendre ladite exemption de 12 nègres, sous le nom de leurs enfans non-pourvus, et qui n'auront point leur habitation particulière : et ne pourront lesdits nobles, prétendre autre ni plus grande exemption, sous prétexte que leurs terres auraient été érigées en comtés ou autres dignités, ni sous quelque prétexte que ce puisse être : voulons, en cas de contestation, qu'ils se pourvoient en notre Conseil, et que leur exemption demeure fixée par provision, au nombre de nègres ci-dessus.

VIII. Les veuves des privilégiés mentionnés en l'art. V, jouiront pendant leur viduité, de moitié de l'exemption dont jouissaient leurs maris, pourvu qu'au jour de leur décès ils fussent encore pourvus de leurs offices et commissions; et les veuves de nobles jouiront pareillement pendant leur viduité, de moitié de l'exemption accordés à leurs maris par l'art. VII.

IX. Ceux qui feront de nouveaux établissemens dans lesdites îles et colonies sur les terres à défricher, jouiront, pendant deux années, de l'exemption de la capitation pour leurs personnes, les domestiques et les nègres qu'ils y emploieront, à la charge pour ceux qui voudront faire lesdits établissemens, d'en faire leur déclaration pardevant l'Intendant, le Commissaire-ordonnateur ou le subdélégué de l'île, qui réglera préalablement le nombre de nègres nécessaires pour le défrichement du terrein destiné au nouvel établissement, laquelle déclaration avec l'Ordonnance de M. l'Intendant, sera signifiée au commis du domaine.

Ceux qui feront de nouvelles plantations de cacaoyers, jouiront aussi de la même exemption pour leur personne et pour les nègres employés à ladite plantation, en suivant les mêmes formalités.

Ceux qui voudront établir de nouvelles indigoteries, jouiront aussi de l'exemption pour leur personne et pour le nombre de 8 nègres, à compter du jour qu'ils en auront fait et signifié leur déclaration au commis du domaine, sans que lesdites exemptions puissent dispenser lesdits habitans de fournir, chaque année, la déclaration et le dénombrement des blancs engagés, mulâtres et nègres mâles et femelles qu'ils emploieront auxdits établissemens, en la forme prescrite par l'article XIII des présentes, ni qu'elles puissent s'étendre sur ceux qui transporteront leurs sucreries ou autres habitations d'un lieu en un autre, dans un même terrein tout défriché, ou qui convertiront la culture ordinaire de leurs terreins en d'autres terreins.

X. Tous ceux qui ont ci-devant prétendu des exemptions de capitation, et qui ne sont point expressément dénommés dans ces présentes, ceux qui ont autrefois habité l'île de St-Christophe, et qui demeurent présentement dans lesdites îles et colonies, et généralement toutes autres personnes, seront tenues de payer la capitation en entier, tant pour eux que pour leurs nègres et mulâtres de l'un et de l'autre sexe, les blancs engagés et autres domestiques qu'ils auront à leur service, à l'exception de ceux dont les privilèges seront confirmés par Arrêt de notre Conseil.

XI. Voulons que ceux auxquels l'exemption de la capitation est accordée, n'en puissent jouir sous deux qualités, quoiqu'ils aient ou exercent plusieurs offices ou fonctions différentes; mais ils jouiront de la plus forte exemption, laquelle néanmoins n'aura lieu que pour le nombre effectif de nègres ou domestiques qui seront à leur service, au cas que ce nombre soit au-dessous de celui porté en ladite exemption; et faisons défenses à toutes personnes d'en emprunter et prêter pour profiter de ladite exemption, à peine de confiscation des nègres prêtés, et de 500 liv. d'amende contre chacun de ceux qui ont prêté ou emprunté lesdits nègres.

XII. Un privilégié associé pour une habitation par acte pas. é pardevant notaire, dont il restera minute, avec un autre habitant non privilégié, jouira des exemptions dont il a droit de jouir par ces présentes sur les nègres travaillans sur ladite habitation, qui seront censés lui appartenir par proportion à la part qu'il aura dans la société, et il sera tenu de faire signifier au receveur du domaine, l'acte de société qu'il aura fait, à l'effet de jouir de ladite exemption.

XIII. Le droit de capitation dû par chaque année, est acquis à notre domaine, le premier janvier de la même année. Voulons que, pour parvenir au recouvrement d'icelui, tous les habitans de quelque qualité et condition qu'ils soient, exempts ou non exempts, les ecclésiastiques, religieux ou religieuses ou leurs agens ou procureurs, soient tenus chacun à leur égard de faire tous les ans leurs déclarations de toutes les personnes qui composent leur maison, communauté et habitation, par nom, surnom et âge des blancs, nègres, mulâtres libres engagés ou esclaves de l'un et de l'autre sexe, laquelle déclaration ils certifieront véritable, et la remettront, dans le mois de novembre de chaque année, au receveur du domaine de leur quartier, ou au commis du domaine qui sera envoyé sur leurs habitations, lesquels leur en donneront leur reconnaissance au bas de copie d'icelle ; et faute d'y satisfaire dans ledit tems, les privilégiés défaillans seront privés pour l'année suivante, de l'exemption de la capitation, et les autres habitans aussi défaillans, condamnés en 100 liv.

d'amende chacun, sans que ces peines puissent être réputées comminatoires.

XIV. Les rôles de la capitation seront arrêtés dans le quinze janvier de chaque année par les Intendans, Commissaires-ordonnateurs et subdélégués dans chaque île, sur lesdites déclarations et listes qui leur seront remises à cet effet par les commis du domaine ; et lesdits rôles seront délivrés auxdits commis avec lesdites déclarations et listes, pour en faire la vérification et le recouvrement.

En cas que, par la vérification qui sera faite par les commis du domaine, les déclarations des habitans se trouvent fausses, voulons que, sur le procès-verbal de revue et perquisition de deux desdits commis ayant serment en justice par eux affirmé véritable ou duement vérifié, ou sur telle autre preuve qui sera jugée constante et valable, les nègres ou autres esclaves qui auront été recélés, omis ou non déclarés, soient confisqués, et les propriétaires d'iceux condamnés en 500 liv. d'amende, et en outre les privilégiés qui auront faits de fausses déclarations, demeureront déchus pour toujours des exemptions à eux accordées.

XV. Les commis du domaine feront une fois par an, pour la vérification des déclarations, la revue générale de ce qui compose les maisons et habitations de toutes personnes de quelque qualité et condition qu'elles soient ; leur permettons en outre de faire, sur les avis qui leur seront donnés, des visites et revues particulières dans lesdites maisons et habitations, même dans les presbytères, maisons et communautés religieuses, pour la découverte des nègres et autres

personnes recélées et non déclarées; et en cas
de refus de faire faire ouverture des portes, se
feront accompagner d'un Juge, s'il y en a un sur
les lieux, ou à son défaut, d'un officier de milice;
et ne pourra ledit Juge ou officier de milice requis, refuser d'y assister, à peine d'être déchu
de l'exemption qui lui est accordée.

XVI. Pourront les commis du domaine,
prendre communication, sans se déplacer, des
registres baptistaires et mortuaires, comme aussi
de tous les inventaires et partages qui seront
déposés entre les mains des greffiers et notaires; et seront tenus les curés, greffiers et
notaires, de leur en délivrer les extraits qu'ils
demanderont pour ce qui concernera le droit
de capitation.

XVII. Les capitaines des vaisseaux négriers
continueront de faire. aussi-tôt après leur arrivée, leur déclaration au bureau du domaine,
des nègres, négresses, négrites et négrillons
dont leurs vaisseaux sont chargés.

XVIII. Le recouvrement de la capitation
se fera par préférence à toutes dettes et privilèges quelconques, sur les rôles qui seront
arrêtés à cet effet; et la même préférence
aura lieu pour les billets et promesses que le
fermier pourra prendre en paiement pour le
droit de capitation, pourvu néanmoins qu'il
soit fait mention dans lesdits billets ou promesses, de leur origine.

XIX. Pour faciliter le recouvrement du
droit de capitation, voulons que par celui
qui arrête lesdits rôles, le prix du sucre brut
et du sucre blanc, soit évalué en argent au
prix courant des lieux, et que les redevables

aient le choix de payer en argent ce qu'ils devront pour leur capitation, ou de l'acquitter en sucre brut ou en sucre blanc, bon, loyal et marchand; et ceux qui voudront faire leur paiement en sucre, seront tenus de le faire porter suivant l'usage, sur le bord de la mer dans les ports et anses les plus commodes, pour en faire l'embarquement dans le bateau qui sera envoyé à cet effet par le domaine, et sur les avertissemens qui leur en seront donnés.

XX. Les habitans qui n'auront point de sucrerie paieront pour le droit de capitation, 6 liv. en argent au lieu d'un quintal de sucre, et seront compris dans un chapitre séparé du rôle arrêté.

XXI. Avons déclaré et déclarons les nègres, chaudières et bestiaux servant aux sucreries, non sujets aux saisies qui pourraient être faites pour le paiement du droit de capitation, sauf auxdits fermiers, de procéder par voie de saisie et vente sur les autres biens, meubles, sucres et effets appartenans aux débiteurs pour le paiement desdits droits.

XXII. Les redevables de la capitation qui n'y auront pas satisfait dans l'année, soit en tout ou en partie, seront tenus de la payer en sucre en nature, ou suivant l'estimation de l'année où ils eussent dû payer, à l'option du fermier, si mieux il n'aime exiger le paiement, suivant l'estimation portée par le rôle de l'année où se fera le paiement.

XXIII. Les sieurs Intendans, et à leur défaut, les Commissaires-ordonnateurs aux îles, demeureront seuls Juges dans toutes les contestations qui surviendront, concernant la régie et perception du droit de capitation, et l'exécution du présent Réglement, circonstances et dépendances ; leur en confirmons en tant que de besoin, la connaissance, privativement à tous autres Juges, ainsi que de tous autres droits appartenans à notre domaine d'occident ; et leurs Ordonnances et Jugemens seront exécutés par provision, nonobstant l'appel qui ne pourra être porté qu'en notre Conseil.

Si donnons en mandement, à nos amés et féaux les gens tenans nos Conseils Supérieurs auxdites îles et colonies, que ces présentes, etc.

Donnée à Versailles, le 3 octobre 1730, *Signés*, LOUIS; *et plus bas*, par le Roi, PHE-LYPEAUX.

Enregist. au Conseil Souverain.

(Nº. 128.) *EDIT du Roi, qui ordonne une fabrication d'Espèces d'Argent particulières aux îles du vent de l'Amérique.*

Du mois de décembre 1730.

LOUIS, etc., SALUT : Les productions de nos colonies établies dans les îles de l'Amérique ont augmenté si considérablement depuis notre avénement à la couronne, qu'elles forment aujourd'hui entre les négocians de notre royaume et nos sujets desdites îles, un commerce dont l'avantage et le maintien demandent toutes sortes d'attentions ; et comme nous sommes informés que pour faciliter encore plus ce commerce,

il

il serait nécessaire d'établir, dans nos colonies des îles du vent, une monnaie particulière, qui n'eût cours que dans lesdites îles, nous avons résolu d'en ordonner la fabrication.

A CES CAUSES, etc. ; statuons et ordonnons ce qui suit.

ART. Iᵉʳ. Qu'il soit incessamment fabriqué dans notre monnaie de la Rochelle, jusqu'à concurrence de quarante mille marcs de nouvelles espèces d'argent, au titre de 11 deniers de fin, 3 grains de remède, aux empreintes figurées dans le cahier, attaché sous le contre-scel de notre présent Edit ; savoir : des pièces de 12 sols, à la taille de 90 au marc, deux pièces de remède ; et des pièces de six sols, à la taille de 180 au marc, quatre pièces de remède, lesquelles espèces seront marquées sur la tranche, et auront cours dans nos îles de la Martinique, la Guadeloupe, la Grenade, Marie-Galante, Sainte-Lucie, et autres nos îles du vent de l'Amérique seulement.

II. Défendons à tous nos sujets de quelque pays et qualité qu'ils soient, d'exposer lesdites espèces dans notre royaume, ni dans aucune de nos autres colonies, à peine d'être poursuivis comme billonneurs, et comme tels punis suivant la rigueur de nos Ordonnances.

III. Défendons sous les mêmes peines aux capitaines, facteurs, passagers et autres gens composant les équipages des vaisseaux de nos sujets, et à tous autres qui navigueront et commerceront dans nos îles désignées à l'article Iᵉʳ. de notre présent Edit, de se charger de porter dans notre royaume, et dans nos autres colonies, aucune desdites espèces,

IV. Voulons que les frais de brassage, ajustage et monnayage desdites espèces, soient payés conformément à ce qui a été réglé pour les dixièmes et vingtièmes d'écus, par l'Arrêt de notre Conseil du 19 janvier 1715.

Si donnons en mandement, à nos amés et féaux Conseillers, les gens tenans notre Cour des monnaies à Paris, que notre présent Edit, etc.

Donné à Versailles, au mois de décembre 1730. *Signés*, LOUIS ; *et plus bas*, par le Roi. PHELYPEAUX.

Enregist. au Conseil Souverain.

(N°. 129.) *ORDONNANCE du Roi, sur les monnaies des îles du vent de l'Amérique.*

Du 18 février 1732.

SA Majesté s'étant fait représenter l'Edit du mois de décembre 1730, par lequel elle aurait ordonné une fabrication d'espèces d'argent particulière pour les îles du vent de l'Amérique méridionale ; savoir : des pièces de 12 sols à la taille de 90 au marc, deux pièces de remède ; et des pièces de 6 sols de 180 au marc, quatre pièces de remède, et l'Ordonnance rendue par les sieurs Marquis de Champigny, Gouverneur et Lieutenant-général, et d'Orgeville, Intendant desdites îles, le 2 novembre 1731, par laquelle ils auraient ordonné sous le bon plaisir de S. M., et jusqu'à ce qu'elle en eut autrement ordonné, que tous les paiemens qui seraient faits par le commis des trésoriers de la marine pour le compte de S. M., ne pourrait être fait qu'en espèces de la nouvelle monnaie fabriquées en vertu dudit Edit ; que dans ces paiemens les pièces de 90 au marc seraient données et reçues pour 12 sols, et celles à la taille de 180, pour 6 sols ; mais que dans les autres paiemens qui pourraient être faits en monnaies nouvelles et en espèces d'Espagne, dont S. M. a bien voulu tolérer le cours auxdites îles, les pièces de 90 au marc seraient données et reçues pour un escalin, et celles à la taille de 180, pour un demi escalin ; et S. M. ayant reconnu que cette Ordonnance est contraire aux vues qu'elle s'est proposées par ledit Edit, pour l'avantage du commerce desdites îles, elle a cassé ladite Ordonnance, et en conséquence a ordonné et ordonne que dans tous les paiemens généralement quelconques qui seront faits en espèces de la nouvelle monnaie fabriquée en vertu de l'Edit du mois de décembre 1730, les pièces à la taille de 90 au marc auront cours pour 12 sols, et celles à la taille de 180, pour 6 sols, conformément audit Edit, qui sera exécuté selon sa forme et teneur.

Mande et ordonne, etc.

Fait à Marly, le 18 février 1732. *Signés,* LOUIS ; *et plus bas,* par le Roi, PHELYPEAUX.

(N°. 130.) *REGLEMENT de MM. les Général et Intendant, sur les boucheries et qui fixe le prix de la viande.*

Du 25 mars 1732.

Nous ordonnons : 1°. Que les bouchers

fueront et exposeront en vente chaque jour, la viande qui est nécessaire pour la consommation journalière des villes et bourgs où ils sont établis, à peine d'amende qui sera arbitrée par le Juge.

2°. Défendons à tous bouchers, habitans et à toutes autres personnes de tuer des veaux, des genisses et jeunes vaches, sans permission expresse de l'un de nous, jusqu'à ce que l'espèce étant devenue plus abondante, il en soit par nous autrement ordonné, et ce, à peine de 200 liv. d'amende pour chaque contravention.

3°. Défendons aux bouchers de vendre à plus haut prix de 12 sols la livre de bœuf et de cochon, et de 15 sols la livre de mouton. Leur défendons pareillement de vendre lesdites viandes à la main, à peine de 500 liv. d'amende et d'un mois de prison pour la première fois, et de punition exemplaire en cas de récidive.

4°. Défendons aux cabaretiers de se présenter aux bouchers, ni par eux-mêmes, ni par personnes interposées avant huit heures du matin, sous peine de 200 livres d'amende.

5°. Défendons aux cabaretiers de tuer ni vendre de la viande crue, si ce n'est celle qui sera consommée dans leurs cabarets, à peine de 300 liv. d'amende et de quinze jours de prison.

6°. Ordonnons que les bouchers donneront de la viande par préférence à tous autres particuliers, aux privilégiés ci-après dénommés; savoir : aux Général et Intendant, aux Gouverneurs, au Commissaire-général et ordonnateur à la Guadeloupe, aux Lieutenans de Roi, aux religieuses Ursulines et aux hôpitaux,

Défendons à tous autres particuliers d'exiger par menaces ou autrement aucune préférence, sous prétexte de privilèges, auxquels les bouchers n'auront aucun égard.

7°. Les amendes ci-dessus seront payé, à la diligence du Procureur du Roi ou du commissaire de police, entre les mains du greffier de la Jurisdiction, et applicables un tiers aux pauvres de la paroisse, un tiers aux hôpitaux et un tiers aux réparations des édifices publics.

Sera la présente Ordonnance, etc.

Donnée au Fort Royal de la Martinique, le 25 mars 1732. *Signés*, DE CHAMPIGNY et D'OR-SEVILLE.

Enregist. au Conseil Souverain.

(N°. 131.) *ARRET du Conseil d'Etat du Roi, qui ordonne que les droits du domaine d'occident, qui se perçoivent aux colonies, seront distraits du bail des fermes généra es-unies fait à Nicolas Desboves, à commencer du premier janvier* 1733.

Du 5 août 1732.

LE Roi ayant jugé convenable au bien de son service, et à l'avantage des îles et terresfermes de l'Amérique et Canada qui sont sous la domination de S. M., de distraire du bail des fermes générales-unies, fait à Nicolas Desboves le 31 mai 1730, les droits du domaine d'occident, qui se perçoivent auxdites colonies, à commencer du premier janvier 1733. Ouï le rapport du sieur Orry, Conseiller d'Etat, et au Conseil royal , Contrôleur-général des Finances , le Roi étant en son conseil , du consentement des cautions dudit Desboves , a ordonné et ordonne que les droits du domaine d'occident , aux colonies françaises de l'Amérique et Canada , seront et demeureront distraits du bail dudit Desboves , à compter du premier janvier 1733. Veut S. M. que ledit Desboves jouisse en entier , pendant les six années de son bail , des trois pour cent de la valeur des marchandises et denrées desdites colonies françaises, faisant partie des droits du domaine d'occident en France , compris le demi pour cent distrait desdits trois pour cent par Déclaration du 10 novembre 1727 , au moyen de quoi ledit Desboves ne pourra , suivant ses offres , prétendre d'autre indemnité pour raison de la présente distraction. Ordonne S. M. , qu'à commencer du premier janvier 1733 , la régie des droits du domaine d'occident auxdites colonies françaises , sera faite par ceux qui seront préposés sous les ordres des sieurs Intendans , et le produit net remis au Trésorier de la marine en exercice , par lesdits préposés , pour en être fait recette dans ses états au vrai et compte , et admise sans difficulté sur les états qui en seront arrêtés par lesdits sieurs Intendans.

Ordonne S. M. que sur le produit dudit domaine des colonies françaises , il sera employé annuellement en gratifications aux Commandans , Intendans et autres officiers servans dans les colonies , la somme de 80,000 livres , laquelle sera payée par ledit Trésorier , suivant les états qui en seront arrêtés au Conseil royal de commerce : ordonne en outre que sur ledit produit, il sera entretenu tous les ans deux bateaux pour croiser contre le commerce étranger. Veut S. M. qu'à l'avenir, et à commencer du premier janvier 1733, il ne soit fait fonds dans les états des charges assignés sur les fermes générales, au chapitre du domaine d'occident, que de la somme de 180,000 liv. sous le nom du Trésorier-général de la marine en exercice, qui sera passée et allouée sur sa simple quittance, dans la dépense des états au vrai et compte dudit Desboves ; de laquelle somme de 180,000 livres, ledit Trésorier général de la marine sera tenu de faire recette dans ses états au vrai et compte ; dans lesquels il sera pareillement fait dépense des charges assignées sur le domaine d'occident, aux îles et colonies françaises et Canada, suivant les états qui en seront arrêtés au Conseil. Et seront pour l'exécution du présent Arrêt, toutes lettres nécessaires expédiées.

Fait au Conseil d'Etat du Roi, S. M. y étant, tenu à Versailles, le 5 août 1732. *Signé*, PHELYPEAUX.

(Nº. 132.) *ORDONNANCE de MM les Général et Intendant, sur les raquettes.*

Du 13 janvier 1733.

Nous étant apperçu que la paix dont nous jouissons depuis dix-neuf ans, a donné lieu de négliger la conservation des raquettes qui défendaient les bords de mer, qui ne sont point garnis de palétuviers et de marais, et

Z 4

où l'ennemi peut faire des descentes en tems de guerre ; et comme il convient de se mettre en tems de paix en état de prévenir toutes surprises, nous avons cru qu'il était nécessaire de rétablir cette fortification naturelle dans toutes les îles du vent ; et en même tems pour prévenir les inconvéniens que peuvent causer les mancenilliers qui sont le long des bords de la mer et ailleurs, jugeant nécessaire de les faire tous couper, et ces travaux qui regardent le bien commun devant être faits par tous les habitans des étages, nous ordonnons :

1°. Que le major de chacune des îles du vent, visitera tous les bords de la mer de l'île, pour reconnaître les endroits où l'on peut craindre la descente de l'ennemi, et les arbres mancenilliers qui s'y trouveront, dont il dressera des procès-verbaux en présence des officiers de milice, qui seront appellés à cette visite dans chaque quartier.

2°. Après que lesdits procès-verbaux auront été homologués, savoir, par nous à la Martinique ; à la Guadeloupe, par le Gouveur, et par le Commissaire-général et subdélégué à l'Intendance, et par les Gouverneurs à la Grenade et à Marie-Galante, il sera planté d'abord dans les lieux désignés par lesdits procès-verbaux, trois rangs de raquettes à 18 pouces de distance les uns des autres ; et qu'ensuite à mesure que les tiges pousseront des rameaux, il en sera planté jusqu'à douze pieds d'épaisseur, observant toujours de laisser 18 pouces d'intervalle entre chaque rang, et le passage libre des cabrouets où sont les embarcadaires.

3°. Ordonnons pareillement que tous les mancenilliers, tant ceux désignés par les procès-verbaux, que ceux qui se pourraient trouver dans les différens quartiers des îles, seront coupés, et la place qu'ils occupaient nettoyée, en sorte que les rejettons ne puissent repousser, et que cet arbre pernicieux soit absolument détruit dans toutes les îles du vent.

4°. Enjoignons aux habitans des étages de fournir pour ces travaux les nègres qui seront commandés proportionnellement, et suivant le nombre de leurs nègres travaillans, comme aussi de détruire chacun les mancenilliers qui se trouveront sur leurs terres.

Sera la présente Ordonnance, etc.

Donnée au Fort-Royal de la Martinique, le 13 janvier 1733. *Signés*, DE CHAMPIGNY et D'ORGEVILLE.

Enregist. au Conseil Souverain.

(N°. 133.) *ARRET en réglement du Conseil Souverain, sur les esclaves tenans maisons.*

Du 3 novembre 1733.

LA Cour, ouï le Procureur-général du Roi en ses conclusions, etc., et faisant droit sur le réquisitoire dudit Procureur-général, fait défenses à tous maîtres de laisser vaguer leurs esclaves, et de permettre qu'ils tiennent des maisons particulières, sous prétexte de commerce ou autrement, à peine de confiscation desdits esclaves et des effets dont ils se trouveront chargés et autres peines qu'il appartiendra, ce qui sera lu , publié, etc.

Fait audit Conseil Supérieur de la Martinique , le 3 novembre 1733.

(N°. 134.) *ORDONNANCE de M. l'Intendant, qui défend aux geoliers de donner l'élargissement, de leur autorité privée, aux nègres détenus dans les prisons pour cause de marronnage.*

Du 27 novembre 1733.

VU la requête, etc. , nous faisons défenses à tous geoliers et autres personnes chargées de la garde des prisons aux îles du vent , d'élargir ni laisser sortir aucun des nègres esclaves qui y auront été conduits pour cause de marronnage, sans en avoir reçu les ordres par écrit du Procureur du Roi de la Jurisdiction du lieu , à peine contre les geoliers et gardes des prisons qui contreviendront aux présentes défenses, de 300 livres d'amende.

Mandons , etc.

Donnée au Fort Saint-Pierre de la Martique, le 27 novembre 1733. *Signé*, D'ORGEVILLE.

Enregistr. au Conseil Souverain.

(N°. 135) *ORDONNANCE de MM. les Général et Intendant. qui défend aux maîtres de faire vendre du Café par leurs nègres.*

Du 7 janvier 1734.

LA culture de Café étant aujourd'hui une source de fortune pour un grand nombre d'habitans des îles du vent est devenue un nouvel objet de notre attention ; nous ne saurions trop porter ceux qui s'y adonnent à attendre que cette graine soit à son point de maturité pour la cueillir et à la bien faire sécher avant que d'en faire des envois, ou que de l'exposer en vente. Mais inutilement se donneraient-ils ces soins s'ils étaient exposés à perdre le fruit de leurs travaux par le vol de leurs nègres ou de ceux de leurs voisins que la facilité de transporter cette denrée par petite portion pourrait favoriser ; pour obvier à cet inconvénient nous avons cru devoir ordonner :

1°. Que les habitans qui feront transporter leur Café par leurs esclaves, hors de leur habitation, leur donneront un billet signé d'eux ou marqué de leurs marques ordinaires, qui contiendra la quantité de Café dont ils seront chargés.

2°. Que les nègres qui seront trouvés chargés de Café sans billets, seront mis en prison et le Café confisqué au profit des pauvres de la paroisse où est située l'habitation d'où ils viennent.

3°. Défendons à tous habitans de faire vendre du Café par leurs esclaves sous quelque prétexte que ce soit.

4°. Défendons aux esclaves de vendre des Cafés, même par ordre de leurs maîtres, sous peine du fouet, qui sera prononcé par le Juge des lieux et exécuté sans appel, et le Café confisqué comme il est dit à l'article 2.

5°. Défendons à toutes personnes de quelle condition qu'elles soient d'acheter des Cafés des esclaves, même porteurs d'ordre de leurs maîtres , sous peine d'être poursuivis extra-ordinairement comme receleurs , et comme tels punis suivant la rigueur des Lois et Ordonnances.

6°. Enjoignons à tous officiers de justice et de milice de faire arrêter les nègres qu'ils trouveront chargés de Café , et de les faire conduire dans les prisons de la Jurisdiction la plus prochaine , pour subir les peines ci-dessus ordonnées contre lesdits esclaves , à la diligence du Procureur du Roi.

7°. Sera la présente Ordonnance , etc.

Donnée au Fort-Royal Martinique , le 7 janvier 1734. *Signés*, DE CHAMPIGNY et D'ORGE-VILLE.

Enregist. au Conseil Souverain.

Nota. Par Ordonnance des mêmes chefs , du 15 avril 1735 , les dispositions de cette Ordonnance ont été étendues à toutes ventes de Coton faites par les esclaves,

---

(N°. 136.) ORDONNANCE *de MM. les Général et Intendant , sur la taxe des nègres justiciés et la régie des biens vacans.*

Du 7 janvier 1734.

AYANT jugé nécessaire de décharger le domaine du Roi de la recette de la taxe pour les nègres justiciés , et de pourvoir à celle de impositions que les habitans sont obligés de faire sur eux-mêmes , pour les ouvrages qu'ils jugent nécessaires à la commodité et à la sûreté publiques , et de mettre un ordre dans la régie

des successions vacantes., par l'absence des hé‑
ritiers ; nous avons cru qu'il convenait de ren‑
voyer la connaissance de ces articles, qui re‑
gardent uniquement les habitans, et qui ne
concernent point les affaires de S. M , devant
leurs Juges naturels, tant pour faire les Ré‑
glemens convenables, que pour les faire exécuter.

A ces causes, nous ordonnons ce qui suit:

Art. Ier. Qu'il sera incessamment fait un Ré‑
glement par les Conseils Supérieurs de la Mar‑
tinique et de la Guadeloupe, tant pour l'im‑
position que pour le recouvrement, et la dis‑
tribution de la taxe des nègres justiciés, que
pour les autres dépenses qui regardent unique‑
ment les habitans, et pour la régie des biens
vacans, par l'absence des héritiers, chacun dans
l'étendue de leur ressort.

II. La connaissance des affaires concernant
lesdits Réglemens, appartiendra auxdits Conseils
Supérieurs, d'où ils seront émanés, et néan‑
moins lesdites affaires n'y pourront être traitées
qu'en présence du Général et de l'Intendant,
ou du Gouverneur et Subdélégué.

III. Qu'à l'avenir les receveurs de la taxe
pour les nègres justiciés, et pour les autres
impositions que les habitans pourraient faire
sur eux-mêmes, et les curateurs aux succes‑
sions vacantes, seront nommés par lesdits
Conseils Supérieurs.

IV. Nous faisons défenses aux receveurs
du domaine du Roi de recevoir aucun de‑
niers publics, autres que ceux qui sont dûs
au domaine de S. M.

V. Ordonnons que les receveurs du do‑
maine aux îles du vent, qui ont fait recette

de l'imposition des nègres justiciés, rendront compte de leur recette aux commissaires nommés par les Conseils Supérieurs de leur ressort, depuis le dernier compte arrêté par l'Intendant ou ses Subdélégués.

VI. Que les curateurs aux biens vacans rendront pareillement compte, de leur recette et de leur gestion, pardevant lesdits commissaires, depuis le dernier compte arrêté par le Directeur-général du domaine.

Sera la présente Ordonnance, etc.

Donnée au Fort-Royal de la Martinique, le 7 janvier 1734. *Signés*, DE CHAMPIGNY et D'ORGEVILLE.

Enregistr. au Conseil Souverain.

(N°. 137.) *ARRET en Réglement du Conseil Souverain, sur la caisse des nègres justiciés, et les successions vacantes.*

Du 8 mai 1734.

LA Cour, ouï le Procureur-général du Roi, en ses conclusions, et MM. Pocquet, Rahault de Choisy et Houdin Dubochet, Conseillers-commissaires en leur rapport, ordonne :

ART. 1er. Que les deniers de ladite imposition seront à l'avenir perçus par les habitans des îles du ressort, et qu'à cet effet il sera établi un receveur-particulier par chaque paroisse.

II. Que le receveur-particulier sera toujours le marguillier sortant de charge, lequel entrera en exercice de recette pour l'étendue de sa paroisse, au premier janvier suivant ; et en cas de mort de ce receveur-particulier dans l'année de sa recette, le marguillier en charge en informera le Procureur-général du Roi pour y être pourvu ; et quant au recouvrement à faire desdits deniers dûs pour les années 1732 et 1733, la Cour a nommé pour receveurs-particuliers les marguilliers qui sont sortis de charge pendant le courant de l'année dernière.

III. Que lesdits receveurs-particuliers seront tenus de remettre dans le courant du mois de septembre de chaque année au plus tard, au receveur-général, les deniers qu'ils auront reçus, l'état de leur recette, et les noms de ceux qui n'auront pas payé, et au cas que lesdits receveurs n'eussent pas remis la somme par eux perçue avec ledit état, ils seront tenus de se rendre à l'ouverture de la séance de novembre, pour en rendre compte, et ce, sans qu'il soit besoin d'autre intimation.

IV. Le receveur-général sera le greffier en chef de la Cour ; sauf néanmoins à y pourvoir autrement en cas d'inconvénient, lequel receveur-général jouira des appointemens qui lui seront ordonnés par la Cour, en connaissance de cause, après la première année de son exercice.

V. Que les sommes nécessaires à recouvrer pour le paiement desdits nègres justiciés, seront répartis comme ci-devant par tête de nègres payans droits.

VI. Que pour parvenir à l'imposition desdits deniers, les officiers du domaine, sous le bon plaisir de S. M., remettront au greffier en chef de la Cour, dans le mois de décembre de chaque année, un double des recensemens des nègres payans droits dans les îles du ressort, et qu'à l'ouverture de la séance du mois de janvier de chaque année, le greffier en chef remettra sur le bureau, les doubles qui lui auront été fournis desdits recensemens, ensemble un état général des Arrêts intervenus dans l'année précédente, portant homologation des procès-verbaux d'estimation des nègres justiciés, pour, après avoir fixé et arrêté la somme à imposer, être icelle répartie par tête de nègres payans droits ; et pour régler les impositions et répartitions des années 1732 et 1733, ordonne qu'à la prochaine séance, les états et recensemens concernant lesdites deux années, seront remis par le greffier en chef sur le bureau.

VII. Les particuliers qui voudront être employés audit état, continueront de se pourvoir en la Cour, et d'y poursuivre Arrêt, ainsi qu'il s'est pratiqué ci-devant ; desquels Arrêts, ainsi que des délibérations qui pourront concerner l'exécution du présent Arrêt, il sera tenu un registre particulier, et seront les paiemens faits par le receveur-général, à la vue desdits Arrêts, au bas desquels il en prendra quittance.

VIII. Le greffier en chef remettra à chaque receveur particulier, deux extraits du recensement-général, en ce qui concerne les habitans de sa paroisse, ensemble un extrait de l'Arrêt qui aura réglé le montant de la répartition ; laquelle remise il sera tenu de faire auxdits receveurs particuliers dans le mois de janvier inclusivement.

IX.

IX. Les receveurs-particuliers seront tenus de faire afficher dans le mois de février, à la porte de l'église paroissiale de leur quartier, à l'issue de la grande-messe, et ce, les jours de dimanche et de fête, un des extraits qui leur aura été remis, de quoi mention sera faite au bas de l'autre extrait, et icelle certifiée par ledit receveur et deux paroissiens.

X. La répartition étant rendue notoire par lesdites affiches, chaque habitant sera tenu de payer sa quote-part dans les quatre mois, entre les mains desdits receveurs-particuliers; et seront lesdits extraits de répartition exécutoires contre les particuliers débiteurs, comme pour deniers publics.

XI. Quant à la recette qui a été faite des deniers en question, jusqu'à la présente année, les officiers du domaine en rendront compte, conformément à l'Ordonnance du 7 janvier dernier, et à l'Arrêt d'enregistrement d'icelle; et après ledit compte rendu, il sera pourvu au recouvrement de ce qui se trouvera dû du restant de la taxe des nègres justiciés; et en même-tems au paiement de ce qui sera dû pour le prix des nègres justiciés.

XII. Dans les paroisses situées dans l'étendue du ressort, dans lesquelles il n'y a point de marguillier en charge, il sera, le premier dimanche du mois de décembre de chaque année, fait une assemblée dans la forme ordinaire des assemblées de paroisse, et ce, à la diligence des substituts dudit Procureur-général, à laquelle le Juge et ledit substitut présideront ou l'un d'eux, pour être, le receveur de la paroisse élu à la pluralité des voix, dont il sera dressé acte, lequel sera remis par lesdits subs-tituts au receveur-général avant le mois de janvier.

XIII. A l'égard des îles de Marie-Galante et de la Grenade, dans lesquelles les impositions se repartissent en particulier, la Cour y a commis pour receveur-général, le greffier-principal de chaque Jurisdiction, et ce, subordon-nément au greffier en chef de la Cour, lequel leur enverra les extraits mentionnés en l'art. VIII, pour être ensuite par eux remis aux receveurs-particuliers de chacune de ces deux îles, lesquels receveurs-généraux paieront aux habitans desdites îles de Marie-Galante et de la Grenade, les sommes dûes pour les nègres justiciés, ainsi et de la manière qu'il est ex-pliqué en l'art. VII.

XIV. Le greffier en chef et les receveurs-généraux des îles de Marie-Galante et de la Grenade remettront sur le bureau de la Cour à l'ouverture de la séance de janvier de chaque année, leurs comptes, tant en recettes que paiemens, lesquels comptes seront remis à deux commissaires qui seront nommés à cet effet, pour, sur le référé, être donné Arrêt de dé-charge, ainsi qu'il appartiendra.

XV. En ce qui concerne les ouvrages né-cessaires à faire dans ces îles, et dont la dé-pense doit être supportée par les habitans, il y sera pourvu par un Réglement particulier.

XVI. A l'égard des successions ouvertes, dont les héritiers peuvent être absens, il y sera pourvu par la Cour, d'un curateur-gé-néral dans chaque Jurisdiction du ressort, pour veiller à la conservation desdites successions, lequel curateur donnera caution, qui sera reçue contradictoirement avec les gens du Roi; et les substituts du Procureur-général, feront chacun en droit soi, le dû de leur charge dans l'étendue de leur Jurisdiction, pour la conservation desdites successions.

XVII. Seront tenus, lesdits curateurs, de rendre compte toutes les fois qu'ils en seront requis; et après deux ans de l'ouverture desdites successions, ils seront tenus d'en informer le Procureur-général, et ce, à peine de 1000 liv. d'amende, applicables aux réparations du palais, pour, par ledit Procureur-général, requérir ce que de droit, et sur ses conclusions être ordonné ce qu'il appartiendra; et sera le présent Arrêt, etc.

Fait à la Martinique, au Conseil Souverain, le 8 mai 1734.

(N°. 138.) DECLARATION du Roi, concernant le droit de capitation, aux îles du vent de l'Amérique.

Du 27 novembre 1735.

LOUIS, etc; SALUT : Par notre Déclaration du 3 octobre 1730, nous avons établi les règles qui nous ont paru nécessaires pour la régie et perception du droit de capitation qui fait partie de notre domaine d'occident aux îles et terme-ferme du vent de l'Amérique, et qui a été établi payable sur le pied de 100 liv. de sucre brut, poids de marc, etc. Nous avons été informés que les habitans des îles du vent qui, lors de l'établissement de ce droit ne fai-

saient que du sucre brut, et qui le faisaient
avec soin, se sont adonnés depuis à la fabrique
du sucre blanc ou terré; qu'il n'y en a plus
qu'un très-petit nombre qui continue à travailler
en sucre brut; et que parmi ceux qui font
du sucre blanc ou terré, il y en a qui, après
avoir employé en sucre terré le jus de leurs
cannes, et même leur sirop fin, emploient
encore leur gros sirop, leurs écumes et ce qui
leur reste de plus grossier, à faire une espèce
de melasse à laquelle on donne le nom de sucre
brut, qui n'est cependant d'aucun débit pour le
commerce, et qui effectivement n'est point propre
pour les manufactures de notre Royaume; etc.

A ces causes, etc.; voulons et nous plaît
ce qui suit :

Art. 1er Le rachat du quintal de sucre
brut, poids de marc, dû pour le droit de
capitation par tous les particuliers, habitans
des îles et terre-ferme du vent de l'Amérique,
tant pour eux que pour leurs nègres, et pour
les engagés et autres domestiques qui sont à
leur service, aux exceptions expliquées dans
notre déclaration du 3 octobre 1730, demeurera
fixé à 9 liv. dans toutes les îles, à commencer du mois de janvier prochain, jusqu'à
ce qu'il en soit par nous autrement ordonné.

II. Il ne sera reçu de sucre brut en paiement de la capitation que des habitans qui
ne travaillent qu'en brut, et qui ne font
point de sucre terré.

III. Les habitans qui font du sucre, terré,
s'ils optent de payer le droit de capitation en
sucre, ne le pourront payer qu'en sucre terré.

IV. Les receveurs seront tenus de recevoir

le quintal de sucre blanc pour trois quintaux de sucre brut, et deux quintaux de sucre
commun et sucre de tête pour trois quintaux
de sucre brut.

V. Les habitans, tant ceux qui paieront
en sucre brut que ceux qui paieront en sucre
terré, seront tenus d'envoyer leurs sucres bien
enfutaillés aux ports où ils envoient leurs autres
sucres, et il leur sera tenu compte par les
receveurs du fret et des futailles, lorsqu'elles
seront bien conditionnées, dont le prix sera
fixé par les Intendans ou les Commissaires-
ordonnateurs.

VI. Lorsque les habitans paieront exactement leur capitation dans le courant de chaque
année, ils auront l'option de payer en sucre
ou en argent; et après l'année expirée l'option demeurera au Directeur de notre domaine.

VII. A l'égard des habitans qui n'auront
point de sucreries, ils continueront de payer
pour le droit de capitation, 6 liv. en argent
conformément à l'article XX de notre déclaration du 3 octobre 1730; laquelle sera au
surplus exécutée selon sa forme et teneur,
en ce qui n'est point contraire aux présentes.

Si donnons en mandement, à nos amés et
féaux, les gens tenans nos Conseils Supérieurs
desdites îles et colonies, que ces présentes, etc.

Donnée à Versailles, le 27 novembre 1735.
Signés, LOUIS; *et plus bas*, par le Roi, PHE-
LYPEAUX.

Enregist. au Conseil Souverain.

(N°. 139.) REGLEMENT de MM. les Général
et Intendant, pour le paiement de la Capitation.

Du 12 mars 1736.

L'INTENTION du Roi étant que toutes les
charges de la Colonie soient acquittées par le
produit des droits du domaine, nous sommes
obligés de prendre les mesures les plus justes
et d'employer les moyens les plus efficaces
pour faire rentrer chaque année le produit
de la capitation en entier et à moins de frais
qu'il sera possible ; nous devons néanmoins
avoir attention au malheur des habitans que
quelque cas fortuit aura mis dans l'impuissance de payer, en sorte que les redevables
contre qui on usera de sévérité ne puissent
jamais s'en prendre qu'à leur négligence ou à
leur mauvaise volonté ; à cet effet nous ordonnons :

1°. Que les Commissionnaires déclareront au
domaine dans tout le mois de mars de la présente année, et dans le mois de janvier des
années suivantes, les noms de leurs commettans, à peine de 1000 liv. d'amende, applicables au paiement de la capitation des pauvres.

2°. Que lesdits Commissionnaires paieront
en argent la capitation de leur commettans,
et afin de leur faciliter ce paiement, nous leur
permettons de le faire en six parties égales
de mois en mois jusqu'à parfait paiement, à
commencer au mois de mars de chaque année.

3°. Les Commissionnaires qui auront payé
le droit de capitation de leurs commettans,

seront subrogés pour leur remboursement aux droits du domaine, et jouiront de ses privilèges.

4°. Les habitans qui n'ont point de commissionnaires, seront tenus de porter la moitié au moins de leurs droits de capitation dans tout le mois d'avril pour le plus tard, au bureau du domaine de leur quartier, sans attendre qu'on leur fasse demande ni sommation, et l'autre moitié dans tout le mois d'octobre.

5°. Les habitans qui par quelque évènement auront perdu leur récolte ou la plus grande partie, présenteront une requête à l'Intendant où ils exposeront le fait, afin qu'en connaissance de cause il prolonge ès termes de leurs paiemens, lors et ainsi que le cas le requerrera, faute de quoi ils seront contraints de payer aux termes ci-dessus.

6°. Le receveur du domaine de chaque quartier, portera chaque mois au Lieutenant de Roi commandant audit quartier, l'état des Commissionnaires qui n'auront pas payé ce qu'ils devaient pour la capitation de leurs commettans. Au mois précédent et aux mois de mai et de novembre, lesdits receveurs donneront auxdits commandans, l'état des habitans qui n'auront pas payé la capitation à leurs termes, à moins que lesdits habitans n'aient obtenu un délai dans la forme ci-dessus.

Sera notre présente Ordonnance, etc.

Donnée à la Martinique, le 12 mars 1736. *Signés*, DE CHAMPIGNY et D'ORGEVILLE.

Enregist. au Conseil Souverain.

(N°. 140.) ORDONNANCE de MM. les Général et Intendant, concernant le paiement de la capitation des commettans par leurs commissionnaires.

Du 23 avril 1736.

LE produit des droits du domaine étant l'unique fonds que nous ayons pour acquitter toutes les charges de la Colonie, il nous serait impossible de les faire payer en argent si le domaine recevait la plus grande partie de ses droits en sucre, c'est ce qui nous a déterminé à ordonner par notre Réglement du 12 mars dernier, que les commissionnaires qui reçoivent tout le revenu de leurs commettans, qui font la plus grande partie du commerce des îles, et entre les mains de qui circule presque tout l'argent de la Colonie, paieraient la capitation de leurs commettans et la paieraient en argent.

Nous avons ajouté, à cette disposition, tous les tempéramens qui pourraient leur faciliter ce paiement et leur en assurer le remboursement.

Nous nous sommes portés d'autant plus volontiers à ces arrangemens, qu'il délivre les habitans occupés de leurs travaux du soin de payer leur capitation, qu'il les met à couverts des contraintes que le domaine peut exercer contr'eux, faute de paiement, et qu'il prévient le dérangement que cause souvent dans leurs affaires les arrérages de ce droit accumulé.

Nous espérions que les commissionnaires saisiraient cette occasion de faire connaître qu'ils ne sont pas inutiles à la Colonie dont ils tirent les fruits les plus clairs et les plus liquides, sans porter presqu'aucunes de ses charges, et à leurs commettans avec qui ils font des fortunes considérables en peu de tems; en effet nous avons vu avec satisfaction que quelques uns d'en-tr'eux ont commencé d'exécuter le Réglement du 12 mars, sans retardement et sans résistance; mais nous n'avons pu voir sans étonnement que d'autres, au moment même qu'ils feignaient d'y obéir, aient cherché tous les moyens de s'y soustraire; nous avons appris avec indignation que quelques uns de ces derniers ont eu la témérité d'inspirer dans leurs lettres à leurs commettans, la crainte que la nécessité où ils seront de payer leur capitation en argent, ne les obligeât à vendre à vil prix leur sucre et ne fît tomber le prix de toutes les denrées de la Colonie; comme si 3 pour cent du montant des denrées qui leur sont envoyés par leurs commettans, qui leur suffisent pour payer leur capitation, et qu'ils doivent se procurer en argent, partagés en six parties égales qui font par mois demi pour cent du prix desdites denrées dont ils disposent, étaient capables d'apporter quelques changemens à leurs ventes lorsqu'ils les feront fidèlement.

Les manœuvres de ces commissionnaires mal-intentionnés ne pouvant avoir d'autre but que d'éluder l'exécution d'un Réglement nécessaire, ou de se préparer, auprès de leurs commettans, une excuse à leur négligence ou à leurs infidélité, dans la vente de leurs denrées, nous avons cru devoir ajouter quelques articles au Réglement du 12 mars, qui les mettent hors d'état de se soustraire à ces dispositions ou d'en abuser, au préjudice de leurs commettans.

A ces causes, nous ordonnons que notre Réglement du 12 mars, sera exécuté selon sa forme et teneur, et à cet effet :

Art. 1er. Que les commissionnaires qui n'ont pas encore fait la déclaration de leur commettans au domaine, ou qui en auront omis quelques uns, la feront dans trois jours après la publication de la présente Ordonnance, sous les peines portées par l'article 1er. du Réglement du 12 mars dernier, et que, lorsqu'ils recevront par bateau, canot ou autrement des denrées de quelques habitans qu'ils n'auront pas déclarés à quelque titre qu'ils les reçoivent, ils en feront dans le jour, et avant que d'en disposer, la déclaration au domaine, sous peine de payer en leur nom, la capitation de l'habitant qui leur aura fait l'envoi, et l'amende de 1000 liv. ce qui sera exécuté à la diligence du Directeur-général du domaine, auquel nous enjoignons très-expressément de tenir lesdites déclarations secrètes et de n'en donner communication que dans les cas où il s'agira de l'exécution du Réglement du 12 mars et de la présente Ordonnance.

II. Que les commissionnaires qui n'auront pas payé la capitation de leurs commettans, ne pourront exiger d'eux, leurs héritiers ou ayans-causes, aucun droit de commission, et que lesdits droits ne pourront être alloués en bonne dépense, audit cas, dans les comptes des tuteurs, exécuteurs-testamentaires ou autres comptables.

III. Que sans déroger à l'obligation de payer exactement aux termes prescrits par l'article 2 du Réglement du 12 mars, les commissionnaires qui n'auront pas payé, dans le courant de l'année, la capitation de leurs commettans, seront tenus de la payer en leur propre et privé nom, sans répétition ni recours sur leurs commettans ou leurs héritiers, et que ces droits de capitation audit cas ne pourront être alloués en dépense dans les comptes des tuteurs ou exécuteurs-testamentaires, à moins que le commissionnaire n'ait obtenu délai au-delà de l'année, pour le paiement de ladite capitation.

IV. Le commissionnaire qui justifiera n'avoir reçu aucun fonds pendant l'année courante de quelqu'un qu'il aura déclaré au domaine au nombre de ses commettans, sera dispensé de payer la capitation dudit commettant et les termes qu'il aurait payés lui seront remboursés sur-le-champ par le receveur du domaine.

V. Faisons très-expresses défenses aux commissionnaires, de passer dans leurs comptes le prix des denrées vendues pour le paiement de la capitation de leurs commettans, au-dessous de leurs prix courant lors de la vente, à peine d'interdiction de faire à l'avenir aucun commerce en ces îles.

Sera la présente Ordonnance, etc.

Donnée au Fort-Royal Martinique, le 23 avril 1736. *Signés*, DE CHAMPGINY et D'ORGEVILLE.

Enregist. au Conseil Souverain.

(N°. 141.) *ORDONNANCE de MM. les Général et Intendant, sur la police des matelots.*

Du 12 mai 1736.

Nous avons été informés que les matelots

des navires et bateaux de la rade de St-Pierre descendent la nuit dans le bourg, où ils se prennent de vin, insultent ensuite les passans dans les rues, et troublent la tranquillité publique, tandis que les bâtimens de la rade demeurent exposés, et peuvent manquer de secours dans le besoin ; que la facilité qu'ont ces matelots de vaguer ainsi pendant la nuit, occasionne leurs fréquentes désertions, et peut causer d'autres désordres qui intéressent le bien public, à quoi étant nécessaire de remédier ;

Nous ordonnons que tous les matelots de navires et bateaux, actuellement mouillés ou qui mouilleront à l'avenir, dans la rade du bourg St-Pierre de cette île, se retireront à bord de leurs bâtimens avant huit heures du soir, à peine de prison contre ceux qui seront trouvés dans les rues dudit bourg après ladite heure, à moins qu'ils n'en aient une permission par écrit de leur capitaine, et de payer en outre la somme de 6 liv. par chacun des contrevenans, au profit de celui qui les aura capturés.

Défendons à tous cabaretiers et autres personnes que ce puisse être de recevoir dans leurs maisons aucun matelot après ladite heure, à peine de 50 liv. d'amende envers les pauvres, pour la première fois, et de plus grande peine en cas de récidive.

Sera la présente Ordonnance, etc.

Donnée au Fort-Royal de la Martinique, le 12 mai 1736. *Signés*, DE CHAMPIGNY et D'ORGEVILLE.

(N° 142.) ORDONNANCE du Roi, concernant l'affranchissement des esclaves des îles françaises de l'Amérique.

Du 15 juin 1736.

SA Majesté s'étant fait représenter l'Ordonnance du 24 octobre 1713, par laquelle, et pour les motifs y contenus, il aurait été défendu à toutes sortes de personnes établies aux îles françaises de l'Amérique, d'affranchir leurs esclaves, sans en avoir auparavant obtenu la permission par écrit des Gouverneur et Intendant, ou Commissaire-ordonnateur; et ordonné que les affranchissemens qui seraient faits sans ces permissions, seraient nuls, et que les esclaves ainsi affranchis, seraient vendus au profit de S. M.; et étant informée qu'au préjudice de cette Ordonnance, il se trouve des maîtres qui affranchissent leurs esclaves sans en avoir obtenu la permission; et que d'ailleurs il y en a d'autres qui font baptiser comme libres des enfans dont les mères sont esclaves, et qui, par ce moyen, sont réputés affranchis : et voulant faire cesser des abus aussi dangereux, S. M. a ordonné et ordonne que l'Ordonnance du 24 octobre 1713, sera exécutée selon sa forme et teneur, dans toutes les îles françaises de l'Amérique.

Veut en conséquence, qu'aucunes personnes, de quelque qualité et condition qu'elles soient, ne puissent affranchir leurs esclaves, sans en avoir auparavant obtenu la permission par écrit du Gouverneur général et de l'Intendant, pour ce qui regarde les îles du vent et de St.

Domingue ; et des Gouverneur-particulier et Commissaire-ordonnateur de Cayenne, pour ce qui concerne ladite île et la province de Guyanne ; et que tous les affranchissemens qui seront faits sans ces permissions, soient nuls, et que les esclaves ainsi affranchis n'en puissent jouir ; qu'ils soient tenus, censés et réputés esclaves, que les maîtres en soient privés, qu'ils soient vendus au profit de S. M., et que les maîtres soient en outre condamnés à une amende qui ne pourra être moindre que la valeur desdits esclaves.

Fait S. M. très-expresses inhibitions et défenses à tous Prêtres et Religieux desservant les Cures auxdites îles, de baptiser comme libres aucuns enfans, à moins que l'affranchissement des mères ne leur soit prouvé auparavant par des actes de liberté, revêtus de la permission par écrit des Gouverneurs et Intendans, ou Commissaires-ordonnateurs ; desquels actes ils seront tenus de faire mention sur les registres des baptêmes.

Ordonne S. M. que les enfans qui seront baptisés comme libres, quoique leurs mères soient esclaves, soient toujours réputés esclaves ; que leurs maîtres en soient privés, qu'ils soient vendus au profit de S. M., et que les maîtres soient en outre condamnés à une amende, qui ne pourra être moindre que la valeur desdits esclaves.

Mande et ordonne, etc.

Fait à Versailles, le 15 juin 1736. *Signés,* LOUIS ; *et plus bas,* par le Roi, PHELYPEAUX.

Enregist. au Conseil Souverain.

(N°. 143.) *Ordonnance de MM. les Général et Intendant, pour la plantation des Bananiers.*

Du 1er, septembre 1736.

Nous sommes informés qu'un grand nombre d'habitans n'ont point de vivres sur leurs habitations, et qu'ils se contentent de laisser à leurs nègres, pour se procurer leur nourriture, un jour libre de chaque semaine, qu'ils emploient ordinairement au pillage des vivres de leurs voisins : ces habitans peu attentifs à leurs véritables intérêts, ne considèrent pas que les jours bien comptés, employés chaque année à planter et cultiver des vivres sur leurs terres, suffiraient pour leur fournir une subsistance abondante et légitime, au lieu qu'une conduite opposée, non-seulement ruine leurs voisins, mais les ruine eux-mêmes, par le fréquent marronnage, les maladies, les mortalités de leurs esclaves, qui sont des suites naturelles du libertinage, auquel les accoutume la liberté qu'ils leur donnent, et le défaut d'une nourriture réglée, que les nègres ne savent pas se procurer ; et ces maîtres injustes, pour colorer leur avarice, se plaignent de la cherté du bœuf, de la difficulté d'en avoir, et du peu de valeur de leurs denrées.

Quoique ces plaintes ne soient pas aussi bien fondées qu'ils veulent le persuader, néanmoins pour leur ôter jusqu'au moindre prétexte et suppléer à l'impuissance où ils disent être de fournir à leurs nègres la quantité de bœuf prescrite par les Ordonnances, nous ñous sommes déterminés à ordonner, outre la plantation ordinaire des maniocs, la plantation d'un certain nombre de bananiers sur chaque habitation, proportionnée à la quantité de nègres qui y travaillent; mais comme il serait inutile qu'une partie des habitans plantât des vivres que l'autre détruirait, et que la Colonie ne pourra tirer le fruit que nous espérons de cette Ordonnance, qu'autant qu'elle sera universellement exécutée, nous serons obligés de punir sévèrement ceux qui y contreviendront, et de prendre de si justes mesures pour les découvrir, qu'ils ne puissent espérer d'échapper à notre vigilance.

A CES CAUSES, nous ordonnons :

ART 1er. Qu'outre les plantations ordinaires de manioc prescrites par les Ordonnances précédentes, chaque habitant plantera incessamment sur ses terres, 25 pieds de bananiers pour chaque tête de ses nègres, et qu'il laissera et entretiendra après la première récolte, 50 rejettons pour chaque tête.

II. La visite de ces plantations sera faite par le capitaine de milice de chaque quartier, accompagné de 4 habitans, au mois de décembre de chaque année, conformément à l'Ordonnance du Roi du 6 décembre 1713.

III. Lesdits capitaines de milice remettront dans tout le mois de mars au plus tard, au Général et à l'Intendant en cette île, et dans les autres îles aux Gouverneur et Subdélégué, les procès-verbaux de la visite qu'ils auront faite des maniocs et bananiers de leur quartier, lesdits procès-verbaux signés d'eux et des quatre habitans qui les auront accompagnés.

IV.

IV. Les voisins limitrophes de l'habitant qui n'aura pas la quantité de vivres, tant en maniocs qu'en bananiers, prescrite par les Ordonnances, et qui par-là expose leurs vivres au pillage de ses nègres, seront tenus d'en avertir le Général et l'Intendant ou les Gouverneur et Subdélégué, pour y être par eux pourvu.

V. Les Juges, en nommant des arbitres pour estimer les nègres tués en marronnage, et même les nègres justiciés que les maîtres n'auront pas remis d'eux mêmes à la justice, nommeront en même tems les mêmes ou deux autres arbitres, pour faire la visite des vivres que le maître desdits nègres a sur son habitation; et le paiement desdits nègres ne pourra être ordonné que sur le certificat desdits arbitres, affirmé par serment, qu'ils ont trouvé sur ladite habitation la quantité de vivres ordonnée, tant en maniocs qu'en bananiers.

VI. L'habitant qui, pour des raisons qu'on ne peut pas prévoir, ne pourra pas planter la quantité de vivres prescrite, sur ses terres, sera tenu d'en faire la déclaration au Général et à l'Intendant ou aux Gouverneur et Subdélégué, dans trois mois de la publication de la présente Ordonnance, et les avertira des mesures qu'il a prises pour y suppléer, pour être par eux statué sur ladite déclaration ce qu'ils aviseront, et faute par ledit habitant d'avoir fait ladite déclaration, il sera non-recevable à proposer aucune excuse lorsqu'il sera trouvé en contravention.

VII. Les habitans qui seront convaincus de n'avoir pas sur leurs terres la quantité de maniocs prescrite par les anciennes Ordonnances, seront condamnés aux peines qui y sont portées, et ceux qui n'auront pas la quantité de bananiers ordonnée ci-dessus, seront condamnés à payer 10 sols par chaque pied de bananier qui leur manquera, applicables à la caisse des nègres justiciés, et en cas de récidive, outre ladite amende, à deux mois de prison.

VIII. Les voisins limitrophes de l'habitant surpris en contravention, qui n'en auront pas donné avis conformément à l'article IV de la présente Ordonnance, seront condamnés à une amende arbitraire, applicable comme dessus, en punition du peu de soin qu'ils ont de la conservation des vivres destinés à la nourriture de leurs esclaves.

Sera la présente Ordonnance, etc.

Donnée au Fort-Royal de la Martinique, le 1er. septembre 1736. *Signés*, DE CHAMPIGNY et D'ORGEVILLE.

Enregistr. au Conseil Souverain.

(N°. 144.) ORDONNANCE *de MM. les Général et Intendant, sur le Commerce à échange de denrées.*

Du 1er. septembre 1736.

NOUS ne pouvons nous empêcher d'être sensibles aux justes plaintes que la plus grande partie des habitans nous ont faites contre les capitaines et maîtres de navires marchands, qui les mettent dans l'impossibilité de subvenir à la nourriture de leurs familles, et à celle de leurs esclaves, par le refus qu'ils

leur font de leur vendre du bœuf payable
en sucre, par la condition qu'ils leur im-
posent de prendre une certaine quantité de
vin sur une certaine quantité de bœuf, et
enfin par les infidélités qu'ils commettent,
tant sur la quantité que sur le poids, et
les mesures des denrées qu'ils leur vendent :
infidélité qu'ils ont portée jusqu'au point
qu'un baril de bœuf qui doit contenir 180
livres de viandre net, souvent n'en contient
pas 140 livres, et quelquefois 120 livres,
et la plupart du tems de la viande de mauvaise qualité ; que le baril de farine qui doit
peser 190 livres de farine net, n'en pèse que
130 ou 140 livres ; que la barrique de vin
de Bordeaux, qui doit contenir 120 pots,
n'en contient que 90.

Nous sommes convaincus qu'il faut laisser
la liberté au commerce ; mais cette liberté
ne doit pas s'étendre jusqu'à donner un poids
pour un autre, une qualité de denrée pour
une autre qualité, ni à mettre des conditions impossibles à la vente des commestibles
nécessaires à la vie, ni à forcer les acheteurs
à prendre des denrées qui leur sont superflues, pour avoir celles qui leur sont absolument nécessaires pour vivre ; c'est aux parties
contractantes à convenir du prix à l'amiable,
et c'est en cela que nous ne devons point
gêner la liberté du commerce ; mais nous devons nous opposer à la vexation et à la fraude.

A ces causes, nous ordonnons :

Art. I.er Que tous les capitaines, maîtres
de navires marchands, leurs facteurs ou commissionnaires gérant leurs cargaisons, donne-

ront du Bœuf, de la farine et autres denrées nécessaires à la vie, aux habitans qui en voudront acheter, et qu'ils seront tenus de prendre en paiement desdits habitans, les denrées du crû de leurs terres, propres pour le commerce de France, comme Sucre, Café, Coton, au prix dont les parties conviendront entr'elles de gré à gré.

II. Faisons défense à tous capitaines ou autres gérant les cargaisons, d'obliger les habitans qui leur demandent une sorte de denrée dont ils ont besoin, à en prendre une autre qu'ils ne leur demandent pas, comme une certaine quantité de vin sur une certaine quantité de barils de bœuf.

III. Leur enjoignons très-expressément d'observer les poids et mesures prescrits par les Ordonnances, et aux officiers de police d'y tenir la main ; de faire d'office de fréquentes visites des denrées de France, et de condamner les contrevenans aux peines portées auxdites Ordonnances.

Sera la présente Ordonnance, etc.

Donnée au Fort-Royal de la Martinique, le 1ᵉʳ. septembre 1736. *Signés*, DE CHAMPIGNY et D'ORGEVILLE.

Enregist. au Conseil Souverain.

(N°. 145.) ORDONNANCE *du Roi, au sujet des déserteurs des troupes des îles françaises de l'Amérique.*

Du 11 février 1737.

SA Majesté voulant exciter de plus en plus ses sujets des îles françaises de l'Amérique, à arrêter les déserteurs des troupes qu'elle y entretient, elle a ordonné et ordonne que par le Trésorier général de la marine, il sera payé, sur les Ordonnances des Intendans ou Commissaires-ordonnateurs auxdites îles, la somme de 100 livres pour chaque déserteur desdites troupes, à celui ou à ceux qui en auront fait la capture et l'amèneront.

Mande et ordonne, etc.

Fait à Versailles, le 11 février 1737. *Signés*, LOUIS ; *et plus bas*, par le Roi, PHELYPEAUX,

---

(N°. 146.) *ORDONNANCE de M. l'Intendant, sur le service des huissiers.*

Du 18 septembre 1737.

VU la remontrance du Procureur du Roi, nous ordonnons que les sergens et huissiers de ladite Jurisdiction, lorsqu'ils devront aller en campagne, en avertiront le Procureur du Roi, 24 heures avant leur départ de cette ville, recevront ses ordres pour les quartiers où ils doivent aller, les exécuteront et lui en rendront compte aussitôt qu'ils seront de retour.

Enjoignons pareillement à tous huissiers et sergens, de se rendre en la maison dudit Procureur du Roi les jours de dimanches et de fêtes, le matin et de relevée, pour y recevoir ses ordres pour la police, auxquels nous leur ordonnons de se conformer, le tout à peine d'interdiction et de cassation en cas de récidive, ce qui leur sera notifié à la diligence du Procureur du Roi.

Mandons , etc.

Fait au Fort-Royal de la Martinique, le 18 septembre 1737. *Signé*, D'ORGEVILLE.

Enregistr. au Conseil Souverain.

(N°. 147.) ARRET en *Réglement du Conseil Souverain*, concernant les procureurs et les huissiers de Saint-Pierre.

Du 4 novembre 1737.

LA Cour ordonne que les huissiers , outre les salaires de leurs exploits , auront aussi droit de copie de tous les actes qui seront de leur ministère, ensemble de tous les jugemens préparatoires et définitifs de chaque cause , tant en cause principale , que d'appel , et de toutes les pièces qui leur seront remises par les parties pour en faire la copie et la signification ; et quant à toutes les autres pièces qui dans les procès sont du ministère des procureurs , ainsi que les titres pour constater ou soutenir le droit des parties , le droit de copie appartiendra aux procureurs.

Enjoint aux huissiers de recevoir lesdites copies de la main des procureurs , et d'eux certifiées ; défend aux procureurs de refuser leur ministère dans les causes sommaires où ils en seront requis, sous prétexte que les exploits contenant les conclusions des parties , ne leur ont pas été communiqués avant l'assignation.

Enjoint tant aux procureurs qu'aux huissiers, de se conformer au présent Arrêt , à peine de concussion : ordonne en outre que les procureurs et les huissiers tiendront un registre en forme, et paraphé des Juges des lieux, sur lesquels ils porteront exactement les sommes qu'ils recevront des parties pour leurs salaires et vacations.

Et sera le présent Arrêt, etc.

(N°. 148.) ORDONNANCE *du Roi, sur le témoignage des nègres contre les blancs.*

Du 15 juillet 1738.

LE Roi s'étant fait représenter en son Conseil l'art. XXX de l'Ordonnance du mois de mars 1685, concernant les esclaves des îles françaises de l'Amérique, par lequel il est dit, entre autres choses, que lesdits esclaves ne pourront être témoins, tant en matière civile, que criminelle; et en cas qu'ils soient ouïs en témoignage, leur déposition ne servira que de mémoire, pour aider les Juges à s'éclaircir d'ailleurs, sans qu'on en puisse tirer aucune présomption ni adminicule de preuve.

L'Arrêt du Conseil d'état du 13 octobre 1686, par lequel le feu Roi, sur les représentations qui lui furent faites par le Conseil Supérieur de la Martinique, et pour les motifs y contenus ordonna que sans avoir égard audit article, les esclaves seraient reçus en témoignage au défaut de blancs, hormis contre leurs maîtres, ainsi qu'il s'était pratiqué auparavant ladite Ordonnance du mois 1685, ensemble l'art. XXIV de l'Edit du mois de mars 1724, portant règlement pour les esclaves de la Louisiane, par lequel article S. M. aurait ordonné que lesdits esclaves

B b 4

ne pourraient servir de témoins, à moins qu'ils ne fussent témoins nécessaires ; mais que dans aucuns cas ils ne pourraient en servir contre leurs maîtres ou pour eux ; et S. M. étant informée que les dispositions de l'article de l'Ordonnance du mois de mars 1685, par rapport au témoignage des esclaves, sont encore suivies et servent de règle aux Conseils et en diverses Jurisdictions de l'île où celles dudit Arrêt n'ont point été connues, ce qui pourrait causer l'impunité de plusieurs crimes.

A quoi voulant pourvoir par une même règle que celle qui est suivie dans les autres colonies, le Roi étant en son Conseil, sans avoir égard à l'art. XXX de l'Ordonnance du mois de mars 1685, ordonne qu'au défaut de blancs, les esclaves seront reçus en témoignage, hormis contre leurs maîtres. Mande, etc.

Enregist. au Conseil Souverain.

(N°. 149.) ORDONNANCE *de MM. les Général et Intendant, sur le rabattage des barriques et la propreté des rues.*

Du 29 novembre 1738.

SUR ce qui nous a été représenté que plusieurs particuliers faisaient rabattre leurs futailles dans les rues des villes et bourgs des îles françaises du vent de l'Amérique, et que les morceaux de fer et les cloux que les tonneliers y laissent tomber, estropiaient les chevaux, les nègres, et mêmes les blancs ; que quelques-uns même étaient morts des blessures que ces cloux et morceaux de fer leur avaient occasionnés ; nous avons jugé qu'il était du bien du public de remédier à cet abus.

A ces causes, nous faisons très-expresses défenses à tous les habitans de quelque qualité et condition qu'ils soient, aux capitaines de navire et à tous les autres particuliers, de faire rabattre leurs barriques dans les rues des villes et bourgs des îles françaises du vent de l'Amérique, à peine de 50 liv. d'amende pour la première fois, payables solidairement, moitié par celui auquel appartiendra la futaille, et l'autre moitié par le tonnelier, et sous des peines plus griéves en cas de récidive ; enjoignons aux officiers de police de tenir exactement la main à l'exécution de la présente Ordonnance, etc. Mandons, etc.

Donnée au Fort-Royal de la Martinique, le 29 novembre 1738. *Signés,* DE CHAMPIGNY et DE LACROIX.

Enregist. au Conseil Souverain.

(N°. 150.) *DECLARATION du Roi, concernant le passage des nègres esclaves des colonies en France.*

Du 16 décembre 1738.

LOUIS, etc., SALUT : Le compte que nous nous fîmes rendre après notre avènement à la couronne, de l'état de nos colonies ; nous ayant fait connaître la sagesse et la nécessité des dispositions contenues dans les Lettres-patentes en forme d'Edit, du mois de mars 1685, concernant les esclaves nègres, nous en ordonnâmes l'exécution par l'article Ier. de notre Edit du mois

d'octobre 1716. Et nous ayant été représenté
en même tems, que plusieurs habitans de nos
îles de l'Amérique desiraient envoyer en France
quelques-uns de leurs esclaves, pour les confirmer dans les instructions et dans les exercices
de la religion , et pour leur faire apprendre
quelqu'art ou métier; mais qu'ils craignaient que
les esclaves ne prétendissent être libres en arrivant
en France, nous expliquâmes nos intentions sur ce
sujet, par les articles de cet Edit, et nous réglâmes
les formalités qui nous parurent devoir être observées de la part des maîtres qui emmeneraient
ou enverraient des esclaves en France. Nous
sommes informés que depuis ce tems-là on y
en a fait passer un grand nombre ; que les habitans qui ont pris le parti de quitter les colonies, et qui sont venus s'établir dans le royaume,
y gardent des esclaves nègres , au préjudice de
ce qui est porté par l'art. XV du même Edit,
que la plupart des nègres y contractent des
habitudes et un esprit d'indépendance , qui
pourraient avoir des suites fâcheuses ; que d'ailleurs leurs maîtres négligent de leur faire apprendre quelque métier utile , en sorte que de
tous ceux qui sont emmenés ou envoyés en
France , il y en a très-peu qui soient renvoyés
dans les colonies, et que dans ce dernier nombre
il s'en trouve souvent d'inutiles, et même de
dangereux.

L'attention que nous donnons au maintien
et à l'augmentation de nos colonies, ne nous
permet pas de laisser subsister des abus qui y sont
si contraires ; c'est pour les faire cesser, que
nous avons résolu de changer quelques dispositions à notre Edit du mois d'octobre 1716,

et d'y en ajouter d'autres qui nous ont paru necessaires.

A ces causes, etc.; voulons et nous plaît ce qui suit ;

Art. 1er. Les habitans et les officiers de nos colonies, qui voudront emmener ou envoyer en France des esclaves nègres, de l'un ou de l'autre sexe, pour les fortifier d'avantage dans la religion, tant par les instructions qu'ils y recevront, que par l'exemple de nos autres sujets, et pour leur faire apprendre en même-tems quelque métier utile pour les colonies, seront tenus d'en obtenir la permission des Gouverneurs généraux, ou Commandans dans chaque île; laquelle permission contiendra le nom du propriétaire qui emmenera lesdits esclaves, ou de celui qui en sera chargé, celui des esclaves mêmes, avec leur âge et leur signalement; et les propriétaires desdits esclaves, et ceux qui seront chargés de leur conduite, seront tenus de faire enregistrer ladite permission, tant au greffe de la Jurisdiction ordinaire, ou de l'amirauté de leur résidence, avant leur départ, qu'en celui de l'amirauté du lieu de leur débarquement, dans huitaine après leur arrivée : le tout ainsi qu'il est porté par les articles II, III et IV. de notredit Edit du mois d'octobre 1716.

II. Dans les enregistremens qui seront faits desdites permissions aux greffes des amirautés des ports de France, il sera fait mention du jour de l'arrivée des esclaves dans les ports.

III. Lesdites permissions seront encore enregistrées au greffe du siége de la table de

marbre du palais à Paris, pour les esclaves
qui seront emmenés en notredite ville ; et
aux greffes des amirautés ou des intendances
des autres lieux de notre Royaume, où il
en sera emmené pour y résider : et il sera
fait mention dans lesdits enregistremens, du
métier que lesdits esclaves devront apprendre,
et du maître qui sera chargé de les instruire.

IV. Les esclaves nègres de l'un ou de
l'autre sexe qui seront conduits en France
par leurs maîtres, ou qui y seront par eux
envoyés, ne pourront prétendre avoir acquis
leur liberté, sous prétexte de leur arrivée
dans le royaume, et seront tenus de retourner dans nos colonies, quand leurs maîtres
jugeront à propos ; mais, faute par les maîtres
d'observer les formalités prescrites par les précédens articles, lesdits esclaves seront confisqués à notre profit, pour être renvoyés dans
nos colonies, et y être employés aux travaux
par nous ordonnés.

V. Les officiers employés sur nos états des
colonies, qui passeront en France par congé,
ne pourront y retenir les esclaves qu'ils y auront emmenés pour leur servir de domestiques,
qu'autant de tems que dureront les congés qui
leur seront accordés ; passé lequel tems, les
esclaves qui ne seront point renvoyés ; seront
confisqués à notre profit pour être employés
à nos travaux dans nos colonies.

VI. Les habitans qui emmeneront ou enverront des nègres esclaves en France pour leur
faire apprendre quelque métier, ne pourront
les y retenir que trois ans, à compter du jour
de leur débarquement dans le port ; passé le-

quel tems, les esclaves qui ne seront point renvoyés, seront confisqués à notre profit, pour être employés à nos travaux dans nos colonies.

VII. Les habitans de nos colonies qui voudront s'établir dans notre royaume, ne pourront y garder dans leurs maisons aucuns esclaves de l'un ni de l'autre sexe, quand bien même ils n'auraient pas vendu leurs habitations dans les colonies; et les esclaves qu'ils y garderont, seront confisqués pour être employés à nos travaux dans les colonies.

Pourront néanmoins faire passer en France, en observant les formalités ci-dessus prescrites, quelques-uns des nègres attachés aux habitations dont ils seront restés propriétaires en quittant les colonies, pour leur faire apprendre quelque métier qui les rende plus utiles par leur retour dans lesdites colonies; et dans ce cas, ils se conformeront à ce qui est prescrit par les articles précédens, sous les peines y portées.

VIII. Tous ceux qui emmeneront ou enverront en France des nègres esclaves, et qui ne les renverront pas aux colonies dans les délais prescrits par les trois articles précédens, seront tenus, outre la perte de leurs esclaves, de payer pour chacun de ceux qu'ils n'auront pas renvoyés, la somme de 1000 livres entre les mains des commis des trésoriers-généraux de la marine aux colonies, pour être ladite somme employée aux travaux publics; et les permissions qu'ils doivent obtenir des Gouverneurs-généraux et Commandans, ne pourront leur être accordées, qu'après qu'ils auront fait entre les mains desdits commis des trésoriers-généraux de la marine, leur soumission de payer ladite somme; de laquelle soumission il sera fait mention dans lesdites permissions.

IX. Ceux qui ont actuellement en France des nègres esclaves de l'un ou de l'autre sexe, seront tenus dans trois mois, à compter du jour de la publication des présentes, d'en faire la déclaration au siége de l'amirauté le plus prochain du lieu de leur séjour, en faisant en même tems leur soumission de renvoyer dans un an, à compter du jour de la date d'icelle, lesdits nègres dans lesdites colonies, et faute par eux de faire ladite déclaration, ou de satisfaire à ladite soumission dans les délais prescrits, lesdits esclaves seront confisqués à notre profit, pour être employés à nos travaux dans les colonies.

X. Les esclaves nègres qui auront été emmenés ou envoyés en France, ne pourront s'y marier, même du consentement de leurs maîtres, nonobstant ce qui est porté par l'article VII de notre Edit du mois d'octobre 1716, auquel nous dérogeons quant à ce.

XI. Dans aucun cas, ni sous quelque prétexte que ce puisse être, les maîtres qui auront emmené en France des esclaves de l'un ou de l'autre sexe, ne pourront les y affranchir autrement que par testament ; et les affranchissemens ainsi faits ne pourront avoir lieu qu'autant que le testateur décédera avant l'expiration des délais dans lesquels les esclaves emmenés en France doivent être renvoyés dans les colonies.

XII. Enjoignons à tous ceux qui auront emmené des esclaves dans le royaume, ainsi qu'à ceux qui seront chargés de leur apprendre quelque métier, de donner leurs soins à ce qu'ils soient élevés et instruits dans les principes et dans les exercices de la religion catholique, apostolique et romaine.

XIII. otre Edit du mois d'octobre 1716 sera au surplus exécuté suivant sa forme et teneur, en ce qui n'y est dérogé par les présentes.

Si donnons en mandement, à nos amés et féaux Conseillers, les gens tenans notre Cour de Farlement à Aix, que ces présentes, etc.

Donnée à Versailles, le 15 décembre 1738. *Signés*, LOUIS; *et plus bas*, par le Roi, PHELYPEAUX.

Enregist. au Conseil Souverain.

(N°. 151.) *ARRET en Réglement du Conseil Souverain, sur l'instruction des procédures.*

Du 2 janvier 1739.

LA Cour faisant droit sur le réquisitoire du Procureur-général, a ordonné et ordonne ce qui suit :

ART. Ier. Que dans toutes les causes où les parties plaideront par procureur, toutes les significations tendantes à l'instruction des procès, seront faites à domicile du procureur, et ne seront passés en taxe que sur ce pied, sauf néanmoins les demandes incidentes ou principales qui seront signifiées à domicile des parties.

II. Si au jour de l'assignation, les causes enrôlées n'ont pu être appellées, soit du matin soit de relevée, elles seront continuées à l'au-

dience la plus prochaine, sans qu'il soit nécessaire d'une nouvelle assignation, ni d'aucun
autre acte, ce qui sera publié à l'issue de chaque
audience, par l'huissier de service.

III. Fait défenses à tous huissiers et sergens,
de faire entr'eux ou avec des procureurs, des
sociétés qui aient rapport aux fonctions de leurs
charges, à peine de cassation, de dommages
et intérêts des parties, et de 500 liv. d'amende
contre chacun des contrevenans.

IV. Fait pareillement défenses à tous huissiers
et sergens, de prendre pour adjoints leurs parens ou alliés au quatrième degré inclusivement,
à peine de faux, de dommages et intérêts des
parties, et de 100 livres d'amende, payables
par moitié et solidairement entr'eux pour la
première fois, et de plus grande peine, même
de cassation en cas de récidive.

V. Ordonne à tous huissiers et sergens d'être
à l'avenir plus corrects dans leurs exploits et
procès-verbaux ; leur fait défenses de changer
ou réformer aucun mot principalement dans les
dates ; leur enjoint de rapporter au bas de leurs
exploits et procès-verbaux, le nombre des mots
rayés, et d'approuver les interlignes d'une écriture égale à l'arrêté de l'exploit, sans laisser
aucuns blancs dans le corps de leurs actes, ni
entre la dernière ligne et leur signature, sous
telles peines qu'il appartiendra.

VI. Ordonne que le Réglement du 12 août
1723, sera exécuté suivant sa forme et teneur,
enjoint à tous huissiers et sergens de s'y
conformer ; et en conséquence de procéder
sans délai aux actes dont ils seront requis
par les parties, et notamment à l'exécution
des

des sentences et arrêts dont ils seront chargés, le tout à peine de 50 liv. d'amende
encourue sur le simple fait, même d'être responsables, si le cas y échet, des dommages
et intérêts causés aux parties par leur retardement ; ordonne que sur la simple plainte
verbale des parties, il y sera à l'instant pourvu
par le Juge des lieux.

VII. Ordonne que lorsqu'un sergent qui
sera huissier à la Cour sera interdit par le
Juge des lieux, il demeurera de droit interdit des fonctions d'huissier : fait défenses
à tous sergens d'exercer, en ce cas, aucunes
fonctions d'huissier, qu'il n'ait été relevé de
son interdiction, à peine de faux, des dommages et intérêts des parties, et de 100 liv.
d'amende pour la première fois, et de plus
grande peine en cas de récidive ; enjoint aux
substituts du Procureur-général, dans les siéges
du ressort, de donner avis desdites interdic-
tions au Procureur-général.

VIII. Ordonne qu'à l'avenir, après la contestation en cause, s'il intervient des appointemens qui ne concernent que les mêmes
parties, il y sera fait droit sur la première
assignation, sans qu'il soit nécessaire d'obtenir
défaut pour réassigner aux fins de voir faire
droit sur lesdits appointemens ; pourront néanmoins les Juges, donner nouveau délai en
connaissance de cause, et pour excuses légitimes ; auquel cas, le jugement sera poursuivi sur un simple acte signifié au Procureur, ou à la partie, si elle n'a point de
Procureur.

IX. Ordonnons pareillement qu'à l'avenir

C c

les rôles contiendront 15 lignes de 24 lettres, et que sur ce pied, les grosses seront taxées; enjoint aux Graffiers, Notaires, Huissiers et Sergens, de les expédier sur ce pied, à peine de concussion, ne seront néanmoins comprises dans le présent article, les significations des pièces, lesquelles se doivent faire par rôles de minutes, conformément au tarif du 10 octobre 1712, auquel les Huissiers et Sergens seront tenus de se conformer à cet égard.

Et sera le présent Arrêt en Réglement, etc.

Fait au Conseil Supérieur, le 2 janvier 1739.

(N°. 152.) *ARRET du Conseil Souverain, concernant les Vus des Sentences et Arrêts.*

Du 2 janvier 1739.

V u l'Arrêt de la Cour rendu, le 11 novembre dernier, sur le réquisitoire du Procureur-général du Roi, qui ordonne que par M^{es}. Rahoult de Choisy et Assier, que la Cour a nommés à cet effet, il serait dressé un mémoire sur la forme dans laquelle doivent être rédigés les Vus des Sentences et Arrêts, pour, icelui communiqué au Procureur-général du Roi, et rapporté à ladite Cour, être par elle ordonné ce qu'il appartiendrait; et le mémoire dressé en conséquence par lesdits Mes Rahoult de Choisy et Assier, icelui communiqué au Procureur-général du Roi.

La Cour, ouï lesdits Mes Rahoult de Choisy et Assier, Conseillers, en leur rapport, et ledit Procureur-général du Roi, en ses conclusions, ordonne que le Mémoire en question, signé

du Président de la Cour et desdits Commissaires
sera registré ès-registres de la Cour, et déposé
aux minutes d'icelle et que copies collationnées
dudit Mémoire, seront envoyées aux greffes des
Jurisdictions du ressort, pour y être pareillement registrées, à la diligence dudit Procureur-
général ou de ses substituts, qui en certifieront
la Cour à la prochaine séance ; enjoint à tous
les greffiers de s'y conformer, et aux Juges
d'y tenir la main.

Fait au Conseil Souverain de la Martinique,
le 2 janvier 1739.

(Suit la teneur dudit Mémoire.)

*Mémoire concernant les Vus des Sentences et Arrêts,
que les Commissaires soussignés remettent au
Conseil Supérieur, en conséquence de l'Arrêt
du 11 novembre 1738.*

LES abus qui, depuis quelque tems, se sont
glissés dans les Vus des Sentences et Arrêts,
et dont les plaintes ont été publiques, ayant
mérité l'attention de la Cour, elle a cru devoir y pourvoir, et à cet effet elle a nommé
les Commissaires soussignés pour travailler aux
moyens de les réformer, et d'établir une règle
à laquelle les greffiers soient obligés de se
conformer.

Lesdits Commissaires estiment que les Vus
ont dû et doivent être faits ainsi qu'il suit :

1°. A l'égard des siéges inférieurs, les Juges
et leurs Greffiers doivent dans les jugemens
d'audience, prendre les qualités des parties,
faire mention de leurs demandes et conclusions respectives, comme aussi de leurs dires

C c 2

à l'audience, ensuite énoncer leurs motifs de décision ; mais tout cela, de la manière la plus simple et la plus briève qu'il soit possible, et qui s'éloigne de toute affectation.

Quant aux affaires appointées, après l'établissement des qualités qui doivent être certaines par l'appointement en droit où elles ont dû être contestées, s'il y a lieu, il est de règle de viser toutes les pièces produites devant eux, mais seulement par dates et par le nom de la pièce et celui des officiers qui ont instrumenté ; comme aussi toutes les demandes respectivement formées par les parties plaidantes, et les jugemens préparatoires, s'il en a été rendu, afin de marquer l'ordre et la suite de la procédure, qui doit faire le principal objet de la composition du Vu d'un jugement, ensuite dire les motifs : mais toutes ces énonciations doivent pareillement être très-succintes, le nom des actes et les dates étant les principales circonstances de l'énonciation.

EXEMPLE. Si c'est un acte de partage, il faut énoncer de quelle succession sont les biens à partager, succinctement ; le nom des co-partageans et celui des officiers de Justice qui y ont été présens, particulièrement du Notaire, de même d'un contrat de vente et de tout autre acte, de quelque nature et qualité qu'il puisse être ; mais il n'est point nécessaire, et on ne doit jamais entrer dans l'explication des clauses de ces actes, quelque relation qu'elles puissent avoir à la contestation à décider, parce que si on laisse cette liberté pour en user arbitrairement par

le Greffier ou les commis, le même mal sub-
sistera; et parce que, d'ailleurs, s'il était d'un
usage indispensable d'entrer dans l'examen de
cette prétendue nécessité, il faudrait que le
Greffier en sut autant que les Juges, pour
décider dans la composition d'un jugement,
des clauses et endroits nécessaires à énoncer
des pièces produites.

On doit cependant excepter de cette prohibition certains cas, comme celui de l'inscrip-
tion de faux et autres semblables, dans lesquels il est nécessaire de faire le Vu des
moyens.

2°. A l'égard des procès par écrit appointés
au Conseil Supérieur sur l'appel des sentences
des siéges inférieurs, les Greffiers doivent,
de même qu'on l'a dit ci-devant, commencer
par établir exactement les qualités des parties,
celles des appellans et des intimés en cause
d'appel ; les demandes incidentes, s'il en est
formé ; les défenses et les écritures fournies
contre ces demandes; les Arrêts qui les joignent
au principal ; les productions nouvelles ; les
contredits et salvations, et généralement tous
les autres actes de la procédure instruite sur
l'appel, en observant toujours de ne rapporter de ces pièces que la date, sans rien dire
du contenu.

Quant à toutes les autres pièces de la
cause principale, elles ne doivent point être
rappellées ni visées dans l'Arrêt par une spé-
cification particulière, mais sous une énonciation générale conçue en ces termes: *Vu aussi
toutes les pièces de la cause principale énoncées
et datées dans la sentence dont est appel.*

Quant aux Arrêts d'audience rendus au Conseil Supérieur sur les appellations verbales, et sur les demandes en exécution d'Arrêts, il n'y a point de Vu, et la forme qui y est usitée aujourd'hui est très-bonne ; elle consiste seulement dans l'établissement exact des qualités des parties , c'est-à-dire, de l'appellant et de l'intimé , du demandeur et du défendeur dans la sentence dont est appel , et de la demande sur laquelle il s'agit de prononcer , dans la mention de la comparution des Procureurs ou des parties , et enfin dans celle de la présence des gens du Roi , s'il en est question , après quoi la Cour confirme ou infirme.

Il y a encore une autre sorte d'Arrêts qui sont ceux sur requête, portant défenses d'exécuter les sentences des premiers Juges , ou qui renferment d'autres dispositions provisoires sur des matières sommaires : dans ces sortes d'Arrêts , il est nécessaire que le Vu renferme la substance de l'exposé des requêtes, et toutes les conclusions qui y sont prises ; et même il faut viser succinctement les titres et pièces qui peuvent servir à établir les cas provisoires , et qui se trouvent attachés à la requête , et cela parce que ces Arrêts sont rendus sans parties appellées, et qu'ils doivent renfermer en eux-mêmes la justice de leurs dispositions, en ce qui concerne le provisoire.

Signés , RAHAULT DE CHOISY , ASSIER et DE LACROIX.

(N°. 153.) ORDRE *du Roi, sur les Caraïbes et Indiens.*

Du 2 mars 1739.

SA Majesté étant informée qu'il y a des personnes qui vont traiter des Caraïbes et Indiens de nations contre lesquelles les français ne sont point en guerre, pour les emmener aux îles du vent de l'Amérique, où ils les vendent comme esclaves ; et voulant prévenir les inconvéniens que cette traite pourrait occasionner, S. M. fait très expresses inhibitions et défenses à tous français de traiter des esclaves Caraïbes et Indiens, voulant que tous ceux qui seront emmenés ou qui iront à l'avenir dans les îles du vent, soient et demeurent libres.

Mande et ordonne, etc.

Fait à Versailles, le 2 mars 1739. *Signés,* LOUIS ; *et plus bas,* par le Roi, PHELYPEAUX.

Enregist. au Conseil Souverain.

(N°. 154.) ORDONNANCE *de MM. les Général et Intendant, portant defense de faire vanner des Cafés, dans les rues des villes et bourgs*

Du 12 mars 1739.

FAISONS très-expresses défenses à tous particuliers et habitans, de faire vanner leurs Cafés dans les rues, et d'y jetter les pailles des Cafés qu'ils auront vannés chez eux, sous peine de 50 liv. d'amende, applicables à l'hôpital pour la première fois, et sous de plus grièves peines.

en cas de récidive : enjoignons aux officiers de police de tenir exactement la main à l'exécution de la présente, etc.

Donnée au Fort Royal de la Martinique, le 12 mars 1739. *Signés,* DE CHAMPIGNY et DE LACROIX.

Enregist. au Conseil Souverain.

(N°. 155.) *ARRET en réglement du Conseil Souverain, qui défend d'acheter aucun effet de soldats ou matelots, non munis d'une permission de leurs officiers.*

Du 13 juillet 1739.

LA Cour faisant droit sur le réquisitoire du Procureur-général du Roi, fait défenses à toutes personnes, de quelque qualité ou condition qu'elles soient, d'acheter aucuns effets, sucres ni marchandises quelconques des soldats qui sont en garnison dans les forteresses ou dans les vaisseaux du Roi, sans s'être fait représenter auparavant les permissions accordées à cet effet, auxdits soldats, par leurs officiers; fait pareilles défenses de retirer chez eux aucuns effets qui pourraient leur être apportés par lesdits soldats, et ce, sous telles peines qu'il appartiendra contre les contrevenans, et sera le présent Arrêt, etc.

Fait à la Martinique, au Conseil Supérieur, le 13 juillet 1739.

(N°. 156.) *ORDONNANCE de MM. les Général et Intendant, concernant les plantations de patates et de ris.*

Du 10 mars 1740.

LA disette des vivres du pays que nous éprouvons actuellement nous a déterminé à nous faire rendre compte des causes qui peuvent l'occasionner ; nous avons reconnu qu'elle provenait principalement de l'inexécution des anciens Réglemens pour les plantations des maniocs et des bananiers, et qu'elle a été encore augmentée par le défaut des bœufs salés : comme la guerre qu'on a lieu de craindre, pourrait rendre les envois qui en sont faits annuellement de France, plus difficiles et plus rares, nous croyons indispensablement nécessaire de pourvoir à une plantation de vivres, capables d'obvier aux suites de ces événemens ; c'est pourquoi nous ordonnons :

ART. Ier. Qu'outre les plantations de maniocs et de bananiers prescrites par l'Ordonnance, chaque habitant sera tenu de planter incessamment des patates, à raison d'un quarré pour 30 nègres.

II. Que ceux que la qualité ou la situation de leur terrein mettra dans l'impossibilité de satisfaire aux plantations de maniocs et de bananiers, seront obligés d'y suppléer par des plantations de patates ou de ris, ou de toute autre denrée propre à la nourriture des hommes, sur le pied et indépendamment de celles ci-dessus ordonnées.

III. Que ceux qui se trouveront convaincus de n'avoir point satisfait à toutes leurs plantations, seront condamnés aux peines prononcées par les anciennes Ordonnances, pour celles de maniocs et de bananiers qu'ils n'auront point faites, et au prorata, pour le défaut des plantations des patates ci-dessus ordonnées.

IV. Que les capitaines de milice seront tenus de faire, dans le mois de juin prochain, les visites de l'étendue de leur compagnie, et de nous en remettre les procès-verbaux dans le mois de juillet suivant, dans la forme prescrite par les anciens Réglemens, pour, sur lesdits procès-verbaux, être par nous prononcé ce qu'il appartiendra.

Sera la présente Ordonnance, etc.

Donnée au Fort-Royal de la Martinique, le 10 mars 1740. *Signés*, DE CHAMPIGNY et DE LACROIX.

Enregist. au Conseil Souverain.

(N°. 157.) *MÉMOIRE du Roi, aux sieurs Marquis de Champigny, Gouverneur et Lieutenant-général pour S. M. aux îles du vent, et de Lacroix, Intendant auxdites îles, au sujet du droit d'établir des impositions.*

Du 25 septembre 1741.

S A Majesté a été informée que les sieurs de Champigny et de Lacroix ont rendu les 20 septembre 1738 et 8 avril 1739, deux Ordonnances pour lever une imposition de deniers sur les habitans du bourg St-Pierre, à l'effet de pourvoir au dédommagement demandé par le sieur Reynal de Saint-Michel, d'un terrein destiné pour une place publique dans ce bourg et que, par une autre Ordonnance du 11 mars 1741, ils ont encore fait une autre imposition sur tous les habitans de la Martinique, pour l'établissement de quelques nouvelles batteries sur les côtes et pour les réparations des anciennes. Et comme ils ont excédé les bornes de leurs pouvoirs par ces Ordonnances, que S. M. s'est fait représenter; elle a jugé à propos de leur expliquer ses intentions sur cette matière.

Les Gouverneur et Intendant des colonies n'ont point le pouvoir de faire des impositions sur les sujets de S. M. C'est-là un droit de souveraineté qu'elle ne communique à personne. Il n'est pas même permis aux habitans des colonies, non plus qu'aux communautés du royaume, de s'imposer eux-mêmes sans y être autorisés. En un mot, il n'y a que S. M. qui puisse ordonner les impositions et les contributions de toute nature, et en régler l'usage elle seule peut en établir de nouvelles, augmenter et modérer les anciennes, ou y faire d'autres changemens.

Lorsqu'il est question de faire quelque établissement, soit pour l'ornement ou la commodité d'une colonie, soit même pour sa défense, et que les dépenses doivent en être supportées par les habitans, les Gouverneur et Intendant doivent, dans ces cas, convoquer une assemblée de tous ceux qui y sont intéressés, ou des notables d'entr'eux, à l'effet d'arrêter le projet de l'établissement dont il s'agit, et de pourvoir aux fonds qui y sont nécessaires par une délibération qui doit être autorisée par le Gouverneur et l'Intendant.

L'exécution de cette délibération, quoiqu'ainsi

autorisée, doit être suspendue, jusqu'à ce que, sur le compte que les Gouverneur et Intendant doivent en rendre, S. M. ait jugé à propos de l'ordonner, à moins que l'objet ne se trouve si pressé, qu'ils ne puissent point attendre les ordres de S. M., et qu'ils soient dans la necessité indispensable d'y pourvoir sans retardement.

Mais, soit qu'ils puissent en différer l'exécution jusqu'à la réception des ordres de S. M. ou qu'ils soient nécessairement obligés de les prendre sur eux, en rendant compte à S. M. de leurs motifs, il faut toujours qu'ils commencent par convoquer l'assemblée des habitans pour y faire arrêter l'imposition nécessaire ; et, supposé qu'il s'élève dans cette assemblée des difficultés qui empêchent le réglement de cette imposition, le Gouverneur et l'Intendant doivent en informer S. M. pour recevoir ses ordres, et ne peuvent se porter à faire eux-mêmes ce Réglement, que dans le cas où il s'agirait de la sûreté de la Colonie ou de quelqu'un de ses quartiers, de manière que la dépense proposée ne pût pas être absolument différée, et toujours après avoir épuisé tous les moyens possibles pour la faire arrêter par la délibération des habitans.

Telles sont les règles sur cette matière ; les Gouverneur et Intendant ne peuvent s'en écarter, sans entreprendre sur l'autorité que S. M. se réserve à elle seule, et sans compromettre en même-tems celle qu'elle leur confie.

Aussi S. M. se serait-elle déterminée à casser les Ordonnances que les sieurs de Champigny et de Lacroix ont rendues contre des règles si bien établies et dont le maintien est d'une si grande importance, si elle n'eût pas considéré qu'une pareille cassation pourrait avoir des inconvéniens par rapport aux autres opérations de leur administration. Mais par cette considération, et persuadée d'ailleurs de la pureté de leurs intentions, elle a bien voulu pour cette fois seulement, et sans tirer à conséquence leur épargner une révocation publique de leurs Ordonnances.

Comme il n'est cependant pas possible d'en laisser subsister l'irrégularité, elle leur enjoint très-expressément de les révoquer eux-mêmes, et d'en rendre de nouvelles pour que les impositions qui en font l'objet se fassent dans les règles ; et l'intention de S. M. est qu'ils donnent à ces impositions la forme requise pour les rendre légitimes, quand même il se trouverait que les habitans y aurait satisfait en tout ou en partie.

Elle veut qu'ils lui rendent compte de l'exécution de ses ordres à ce sujet, et leur défend au surplus de rien faire, dans quelque occasion et sous quelque prétexte que ce puisse être, de contraire aux principes qu'elle a bien voulu leur expliquer sur cette matière, et qui sont fondés sur les Lois générales du royaume et les constitutions même de l'état.

Fait à Versailles, le 25 septembre 1741. *Signés*, LOUIS ; *et plus bas*, par le Roi, PHELYPEAUX.

(N°. 158.) *Arret en Réglement du Conseil Souverain, sur les successions vacantes.*

Du 9 novembre 1741.

CEJOURD'HUI les gens du Roi étant entrés, ont dit qu'ils ont été informés qu'il se commettait des abus considérables au sujet des successions vacantes, malgré les sages précautions que l'on prend pour les faire passer aux légitimes héritiers du sang ; les successions, devenant souvent la proie de la cupidité de quiconque osait s'en emparer ; que des particuliers, sous le prétexte d'une parenté très-équivoque et fondée uniquement sur une liaison formée par le hasard, ou à l'occasion d'une traversée de France ici, usurpaient le titre d'héritier, se mettaient en possession des effets de ces successions, les dissipaient, ou les transportaient dans les îles voisines, pour en dérober la connaissance aux curateurs aux biens vacans, qui, avertis trop tard et presque toujours par hasard, ne pouvaient ni obvier, ni remédier à ces désordres, ou du moins n'y pouvaient rémédier que difficilement et avec des frais considérables ; que d'autres particuliers poussant plus loin la hardiesse, et ne prenant pas même la précaution de se couvrir d'aucun prétexte, s'emparaient, sans aucune apparence de droit, de tout ce qu'ils trouvaient à leur bienséance dans ces successions, comme si les biens délaissés par un défunt, dont les héritiers sont absens, étaient dévolus au premier occupant ; qu'ils n'auraient que trop d'exemples à citer à la Cour, et qu'ils se contenteraient de lui en rapporter seulement deux tous récens :

Qu'il n'y avait pas long-tems qu'il était mort aux Coulisses de cette île, chez le sieur Cailland, un nommé Nolland ; que ledit Cailland, sans aucun ordre de justice, s'était saisi de l'argent de cette succession, et s'était ingéré de payer lui-même differens créanciers; que le sieur Thuillier, marchand à St.-Pierre, était venu de son autorité privée, enlever une barrique de vin de cette succession; que les sieurs Pinel Lapalun et Tartanson, ont dit au curateur aux successions vacantes, du ressort de la Jurisdiction de cette ville du Fort-Royal, que ledit Nolland, quelques jours avant son décès, avait apporté de St.-Pierre quelques barils de bœuf, et quelques malles de marchandises sèches qui ne se sont point trouvés, le fait étant cependant prouvé par les comptes que fournissait ledit Thuillier. Qu'il était mort aussi nouvellement au Vauclin, un nommé Marquet, perruquier; que le nommé Descoubet, et plusieurs autres s'étaient emparés des effets de cette succession, et les avaient partagés entr'eux; que le curateur ayant appris ce fait par hasard, fit assigner ledit Descoubet, qui fut condamné à remettre ces effets, et cependant la succession condamnée aux dépens; ce qui était arrivé dans nombre d'autres occasions, même lorsqu'il avait fallu décréter des particuliers, pour les obliger à remettre les effets qu'ils avaient pris.

Que les gens du Roi ayant pensé que de pareils abus devaient exciter leur ministère, et méritaient d'être réprimés, ils croyaient qu'il convenait d'arrêter le mal dans sa source même; qu'ayant cherché quelle pouvait être la cause première de ces désordres, afin que la connaissance de la cause du mal pût indiquer le remède le plus propre à le guérir, ils n'avaient point trouvé de cause si plausible de ces abus, que la connaissance tardive que les curateurs aux biens vacans avaient de la mort de ceux qui décédaient intestat, sans héritiers apparens; qu'il se passait le plus souvent un tems considérable, avant qu'ils en fussent informés, et que, pendant ce tems-là, les biens étaient exposés à la cupidité d'un chacun; que si c'était-là la cause du mal, comme on n'en pouvait guère douter, le remède était donc de faire ensorte que les curateurs pussent être promptement instruits de ce qui se passait. Que quelque attention que la Cour eût à ne mettre que des personnes d'une probité reconnue et non suspecte, le plus grand zèle ne pourra les mettre en état de se bien acquitter de leurs fonctions, si elle ne leur en facilite les moyens; pouvant dire qu'elle doit être d'autant plus excitée à le faire, qu'outre l'amour de la justice et du bon ordre qui l'animait toujours, ces officiers étant choisis par elle, la louange ou le blâme qu'ils peuvent mériter dans l'exercice de leur emploi, rejaillirait sur elle.

Pour quoi dans ces circonstances les gens du Roi auraient requis qu'il fût fait par la Cour un Réglement à ce sujet; sur quoi eux retirés, et la matière mise en délibération;

La Cour a ordonné et ordonne ce qui suit:

1°. Que les aubergistes, cabaretiers et autres personnes de quelque qualité et condition qu'elles soient, ès-maisons desquels seront décédés intestat des étrangers en cette île, ou habitans d'icelle, sans héritiers apparens, en donneront avis au Procureur du Roi du siége, ou au curateur aux successions vacantes du ressort,

dans

dans les vingt-quatre heures, à peine d'en répondre, et de tous dépens, dommages et intérêts.

2°. Que les particuliers qui se trouveront
saisis de quelques effets des successions vacantes,
en donneront avis au plutôt au curateur
auxdites successions du ressort, aussi à peine,
faute de ce faire, de tous dépens, dommages
et intérêts, et de telles autres peines qu'il appartiendra suivant l'exigence du cas, sauf, après
lesdites déclarations, à être fait droit par le
Juge des lieux, sur les demandes en bienveil-
lance qui pourront être formées d'aucune desdites successions, ainsi qu'il appartiendra, et
sans que, sous prétexte desdites demandes, personne puisse se dispenser de donner avis desdites successions et desdits effets.

Ordonne que le présent Arrêt, etc.

Fait à la Martinique, au Conseil Souverain,
le 9 novembre 1741.

(N°. 159.) *Ordonnance du Roi, concernant
l'exemption accordée aux marchandises provenant de la Traite des N gres aux îles françaises de l'Amérique.*

Du 31 mars 1742.

Sa Majesté s'étant fait représenter l'Ordonnance qu'elle a rendue le 6 juillet 1734,
qui règle la forme des certificats de la traite
des nègres aux îles et colonies françaises de
l'Amérique ; et S. M. étant informée que,
nonobstant les dispositions qu'elle renferme,

Il se pratique encore dans lesdites îles, une fraude préjudiciable, tant aux négocians qui font le commerce direct auxdites îles, et à ceux qui font de bonne foi la traite des nègres, qu'aux intérêts des fermes de S. M., par l'abus que font quelques agens auxdites îles, préposés à la cargaison de nègres qui y sont introduits, des certificats expédiés par les sieurs Intendans, Commissaires-ordonnateurs, ou leurs Subdélégués, pour les marchandises provenans du troc desdits nègres, en les appliquant à des marchandises qui ne proviennent point de ce commerce ; et que pour y parvenir, ils présentent auxdits sieurs Intendans ou autres officiers qui en font les fonctions, des bordereaux, dans lesquels, en omettant plusieurs parties de marchandises préalablement expédiées à-compte de leurs traites, ils surprennent des certificats, au moyen desquels il leur est aisé de se procurer l'exemption de moitié des droits qui se paient en France sur des quantités de marchandises beaucoup plus considérables que celles qui doivent jouir de l'exemption ; à quoi étant nécessaire de pourvoir, S. M., en expliquant, en tant que de besoin, ladite Ordonnance, et y ajoutant, a ordonné et ordonne :

ART. 1er. Qu'à l'avenir, et à commencer du jour de la publication du présent Réglement, les capitaines des vaisseaux qui transportent des nègres dans les îles et colonies, seront tenus d'y faire à leur arrivée, leur déclaration sommaire et certifiée d'eux, du nombre de nègres qu'ils y introduiront, sur un registre qui demeurera déposé au greffe des sieurs Intendans, Commissaires-ordonnateurs, ou Subdélégués, par eux commis à cet effet; et que lesdits capitaines, commissionnaires ou agens chargés de la vente et du recouvrement desdits nègres, seront tenus de faire de même sur ledit registre une déclaration sommaire et certifiée d'eux, du prix total desdits nègres, aussi-tôt qu'ils auront été vendus; lesquelles déclarations feront mention du jour de l'arrivée desdits nègres, et seront transcrites pour chaque navire négrier, au haut d'un feuillet, dont le reste demeurera en blanc, pour y écrire les notes par extrait, des certificats qui seront par la suite expédiés audit greffe, pour les marchandises provenans du prix de chaque cargaison de nègres.

II. Lorsque les capitaines, commissionnaires ou agens chargés du recouvrement du prix d'une cargaison de nègres, voudront faire un envoi de marchandises en provenant, ils seront obligés d'apporter au greffe desdits sieurs Intendans, la facture desdites marchandises, et au bas de ladite facture, le bordereau du montant de celles précédemment expédiées à-compte de ladite cargaison, dans la forme des modèles prescrits par l'Ordonnance du 6 juillet 1734, lequel bordereau contiendra par articles, la date de chaque envoi, le nom du navire sur lequel il aura été chargé, et son prix, ensuite le montant total desdits envois, la comparaison de ce total avec celui du prix des nègres, et ce qui se trouvera rester dudit prix; ou à défaut de marchandises précédemment expédiées, ils seront tenus

D d 2

de déclarer qu'il n'en est point encore parti: lesquelles factures, bordereaux ou déclarations lesdits capitaines, commissionnaires ou agens certifieront par écrit être véritables, et les marchandises y énoncées ne provenir que de la vente ou du troc desdits nègres ; sous peine, en cas de fraude ou de faux exposé dans lesdites factures, bordereaux ou déclarations, de 500 liv. d'amende : et seront lesdites factures, bordereaux ou déclarations, enregistrés, ainsi qu'il est dit en l'article précédent, à la suite des déclarations qui y sont prescrites, sur le blanc du feuillet resté à cet effet, afin que, par ledit enregistrement, lesdits sieurs Intendans, Commissaires-ordonnateurs, ou leurs Subdélégués, puissent connaître l'état de chaque cargaison de nègres, et ne donnent qu'en connaissance, leurs certificats au bas desdites factures, bordereaux ou déclarations, ainsi certifiés.

III. S. M. défend auxdits capitaines, commissionnaires ou agens, de s'ingérer d'écrire de leur main les certificats qui doivent être donnés par lesdits sieurs Intendans ou autres officiers suivant leurs fonctions, pour les marchandises provenant de la vente des nègres; lesquels certificats ne pourront être écrits que par eux, leurs secrétaires, ou autres personnes par eux préposées à cet effet, et contiendront les quantités de marchandises, et les sommes en toutes lettres, le tout à peine de nullité.

IV. Veut S. M. que les armateurs faisant le commerce de Guinée, qui présenteront, après la publication de la présente Ordonnance aux îles , dans les bureaux de ses fermes en France , pour des marchandises provenant de la traite des nègres , des certificats des sieurs Intendans ou autres officiers préposés pour les donner , ne puissent les rapporter que dans la forme ci-dessus prescrite , à peine d'être déchûs du privilège de la modération de moitié des droits des marchandises qui se trouveront accompagnées desdits certificats; et que lesdits certificats, ensemble ceux qui seront expédiés à l'avenir aux îles avant ladite publication , ne puissent être admis dans lesdits bureaux, qu'après qu'ils auront été certifiés véritables en tout leur contenu par lesdits armateurs ; et qu'en cas de fraude ou de faux exposé dans les factures , bordereaux ou déclarations, lesdits armateurs soient condamnés à la confiscation des marchandises pour lesquelles lesdits certificats auront été expédiés , et en 500 liv. d'amende , et poursuivis extraordinairement, en cas de faux , conformément à l'Ordonnance du 6 juillet 1734.

V. Les certificats n'auront d'effet pour l'exemption de la moitié des droits, qu'après qu'ils auront été vérifiés par les fermiers-généraux , qui seront tenus de donner leurs ordres sans retardement ; à l'effet de quoi ces certificats leur seront adressés à l'hôtel des fermes à Paris, par les Directeurs ou Receveurs des Fermes dans les ports admis au commerce de Guinée.

Et sera au surplus ladite Ordonnance du 6 juillet 1734 , exécutée selon sa forme et teneur, en ce qui n'y est point dérogé par la présente. Enjoint S. M. aux sieurs Inten-

dans des îles, ou autres officiers qu'il appartiendra, de se conformer à la présente Ordonnance, èt de tenir la main à son exécution.

Sera la présente Ordonnance, etc.

Fait à Versailles, le 31 mars 1742. *Signés*,
LOUIS ; *et plus bas*, par le Roi, PHELYPEAUX.

(Nᵒ. 160.) *ORDONNANCE du Roi, qui défend
aux Capitaines des navires désarmés aux îles,
de payer, dans lesdites îles, la solde due à
leurs Equipages, leur enjoint d'en faire les
décomptes en présence des Officiers chargés
du détail des classes, et règle les formalités
à observer à ce sujet.*

Du 19 juillet 1742.

SA Majesté étant informée que les paiemens
à faire aux équipages des navires qui sont
désarmés dans les colonies françaises de l'Amérique, ont donné lieu dans chacune de ces
différentes colonies, à une diversité d'usages
contraires au bien du commerce, et aux
dispositions portées par ses Ordonnances, pour
la discipline des gens de mer, et la sûreté
de leur retour dans les ports de leur département : et S. M. désirant établir pour lesdits paiemens dans lesdites colonies, une règle
uniforme, en conformité de celle qui est observée dans les ports du Royaume, en vertu
de sa Déclaration du 18 décembre 1728, et
de l'Arrêt de son Conseil du 19 janvier 1734,
elle a ordonné ce qui suit :

ART. Iᵉʳ. Les capitaines des navires qui seront désarmés à l'avenir dans les colonies

françaises de l'Amérique, soit pour y avoir été jugés hors d'état de naviguer, ou pour d'autres causes, seront tenus de faire le décompte de la solde due à chacun des gens de mer, de leurs équipages, en présence du Commissaire de la marine, ou de tel autre officier qui sera chargé en chaque colonie, de ce qui concerne l'expédition des bâtimens et des autres fonctions relatives au détail des classes.

II. Lesdits décomptes seront remis auxdits Commissaires de la marine ou autres officiers qui en feront les fonctions, avec une lettre de change du montant en argent de France, tirée par le capitaine sur les armateurs du navire, pour être lesdites pièces envoyées par les susdits officiers au Commissaire de la marine du port où le navire aura été armé, lequel, après avoir reçu la valeur des lettres de change, en fera faire la distribution aux équipages ou à leurs familles, en conformité des décomptes.

III. Les commissaires de la marine ou autres officiers chargés du détail des classes dans les colonies, tiendront un registre exact, coté et paraphé par l'Intendant ou le Commissaire-ordonnateur, contenant l'extrait des comptes et lettres de change dont il leur sera fait remise en exécution du précédent article : ils feront mention sur lesdits registres, des noms des capitaines qu'ils chargeront desdites pièces, pour les porter en France, et des récépissés qui leur seront ensuite envoyés par les Commissaires de la marine, établis dans les ports du royaume, auxquels ils les auront adressés.

IV. Lorsqu'il y aura dans la Colonie où un navire aura été désarmé, d'autres bâtimens, dans lesquels les gens de mer de l'équipage du navire désarmé pourront être embarqués, et gagner des salaires pour revenir dans les ports de leur département, il ne sera rien payé auxdits gens de mer, sous prétexte de la conduite qu'ils pourraient prétendre pour leur retour.

V. En cas qu'il n'y ait point actuellement dans la Colonie où le navire aura été désarmé, d'autres bâtimens où lesdits gens de mer puissent être employés, il leur sera accordé une conduite sur le pied d'un ou deux mois de solde, à proportion du retardement que pourra leur causer le défaut d'occasions pour leur retour, ce qui sera réglé par les Intendans ou les Commissaires de la marine, établis dans les colonies.

VI. Enjoint S. M., aux capitaines des navires qui seront désarmés dans les îles françaises de l'Amérique, d'exécuter ponctuellement tout ce qui est porté par la présente Ordonnance, à peine de 100 liv. d'amende; et leur défend, sous la même peine, de faire par eux-mêmes aucun paiement de la solde due aux gens de mer de leurs équipages, à moins que dans les circonstances particulières, ils n'obtiennent pour cet effet une permission expresse des Intendans ou Commissaires-ordonnateurs, lesquels pourront seuls et à l'exclusion de tous autres officiers, donner de pareilles permissions dans les cas où ils les jugeront nécessaires.

Mande et ordonne, etc.

Fait à Versailles, le 19 juillet 1742, *Signés*, LOUIS; *et plus bas*, par le Roi, PHELYPEAUX.

(N°. 161.) *LETTRES-PATENTES du Roi, portant création de Conseillers-Assesseurs aux Conseils Souverains des Colonies.*

Du mois d'août 1742.

LOUIS, etc.; SALUT : L'attention continuelle que nous donnons à l'administration de la justice dans nos colonies, nous a portés depuis quelques années à autoriser les Gouverneurs et Intendans à établir des Assesseurs dans nos Conseils Souverains, non-seulement pour y accélérer l'expédition des affaires, mais encore pour mettre ces Assesseurs à portée de se rendre de plus en plus capables de remplir les charges de Conseillers en ces Conseils ou d'autres places de judicature qui viendront à vaquer ; nous avons la satisfaction de reconnaître par expérience, que cet établissement répond à nos vues, et qu'il est tems de lui donner une forme stable et authentique, et nous nous y déterminons d'autant plus volontiers, que nous donnerons en même-tems à nos sujets des colonies, une nouvelle marque des soins que nous apportons à tout ce qui peut contribuer à leur tranquillité et à leur bonheur.

A CES CAUSES, nous plaît ce qui suit.

ART. Ier. Les Gouverneurs et Lieutenans-généraux pour nous et les Intendans de nos colonies, continueront de commettre conjointement pour Assesseurs à nos Conseils Souverains, des sujets capables d'en faire les fonctions, à l'effet de quoi nous leur donnons l'autorité et le pouvoir nécessaire. Voulons néanmoins et entendons qu'il ne puisse y avoir, sans une permission expresse de nous, que le nombre de quatre Assesseurs dans chacun desdits Conseils Souverains.

II. Attendu l'éloignement des colonies de l'île Royale, Louisiane et Cayenne, des lieux de la résidence des Gouverneurs, Lieutenans-généraux et des Intendans desquelles elles dépendent, nous donnons aux Gouverneurs-particuliers et Commissaires-ordonnateurs des trois dites colonies, le même pouvoir de commettre conjointement ledit nombre d'Assesseurs dans les Conseils Souverains qui y sont établis.

III. Les Assesseurs ainsi commis par lesdits Gouverneurs, Intendans et Ordonnateurs, seront reçus auxdits Conseils Souverains, avec les mêmes formalités qui s'observent pour la réception des Conseillers établis par provisions de nous; ils y prendront rang et séance par ordre d'ancienneté entr'eux, et après lesdits Conseillers dont ils seront toujours précédés; mais ils n'y auront voix délibérative que dans les jugemens des affaires dont ils seront rapporteurs, à moins que dans les autres affaires il ne se trouvât pas un nombre suffisant de Juges, auquel cas ils auront pareillement voix délibérative; comme aussi dans le cas de partage d'opinions entre les autres Juges.

IV. Lesdits Assesseurs ne jouiront aux îles du vent et sous le vent, que de la moitié des exemptions dont jouissent lesdits Conseillers, pour les droits du domaine ou d'octroi qui se perçoivent auxdites îles ; mais ils auront toutes les autres exemptions, prérogatives, honneurs et privilèges attachés auxdites charges de Conseillers.

Voulons au surplus que les commissions qui seront expédiées auxdits Assesseurs par les Gouverneurs et Intendans ou Ordonnateurs, ne soient que pour trois années, à compter du jour de leur réception auxdits Conseils Souverains ; et à l'expiration desdites trois années, nous permettons auxdits Gouverneurs, Intendans ou Ordonnateurs, de donner de pareilles commissions d'Assesseurs à d'autres sujets, ou d'en accorder de nouvelles, s'ils le jugent à propos à ceux dont le tems sera expiré, et d'en user ainsi à l'égard des uns et des autres, de trois en trois années, auxquels cas lesdits Assesseurs conserveront dans lesdits Conseils, le rang qu'ils avaient en vertu de leur première commission ; et lorsque lesdits Assesseurs n'auront pas de nouvelles commissions à l'expiration desdites trois années, ils cesseront d'en prendre la qualité, et de jouir des exemptions, honneurs et privilèges y attachés.

Si donnons en mandement, etc.

Enregist. au Conseil Souverain.

(N°. 162.) *Depeche du Ministre (M. de Maurepas), à M. de Lacroix, Intendant des îles du vent, portant instruction sur la Régie du Domaine et le service des caisses de recettes et de dépenses.*

Du 20 septembre 1742.

JE vous ai prévenu, Monsieur, que le sieur

Rose a été destiné pour la place de Directeur général du Domaine des îles du vent ; il doit partir incessamment pour se rendre à sa destination. Je compte que par les mesures que vous avez dû prendre depuis la mort de son prédécesseur, il trouvera les détails dont il doit être chargé en ordre et en règle.

J'ai cependant formé à l'occasion de ce changement, un plan général des moyens qui me paraissent convenables pour parvenir à perfectionner la régie du Domaine, par une dépêche commune à vous et à M. le marquis de Champigny ; je vous explique ces différens moyens, et j'entre à cet effet dans le détail des diverses parties de la régie. Mais il me reste plusieurs observations particulières à vous faire sur cette matière, la première regarde les Receveur du Domaine et a plusieurs objets ;

1°. Par l'état que vous m'avez ci-devant envoyé des employés du Domaine, il paraît qu'il n'y a point de Receveurs ambulans à la Guadeloupe dans les départemens de la Basse-Terre et du Petit-Bourg ; que ce sont les Receveurs-particuliers qui en font les fonctions ; qu'en leur première qualité ils ont chacun 2000 liv. d'appointemens fixes, et qu'ils jouissent comme Receveurs ambulans du droit de remise sur leur recette ; mais ces deux fonctions peuvent-elles être bien remplies par une seule personne ? Le Receveur-particulier qui se trouve chargé de la tenue des registres des recettes de tous les droits, de faire les paiemens des dépenses, peut-il s'absenter assez fréquemment pour aller sans déranger les opérations et l'ordre de son bureau, faire la recette dans la campagne, et les

Receveurs ambulans étant obligés d'être toujours
en tournée, excepté dans le tems où ils vont
compter de leur recette, ne conviendrait il
pas de les rétablir dans ces deux quartiers de
la Guadeloupe en leur attribuant le droit de
remise dont jouissent les Receveur-particuliers ?
Il n'en coûterait pas davantage ; et les recouvremens de la capitation en iraient vraisembla-
blement plus vîte, c'est cependant ce que je
laisse à votre prudence.

2°. Le Receveur général du Domaine est
aussi Receveur particulier à St-Pierre ; les fonctions dont il se trouve chargé dans ces deux
qualités s'étendent sur tant de détails, qu'elles
paraissaient demander un homme tout entier.

Indépendamment du nombre considérable
de registres ou journaux de recettes et dépenses
qu'il faut qu'il tienne, il doit être chargé de
faire accepter des billets et mandats donnés par
les habitans en paiement de leur capitation,
d'en faire ensuite le recouvrement et de tirer
le compte des droits dus par les capitaines de
navires, à l'entrée et à la sortie des denrées ;
car ce serait un abus très-dangereux de s'en
rapporter pour des opérations si délicates à des
commis subalternes. Il est encore chargé du magasin du Domaine, et de faire la vente des sucres
provenans de la capitation. Il faut qu'il soit
présent à la vente des effets provenans des prises,
saisies et confiscations ; qu'il paie toutes les
dépenses ordinaires et extraordinaires de régie ;
qu'il rende chaque mois à la direction son compte
particulier des recettes qu'il a faites sur chaque
nature de droits, ainsi que de ses dépenses ;
qu'il fournisse au Directeur des extraits de chacun

de ses registres, et les bordereaux nécessaires pour la formation des différens états qui doivent en être envoyés ; et qu'il dresse à la fin de chaque année son compte général et d'ordre pour toutes les îles du vent pour vous être rendu.

Ce travail quoiqu'infiniment multiplié était fait avec exactitude et sans retardement avant la réunion de la caisse du Domaine à celle de la Marine. M. d'Orgeville m'envoyait régulièment tous les six mois des états détaillés des recettes faites sur chaque nature de droits et des dépenses effectives, et j'étais continuellement informé des fonds que le Domaine remettait à la Marine, des recouvremens qui étaient faits sur les billets et mandats, et du montant des restes de la capitation.

Mais vous savez que depuis que la caisse du Domaine a été donnée aux commis des Trésoriers, tout a été retardé : les comptes de la Marine, comme ceux du Domaine et du Commerce. Ce n'est que depuis peu que j'ai les états de 1740, il ne m'est encore rien parvenu concernant 1741 ; ensorte qu'il n'est pas douteux que ce commis est surchargé ainsi que vous l'avez vous-même marqué plusieurs fois, pour excuser le retardement des pièces que je vous ai demandées ; et c'est ce qui me fait penser que les deux emplois de Receveur-général du Domaine, et de commis des Trésoriers, devraient être exercés par deux personnes différentes.

En effet, lorsque le Receveur-général du Domaine n'aura à vaquer qu'aux affaires du Domaine, qu'il tiendra, comme cela doit toujours être, ses registres dans le bureau-général, et

que le Directeur pourra veiller sur son exactitude, il est certain que les opérations seront
mieux faites et mieux suivies qu'elles ne peuvent
l'être aujourd'hui.

En second lieu, il en coûtait moins avant
la réunion des deux caisses qu'il n'en coûte à
présent; le Receveur-général du Domaine n'a
eu pendant les trois premières années de la régie,
et jusqu'à la suppression qui fut faite de cet
emploi que 3000 liv. d'appointemens sans autres émolumens, et lorsque vous l'avez rétabli
en faveur du sieur Ferrand, vous avez ajouté
1200 liv. pour un commis, 1200 liv. pour le
loyer d'un bureau et 300 liv. pour un nègre
de peine attaché au service de ce bureau, ce
qui fait une augmentation de dépense considérable.

En troisième lieu, le Receveur ne pouvant
se donner décharge à lui-même des sommes
qu'il remet à la caisse de la Marine, on ne
peut savoir l'objet de ces remises, que lorsque l'année est révolue, et qu'il a rendu son
compte des recettes et dépenses du Domaine,
et encore cet objet n'est-il pas bien connu
alors : j'ai vu par exemple que le bordereau
des recettes et dépenses de la Marine, de 1740,
que vous m'avez envoyé le 20 mai 1741, s'est
trouvé tout différent d'un bordereau de ces
mêmes recettes et dépenses envoyé au mois
d'avril 1742. Les remises faites par le Domaine
à la Marine, paraissent plus fortes sur le
premier bordereau. Vous avez prétendu qu'elles
sont avantageuses suivant le dernier, et l'on
ne sait à quoi s'en tenir ; ce qui prouve une
confusion dans les caisses qui serait d'autant

plus embarrassante, si celui qui les tient venait à malverser, que l'on ne saurait alors si ce serait la caution du Receveur, ou celle du Trésorier, qu'il faudrait poursuivre.

En quatrième lieu, et c'est ici l'inconvénient le plus dangereux et le plus difficile a empêcher, n'est-il pas à craindre dans un endroit aussi commerçant qu'est le Fort St.-Pierre, que le Receveur qui a des fonds considérables en maniement, ne soit tenté de donner dans de certaines entreprises qui se présentent assez souvent, et ne mette en risque les deniers du Roi? Il le pourrait avec d'autant plus de facilité que le Directeur qui doit avoir inspection sur la caisse du Domaine, n'aurait aucun moyen de le convaincre de la distraction des deniers de cette caisse; car le Receveur n'aurait qu'à lui dire que ces fonds auraient été remis dans la caisse de la Marine. Il est vrai que de votre côté vous pouvez toujours faire la visite de la caisse de la Marine et vérifier si les fonds que le Receveur dira y avoir versés s'y trouvent réellement. Mais comme il entre continuellement de nouveaux fonds dans la caisse du Domaine, ce serait une vérification qu'il faudrait faire très-souvent, et pour ainsi dire tous les jours. Il paraît inutile de s'assujettir à cette gêne, lorsqu'on a un moyen plus simple pour prévenir les abus en séparant les deux caisses. En effet lorsque le Receveur ne sera chargé que de celle du Domaine, vous pourrez exiger du Directeur, non-seulement qu'il l'empêche de faire aucun trafic des deniers du Roi, mais encore, qu'il lui en ôte les occasions

sions et les moyens, en ne lui permettant de conserver dans cette caisse que les sommes absolument nécessaires pour payer les dépenses courantes de la régie, et en l'obligeant à remettre le surplus à la caisse de la Marine; remise dont il sera assuré par les récépissés comptables que le Receveur retirera du commis des Trésoriers, ce sera alors à vous de veiller à ce que les sommes qui entreront dans la caisse de la Marine ne puissent être diverties. Le meilleur moyen que vous puissiez employer pour cela, est celui qui se pratique dans plusieurs colonies et notamment à St.-Domingue. Ce sera de ne laisser à la disposition du commis des Trésoriers que les fonds nécessaires pour le paiement des sommes courantes, et de faire mettre le surplus dans un coffre à deux clefs différentes, dont ce commis aura l'une et le Contrôleur de la Marine l'autre.

Cependant, malgré ces considérations qui concourent également à prouver la nécessité qu'il y a de séparer les deux caisses, je ne veux pas vous prescrire précisément cette distraction et c'est encore-là un article sur lequel je vous laisse la liberté de l'examen. Si vous juger qu'on puisse laisser subsister la réunion, vous aurez pour agréable de m'expliquer les moyens de remédier aux inconvéniens que j'ai envisagés. Mais si, frappé comme moi de ces inconvéniens, vous estimez que la distraction soit nécessaire, vous aurez soin d'y pourvoir le plutôt que vous pourrez. Je m'en rapporterai au choix que vous ferez; je vous préviens seulement sur cela que vous ne devez pas penser à charger le Directeur, de la caisse du Domaine, comme avait fait M. d'Orgeville lorsqu'il supprima l'emploi de Receveur-général.

Le Directeur sera toujours assez occupé, lorsqu'il voudra remplir exactement tous les détails de la direction.

Un article dont je dois encore vous parler par rapport à la caisse du Domaine, c'est celui des billets et mandats; cet article est d'un grand secours pour la régie; mais il demande beaucoup d'exactitude et de fidélité de la part du Receveur-général, qui en a le maniement. L'enregistrement des billets et mandats qui entrent dans la caisse est un bon moyen d'en empêcher l'agiotage.

Mais il faut de plus, que vous défendiez très-expressément au Receveur de changer aucun de ces effets pour d'autres créances, sous prétexte qu'elles lui paraîtraient meilleures, ni de prolonger les termes du paiement, sans l'approbation du Directeur qui vous en rendra compte. Il y a sans doute des commissionnaires qui méritent qu'on leur donne des facilités, parce que le paiement des billets qu'ils ont faits n'en est pas moins assuré pour être retardé, et qu'il peut y avoir des tems où mal-à-propos on voudrait les contraindre de payer aux échéances; mais il y a d'autres commissionnaires qu'il serait dangereux de laisser arriérer; et il pourrait arriver que le Receveur en donnant des termes à ceux-ci ne le fît pour des vues particulières. Ne serait-il pas à craindre encore que l'usage que la chambre d'assurance établie à St.-Pierre introduit de prendre des escomptes de 10 à 12 pour cent sur les billets, usage pernicieux pour le commerce de France, et d'une dangereuse conséquence dans un pays où l'argent n'est pas commun, ne tentât le Receveur de tirer le même intérêt des billets qui entrent dans sa caisse et ne le portât à accorder de nouveaux termes, à leurs échéances.

La seconde observation particulière que j'ai à vous faire concerne le service des pataches. Depuis que vous vous êtes réservé le soin d'en diriger les croisières, elles n'ont pour ainsi dire pas fait de prises. La précaution que vous avez eue de ne donner aux capitaines que des ordres cachetés serait bonne, si ces ordres n'étaient donnés que sur de bons avis; mais le peu de succès de cette pratique doit faire juger qu'elle a plus servie à favoriser le commerce étranger qu'à le traverser par la fausseté des avis qui vous ont été donnés et qui vous ont porté à envoyer la patache dans certains endroits tandis que peut-être les interlopes faisaient librement la contrebande dans d'autres. Ce n'est pas l'Intendant qui peut être le mieux informé des mouvemens du commerce étranger; il doit se reposer entièrement de ce soin sur le Directeur du Domaine qui est plus à portée de savoir les endroits de la côte où les interlopes doivent aborder. Mais celui qui ordinairement doit en être le mieux instruit, c'est le capitaine de la patache, lorsqu'il est bon sujet, et le meilleur parti que le Directeur puisse lui-même prendre, est de s'en rapporter à lui pour ses croisières, lorsqu'il n'aura pas avis certains qu'il se fasse de la contrebande dans quelqu'endroit particulier. En laissant ainsi le capitaine libre dans l'exercice de son emploi il en est responsable, au lieu qu'en lui fixant ses croisières, on ne peut pas lui reprocher de ne point faire de prises s'il n'y en trouve aucune à faire. Depuis le tems que le sieur Brouet commande la patache de la Martinique, il doit connaître parfaitement les quartiers des îles les plus fréquentés par les interlopes.

M. d'Orgeville m'en avait toujours rendu de bons témoignages ; et il était rare en effet dans les premières années de la régie qu'il revint de ses courses sans avoir fait quelques prises ; je sais qu'il a été soupçonné depuis de s'entendre avec les bateaux français qui font le commerce étranger, et peut-être ce soupçon n'est-il pas sans fondement, c'est pourtant lui qui a arrêté le bateau de Sicard et celui de Gaschet, qui sont les seules prises d'une certaine espèce qui aient été faites depuis 1738 sur les fraudeurs français. En tous cas, que ce soit lui ou un autre qui commande la patache, il ne convient point de le gêner dans ses courses, et en veillant sur sa conduite, il est sur-tout nécessaire de le soutenir et appuyer dans les occasions.

Au surplus, j'ai lieu de croire par rapport aux prises que vous aurez révoqué l'ordre que vous aviez donné à l'ancien Directeur de vous rendre compte de celles qui seraient faites, avant de les dénoncer à l'Amirauté. Il ne convient point en effet que vous vous réserviez ainsi le droit de faire poursuivre ou de relâcher les prises, et je ne doute point que vous ne vous soyez conformé à ce que je vous ai expliqué dans le tems sur cet article. Ce n'est pourtant pas que vous ne puissiez faire cesser les poursuites par le Directeur dans le cas où il vous paraîtra manifestement qu'elles ne pourraient servir qu'à faire des frais qui retomberaient sur le Domaine ; mais alors il faudra que vous lui en donniez l'ordre par écrit, et que vous me rendiez compte des motifs qui vous y auront déterminés.

Il ne faut pas d'un autre côté que le Directeur puisse relâcher, de son autorité, les bâtimens qu'il reconnaîtra n'être dans le cas d'aucune contravention. Il doit sur cela prendre votre consentement et vos ordres, et c'est à quoi vous aurez agréable de tenir la main.

Ce sont les fonctions de ce Directeur qui font le 3e. objet de cette lettre particulière. Quoiqu'elles doivent être détachées dans la commission que vous aurez à expédier au sieur Rose et dans l'instruction que vous lui donnerez, j'ai jugé à-propos de lui donner moi-même quelques ordres sur les articles qui m'ont paru les plus intéressans, et vous trouverez ci-joint copie de la lettre qui les contient. Mais pour qu'il puisse s'acquitter avec succès des détails de son emploi, et vous seconder dans l'exploitation du Domaine, il est nécessaire que vous lui procuriez les agrémens convenables dans l'exercice de ses fonctions. Je ne vous ai point dissimulé que je m'étais apperçu dans plusieurs occasions du peu de ménagement que vous aviez eu pour le sieur de la Neuville. Le sieur Rose se conduira de manière à ne pas s'exposer à recevoir aucun dégoût et à mériter au contraire votre confiance. Elle est absolument nécessaire pour le bien de la régie, et tout exige que vous la lui donniez toute entière, tant qu'il ne fera rien qui doive l'en priver.

Vous devez pour cet effet ne vous adresser qu'à lui pour les comptes qui doivent vous être rendus et pour tous les éclaircissemens dont vous aurez besoin concernant le Domaine, révoquer l'ordre que vous aviez donné aux Receveurs - particuliers de vous rendre compte directement, et enjoindre aux Receveurs de le rendre au Directeur dans le tems qui leur sera prescrit, pour être joint à celui que le Directeur doit vous rendre ; punir sévèrement les commis qui manqueront d'exactitude et de subordination, sur les plaintes qu'il vous en portera ; lui laisser la conduite, l'administration et la police des bureaux, et le soin de régler le travail de chaque employé ; vous en rapporter à lui comme je vous l'ai déjà dit pour les croisières des pataches, excepté lorsque vous aurez des avis dont vous pourrez faire usage ; en un mot, le soutenir dans l'exercice de ses fonctions, et sur-tout dans les recherches et les poursuites qu'il fera pour raison de fraudes et contraventions qui se commettent au préjudice des droits du Roi. Le sieur Rose est en état de remplir tous ces détails qui, au surplus, doivent être attachés à sa place.

(N°. 163.) DÉCLARATION *du Roi, sur les*
Tutelles ou Curatelles.

Du 1ᵉʳ. février 1743.

LOUIS, etc., SALUT : Par notre Déclaration
du 1ᵉʳ. octobre 1721, nous nous sommes proposé de régler ce qui serait observé, soit pour
l'élection des tuteurs ou curateurs des mineurs
qui ont des biens situés en France, et d'autres
situés dans les colonies françaises, soit au sujet
de l'administration et emplois de leurs biens,
comme aussi de leur éducation, émancipation
et mariage ; mais différentes réflexions qui ont
été faites sur quelques articles de cette Déclaration, nous ayant porté à la faire examiner
de nouveau dans notre Conseil, nous avons
jugé à propos d'expliquer plus amplement nos
intentions sur cette matière, pour suppléer à
des cas qui n'y avaient pas été prévus, et prévenir les doutes et les difficultés qui pourraient
naître dans son exécution.

A CES CAUSES, etc.; voulons et nous plaît ce
qui suit :

ART. 1ᵉʳ. Lorsque nos sujets à cause de leur
minorité auront besoin d'être pourvus de tuteurs
ou curateurs, n'ayant plus ni père ni mère,
et qu'ils posséderont des biens situés en France,
et d'autres situés dans les colonies françaises,
il leur sera nommé des tuteurs et curateurs dans
l'un et l'autre pays; laquelle nomination sera
faite en France par les Juges auxquels la connaissance en appartient, et ce, de l'avis des
parens ou amis des mineurs qui seront en
France, pour avoir, par lesdits tuteurs ou cu-

rateurs , l'administration des biens de France seulement , même des obligations, contrats de ventes et autres droits et actions à exercer sur des personnes domiciliées en France, et sur les biens qui y sont situés ; ce qui aura lieu pareillement dans les colonies où la nomination du tuteur ou curateur sera faite par les Juges qui y sont établis , de l'avis des parens ou amis qu'ils y auront : lesquels tuteurs ou curateurs élus dans les colonies, n'auront pareillement l'administration, que des biens qui s'y trouveront appartenans auxdits mineurs, ensemble des obligations, contrats de vente, et autres droits et actions à exercer sur des personnes domiciliées dans les colonies, et sur des biens qui y sont situés ; et seront lesdits tuteurs et curateurs de France, ou ceux des colonies françaises indépendans les uns des autres, sans être responsables de la gestion et administration des biens du pays, dans lequel ils auront été élus, de laquelle ils ne seront tenus de rendre compte que devant les Juges qui les auront nommés.

II. En cas que le père ou la mère soit encore vivant dans le tems de la donation de la tutelle ou curatelle, il sera permis au Juge du lieu de leur domicile, de les nommer tuteur ou curateur indéfiniment, et sous restriction, si les parens ou amis des mineurs en sont d'avis ; auquel cas lesdits père et mère survivans auront l'administration générale de tous les biens desdits mineurs, en quelques lieux que lesdits biens soient situés ; ensorte qu'il n'y ait en ce cas qu'une seule tutelle ou curatelle ; et si ledit Juge, de l'avis des parens et amis, ne juge pas à propos de déférer la tutelle ou curatelle auxdits père ou mère, ni même de les nommer tuteur ou curateur en partie, l'article premier ci-dessus sera exécuté.

III. Les dispositions des deux articles précédens auront pareillement lieu à l'égard des mineurs ayant père et mère vivans, auxquels il serait nécessaire de nommer un tuteur ou curateur pour des biens qui leur appartiendront en France ou dans les colonies.

IV. Si dans le cas de l'art. II, il se trouvait que les père et mère prédécédés, qui avaient leur domicile en France, aient laissé des enfans dans les colonies, ou qu'au contraire leur domicile étant dans les colonies, ils aient laissé des enfans demeurans en France, voulons que par provision, de l'avis de leurs parens ou amis, et par l'usage des lieux de leur demeure, il leur soit nommé un tuteur pour administrer les biens qu'ils auront dans le pays où ils habitent, jusques au jour que le tuteur élu, ou indistinctement pour tous les biens des mineurs, ou seulement pour le pays ou le tuteur provisionnel aura été nommé, lui ait notifié sa qualité, en lui faisant donner copie de l'acte de tutelle; et sera ledit tuteur provisionnel, tenu de rendre compte de sa gestion à celui qui aura été nommé définitivement.

V. Si le père ou la mère à qui la tutelle générale aurait été déférée, vient à passer à de secondes nôces, il pourra être pourvu d'un autre tuteur auxdits mineurs; si leurs parens ou amis en sont d'avis, et ce, par le Juge du domicile qui avait déféré la tutelle générale auxdits père ou mère; auquel cas, il sera procédé suivant l'article Ier., à la nomination de deux tuteurs, l'un pour les biens situés en France, l'autre pour les biens situés dans les colonies; à quoi le Juge du pays où les mineurs auront les biens sans y avoir leur domicile, sera tenu de procéder aussitôt qu'il sera instruit de la destitution du père ou de la mère, et de la nomination d'un autre tuteur, faite par le Juge du domicile.

VI. Le tuteur nommé dans le pays où les mineurs ne feraient pas leur demeure, sera tenu d'envoyer, tous les ans, au tuteur nommé dans le pays où les mineurs seront élevés, des états de sa recette et dépense; il sera pareillement tenu, si les parens et amis des mineurs, étant dans ledit pays, le jugent à propos, et qu'il soit ainsi ordonné par le Juge dudit pays, de faire remettre audit tuteur en tout ou en partie les revenus qu'il aura reçus, à l'exception de ceux qu'il sera obligé d'employer à l'entretien des biens dont l'administration lui est confiée; à l'effet de quoi ledit tuteur sera tenu, audit cas, d'assurer ses envois, et les frais d'assurance lui seront passés en dépense dans son compte; comme aussi sera tenu le tuteur auquel les envois auront été faits, de s'en charger en recette dans son compte, et d'en faire emploi suivant l'avis des parens ou amis desdits mineurs.

VII. Lorsque les mineurs seront élevés dans les colonies, le Juge de la tutelle dans lesdites colonies, pourra, de l'avis des parens ou amis desdits mineurs, ordonner l'emploi de leurs revenus, même des fonds qui leur seront rentrés en acquisition des biens situés audit pays; mais lorsque les mineurs seront élevés en France, l'emploi dans les colonies ne pourra être ordonné que de l'avis des parens ou amis desdits mineurs assemblés, à cet effet, devant le Juge de la tutelle qui aura été déférée en France.

VIII. L'éducation des enfans mineurs appartiendra à leur père, s'il a survécu à la mère, dont la mort aura donné lieu à l'élection d'un tuteur ou d'un curateur; ce qui sera observé en quelque pays que les enfans soient élevés, si ce n'est néanmoins que sur l'avis de leurs parens et amis pour de grandes considérations le Juge du pays où le père aura son domicile, n'en ait autrement ordonné; et lorsque ce sera la mère qui aura survécu, l'éducation de ses enfans lui appartiendra pareillement, en cas qu'elle soit nommée tutrice, ou que, si elle ne l'est pas, lesdits parens ou amis aient jugé à propos de lui en déférer l'éducation, laissant à la prudence du Juge du pays où le père avait son domicile, au jour de son décès, de régler, par l'avis des parens ou amis desdits enfans mineurs, si leur éducation sera confiée à la mère, en quelque pays qu'ils habitent, ou si elle n'aura l'éducation que de ceux qui seront dans le pays où elle fait sa demeure.

IX. Lorsque les mineurs n'auront plus ni père ni mère, leur éducation sera déférée au tuteur élu dans le pays où le père avait son domicile au tems de son décès, si tous lesdits enfans ont leur demeure dans ledit pays; et en cas que les uns demeurent en France et les autres dans les colonies, l'éducation des uns et des autres appartiendra au tuteur nommé dans lesdits pays où ils habitent, le tout à moins que les parens ou amis de l'un ou de l'autre pays n'estiment également que l'éducation desdits enfans mineurs doit être confiée à un seul desdits tuteurs.

X. Les lettres d'émancipation ou de bénéfice d'âge qui seront obtenues par les mineurs, ne seront entérinées, sur l'avis de leurs parens ou amis, que par le Juge du lieu où les mineurs auront leur domicile, soit en France ou dans les colonies, et ils ne seront tenus seulement que de les faire enregistrer dans les siéges d'où dépendent les lieux où ils ont des biens, sans y avoir leur domicile, faute de quoi les lettres par eux obtenues n'auront aucun effet à l'égard desdits biens.

XI. Les mineurs émancipés ne pourront disposer des nègres qui seront à exploiter les habitations dans les colonies, qu'ils n'aient atteints l'âge de 25 ans accomplis, sans néanmoins que lesdits nègres puissent être réputés meubles par rapport à tous autres effets.

XII. Les mineurs qui n'ayant plus de père voudront contracter mariage, soit en France, soit dans les colonies françaises, ne pourront le faire sans l'avis et le consentement par écrit du tuteur ou curateur nommé dans le pays où le père avait son domicile au jour de son décès, sans néanmoins que ledit tuteur ou curateur puisse donner son consentement que de l'avis des parens assemblés, pardevant le Juge qui l'aura nommé, sauf audit Juge, avant que d'homologuer leur avis, à ordonner que l'autre tuteur ou curateur qui aura été établi dans le pays où le père desdits mineurs n'avait pas son domicile, ensemble les parens ou amis que les mineurs auront dans ledit pays, seront pareillement entendus dans le délai compétent, devant le Juge qui aura nommé ledit tuteur ou curateur ; pour leur avis rapporté, être statué ainsi qu'il appartiendra sur le mariage proposé par ledit mineur ; ce que nous ne voulons néanmoins être ordonné que pour de grandes considérations, dont le Juge sera tenu de faire mention dans la sentence qui sera par lui rendue.

XIII. N'entendons rien innover par notre présente Déclaration, en ce qui concerne les dispositions des Lois romaines, soit sur les droits de la puissance paternelle, soit au sujet de la dation et de la privation des tutelles ou de l'âge auquel elles doivent finir ; voulons que lesdites dispositions continuent d'être observées ainsi que par le passé, dans les provinces et lieux de notre royaume qui se régissent par le droit écrit ; et ce, à l'égard des biens situés en France, ou des effets dont le recouvrement y doit être fait, sans préjudice de l'exécution de notre présente Déclaration, tant pour ce qui regarde les tutelles ou curatelles qui seront déférées dans les colonies françaises, ou pour celles qui auront lieu en France dans les provinces et lieux qui suivent le droit coutumier, à la réserve néanmoins de ce qui sera écrit dans l'article suivant.

XIV. N'entendons pareillement déroger aux dispositions de la Coutume de Bretagne ou autres, sur ce qui concerne l'article des père et mère sur leurs enfans, et les règles qui sont observées au sujet de la tutelle ou curatelle, lesquelles dispositions continueront d'être suivies ainsi qu'elles l'ont été jusques à présent, notamment celle de notre Edit du mois de décembre 1732, en ce qui concerne notre province.

Si donnons en mandement, à nos amés et féaux, les gens tenans nos Conseils Supérieurs de la Martinique, que ces présentes, etc.

Donnée à Versailles, le 1er. février 1743. *Signés*, LOUIS ; *et plus bas*, par le Roi, PHELYPEAUX.

Enregist. au Conseil Souverain.

(N°. 164.) DECLARATION *du Roi, sur les nègres qui composent des remèdes.*

Du 1er. février 1743.

LOUIS, etc.; SALUT : Par l'article Ier. de notre Edit du mois de février 1724, nous avons ordonné que toutes personnes de quelque qualité et condition qu'elles soient ; qui seraient convaincues de s'être servies dans les îles du vent, de vénéfices et poisons, soit que la mort s'en soit ensuivie ou non, comme aussi celles qui seraient convaincus d'avoir composé ou distribué du poison pour empoisonner, seraient punies de mort ; nous avons établi la même peine par l'article II. contre ceux qui seront convaincus d'avoir attenté à la vie de quelqu'un par vénéfices ou poisons, ensorte qu'il n'ait pas tenu à eux que le crime n'ait été consommé ; et par le même Edit nous avons fait plusieurs autres dispositions, tant pour assurer la punition d'un crime si énorme, que pour le prévenir.

Nous sommes cependant informés qu'il arrive parmi les bestiaux attachés aux habitations des îles du vent et même parmi les esclaves, de fréquentes mortalités qu'on ne peut attribuer qu'à l'abus que font quelques esclaves, de la connaissance qu'ils ont de la propriété de certaines plantes et herbes dont ils composent des poudres et des drogues qu'ils distribuent pour guérir des maladies; que parmi ces remèdes il s'en trouve effectivement de salutaires; mais qu'à la faveur de la distribution qu'ils en font, ils composent aussi des poisons dont ils se servent pour faire périr un grand nombre de nègres et de bestiaux; en sorte que la vie des hommes est souvent en danger, et que les habitans de nos colonies sont exposés à des pertes considérables; et comme la voie, la plus sûre pour empêcher des désordres qui ont des suites si funestes, est d'ôter aux esclaves les moyens et les prétextes dont ils se servent pour les commettre en même tems que nous établirons des peines sévères contre les coupables.

A CES CAUSES, etc.; avons fait et faisons défenses à tous esclaves de l'un et de l'autre sexe, de composer et distribuer aucuns remèdes en poudre ou en quelqu'autre forme que ce puisse être, et d'entreprendre la guérison d'aucuns malades, à l'exception de la morsure des serpens, à peine de punition afflictive, même de mort, si le cas le requiert : voulons même que les esclaves qui, sous prétexte de faire des remèdes pour la morsure des serpens, en auraient composé ou distribué qui n'y seraient pas propres, et qui ne pourraient servir que pour guérir d'autres maux, soient condamnés aux peines portées par ces présentes; et sera au surplus notre Edit du mois de février 1724, exécuté selon sa forme et teneur.

Si donnons en mandement, à nos amés et

féaux les gens tenans notre Conseil Supérieur de la Martinique, que ces présentes, etc.

Donnée à Versailles, le 1er. février 1743. *Signés* LOUIS; *et plus bas*, par le Roi, PHELYPEAUX.

Enregist. au Conseil Souverain.

(N°. 165.) ORDONNANCE *du Roi, qui défend aux esclaves le port d'armes.*

Du 1er. février 1743.

LOUIS, etc., SALUT : La discipline des nègres que nos sujets des colonies françaises de l'Amérique, sont obligés d'entretenir pour l'exploitation de leurs habitations, est un des principaux objets des soins que nous apportons à l'administration de ces colonies. Le compte que nous nous fîmes rendre de l'état où elles se trouvent, après notre avénement à la couronne, nous ayant fait connaître la nécessité des dispositions contenues dans les Lettres-patentes en forme d'Edit du mois de mars 1685, concernant les esclaves, nous en ordonnâmes l'exécution par l'art. 1er. de notre Edit du mois d'octobre 1716; et dans toutes les occasions qui se sont depuis présentées, nous avons eu attention de régler tellement les choses, qu'en même tems que les esclaves seraient entretenus et traités convenablement par leurs maîtres, on prît aussi les précautions nécessaires pour les contenir dans les bornes de leur devoir, et prévenir tout ce ce que l'on pourrait craindre de leur part.

Mais il nous a été représenté à cet égard, que les Lettres-patentes en forme d'Edit du

mois

mois de mars 1685, n'ont pas prévenu tous les délits auxquels les esclaves se trouvent sujets; qu'en effet, l'art. XV de ces Lettres-patentes établit bien la peine du fouet contre les esclaves portant des armes offensives ou de gros batons; mais qu'il arrive quelquefois qu'on en surprend en marronnage qui ont des armes, et que ces cas particuliers n'ayant pas été spéficiés, les Juges sont obligés, lorsqu'il s'en présente, de se borner à ordonner la peine du fouet, quoiqu'il soit certain que les nègres marrons ne gardent ces armes que dans le dessein de se défendre contre ceux qui leur donnent la chasse, ou qui veulent les arrêter lorsqu'ils les rencontrent; qu'il y en a d'autres qui volent des armes, et que ces sortes de vols, qui ne peuvent avoir non plus d'autres objets de la part des esclaves, que de se servir de ces armes contre les blancs, n'ont cependant pas été mis au nombre des vols qualifiés, auxquels l'art. 35 desdites Lettres-patentes, impose des peines afflictives, et même celle de mort; qu'on a omis aussi de prévoir dans le même article, les enlèvemens de pirogues, canots, ou autres bâtimens de mer, commis par des esclaves; et qu'enfin l'art. 38 règle bien les différens degrés de punition pour la fuite des esclaves du travail, et de l'habitation de leurs maîtres; mais qu'il ne fait aucune mention des cas de leur évasion hors de la Colonie, et chez l'étranger, quoique ce soit la plus préjudiciable à leurs maîtres, et la plus contraire au bien de l'état. Ces représentations que nous avons fait examiner en notre Conseil, nous ont paru mériter d'autant plus d'attention, que

Tome I.   F f

le nombre des esclaves augmente dans nos colonies, à mesure que les établissemens s'y multiplient.

A CES CAUSES, etc., voulons et nous plaît ce qui suit :

ART. 1ᵉʳ. Les esclaves qui seront surpris en marronnage avec des armes blanches ou à feu, de quelque espèce qu'elles soient, seront punis de mort ; et ceux qui seront surpris avec des couteaux, autres que les couteaux appellés jambettes, sans ressort ni virolle, seront punis de peine afflictive, même de mort, si le cas le requiert.

II. Tout vol d'armes blanches ou à feu, de quelque espèce aussi qu'elles soient, commis par les esclaves, sera réputé vol qualifié, et comme tel puni de peines afflictives, même de mort, s'il y échet ; ainsi que les autres vols dont il est fait mention dans l'art. 35 des Lettres patentes en forme d'Edit du mois de mars 1685.

III. Tout enlèvement de pirogues, bateaux, canots et autres bâtimens de mer, de la part des esclaves, sera pareillement réputé vol qualifié, et puni comme tel conformément audit art. 35 desdites Lettres-patentes.

IV. Les esclaves convaincus d'avoir comploté l'enlèvement d'une pirogue, d'un bateau, de canots et autres bâtimens de mer, et surpris dans l'exécution, seront condamnés aux mêmes peines que ceux qui auront consommé l'enlèvement.

V. Dans le cas où un esclave sera surpris passant dans un bateau ou autre bâtiment étranger pour s'évader hors de la Colonie,

Il sera condamné à avoir le jarret coupé, si d'autres circonstances ne déterminent à le condamner à mort.

VI. Les Lettres-patentes en forme d'Edit du mois de mars 1685 seront au surplus exécutées selon leur forme et teneur.

Si donnons en mandement, à nos amés et féaux les gens tenans notre Conseil Supérieur de la Martinique, que ces présentes, etc.

Donnée à Versailles, le 1er. février 1743, *Signés*, LOUIS; *et plus bas*, par le Roi, PHELYPEAUX.

Enregist. au Conseil Souverain.

(N°. 166.) *ORDONNANCE du Roi, portant Règlement sur la réception des capitaines, maîtres, et patrons dans les Colonies françaises de l'Amérique.*

Du 13 juin 1743.

SA Majesté étant informée qu'il est survenu des difficultés dans les Colonies françaises de l'Amérique, à l'égard de la réception des capitaines, maîtres ou patrons destinés pour commander les navires qui y sont armés, attendu que les navigateurs établis dans lesdites Colonies, ne sont point en état de satisfaire à toutes les conditions prescrites par le Réglement du 15 août de l'année 1725 pour lesdites réceptions ; et S. M. voulant bien accorder aux négocians des Colonies, les facilités dont ils ont besoin pour la navigation des bâtimens qu'ils font armer, elle a ordonné et ordonne ce qui suit :

ART. Ier. Les navigateurs établis dans les Colonies françaises de l'Amérique, pourront y être reçus en qualité de capitaine, maître ou patron, pourvu qu'ils soient âgés de 25 ans, et qu'ils aient navigué pendant 5 années sur les bâtimens des sujets de S. M., conformément à ce qui est porté par l'Ordonnance du mois d'août 1681, et par le Réglement du 15 août de l'année 1725.

II. Ils seront tenus de justifier leur âge par leur extrait-baptistaire, et les 5 années de navigation, par des certificats des capitaines ou des armateurs des navires où ils auront servi, visés du Commissaire de la Marine, ou autres officiers chargés de l'expédition des bâtimens dans la Colonie où lesdits capitaines et armateurs seront habitués, lesquels certificats contiendront la durée des voyages.

III. Ils seront examinés publiquement sur le fait de la navigation, et trouvés capables, en présence des officiers de l'Amirauté, et du Professeur d'hidrographie, s'il y en a, par deux anciens maîtres nommés d'office par lesdits officiers d'Amirauté.

IV. Défend S. M., auxdits officiers, à peine d'interdiction, de recevoir en qualité de capitaine, maître ou patron, d'autres gens de mer que ceux qui seront établis dans l'étendue de leur Jurisdiction, sous quelque prétexte que ce puisse être.

V. Les navigateurs qui auront été reçus en qualité de capitaine, maître ou patron dans les Colonies françaises de l'Amérique, ainsi qu'il est porté par les articles précédens, pourront commander les navires qui y seront armés pour naviguer seulement d'une colonie à une autre, sans qu'il leur soit permis de prendre le commandement des bâtimens qui pourraient être destinés pour les ports du Royaume.

VI. Permet néanmoins S. M., aux capitaines des navires reçus dans les sièges d'Amirauté du Canada et de l'île Royale, de commander les navires qui pourraient être armés dans lesdits pays, pour les ports de France, dans le cas où il sera estimé nécessaire par l'Intendant ou le Commissaire-ordonnateur, de leur laisser entreprendre lesdits voyages.

Mande et ordonne, etc.

Fait à Versailles, le 13 juin 1743. *Signés*, LOUIS; *et plus bas*, par le Roi, PHELYPEAUX.

Enregist. au Conseil Souverain.

(N°. 167.) *DECLARATION du Roi, concernant les Concessions de terres dans les Colonies françaises de l'Amérique.*

Du 17 juillet 1743.

LOUIS, etc.; SALUT: Nous avons, à l'exemple des Rois nos prédécesseurs, autorisé les Gouverneurs et Intendans de nos Colonies de l'Amérique, non-seulement à faire seuls les concessions de terres que nous faisons distribuer à ceux de nos sujets qui veulent y faire des établissemens, mais aussi à procéder à la réunion à notre Domaine, des terres concédées qui se trouvent dans le cas d'y être réunies, faute d'avoir été mises en valeur ; et ils connaissent pareillement, à l'exclusion des Juges ordinaires, de toutes les contestations qui s'élèvent entre les concessionnaires ou leurs ayans - cause, tant par rapport à la validité et à l'exécution des concessions, que pour raison de leurs positions, étendues et limites.

Mais nous sommes informés qu'il n'y a eu jusqu'à présent rien de certain ni sur la forme de procéder, soit aux réunions des concessions, soit à l'instruction et aux jugemens des contestations qui naissent entre les concessionnaires ou leurs ayans-cause, ni même sur les voies qu'on doit suivre pour se pourvoir contre les Ordonnances rendues par les Gouverneurs et Intendans sur cette matière ; en sorte que non-seulement il s'est introduit des usages différens dans les diverses Colonies, mais encore qu'il y a eu de fréquentes variations à cet égard dans une seule et même Colonie.

C'est pour faire cesser cet état d'incertitude sur des objets si intéressans pour la sûreté et la tranquillité des familles, que nous avons résolu d'établir par une loi précise, des règles fixes et invariables, qui puissent être observées dans toutes nos Colonies, tant sur la forme de procéder à la réunion à notre Domaine, des concessions qui devront y être réunies, et à l'instruction des discussions qu'elles pourront occasionner, que pour les voies auxquelles pourront avoir recours ceux qui croiront avoir lieu de se plaindre des jugemens qui seront rendus :

A ces causes, etc. ; voulons et nous plaît ce qui suit :

Art. 1er. Les Gouverneurs, Lieutenans-généraux pour nous, et les Intendans de nos Colonies ou les officiers qui les représenteront, à leur défaut ou en leur absence des Colonies, continueront de faire conjointement les concessions de terres aux habitans qui seront dans le cas d'en obtenir pour les faire valoir, et leur en expédieront les titres, aux clauses et conditions ordinaires et accoutumées.

II. Ils procéderont pareillement à la réunion à notre Domaine, des terres qui devront y être réunies, et ce à la diligence de nos Procureurs des Jurisdictions ordinaires, dans le ressort desquelles seront situées lesdites terres.

III. Ils ne pourront concéder les terres qui auront été une fois concédées, quoiqu'elles soient dans le cas d'être réunies, qu'après que la réunion en aura été prononcée, à peine de nullité des nouvelles concessions, et sans préjudice néanmoins de la réunion, laquelle pourra toujours être poursuivie contre les premiers concessionnaires.

IV. Les Gouverneurs et Lieutenans-généraux pour nous, et les Intendans ou les officiers qui les représenteront, à leur défaut ou en leur absence des Colonies, continueront aussi de connaître, à l'exclusion de tous autres Juges, de toutes contestations qui naîtront entre les concessionnaires ou leurs ayans-cause, tant sur la validité et exécution des concessions, qu'au sujet de leurs positions, étendues et limites : et dans le cas où il y aura des mineurs qui feront partie dans lesdites contestations, elles seront communiquées à nos Procureurs des Jurisdictions ordinaires, dans le ressort desquelles les Gouverneurs et Intendans feront leur résidence, pour y donner leurs conclusions de la même manière que si les contestations étaient portées auxdites Jurisdictions : n'entendons néanmoins comprendre dans la disposition du présent article, les contestations qui naîtront sur les partages de famille, dont les Juges de nos Jurisdictions ordinaires continueront de connaître.

V, Déclarons nulles et de nul effet toutes concessions qui ne seront pas faites conjointement par le Gouverneur et l'Intendant, ou par les officiers qui doivent les représenter respectivement ; comme aussi toutes réunions qui ne seront pas prononcées, et tous jugemens qui ne seront pas rendus en commun par eux ou leurs représentans : autorisons néanmoins l'un des deux, dans le cas de décès de l'autre, ou de son absence de la Colonie, et de défaut d'officiers qui puissent représenter celui qui sera mort ou absent, à faire seul les concessions, même à procéder aux réunions à notre Domaine et aux jugemens des contestations formées entre les concessionnaires, en appellant cependant pour les jugemens desdites contestations seulement, tels officiers des Conseils Supérieurs ou des Jurisdictions qu'il jugera à propos ; et il sera

tenu de faire mention, tant dans les concessions et réunions, que dans les jugemens des
contestations particulières, de la nécessité où
il se sera trouvé d'y procéder ainsi, et ce à
peine de nullité.

VI. Dans le cas où les Gouverneurs et
Intendans se trouveront d'avis différens sur
les demandes qui leur seront faites de concessions de terres, voulons qu'ils suspendent,
sans expédier les titres, jusqu'à ce que nous
leur ayons donné nos ordres sur le compte
qu'ils nous rendront de leur motif; et dans
le cas de partage d'opinions entr'eux, soit pour
les jugemens de réunions, soit pour ceux des
contestations d'entre les propriétaires de concessions, ils seront tenus d'y appeller le doyen
du Conseil Supérieur, ou en cas d'absence
ou d'empêchement légitime, le conseiller qui
le suit selon l'ordre du tableau : le tout sans
préjudice de la prépondérance de la voix des
Gouverneurs dans les affaires concernant notre
service, où elle doit avoir lieu.

VII. Dans les affaires où il écherra d'ordonner des descentes sur les lieux, et des
nominations et rapports d'experts, ou de faire
des enquêtes, les dispositions prescrites à cet
égard par les titres XXI et XXII de l'Ordonnance de 1667, seront observées à peine
de nullité.

VIII. Pourront les parties se pourvoir par
appel en notre Conseil, contre les jugemens
qui seront rendus par les Gouverneurs et Intendans, tant sur lesdites contestations particulières, que pour les réunions à notre Domaine; lesdits appels pourront être interjettés

par de simples actes , et les requêtes qui
seront présentées en conséquence , seront remises avec les productions des parties , ez
mains du Secrétaire d'état ayant le département de la Marine , pour , sur le rapport
qui en sera par lui fait en notre Conseil,
être par nous statué ce qu'il appartiendra.

Si donnons en mandement, etc.

Donnée à Versailles, le 17 juillet 1743. *Signés*,
LOUIS; *et plus bas*, par le Roi, PHELYPEAUX.

Enregist. au Conseil Souverain.

(N°. 168.) DECLARATION *du Roi* , *concernant*
les Ordres Religieux et Gens de mainmorte,
établis aux Colonies.

Du 25 novembre 1743.

LOUIS, etc., SALUT : voulons et nous plaît
ce qui suit, savoir :

ART. 1er. Voulons, conformément aux Ordonnances rendues , et aux Réglemens faits
pour l'intérêt de notre Royaume, qu'il ne
puisse être fait dans nos Colonies de l'Amérique, aucune fondation ou nouvel établissement de maisons ou communautés religieuses,
hôpitaux, hospices, congrégations, confrairies,
collèges, ou autres corps et communautés
ecclésiastiques ou laïques, si ce n'est en vertu
de notre permission expresse portée par nos
Lettres-patentes enregistrées en nos Conseils
Supérieurs desdites Colonies, en la forme
qui sera prescrite et qui suit,

II. Défendons de faire aucunes dispositions par acte de dernière volonté, pour fonder un nouvel établissement de la qualité de ceux qui sont mentionnés dans l'article précédent, ou au profit des personnes qui seront chargées de former ledit établissement, le tout à peine de nullité ; ce qui sera observé, quand même la disposition serait faite, à la charge d'obtenir nos Lettres - patentes.

III. Ceux qui voudront faire une fondation ou établissement de ladite qualité, par des actes entre-vifs, seront tenus avant toutes choses, de présenter aux Gouverneurs, Lieutenans-généraux pour nous, et Intendans desdites Colonies, leur projet de l'acte par lequel ils auront intention de faire ladite fondation ou ledit établissement, pour, sur le compte qui nous en sera rendu, en obtenir la permission par nos Lettres - patentes, lesquelles ne pourront être expédiées, s'il nous plaît de les accorder, qu'avec la clause expresse qu'il ne pourra être fait aucunes additions ni autres changemens audit projet, lorsqu'après l'enregistrement desdites Lettres en nos Conseils Supérieurs, l'acte proposé pour faire le nouvel établissement, sera passé dans les formes requises pour la validité des contrats ou des donations entre - vifs.

IV. Déclarons que nous n'accorderons aucunes Lettres - patentes pour permettre une nouvelle fondation ou établissement, qu'après nous être fait rendre compte de l'objet d'utilité dudit établissement, ainsi que de la nature, valeur. et qualité des biens destinés à le doter, et après avoir pris l'avis desdits

Gouverneurs Lieutenans-généraux pour nous, Intendans, ou desdits Gouverneurs-particuliers et Ordonnateurs, et même le consentement des Communautés ou Hôpitaux déjà établis dans les Colonies où ladite fondation sera projettée, et des autres parties qui pourront y avoir intérêt.

V. Il sera fait mention expresse dans lesdites Lettres, des biens destinés à la dotation dudit établissement, et il ne pourra y en être ajouté aucun autre, soit par donation, acquisition ou autrement, sans obtenir nos Lettres de permission, ainsi qu'il sera dit ci-après ; ce qui aura lieu nonobstant toutes clauses ou dispositions générales insérées dans lesdites Patentes, par lesquelles ceux qui les auraient obtenues, auraient été déclarés capables de posséder des biens-fonds indistinctement.

VI, Voulons que lesdites Lettres-Patentes soient communiquées à nos Procureurs-généraux auxdits Conseils Supérieurs, pour être par eux fait telles requisitions, ou pris telles conclusions qu'ils jugeront à propos, et qu'elles ne puissent être enregistrées qu'après qu'il aura été informé à la requête de nosdits Procureurs-généraux, de la commodité ou incommodité de la fondation ou établissement, et qu'il aura été donné communication desdites Lettres aux Communautés ou Hôpitaux déjà établis dans la Colonie où l'établissement sera projetté, et autres parties qui pourront y avoir intérêt, le tout à peine de nullité de l'enregistrement desdites Lettres, en cas d'omission desdites informations.

VII. Ceux qui voudront former opposition à l'enregistrement desdites Lettres, pourront les faire en tout état de cause avant l'arrêt de l'enregistrement, et même après ledit arrêt, s'ils n'ont pas été appellés auparavant; et seront toutes les oppositions communiquées à nosdits Procureurs-généraux, pour y être, sur leurs conclusions, statué par nos Conseils Supérieurs, ainsi qu'il appartiendra.

VIII. Nos Conseils Supérieurs ne pourront procéder à l'enregistrement desdites Lettres, ni statuer sur les oppositions qui seront formées audit enregistrement, que lorsque les Gouverneurs, Lieutenans généraux pour nous, et Intendans, ou les Gouverneurs particuliers et Ordonnateurs, y seront présens, à peine de nullité des Arrêts qui pourraient être, sur ce, rendus en l'absence desdits officiers.

IX. Déclarons nuls tous les établissemens de la qualité marquée à l'article premier, qui n'auront pas été autorisés par nos Lettres-patentes enregistrées en nosdits Conseils Supérieurs, comme aussi toutes dispositions et actes faits en leur faveur directement ou indirectement, et ce, nonobstant toutes prescriptions et tous consentemens exprès ou tacites qui pourraient avoir été donnés à l'exécution desdites dispositions ou actes, par les parties intéressées, leurs héritiers ou ayanscause, nous réservant néanmoins à l'égard des établissemens qui subsistent paisiblement et sans aucune demande formée avant la présente Déclaration, pour les faire déclarer nuls, d'y pourvoir ainsi qu'il appartiendra, après que nous nous seront fait rendre compte de l'objet et qualité desdits établissemens.

X. Faisons défenses à toutes les Commu‑
nautés religieuses et autres gens de main‑
morte établis dans nosdites Colonies, d'ac‑
quérir, ni posséder aucuns biens immeubles,
maisons, habitations ou héritages situés aux‑
dites Colonies ou dans notre Royaume, de
quelque nature ou qualité qu'elles puissent
être, si ce n'est en vertu de notre permis‑
sion expresse portée par nos Lettres‑patentes
enregistrées en la forme prescrite ci après
dans nosdits Conseils Supérieurs, pour les
biens situés aux Colonies, et dans nos Cours
de Parlement, pour les biens situés dans notre
Royaume; ce qui aura lieu à quelques titres
que lesdites Communautés ou gens de main‑
morte prétendent faire l'acquisition desdits
biens, soit par vente volontaire ou forcée,
échange, donation, cession, ou transport,
même en paiement de ce qui leur serait dû,
et en général pour quelque cause gratuite
ou onéreuse que ce puisse être : voulons que
la présente disposition soit observée nonobstant
toute clause ou dispositions générales qui au‑
raient été insérées dans les Lettres‑patentes
ci-devant obtenues, pour autoriser l'établisse‑
ment desdites Communautés, par lesquelles
elles auraient été déclarées capables de pos‑
séder des biens-fonds indistinctement,

XI. La disposition de l'article précédent
aura lieu pareillement pour les rentes fon‑
cières ou autres rentes non rachetables, même
pour les rentes rachetables, lorsqu'elles seront
constituées sur des particuliers, et ce, encore
que les deniers provinssent de remboursement
de capitaux d'anciennes rentes,

XII. N'entendons comprendre dans la disa position des deux articles précédens, les rentes constituées sur nous ou sur le Clergé de notre Royaume ; permettons même auxdites Communautés d'acquérir lesdites rentes en vertu des présentes, sans qu'ils aient besoin d'autres Lettres de permission à cet effet.

XIII. Lesdites Lettres de permission ne seront par nous accordées, qu'après nous être fait rendre compte de la nature, valeur et qualité des biens que lesdites Communautés et gens de mainmorte voudront acquérir, et de l'utilité ou des inconvéniens de la permission qu'ils nous en demanderont.

XIV. Les règles et formes prescrites par l'article VII ci-dessus, au sujet de l'enregistrement de nos Lettres, portant permission de faire une fondation ou établissement, seront pareillement observées par rapport à l'enregistrement de celles qui autoriseront lesdites Communautés ou gens de mainmorte, à acquérir ou posséder lesdits biens, et sous la même peine de nullité, à la réserve néanmoins de l'obligation de communiquer lesdites Lettres auxdites Communautés ou Hôpitaux établis dans les mêmes Colonies, laquelle formalité il ne sera pas nécessaire de remplir à l'égard desdites Lettres de permission.

XV. La disposition de l'article ci-dessus sera aussi observée par rapport aux oppositions qui pourront être formées à l'enregistrement desdites Lettres de permission.

XVI. Nosdits Conseils Supérieurs se conformeront pareillement à la disposition de l'article VIII, par rapport aux Arrêts qu'il auront à rendre, tant pour l'enregistrement desdites Lettres, que sur les oppositions qui pourront être formées audit enregistrement, et ce, sous la même peine de nullité.

XVII. Lesdites Communautés et gens de mainmorte qui auront obtenu de faire enregistrer lesdites Lettres, seront tenues dans six mois, pour tout délai, après l'Arrêt de l'enregistrement, de prendre possession des biens-fonds y énoncés, en observant la formalité en tel cas requise et accoutumée, sinon elles demeureront déchues desdites Lettres et Arrêts.

XVIII. Défendons à tous Notaires et autres officiers de passer ou recevoir au profit desdites Communautés et gens de main-morte, aucun contrat de vente, échange, donation, cession, transport ou acte de prise de possession desdits biens, comme aussi aucuns contrats de création de rente foncière ou de constitution sur des particuliers, qu'après qu'il leur aura apparu de nosdites Lettres de permission et Arrêt d'enregistrement d'icelles, desquelles Lettres et Arrêts sera fait mention expresse dans lesdits contrats et actes, à peine de nullité, même d'interdiction et des dommages et intérêts des parties, s'il y échet, et en outre, d'une amende qui sera arbitrée suivant l'exigeance des cas, et applicable moitié au dénonciateur et moitié à nous.

XIX. Défendons à toutes personnes de prêter leurs noms auxdites Communautés et gens de mainmorte, pour posséder aucuns desdits biens, à peine de dix mille livres d'amende, laquelle sera appliquée comme dessus.

XX. Voulons qu'aucuns desdits biens ne puissent être donnés auxdites Communautés et gens

gens de mainmorte, par des dispositions de dernière volonté ; et entendons comprendre dans la présente prohibition, les nègres esclaves qui servent à exploiter les habitations, qui, à cet égard, ne pourront être réputés meubles, et seront regardés comme faisant partie desdites habitations : et sera la disposition du présent article, exécutée, quand même le testateur, au lieu de laisser auxdites Communautés et gens de mainmorte directement lesdits biens et nègres esclaves, aurait ordonné qu'ils seraient vendus et que le prix leur en serait remis, le tout à peine de nullité.

XXI. Tout le contenu en la présente Déclaration, sera observé à peine de nullité de tous contrats ou autres actes qui seront faits, sans avoir satisfait aux conditions et formalités qui y sont prescrites, même à peine d'être lesdites Communautés, déchues de toutes demandes en restitution des sommes par elles constituées sur des particuliers, ou payées pour le prix des biens qu'elles acquerront sans nos Lettres de permission : voulons en conséquence que les héritiers ou ayans-cause de ceux à qui lesdits biens appartiennent, même leurs enfans ou autres héritiers présomptifs, de leur vivant, soient admis à y rentrer, nonobstant toutes prescriptions et tous consentemens exprès ou tacites qui pourraient leur être opposé.

XXII. Et, pour prévenir l'effet de la négligence ou autre cause qui pourraient empêcher lesdites parties d'user de la faculté qui leur est accordée par l'article précédent, voulons que faute par elles de former, dans le délai de six mois, leur demande afin de rentrer dans

lesdits biens, il soit procédé à la réunion d'iceux
à notre Domaine, par les Gouverneurs Lieutenans-généraux pour nous, et Intendans, ou
par les Gouverneurs-particuliers et Ordonnateurs, à la requête de nos procureurs dans les
Jurisdictions du ressort desquelles lesdits biens
sont situés, pour ensuite la vente en être faite
au plus offrant et dernier enchérisseur, sur les
adjudications qui en seront faites par les Intendans ou Commissaires-ordonnateurs, et le prix
en provenant, être employé aux fortifications
ou autres ouvrages publics dans les Colonies,
suivant les ordres que nous en donnerons :
à l'égard des rentes foncières et des rentes
non-rachetables qui seraient constituées en
contravention à la présente Déclaration, elles
seront confisquées à notre profit, comme aussi
les rentes rachetables et leurs principaux, lorsqu'elles seront constituées sur des particuliers,
pour le tout, être pareillement par nous, appliqué aux fortifications et autres ouvrages
publics.

XXIII. Confirmons au surplus et maintenons lesdites Communautés dans tous les
droits, privilèges et exemptions qui leur ont
été ci-devant accordés par les Rois nos prédécesseurs et par nous, en ce qui n'y est
dérogé par les présentes.

Si donnons, etc.

A Versailles, le 25 novembre 1743. *Signés,*
LOUIS.

Enregist. au Conseil Souverain.

(N°. 169.) ORDONNANCE *de MM. les Général et Intendant, sur les précautions à prendre pour l'admission des Ecclésiastiques arrivans dans l'île.*

Du 2 février 1744.

Vu la requête à nous présentée par les Supérieurs-généraux et Préfets Apostoliques des Ordres religieux établis en ces îles, dont le zèle a été excité par la triste expérience que l'on y a faite des abus, et des profanations auxquels la facilité que des imposteurs y ont eue de se faire passer pour Prêtres à la faveur de leur habit, a exposé un ministère dont la sainteté remplit les anges mêmes d'une crainte respectueuse ;

Considérant combien il est important de veiller à ce que les fonctions de ce ministère sacré ne soient point profanées par des personnes impies et indignes qui, portant leur audace jusque dans le sanctuaire, osent souiller les mystères les plus saints de la Religion, en s'immisçant dans la célébration du saint sacrifice de la Messe et l'administration des Sacremens, sans avoir reçu l'ordre de la Prêtrise, ni même aucun des ordres sacrés, ou se trouvant dans un état d'interdiction. Voulant seconder le juste zèle desdits Supérieurs-généraux, et Préfets Apostoliques, et prévenir par la suite des crimes qui attaquent la Religion dans ce qu'elle a de plus sacré, nous ordonnons, conformément à leurs pieuses remontrances, qu'à l'avenir personne ne sera reçu aux fonctions de la Prêtrise dans les lieux soumis au gouvernement de ces îles, qu'au préalable il n'ait montré ses lettres de Prétrise, et celle de permission, et recommandation de son évêque, ou la permission de son Supérieur, s'il est prêtre régulier, et, en outre, son extrait baptistaire, et autres pièces qui constatent son état et sa condition, le tout en forme probante, et qu'il n'ait le vû et la permission du Supérieur et Préfet Apostolique des missions dans le district duquel il se trouvera.

Défendons à tous sacritains de donner des habits sacerdotaux à aucun Prêtre étranger, qu'il n'ait montré préalablement le visa d'un des susdits Préfets Apostoliques, et afin qu'ils n'en prétendent cause d'ignorance, nous ordonnons que copie de notre présente Ordonnance sera affichée dans toutes les sacristies des îles du vent de la domination française, à la diligence desdits Supérieurs-généraux et Préfets Apostoliques.

Sera la présente Ordonnance, etc.

Donnée à la Martinique, le 2 février 1744.

Signés, DE CHAMPIGNY et DE LACROIX.

Enregistr. au Conseil Souverain.

(Nº. 170.) *ARRET du Conseil d'Etat du Roi, portant Réglement sur le Commerce des Colonies françaises de l'Amérique.*

Du 1er. mars 1744.

LE Roi étant informé que malgré les Réglemens qui ont été faits en différens tems sur le commerce des Colonies françaises de l'Amérique, il se commet des fraudes qui y sont très-préjudiciables, tant par rapport aux denrées que les navires marchands du Royaume portent en ces Colonies, qu'à l'égard des denrées qu'ils y prennent pour leur retour en France ; S. M. a estimé nécessaire d'y pourvoir par des dispositions qui puissent rétablir la règle et la bonne foi dans ce commerce : ouï le rapport, le Roi étant en son Conseil, a ordonné et ordonne ce qui suit :

Art. Ier. Les barils de farine destinés pour les Colonies, ne pourront être au-dessous de 180 liv. net, poids de marc, et la tare sera marquée sur chaque baril, en conformité de l'art. V de l'Arrêt du Conseil d'Etat, portant Réglement pour les farines qui s'envoient dans les Colonies, du premier février 1720, lequel Arrêt sera au surplus exécuté selon sa forme et teneur.

II. Les barils de bœuf salé qui seront transportés aux Colonies, contiendront pareillement 180 livres net de viande non désossée, à peine contre les capitaines, de tenir compte aux acheteurs, de la quantité de viande qu'il se trouvera de moins, par proportion au prix de la vente ; et dans le cas où il se trouvera des barils qui ne contiendront que des jarrêts, pieds, têtes, cols et autres pièces de rebut, ils seront tenus de les reprendre, ou de convenir de gré à gré avec les acheteurs, ou par arbitres, du prix que lesdits barils pourront valoir, sinon ils y seront contraints par les Juges de l'Amirauté, par devant lesquels lesdits acheteurs se pourvoiront.

III. Les ancres de lard contiendront au moins 70 livres de viande net, à pine de confiscation, et de 20 livres d'amende pour chaque baril qui se trouvera en contenir moins.

IV. Les barriques de vin de Bordeaux qui doivent contenir 32 veltes, faisant 110 pots mesure de ladite ville, suivant les Régiemens faits à ce sujet, sont réputées bonnes et marchandes, lorsque dans les Colonies elles contiendront 30 veltes, faisant 103 pots de Bordeaux, les tierçons et demi-barriques à proportion. Les barriques de vin de Provence, Languedoc ou autres provinces du Royaume, seront également réputées bonnes et marchandes, lorsque la diminution n'excédera pas un seizième de la jauge de chaque province ou ville d'où elles seront venues ; et lorsque les unes ou les autres ne se trouveront pas contenir les quantités ci-dessus fixées, elles seront confi-quées. et les capitaines condamnés en 30 livres d'amende pour chaque barrique, sauf leur recours contre les armateurs.

V. Les barillages des eaux-de-vie qui seront destinées pour les Colonies, ne seront plus arbitraires ; et lesdites eaux-de-vie ne pourront être transportées qu'en demi-barriques, ancres et demi-ancres, qui contiendront la jauge de chacune des provinces d'où elles viendront, à 2 pots près au-dessus ou au-dessous, et les ancres et demi-ancres à proportion, à peine de confiscation et de 100 liv. d'amende par demi-barrique, et à proportion pour les ancres et demi-ancres.

VI. Il y aura au greffe de chaque Juridiction dans les Colonies, des jauges et ma-

trices des mesures de chacune desdites provinces, pour y avoir recours en cas de besoin ; et il sera établi un Jaugeur juré, dont
l'office sera joint à celui de l'Etalônneur, dont
l'établissement sera ordonné ci-après

VII. Fait S. M. très-expresses inhibitions
et défenses à tout habitant, procureur ou éco-
nome dans les îles françaises, de livrer aucune barrique de sucre blanc et tête, qui
soit déguisée ou falsifiée, soit en mettant
du beau sucre dans les deux bouts, et du
mauvais et même du sable dans le milieu,
ou de quelque façon que ce soit, à peine
de 3000 liv. d'amende pour chaque barrique,
et de confiscation d'icelle.

VIII. Défend pareillement S. M., à tous
habitans sucriers, de mêler dans leurs sucres
bruts, des sirops et melasses, d'enfermer lesdits sucres trop froids, et d'avoir moins de
trois trous à leurs barriques ; à peine contre
ceux qui seront convaincus de contravention
à cet égard, de confiscation des sucres, et
de 100 liv. d'amende.

IX. Ordonne S. M., que ceux qui n'auront que des sucres inférieurs et de qualité
médiocre à livrer en paiement de ce qu'ils
doivent, ne pourront prétendre ni exiger le
même prix auquel les beaux sucres seront-
vendus, mais seulement celui qui, en cas
de contestation, sera réglé par des arbitres
choisis par chacune des parties, ou nommés
d'office, faute par elles d'en convenir.

X. Défend à tous habitans desdites îles,
de faire des barriques de sucre au-delà de

1000 livres, y compris la tare, à peine de 50 liv. d'amende pour chaque barrique de plus grand poids : et lorsque les capitaines auront été obligés d'en recevoir en paiement, ou qu'il leur en aura été envoyé pour charger à frêt, ils seront tenus d'en avertir le Procureur du Roi de l'Amirauté, afin qu'il poursuive la condamnation de ladite amende, à peine contre les capitaines de semblable condamnation contr'eux-mêmes.

XI. Les douelles et les fonds de barriques de sucre, seront d'une épaisseur égale et proportionnée, à peine contre l'habitant convaincu d'en avoir livré, dont les barriques et les fonds se trouveront d'une épaisseur extraordinaire, de 50 liv. d'amende par barrique ainsi surchargée de bois, et d'être tenu de la réfraction envers le marchand.

XII. Toutes les barriques de sucre, seront marquées sur une des douelles et les deux fonds, de l'étampe à feu de l'habitant, à peine de 50 liv. d'amende ; et les capitaines seront tenus d'avertir les officiers de l'Amirauté, des barriques non-marquées qui leur auront été données, soit en paiement ou à frêt, afin de faire prononcer ladite amende, et marquer lesdites barriques ; à peine contre les capitaines de répondre en leur propre et privé nom, et sans recours contre l'habitant, du sucre qui se trouvera vicié dans les barriques non-marquées.

XIII. Les balles de coton desdites Colonies ne pourront être faites au-dessus du poids de 300 livres, et elles seront marquées suivant qu'il est prescrit par les Arrêts du Con-

seil des 20 décembre 1 2) et 16 décembre
1738, lesquels seront exécutés selon leur forme
et teneur.

XIV. Il sera incessamment établi dans chacune des Jurisdictions des Colonies où il n'y
en aura pas, un Etalonneur et Jaugeur juré,
qui aura commission du Gouverneur Lieutenant-général et de l'Intendant, enregistrée dans
les Jurisdictions ; auquel, un mois après la
publication du présent Arrêt, et successivement pendant les deux derniers mois de chaque année, tous les habitans, négocians, et
autres ayant chez eux des poids, seront tenus de les faire porter, pour être vérifiés et
rechargés.

XV. L'Etalonneur sera tenu d'avoir un registre exact, qui sera coté et paraphé par le
Juge des lieux, et contiendra le nom de chacun des habitans dont il aura vérifié les poids,
et marqué du poinçon ; et immédiatement
après le délai des deux mois expiré, il fera,
au commencement de chaque année, viser
son registre par le Procureur du Roi, lequel
ordonnera le transport de l'Etalonneur chez
l'habitant qui n'aura pas fait vérifier ses poids,
pour y faire ladite vérification ; le tout aux
frais dudit habitant, lesquels seront taxés par
les Juges des lieux, suivant l'éloignement
des habitations : et ledit habitant sera en outre
condamné à 50 liv. d'amende.

XVI. Dans les bourgs où il y aura Jurisdiction et un Etalonneur, et où les navires
de France iront faire leur commerce, il sera
établi des magasins publics dont les gardes-
magasins auront des fléaux, des balances et

des poids vérifiés par l'Etalonneur, pour constater dans le besoin, la pesanteur de tous les barillages, tant des denrées de France, que de celles des Colonies, sur lesquelles il pourrait y avoir contestation.

XVII. Les registres et procès-verbaux des Etalonneurs et Jaugeurs jurés, feront foi en justice, conformément aux Ordonnances de S. M, et notamment aux Edits des mois de janvier 1707 et décembre 1708 : lesdits Etalonneurs et Jaugeurs jouiront des exemptions attachées audit office ; et il sera fait par les Gouverueurs Lieutenans-généraux et Intendans, un tarif uniforme dans toutes les Jurisdictions, des salaires qui leur seront dûs, tant pour la marque de chaque poids, que pour le paiement de ceux qu'ils auront rechargés.

XVIII. Les fraudes qui pourront être découvertes en France sur les denrées des Colonies, seront constatées par un procès-verbal en forme, et le dommage estimé par des experts nommés d'office par les Juges et Consuls des ports de l'arrivée, pour, par les armateurs des navires ou acheteurs desdites denrées, avoir leur recours contre ceux qui les auraient livrées aux Colonies, pour le dédommagement qui leur sera dû, et les faire en outre condamner aux amendes et peines qu'ils auront encourues, suivant les articles du présent Réglement auxquels ils auront contrevenu.

XIX. Les amendes et confiscations qui seront prononcées en exécution du présent Arrêt, appartiendront aux pauvres des hôpitaux, dans les lieux où il y en a d'établis, et à S. M., dans les lieux où il n'y a point d'hôpitaux pour les pauvres, pour être, le produit desdites amendes et confiscations qui seront prononcées au profit de S. M., remis en dépôt entre les mains des Trésoriers-généraux de la Marine dans chaque Colonie, et employé suivant les ordres qui en seront donnés par S. M., à l'entretien ou augmentation des bâtimens, batteries, et autres ouvrages nécessaires auxdites Colonies.

XX. Enjoint S. M., aux sieurs Intendans et Commissaires départis pour l'exécution de ses ordres dans les Provinces et généralités du Royaume, aux sieurs Intendans et Commissaires-ordonnateurs des îles et Colonies françaises de l'Amérique, et à tous autres officiers qu'il appartiendra, de tenir la main chacun en droit soi, à l'exécution du présent Arrêt, etc.

Fait au Conseil d'Etat du Roi, S. M. y étant, tenu à Versailles, le 1ᵉʳ, mars 1744. *Signé,* PHELYPEAUX.

Enregist. au Conseil Souverain.

(Nᵒ. 171.) *REGLEMENT de MM. les Général et Intendant, sur les boucheries.*

Du 11 juillet 1744.

SUR ce qui nous a été représenté par les officiers de police de différens quartiers de l'île, que depuis quelque tems les Bouchers se sont donné la licence d'augmenter le prix de la viande et

de la vendre au public presque le double de
celui qui est fixé par les Réglemens, que non
seulement les bouchers publics établis et connus
pour tels sont tombés dans cette contravention,
mais encore plusieurs particuliers, bourgeois et
gens de différens états qui s'ingèrent de commettre des personnes à eux affidées, même de
leurs esclaves pour acheter des bestiaux qu'ils
font tuer et ensuite distribuer à un prix ex-
cessif, prétendant n'être point sujets aux Réglemens sur cette matière ni à l'inspection des
officiers préposés pour veiller à ce qu'ils soient
observés, sous prétexte qu'il ne sont pas bouchers publics ; qu'il en résulte plusieurs inconvéniens : que l'enchère est mise sur les bestiaux par les prétendus bouchers de nouvelle institution qui écartent ceux qui le
sont en effet et les empêchent de les acheter un prix raisonnable et proportionné à
celui du débit en détail ; que les bouchers publics se trouvant en concurrence avec eux , sont
obligés pour soutenir leur commerce d'acheter
des bestiaux au-dessus de leur juste valeur, et
se croient par-là autorisés à augmenter arbitrairement le prix de la viande, d'où il arrive que le
public se trouve ainsi vexé par les uns et par
les autres, sans que les particuliers osent même
s'en plaindre, dans la crainte de se trouver exclus
de la distribution ordinaire de la viande par
le ressentiment desdits bouchers , qu'enfin nonobstant la défense expresse qui a été faite ci-devant
et qui subsiste encore de tuer des veaux et
génisses, c'est particulièrement à ces deux qualités que les bouchers secrets s'attachent, et comme
tous les abus ont été poussés à un excès qu'il

n'est plus possible de dissimuler, nous avons cru devoir remettre l'ordre convenable dans une partie aussi essentielle de la police ; à ces causes nous ordonnons.

1°. Que le Réglement du 25 mars 1732, sera bien et duement exécuté en tout son contenu et sous les peines y portées, sauf toutes fois l'augmentation du prix des différentes espèces de viande dont on va faire mention dans l'article suivant.

2°. Le prix fixé par ledit Réglement sus-daté ne nous paraissant pas suffisant, eu égard aux circonstances du tems, nous avons cru devoir l'augmenter jusqu'à ce que des conjonctures plus favorables nous permettent de le réduire à l'ancien pied : en conséquence permettons auxdits bouchers de vendre la livre de bœuf et de cochon 15 sous, et 18 sous la livre de mouton ou de jeunes bestiaux qu'on aura été dans le cas de tuer par quelque accident, leurs défendons de la vendre à plus haut prix à peine de 500 livres d'amende et d'un mois de prison pour la première fois et de punition exemplaire en cas de récidive.

3°. Défendons à tous particuliers de quelque état et condition qu'ils soient, de tuer et faire tuer pour vendre des bêtes à cornes, veaux et genisses, chez eux dans les bourgs, sous peine de 500 livres d'amende et de confiscation des bestiaux.

4°. Défendons à tous esclaves de l'un et de l'autre sexe de faire aucun commerce ou achat de bestiaux tant dans la campagne, que dans les bourgs et à bord des bâtimens qui en apportent des îles voisines soit pour leur compte soit pour celui de leur maîtres.

5°. Défendons pareillement aux maîtres de les y employer pour leur compte et de souffrir qu'ils les fassent pour celui d'autrui, sous peine de confiscation desdits esclaves et de celle des bestiaux qu'ils pourraient avoir achetés tant vifs que morts et en 500 livres d'amende contre lesdits maîtres.

Sera la présente Ordonnance, etc.

Donnée au Fort-Royal de la Martinique, le 11 juillet 1744. *Signés*, DE CHAMPIGNY et RANCHÉ.

Enregist. au Conseil Souverain.

___

(N°. 172.) *LETTRE du Roi, au Conseil Souverain, sur la surséance aux Arrêts, en matière criminelle.*

Du 27 août 1744.

« Nos Amés et Féaux, c'est avec surprise
« que nous avons appris que vous avez fait
« grâce au nommé Le Genti, pour l'homicide
« par lui commis en la personne du nommé
« Roch Gaudonin Desfossés, et que vous avez
« expédié à cet effet, le 3 janvier 1744, un
« Arrêt, par lequel vous l'avez dispensé de
« l'obtention des lettres de remission en chan-
« cellerie pour raison dudit homicide; vous
« n'avez point à cet effet pouvoir, non plus
« que nos autres Conseils Supérieurs des Colo-
« nies, de faire dans aucun cas, grâce de
« crimes capitaux ; et c'est ce qui nous a
« obligés de rendre en notre Conseil d'état,
« un Arrêt par lequel nous avons déclaré nul

« celui que vous avez expédié : vous vous
« conformerez aux dispositions qui y seront
« contenues. Nous vous faisons cependant cette
« lettre pour vous dire que notre intention n'est
« point que dans les cas d'homicide involon-
« taire ou commis dans la nécessité d'une lé-
« gitime défense de la vie, vous suiviez la ri-
« gueur des lois ; vous pouvez, dans ces sortes
« de cas , surseoir le jugement du procès, jus-
« qu'à ce que nous ayons expliqué nos inten-
« tions sur le compte qui nous sera rendu des
« informations par notre Secrétaire d'Etat ayant
« le département de la Marine , à qui elles se-
« ront envoyées par le Gouverneur notre Lieu-
« tenant-général et l'Intendant de la Colonie,
« auxquels nous voulons que notre Procureur-
« général les remette à cet effet, si n'y faites
« faute , etc. "

Enregist. au Conseil Souverain.

(N°. 173.) *Lettre du Roi, à MM. les Général
et Intendant , sur les enregistremens du Conseil
Souverain.*

Du 26 octobre 1744.

« Mons. le Marquis de Champigny et Mons.
« de Ranché, quoique je vous aie déja expli-
« qué ce que vous devez observer par rapport
« à l'enregistrement, en mes Conseils Supérieurs
« des Isles du vent, de mes Edits, Déclara-
« tions et autres expéditions, je vous fais cette
« lettre pour vous dire que mon intention est
« que vous empêchiez qu'il ne soit enregistré
« auxdits Conseils Supérieurs, non-seulement
« aucuns Edits, Déclarations, Arrêts, Régle-

« mens et Ordonnances, autres que ceux qui
« par mes ordres vous seront adressés par mon
« Secrétaire d'Etat ayant le département de la
« Marine, mais encore aucunes lettres de grâce et
« de rémission ou d'abolition ; lettres d'anno-
« blissement, confirmation de noblesse, de reliefs
« de surannation ou dérogeant à noblesse; lettres
« de naturalité, ni autres expéditions de mon
« sceau ou de mon Conseil d'État, qu'après que
« mondit Secrétaire d'Etat vous aura fait savoir
« de ma part que je trouve bon qu'on procède
« auxdits enregistremens: sur ce je prie Dieu,
« etc. Mons. de Champigny et Mons. de Ran-
« ché, qu'il vous ait en sa sainte garde, etc.

Enregist. au Conseil Souverain.

(N°. 174.) ORDONNANCE *du Roi, portant défenses des jeux de hasard dans les Colonies.*

Du 4 novembre 1744.

SA Majesté étant informée que l'inexécution
des diverses Ordonnances rendues pour défendre
les jeux de hasard aux îles françaises de l'Amérique, a tourné à la ruine de plusieurs officiers,
habitans, négocians et capitaines marchands, et
qu'elle pourrait occasionner d'autres désordres
qui seraient encore d'une plus dangereuse conséquence auxdites îles que par-tout ailleurs, et
voulant y pourvoir; S. M a fait de nouveau très-
expresses inhibitions et défenses à toutes personnes de quelque rang, qualité et condition qu'elles
soient. de jouer ni donner à jouer, en quelque
tems ni dans quelque maison ou endroit que
ce puisse être desdites îles, à aucuns jeux déja
prohibés

prohibés et notamment à ceux appellés les trois dez, le tope et tingue, et le passe-dix, les deux dez, le quinquenove et le mormonique, le hoca, la bassette, le pharaon, le lansquenet, la dupe, le biriby, la roulette, le pair ou non, le quinze, les petits paquets et autres jeux de hasard, sous quelques noms et formes qu'ils puissent être déguisés ; à peine de désobéissance et de prison, et sans préjudice des autres condamnations qui pourront être prononcées contre les contrevenans, en exécution des Ordonnances précédentes, qui seront exécutées suivant leur forme et teneur.

Mande et enjoint S. M., etc.

Fait au Camp devant Fribourg, le 4 novembre 1744. *Signé*, LOUIS; *et plus bas,* par le Roi, PHELYPEAUX.

Enregist. au Conseil Souverain.

(N°. 175.) *ORDONNANCE de MM. les Général et Intendant, concernant les Incendies.*

Du 1er. avril 1745.

L'INCENDIE arrivé en dernier lieu au bourg St.-Pierre, qui, pour la seconde fois, a consumé la plus grande partie des maisons du Mouillage, n'ayant fait des progrès si considérables, que parce qu'on s'est trouvé dépourvu de secours et de la plupart des choses nécessaires pour arrêter le feu ; et ce bourg, dont les maisons sont entièrement bâties de bois, se trouvant toujours exposé au même danger, nous avons jugé nécessaire d'établir quelques précautions, pour, en cas de pareil accident, être en état d'y porter sur le champ le remède convenable, et empêcher le vol et le pillage des marchandises et effets qu'il faudra déplacer. Pour cet effet nous avons ordonné et ordonnons :

ART. Ier. Qu'au lieu de pompes et de seaux de cuir, dont le pays est dépourvu, et qu'on ne saurait faire venir dans les circonstances présentes, on se servira de seaux de bois cerclés de fer, et de pots de rafinerie, pour porter l'eau dans les endroits où le feu aura pris, lesquels seaux seront déposés partie dans le magasin du Roi, situé au quartier du Fort, sous la garde du sieur Dénoix, et partie dans l'autre magasin du Roi, situé au Mouillage, sous la garde du sieur Verguigny.

II. Que les propriétaires des maisons du bourg St.-Pierre fourniront à cet effet, dans l'espace de trois mois, chacun un seau pour chaque maison qu'il possède, lequel il remettra à l'un des deux gardes-magasins du Roi ci-dessus nommés, à peine de 30 livres d'amende, applicables à l'achat des seaux, hâches et autres outils nécessaires pour arrêter le progrès du feu, et à la récompense des ouvriers qui auront été employés à l'éteindre.

III. Que chaque particulier locataire ou propriétaire qui occupe les maisons dudit bourg, se munira dans ledit tems, et aura toujours chez soi deux seaux de bois ou quatre pots de rafinerie et deux hâches en bon état, sous peine de la même amende.

IV. Dans le cas où le feu prendra à quelque maison du bourg, tous les mulâtres et nègres libres de l'un et de l'autre sexe, au-dessus de l'âge de 12 ans, à l'exception de ceux qui travaillent à la charpente ou à la menuiserie, se rendront aux premiers coups du tocsin, dans les magasins du Roi pour y prendre les seaux qui leur seront distribués, en présence d'un officier de milice et du Commissaire de police, pour, ensuite porter l'eau aux lieux où besoin sera, à peine du carcan contre ceux qui y manqueront, et d'un mois de prison.

V. Tous les maîtres charpentiers, menuisiers et couvreurs, et tous les compagnons et ouvriers, tant blancs que mulâtres et nègres libres professant les mêmes métiers, se rendront, dès que le tocsin sonnera, aux lieux où le feu aura pris, avec chacun une hâche pour travailler au démolissement des maisons qu'on jugera à propos d'abattre, à peine contre ceux qui y manqueront, de 500 liv. d'amende applicables au dédommagement des incendiés, et de huit jours de prison.

VI. Que les particuliers qui ont des esclaves charpentiers, menuisiers et couvreurs, et qui n'auront rien à craindre du feu pour leurs maisons, seront aussi tenus d'envoyer ces ouvriers avec chacun une hâche, sous peine de 100 liv. d'amende ; ordonnons pour cet effet que tous les particuliers dudit bourg qui ont des mulâtres ou nègres exerçant ces métiers, les déclareront au Commissaire de police, par noms et par âge, dans quinzaine

du jour de la publication de la présente Ordonnance, sous la même peine.

VII. Qu'il sera employé par ordre de M.
le Gouverneur, un détachement des troupes
françaises et suisses de la garnison du Fort,
aux lieux où le feu aura pris, pour faire
travailler les ouvriers préposés à l'éteindre et
empêcher le désordre et la confusion.

VIII. Que sur les mêmes ordres de M.
le Gouverneur, les milices du bourg s'assem-
bleront en armes, à la porte de leurs capitaines; qu'il en sera envoyé des détachemens
aux avenues du bourg et le long de l'anse
au bord de la mer, pour empêcher le transport
des marchandises et effets dans les campagnes
et dans les canots et chaloupes, arrêter les
personnes qui les transporteront, et défendre
l'entrée du bourg aux nègres des habitations.

XI. Les marchandises et effets qu'on voudra sauver des maisons incendiées ou voisines
du feu, seront transportés aux endroits ci-
après indiqués, savoir: ceux des maisons depuis la rafinerie jusqu'à la batterie d'Esnotz,
dans la maison et enclos des Religieux Dominicains, et chez les Religieux de la Charité; ceux des maisons qui sont depuis la
batterie d'Esnotz jusqu'à la rivière, dans la
savanne des Dames Religieuses Ursulines, et
à l'hôtel de Ste.-Marthe; et les effets des maisons depuis la rivière jusqu'à l'extrêmité du
bourg, dans la maison et enclos des RR. PP.
Jésuites, et dans l'enceinte du Fort; et à
cet effet, il sera établi des sentinelles dans chacun de ces endroits, pour veiller à la garde
des effets qui y auront été déposés.

X. Et pour empêcher que dans le transport de ces effets il n'en soit détourné aucun, il sera placé des soldats miliciens sur deux files, depuis les maisons d'où on tirera ces effets jusqu'au lieu où il sera indiqué de les porter, et seront tenus les blancs, mulâtres et nègres de l'un et l'autre sexe, qui porteront lesdits effets de passer entre ces deux files, à peine contre ceux qui s'écarteront de cette route, d'être arrêtés et mis en prison.

XI. Toutes personnes, de quelque qualité et condition qu'elles soient, blancs ou noirs, libres ou esclaves, de l'un et de l'autre sexe qui seront surpris emportant des effets ailleurs que dans l'endroit qui aura été désigné, et les maîtres des maisons chez qui il se trouvera des effets qui auront été détournés et qui n'en auront pas fait leur déclaration dans vingt-quatre heures, seront poursuivis extraordinairement suivant l'exigence du cas.

XII. Faisons défenses à tous capitaines de navires, négocians et autres particuliers, de mettre dans les magasins et maisons du bourg, aucuns barils de poudre, et enjoignons à ceux qui en ont, de les déposer dans la poudrière du Fort, à peine de 500 liv. d'amende pour chaque baril, qui sera trouvé chez eux.

XIII. Ordonnons que par le Commissaire de police, il sera fait, au moins une fois le mois, une visite exacte dans tous les magasins du bourg St.-Pierre, à l'effet de voir si les particuliers sont en règle par rapport aux seaux et hâches qu'ils sont tenus d'avoir, et au sujet des poudres qu'il leur est défendu de garder suivant les articles 3 et 12 de la présente Ordonnance, laquelle sera lue, etc.

Donnée à St.-Pierre de la Martinique, le 1ᵉʳ. avril 1745. *Signés*, DE CHAMPIGNY et RANCHÉ.

Enregist. au Conseil Souverain.

(N°. 176.) ORDONNANCE *du Roi, concernant les convois aux Isles françaises d'Amérique.*

Du 14 mai 1745.

SA Majesté ayant résolu de faire armer des vaisseaux de guerre pour escorter les bâtimens marchands qui seront destinés pour le commerce des Isles françaises de l'Amérique, et voulant assurer le succès desdites escortes, tant de la part des capitaines marchands, qui seront à portée d'en profiter, que de la part des officiers auxquels elle en confiera le commandement, elle a ordonné et ordonne ce qui suit :

ART. 1ᵉʳ. Les capitaines et maîtres des bâtimens marchands qui seront armés pour les Isles françaises de l'Amérique, et pour lesquels il sera fourni des escortes, seront tenus de se rendre dans l'endroit qui leur sera indiqué, en vertu des ordres qui seront donnés par S. M., et dans le tems qui leur sera pareillement fixé, pour profiter desdites escortes jusqu'aux lieux de leurs destinations respectives.

II. Ils seront pareillement tenus, avant leur départ des Isles, de se rendre dans les ports ou rades qui seront désignés suivant les ordres qui seront expédiés à cet effet par les Gouverneurs Lieutenans-généraux de S. M. auxdites Isles, en conséquence de ceux que S. M. leur donnera, tant pour le rendez-vous d'où les convois devront partir, que pour les précautions à prendre, à l'effet d'assurer le passage des navires, des ports ou rades où ils auront fait leur commerce, au port du rendez-vous.

III. Fait S. M., très-expresses inhibitions et défenses auxdits capitaines et maîtres de partir sans escorte, soit des ports de France, pour lesquels il sera fourni des escortes, soit des ports des Isles, à peine de cinq cens liv. d'amende, et de servir pendant un an, en qualité de simples matelots, et sans solde, sur les vaisseaux de S. M. : veut néanmoins et entend S. M., que les navires qui, par quelqu'accident forcé, n'auront pu joindre le convoi avant son départ, ou qui étant partis avec le convoi seront forcés de relâcher, puissent dans l'espace d'un mois seulement après le départ du convoi, suivre leur destination sans attendre l'escorte prochaine, et ce, moyennant des certificats justifiant des motifs légitimes du retardement, qu'ils seront tenus de prendre, savoir : les capitaines des navires qui voudront partir ainsi des ports de France, des Directeurs des chambres de commerce, ou des chefs des Jurisdictions consulaires, visé des Commissaires de la Marine auxdits ports ; et les capitaines qui partiront de l'Amérique, de l'officier commandant et du Commissaire de la Marine, ou de l'officier en faisant les fonctions au port de leur partance.

IV. Fait pareilles inhibitions et défenses

auxdits capitaines et maîtres , de quitter lesdites escortes , à peine contre ceux qui les
auront quittées volontairement , et sans y être
forcés , de 1000 liv. d'amende , d'un an de
prison , et d'être déclarés incapables de commander aucun bâtiment de mer : pourront
ceux qui seront accusés d'être tombés dans
le cas , faire valoir pour leur défense , leurs
journaux de navigation , les procès - verbaux
qu'ils auront dressés avec leurs officiers , des
causes de leur séparation , et les déclarations
de leurs équipages.

V. Veut S. M. , que dans les cas où lesdits capitaines et maîtres seront partis sans escorte , ou se seront séparés volontairement de
la flotte , sur les ordres qui leur en auront
été donnés par les propriétaires des navires ,
lesdits propriétaires soient condamnés en leur
propre et privé nom , à 10,000 liv. d'amende ,
outre les peines portées dans les deux articles précédens , contre lesdits capitaines et
maîtres.

VI. Enjoint S. M. , aux officiers commandans lesdites escortes , d'apporter tous leurs
soins à la sûreté des flottes , de les accompagner et de les tenir toujours sous leur pavillon ; leur faisant S. M. , très-expresses inhibitions et défenses de les abandonner , pour
quelque cause et sous quelque prétexte que
ce soit , à peine de cassation , et même de
plus grande peine , suivant l'exigence des cas
et des circonstances : veut et entend que dans
les cas de séparation forcée , lesdits officiers
fassent tout ce qui leur sera possible pour
rallier les bâtimens de convoi , et que lors-

qu'ils arriveront dans les ports sans lesdits bâtimens, ils remettent au contrôle des ports où ils aborderont, des extraits de leurs journaux, lesquels seront examinés par les commandans desdits ports, assistés des officiers que S. M. jugera à propos de nommer à cet effet, pour, sur le compte qu'ils rendront ensuite à S. M. des causes de séparation, être par elle ordonné ce qu'elle jugera à propos, à l'effet de quoi seront lesdits officiers, obligés de tenir des journaux exacts de leur navigation, à peine d'interdiction.

VII. Pour l'exécution de ce que dessus, lesdits officiers donneront aux capitaines et maîtres, des signaux de route et de reconnaissance, auxquels lesdits capitaines et maîtres, seront tenus de se conformer, à peine contre les contrevenans, de servir pendant un an en qualité de simple matelot, et sans solde, sur les vaisseaux de S. M.

Mande et ordonne S. M., etc.

Fait au Camp de Tournay, le 14 mai 1745, *Signés*, LOUIS; *et plus bas*, par le Roi, PHELYPEAUX.

Enregist. au Conseil Souverain.

(N°. 177.) REGLEMENT *du Roi*, *sur la Police à observer à l'égard des Matelots qui désertent aux îles de l'Amérique*, *des navires armés dans les ports du Royaume.*

Du 19 mai 1745,

Sa Majesté étant informée que le commerce

que les négocians de son Royaume font dans
ses Colonies de l'Amérique, se trouve continuellement interrompu par les désertions des
équipages des navires qui y sont employés;
qu'il y a des capitaines, maîtres ou patrons,
tant des navires, même de France, que des
bâtimens servans au cabotage desdites Colonies, qui débauchent des matelots engagés sur
d'autres navires, que ceux qu'ils commandent;
et que d'autre part plusieurs matelots aban-
donnent les navires où ils servent, et se
cachent jusqu'à leur départ, pour ensuite
s'engager avec d'autres capitaines dont ils exigent des salaires excessifs, lesquels sont forcés de les leur promettre, et de consentir
même quelquefois à embarquer lesdits matelots sans les faire comprendre dans les rôles
d'équipage, ne pouvant faire leur retour en
France sans remplacement, à cause des désertions qu'ils ont eux-mêmes souffertes; et
étant nécessaire de faire cesser de pareils
abus qui ne sont pas moins préjudiciables au
commerce des colonies, que contraires à l'ordre
et à la discipline des classes; S. M., après
s'être fait représenter ses Ordonnances des 22
mai 1719, et 23 décembre 1721, a jugé à
propos d'en renouveller les dispositions, et
d'y en ajouter d'autres: à quoi voulant pourvoir, S. M. a ordonné et ordonne ce qui
suit :

ART. Ier. Tout capitaine, maître ou patron d'un navire de France qui débauchera
dans les Colonies un matelot engagé dans un
autre navire des ports du Royaume, sera condamné à une amende de 300 liv. applicable

moitié à l'Amiral, et moitié au premier
maître, lequel pourra reprendre son matelot,
si bon lui semble, conformément à l'Ordonnance de S. M., du 22 mai 1719.

II. En conséquence de celle du 23 décembre 1721, toutes les conventions que les
matelots pourront faire dans les Colonies,
pour raison de leurs salaires ou autrement,
avec les capitaines des navires de France,
seront nulles et de nul effet. à moins qu'elles
ne soient autorisées par les Intendans, Commissaires-ordonnateurs desdites Colonies, ou
leurs Subdélégués dans les lieux où ils ne
résideront point, et lesdits salaires seront réglés par les Intendans, Commissaires-ordonnateurs, ou leurs Subdélégués, à un quart
de moins que ceux que lesdits matelots auraient gagné sur les navires qu'ils auront
abandonné.

III. En exécution aussi de ladite Ordonnance du 23 décembre 1721, tous les matelots
de France qui se trouveront dans lesdites Colonies, après le départ des vaisseaux dans
lesquels ils y seront arrivés, seront arrêtés
et mis dans les prisons, à moins qu'ils ne
soient porteurs d'un congé de leur capitaine,
visé de l'Intendant ou Commissaire-ordonnateur : ils resteront dans lesdites prisons, jusqu'à ce qu'ils puissent être renvoyés en France
sur des navires auxquels il manquera des matelots; les capitaines auxquels ils seront donnés en remplacement, seront tenus de payer
par avance sur la solde desdits matelots, leur
gîte, geolage et subsistance dans les prisons,
depuis le jour de leur entrée jusqu'au jour

de leur sortie, dont ils prendront les quittances des geoliers, visées des Intendans,
Commissaires-ordonnateurs, ou leurs Subdélégués, pour, sur la représentation desdites
quittances, les sommes y contenues être dé-
duites auxdits matelots sur leurs salaires, dans
le paiement qui leur sera fait au désarmement
en France, et lesdites quittances à eux remises.

IV. Lesdits matelots seront tenus, aussitôt
leur arrivée en France, de se rendre conformément à ladite Ordonnance, à leurs départemens, et de se représenter aux Commissaires des classes, à peine contre les contrevenans, de trois mois de prison, conformément à la même Ordonnance.

V. Fait S. M., très-expresses inhibitions
et défenses à tous matelots de s'embarquer
aux Colonies sur des navires de France, et
à tous capitaines, maîtres ou patrons desdits
navires, de les y embarquer, qu'ils n'aient
été inscrits sur les rôles d'équipage, par les
officiers des classes : veut et ordonne S. M.,
que les matelots qui se seront embarqués sans
cette formalité, soient punis d'un mois de
prison à leur arrivée en France, qu'ils soient
en outre privés de la solde qui leur aura été
promise pour la traversée de l'Amérique en
France, et qu'en cas qu'ils l'aient reçue
d'avance, il soient tenus de la restituer, à
l'effet de quoi la retenue leur en sera faite
dans les voyages qu'ils feront ensuite, pour
ladite solde suivre l'application qui sera ordonnée par S. M. ; et lesdits capitaines,
maîtres ou patrons de navires seront de leur
côté punis de trois mois de prison, et même

de plus grande peine en cas de récidive.

VI. Tout capitaine, maître ou patron de bâtimens armés aux Colonies pour le cabotage et la navigation d'icelles, qui débauchera un matelot engagé dans l'équipage d'un navire de France, sera condamné à une amende de 300 liv., applicable moitié à l'Amiral et moitié au maître du matelot, et en outre à trois mois de prison pour la première fois; et en cas de récivive, déclaré incapable de commander aucun bâtiment de mer. Et pourra toujours le capitaine ou maître du navire de France, reprendre son matelot, si bon lui semble.

VII. Défend S. M. à tous maîtres ou patrons des bâtimens des Colonies, d'engager aucun matelot provenant des équipages des navires de France, sans la permission par écrit des Intendans, Commissaires-ordonnateurs, ou Subdélégués, laquelle permission ne pourra leur être accordée, que dans le cas où le matelot n'aura pas abandonné son navire sans congé de son capitaine, et où il ne se trouverait pas d'ailleurs des navires de France qui aient besoin de remplacement, à peine contre lesdits maîtres ou patrons contrevenans, de 300 liv. d'amende, applicables comme ci-dessus, et en outre d'un mois de prison.

VIII. Défend pareillement S. M. à tous cabaretiers et hôteliers auxdites Colonies, de recevoir chez eux aucuns matelots, sans en donner avis le même jour au commandant du lieu, et leur ordonne de s'assurer de la personne desdits matelots, conformément à l'Ordonnance du 22 mai 1719, et sous la peine de 1000 liv. d'amende y portée.

Mande et ordonne, etc.

Fait au Camp de Tournay, le 19 mai 1745. *Signés*, LOUIS; *et plus bas*, par le Roi, Phelypeaux.

Enregist. au Conseil Souverain.

(No. 178.) Declaration *du Roi*, *concernant les dettes de cargaison des Navires des ports du Royaume*, *aux Colonies françaises de l'Amérique.*

Du 12 juin 1745.

Louis, etc., Salut : par l'art. 2 du titre 3 de notre Réglement du 12 janvier 1717, concernant les siéges d'Amirauté en nos Colonies, nous avons ordonné que les demandes pour le paiement de partie ou du total de la cargaison d'un navire prêt à faire voile pour revenir en France, seront jugées sommairement, et exécutées nonobstant et sans préjudice de l'appel ; que les détenteurs des marchandises seront contraints par la vente de leurs effets, même par corps, s'il est besoin, à en acquitter le prix, lorsqu'il ne s'agira que d'un paiement non contesté ; et que s'il y a quelque question incidente, la sentence de l'Amirauté sera toujours exécutée par provision, nonobstant et sans préjudice de l'appel, en donnant caution : nous sommes informés que les dispositions de cet article ayant été différemment entendues dans les différentes Colonies, y ont donné lieu à une diversité de Jurisprudence sur les cas auxquels doit être appliqué le privilège, tant du jugement sommaire et de l'exécution provisoire, que de la contrainte par corps, pour le paiement des dettes de cargaison : qu'en effet, dans certaines Colonies on accorde le jugement sommaire et l'exécution provisoire, mais sans la contrainte par corps, aux dettes dont le paiement est poursuivi, avant le départ du navire ; et que lorsque le navire est parti, on ne regarde plus les dettes de cargaison, comme dettes de commerce maritime, et l'on y prétend qu'elles ne doivent être poursuivies et jugées qu'aux Jurisdictions royales, ainsi que les dettes ordinaires : et que dans d'autres Colonies les dettes de cargaison sont toujours regardées comme dettes de commerce maritime, soit avant, soit après le départ des navires, mais que ce n'est que dans le premier cas qu'elles y sont sujettes au privilège du jugement sommaire, de l'exécution provisoire et de la contrainte par corps : nous avons reconnu d'un autre côté que si les dispositions de l'art. 2 du titre 3 de notre Réglement du 12 janvier 1717, étaient alors suffisantes relativement à l'état où se trouvait le commerce de nos Colonies, ce commerce mérite à présent une faveur plus particulière pour le recouvrement des ventes ; les cargaisons qui sont apportées aux Colonies étant d'une conséquence et d'un prix qui permettent rarement aux navires de France d'en rapporter tout le produit dans un même voyage. Nous avons donc jugé

nécessaire, en établissant une Jurisprudence
uniforme dans toutes nos Colonies sur cette
matière, de faire de nouvelles dispositions qui
puissent assurer dans tous les tems le paiement des dettes de cargaison, et qui ne laissent plus de doute sur la compétence des
Juges qui en doivent connaître; et nous nous
y sommes déterminés d'autant plus volontiers,
que nous donnerons en même tems une nouvelle marque de notre protection à nos sujets
des Colonies, puisque ces nouvelles dispositions, en contribuant à leur procurer les
secours des denrées et marchandises dont ils
ont besoin, serviront aussi à les empêcher
de prendre des engagemens au-dessus de leurs
forces.

A ces causes, etc. voulons et nous plaît
ce qui suit :

ART. 1er. Les dettes de cargaison seront
jugées sommairement aux siéges d'Amirauté
dans nos Colonies, à quelque échéance qu'elles
soient payables, et quelque tems que le paiement en soit poursuivi, avant ou après le
départ des navires pour revenir en France.

II. Les jugemens qui interviendront sur
lesdites dettes, seront exécutés nonobstant
l'appel et sans préjudice d'icelui; les débiteurs seront contraints au paiement, soit avant,
soit après le départ des navires, par la vente
de leurs effets, même par corps, si besoin
est, lorsqu'il ne s'agira que d'un paiement non
contesté; et s'il y a quelque question incidente, la sentence de l'Amirauté sera toujours
exécutée par provision nonobstant l'appel, et
sans préjudice d'icelui, en donnant caution.

III,

III. Ne seront censées dettes de cargaison et jugées comme telles, que celles qui seront constatées et fondées sur des comptes arrêtés, ou des billets consentis au capitaine du navire duquel auront été achetées les marchandises pour lesquelles ils seront censés, ou au négociant gérant la cargaison pendant la traite dudit navire et son séjour dans la colonie; et déclarons toutes les autres dettes qui ne seront point ainsi établies par des comptes arrêtés ou des billets consentis avant le départ du navire, ne devoir point jouir du privilège accordé par ces présentes lettres aux dettes de cargaison.

IV. N'entendons néanmoins déroger, ni rien changer aux règles établies, tant sur la compétence, que sur le jugement des dettes et contestations entre les négocians et marchands de nos colonies, dont la connaissance appartiendra toujours aux Juges de nos Jurisdictions ordinaires, lesquels seront tenus de se conformer dans leurs jugemens aux dispositions des Ordonnances de 1667 et de 1673 et autres Réglemens sur les matières de commerce.

Si donnons en mandement, etc.

Fait au Camp de Tournay, le 12 juin 1745. *Signés*, LOUIS; *et plus bas*, par le Roi, PHELYPEAUX.

Enregist. au Conseil Souverain.

(Nº. 179.) ORDONNANCE de M. l'Intendant, portant défenses de faire galoper les chevaux dans les rues.

Du 1ᵉʳ. septembre 1745.

Vu la remontrance à nous faite par le Procureur du Roi en fonctions de la Jurisdiction de ce bourg, portant que malgré l'Ordonnance qui a été ci-devant rendue pour défendre de faire galoper les chevaux, dans les rues et le long des quais de ce bourg, on ne laisse pas d'y contrevenir et d'exposer par conséquent les personnes qui se trouvent dans les rues, et particulièrement les enfans, à être renversés et écrasés ; nous avons cru nécessaire, pour éviter pareils accidens, de défendre de nouveau à toutes personnes de faire galoper des chevaux dans les rues et le long des quais, sous peine contre les blancs, de 100 liv. d'amende applicables aux réparations des ponts et autres ouvrages publics, d'être responsables des dommages et intérêts qui pourraient en résulter, et d'être même poursuivis extraordinairement suivant l'exigence des cas ; et contre les nègres et mulâtres esclaves qui, non-seulement, feront galoper les chevaux de leurs maîtres, mais qui les mèneront autrement que par la bride, ou par la corde, du fouet et de la fleur de lys, sans préjudice des dommages et intérêts de ceux qu'ils auraient blessés, dont les maîtres demeureront responsables ; et pour que personne n'en prétende cause d'ignorance, sera la présente, etc.

Donné à la Martinique, le 1ᵉʳ. septembre 1745. *Signé*, RANCHÉ.

(N°. 180.) *ORDONNANCE de MM. les Général Intendant, sur le rang que doivent occuper dans les Eglises et cérémonies publiques les Substituts du Procureur du Roi dans les Jurisdictions.*

Du 4 mai 1746,

VU l'instance pendante devant nous entre le Marguillier en charge de la fabrique de l'Eglise de St-Pierre, défendeur et demandeur ;

Le Greffier de la Jurisdiction dudit bourg St-Pierre, mis en cause ;

Et M.". Trouvé Hussey et Pelotteau, Substituts du Procureur du Roi en ladite Jurisdiction, défendeurs et demandeurs, d'autre part ;

Nous ordonnons qu'à l'avenir lesdits Substituts pourront, en leur qualité d'Officiers de la Jurisdiction, prendre place dans le banc desdits Officiers posé dans ladite Eglise, immédiatement après le Procureur du Roi, et ils recevront le pain béni dans l'ordre de leur place, soit qu'ils soient seuls, ou à la suite d'autres Officiers ; ordonnons que dans le même rang lesdits Substituts marcheront aux processions et autres cérémonies de l'Eglise, le tout conformément aux articles XI et XIII du Réglement de 1728.

Donné à la Martinique, le 4 mai 1746. *Signés*, DE CAYLUS et RANCHÉ.

___

(N°. 181.) *ARRET en Réglement du Conseil Souverain, sur les droits du premier Huissier du Conseil.*

Du 5 mai 1746,

LA Cour ordonne,

ART. 1er. Que dans toutes les causes qui

seront jugées au rapport ou sur référé en la Cour, il sera payé au premier Huissier de ladite Cour, 3 liv. qui seront perçues par le Greffier ou Commis-Greffier, en délivrant les expéditions des Arrêts qui interviendront, pour être remis audit premier Huissier.

II. Ordonne aussi qu'il sera payé un droit audit premier Huissier sur chaque enregistrement des lettres de noblesse et autres qui sera ordonné par la Cour, lequel droit sera par elle taxé lors desdits enregistremens, et sera payé comme dessus.

III. Ordonne en outre qu'il sera payé audit premier Huissier, un droit sur la présentation de chaque Huissier qui sera reçu en la Cour, qu'elle a fixé à la somme de 30 liv., et un autre sur la réception de chaque Procureur, que ladite Cour a aussi taxé à la somme de 60 liv.; lesquels seront par lesdits Procureurs et Huissiers récipiendaires payés ès-mains dudit premier Huissier sur sa quittance, qu'ils seront tenus de joindre à leurs commissions, pour être reçus.

IV. Ordonne qu'il sera payé par les Procureurs ou parties qui feront enrôler leurs causes aux Greffes des Jurisdictions de cette Isle, pour être portées à l'audience ordinaire, 7 sols 6 d. par chaque cause; lequel droit sera à partager entre les Greffiers desdites Jurisdictions, et ledit premier Huissier, auquel la Cour en a accordé la moitié, qui sera perçu par ledit Greffier pour lui être remise.

V. Ordonne au surplus que l'Arrêt de ladite Cour dudit jour 13 juillet 1725, sera exécuté selon sa forme et teneur, et que le présent Réglement sera lû, publié, etc.

(N°. 182.) *Ordre du Roi, sur les séances, convocations et composition de la Chambre qui doit prononcer sur les contraventions du commerce étranger,*

Du 24 juin 1746.

Sa Majesté ayant réglé par l'article 5 du titre 4 de ses Lettres-patentes du mois d'octobre 1727, concernant le commerce étranger aux îles et colonies de l'Amérique, que toutes les affaires concernant ce commerce, seraient portées aux secondes séances à tenir par les Conseils Supérieurs immédiatement après les premières séances où seraient portées les autres affaires civiles et criminelles, elle aurait ordonné par l'art. VI du même titre, qu'il n'assisterait aux secondes séances destinées pour le jugement des affaires concernant le commerce étranger que le Gouverneur Lieutenant-général, l'Intendant, les officiers-majors ayant séance auxdits Conseils, cinq Conseillers qui seraient nommés à cet effet par S. M., le Procureur-général et le Greffier, et que le cas arrivant que quelques uns desdits Conseillers ne se trouvassent pas auxdites séances par absence, maladie ou autre cause légitime, les jugemens seraient rendus et exécutés lorsqu'il y aurait le nombre de trois Conseillers seulement : S. M. ayant été depuis informée que l'exécution des dispositions de ces deux articles pouvait être dans certains cas sujette à inconvéniens par le retardement qu'elle occasionnait aux jugemens des affaires concernant le commerce étranger, lorsque les séances des Conseils Supérieurs se trouvaient trop

éloignées, ou qu'il n'y avait pas le nombre
suffisant de Conseillers nommés pour ces jugemens, elle aurait donné des ordres pour remédier à ces inconvéniens. Mais estimant nécessaire d'y pourvoir pour toujours en autorisant les Gouverneurs, ses Lieutenans-généraux
et les Intendans à suppléer le nombre de Juges
nécessaire et à assembler des Conseils extraordinaires dans les cas qui l'exigeront, S M.,
après s'être fait représenter lesdites Lettr s-
patentes, et dérogeant pour ce regard seulement auxdits articles 5 et 6 du titre 4 d'icelles,
a ordonné et ordonne, veut et entend que
lorsque dans les séances destinées pour les
jugemens des affaires concernant le commerce
étranger, il ne s'y trouvera pas le nombre
de trois Conseillers de ceux par elle nommés
à cet effet, soit pour maladie, absence ou
autre cause légitime, les sieurs Gouverneurs,
ses Lieutenans-généraux et les sieurs Intendans, et à leur défaut les sieurs Gouverneurs-
particuliers et Commissaires-Ordonnateurs puissent nommer pour assister auxdites séances
tels autres Conseillers, ou, à défaut de Conseillers titulaires, tels assesseurs qu'ils jugeront
à-propos; qu'en l'absence par maladie ou
autre légitime empêchement du Procureur-
général, ils puissent pareillement nommer son
substitut; et que dans les cas qui requerront
célérité lesdits sieurs Intendans et Commissaires-ordonnateurs puissent convoquer des
séances extraordinaires pour les jugemens desdites affaires, en observant toujours d'y appeller les Conseillers qui doivent y assister:
autorisant S. M. lesdits sieurs Gouverneurs,

Intendans et Commissaires ordonnateurs et leur donnant tout pouvoir nécessaire à l'effet de ce que dessus ; et voulant au surplus que dans les cas où ils en feront usage, soit pour la convocation des Conseils extraordinaires, soit pour le remplacement desdits Juges, il soit fait mention sur les registres du Conseil Supérieur des motifs qui les y auront déterminé.

Mandons, etc.

Fait à Versailles, le 24 juin 1746. *Signés,* LOUIS ; *et plus bas,* par le Roi, PHELYPEAUX.

——————

(N°. 183.) *LETTRE du Roi, au Conseil Souverain, sur l'enregistrement des Lettres de Noblesse.*

Du 9 décembre 1746.

" Nos Amés et Féaux ; Je vous ai déjà
" fait savoir que mon intention est que vous
" ne procédiez à l'enregistrement d'aucun de
" mes Edits, Déclarations, Arrêts, Ordon-
" nances, Lettres de Grace, Rémission ou
" Abolition, Lettres d'annoblissement ou autres
" concernant la noblesse, Lettres de natura-
" lité, ni autres expéditions de mon sceau
" et de mon Conseil d'Etat, qu'après que le
" sieur Gouverneur, mon Lieutenant-général
" et le sieur Intendant des îles du vent, vous
" auront expliqué que je le désire ou le
" trouve bon : comme je suis informé que
" mes Conseils Supérieurs des Colonies, sont
" encore plus exposés à être surpris, mal-

I i 4

" gré toute l'attention que je suis persuadé
" qu'ils y apportent dans l'examen des titres
" qui sont présentés par les particuliers qui
" veulent jouir des privilèges de la noblesse,
" attendu la difficulté, et pour ainsi dire,
" l'impossibilité où peuvent se trouver lesdits
" Conseils, de faire les vérifications néces-
" saires dans une matière si susceptible d'abus ;
" je vous fais cette lettre pour vous dire que
" je veux et entends que vous ne procédiez
" à l'enregistrement d'aucun titre de cette
" espèce, que lorsqu'il vous apparaîtra d'une
" permission expresse de ma part, que je
" n'accorderai que sur le compte qui me
" sera rendu desdits titres, par mon Secré-
" taire d'Etat ayant le département de la
" Marine et des Colonies, auquel ils seront
" remis à cet effet, par les particuliers qui
" voudront les faire enregistrer dans mon Con-
" seil Supérieur séant au Fort-Royal, pour
" jouir des privilèges de la noblesse dans
" ma Colonie de la Martinique : vous vous
" conformerez à ce qui est de mes intentions
" à cet égard, si n'y faites faute, etc. ,,

Enregist. au Conseil Souverain.

(N°. 184.) ORDONNANCE *de MM. les Général
et Intendant, concernant la police des nègres.*

Du 6 avril 1747.

QUOIQUE les anciennes Ordonnances aient
suffisamment pourvu à ce qui concerne la police
et la discipline des esclaves, et particulièrement

à ce qui peut en empêcher le marronage, en prescrivant aux maîtres de leur donner des billets ou marques connues, soit qu'ils leur permettent d'aller vendre des denrées aux marchés, ou lorsqu'ils les envoient hors de chez eux pour quelques messages ou commissions : nous sommes cependant informés que ces mêmes Ordonnances sont tellement négligées par les habitans et par ceux qui sont chargés du détail de la police dans les villes et bourgs, que les rues, les chemins publics, et même les canots passagers, sont journellement remplis de nègres marrons, lesquels, à la faveur de l'impunité qui en résulte, se multiplient et donnent occasion à des vols et d'autres désordres dont il est important d'arrêter les progrès, en renouvellant les dispositions desdites Ordonnances. Pourquoi nous avons estimé convenable d'y apporter le remède nécessaire, et à cet effet nous avons ordonné et ordonnons :

ART. Ier. Que conformément à l'art. XIX de l'Ordonnance du Roi de 1685, les maîtres qui envoient des esclaves de l'un et de l'autre sexe dans les villes et bourgs, pour y vendre des volailles, fruits, légumes, laitage, farine de manioc, cassaves, bois à bâtir et à brûler, et herbes pour la nourriture des bestiaux, seront tenus de leur donner un billet ou marque connue, soit qu'ils les envoient pour leur compte ou qu'ils permettent aux esclaves d'y aller pour le leur, à peine de confiscation au profit des hôpitaux et des pauvres des lieux, des denrées et effets dont ils seront chargés, et d'emprisonnement desdits esclaves, lesquels ne pourront être remis aux maîtres, qu'après en avoir payé la prise, le gîte et geolage, et autres frais, s'il y en a.

II. Enjoignons aux officiers préposés à la police dans lesdites villes et bourgs, de faire exactement leurs tournées et visites dans les marchés et places, les dimanches, fêtes et autres jours, dans les lieux où les marchés se tiennent journellement, et de se faire représenter par les esclaves qui auront des denrées à vendre, les billets et marques de leurs maîtres, et de faire arrêter sur-le-champ ceux qui n'en auront pas.

III. Pourront aussi en conformité de l'art. XXI de la même Ordonnance de 1685, tous autres habitans et particuliers, arrêter les esclaves chargés de denrées et autres effets à vendre, et se faire représenter les billets et marques de leurs maîtres, et arrêter lesdits esclaves, s'ils n'en sont pas munis, pour être emprisonnés, et ne seront relâchés que comme il est dit à l'article précédent.

IV. Défendons à tous maîtres de laisser sortir de leurs habitations, même d'envoyer leurs esclaves faire pour eux des commissions ou messages dans les bourgs et la campagne, à la distance d'une lieue de leur demeure, sans leur donner un billet contenant le nom de l'esclave et le leur, à peine contre les maîtres, dont les esclaves seront arrêtés sans être munis dudit billet, de 12 liv. d'amende, et en outre de payer la prise du nègre arrêté, les frais de gîte et geolage et autres qui pourraient avoir été faits.

V. Défendons aussi à tous patrons de canots passagers, de donner retraite, ni passage, à aucuns esclaves de l'un et l'autre sexe, s'ils ne sont porteurs d'un billet de leur maître ou s'ils ne sont à leur suite, sous peine de huit jours de prison aux frais des maîtres et propriétaires desdits canots passagers, sans préjudice d'autre action contre lesdits maîtres de la part de ceux desdits esclaves auxquels ils auraient donné retraite ou passage ; et afin que lesdits propriétaires ne puissent alléguer en faveur de leurs patrons le prétexte d'ignorance des dispositions du présent article, leur enjoignons de les en instruire.

VI. Enjoignons pareillement à tous maîtres, habitans et autres de quelque qualité et condition qu'ils soient, d'instruire leurs esclaves des défenses portées par la présente, et des peines qui résultent contr'eux de la contravention auxdites défenses ; et afin que personne n'en prétende cause d'ignorance, sera la présente, etc.

Donné à St-Pierre de la Martinique, le 10 avril 1747. *Signés*, DE CAYLUS et RANCHÉ.

_____

(N°. 185.) *DECLARATION du Roi, sur l'exécution provisoire des jugemens sur les concessions et réunions au Domaine des terres concédées.*

Du 1er. octobre 1747.

Louis, etc., SALUT : Par notre Déclaration du 17 juillet 1743, nous avons réglé la forme de procéder, soit aux concessions des terres dans nos Colonies françaises, soit à la réunion à notre domaine des terres concédées qui se trouvent dans le cas d'y être réunies, soit à l'instruction et au jugement des contestations qui naissent entre les concessionnaires ou leurs ayans-cause ; et par l'art. VIII de la même Déclaration nous avons ordonné que les parties pourront se pourvoir par appel en notre Conseil, contre les jugemens qui seront rendus par les sieurs Gouverneur, Lieutenant-général et Intendant desdites Colonies, sur toutes ces matières dont la compétence leur est dévolue, à l'exclusion de tous autres ; que lesdits appels pourront être interjettés par de simples actes, et que les requêtes qui seront présentées en conséquence, seront remises avec les productions des parties, èsmains de notre Secrétaire d'Etat, ayant le département de la Marine, pour, sur le rapport qui en sera par lui fait en notre Conseil, être par nous statué ce qu'il appartiendra ; mais il nous a été représenté sur ce dernier article, qu'à cause de l'éloignement des lieux il conviendrait pour le bien de la justice, de rendre exécutoires par provision, les jugemens rendus sur lesdites matières par lesdits sieurs Gouverneur et Intendant, et que cette nouvelle disposition empêcherait beaucoup d'appels que les parties condamnées n'interjettent que pour se maintenir dans leur injuste possession.

A CES CAUSES, Nous, en interprétant notre Déclaration du 17 juillet 1743, avons dit, etc. voulons et nous plaît ce qui suit :

Que les jugemens qui seront rendus en conséquence de notre Déclaration par les Gouverneurs, nos Lieutenans-généraux et les Intendans en nos Colonies, ou par les officiers qui les représenteront, sur lesdites matières, dont la connaissance leur est attribuée, pri-

vativement à tous autres Juges, soient exécutoires par provision, et nonobstant l'appel
qui pourra en être interjetté, et sans préjudice d'icelui; laissons neanmoins à la prudence
desdits Gouverneurs et Intendans, dans les
cas où ils les jugeront à-propos, de n'ordonner l'exécution provisoire de leur jugement,
qu'à la charge de donner bonne et suffisante
caution par la partie, en faveur de laquelle
ils auront été rendus; et sera au surplus
notredite Déclaration, exécutée selon sa forme
et teneur.

Enregist, au Conseil Souverain.

(N°. 186.) *ARRET en Réglement du Conseil Souverain, pour les enrôlemens des causes extraordinaires.*

Du 3 janvier 1748.

La Cour faisant droit sur le réquisitoire du
Procureur-général du Roi, ordonne que de ce
jour, à l'avenir, il sera fait un rôle où toutes
les causes des audiences extraordinaires des Jurisdictions de cette île, seront enregistrées et
ensuite jugées à tour dudit rôle, suivant l'u-
sage observé pour les audiences ordinaires, sauf
aux Juges à rabbatre les défauts ou congés qui
seront obtenus dans les mêmes audiences, suivant
l'Ordonnance; ce qui sera exécuté à la diligence
dudit Procureur-général du Roi ou de ses Substituts, qui en certifieront la Cour au premier
jour.

Fait à la Martinique au Conseil Souverain,
le 3 janvier 1748.

(Nº. 187.) ORDONNANCE de M. l'Intendant, concernant la police de la navigation des bâtimens non pontés faisant le cabotage dans les Isles.

Du 24 septembre 1748.

Vu la requête à nous présentée par le Directeur-Général du Domaine, Nous ordonnons :

ART. 1er. Que conformément à l'article 5 du titre II de l'Ordonnance du mois de février 1747, les patrons des Pirogues, Boats, Canots, et autres bâtimens non pontés, qui navigueront d'Isle en Isle, seront tenus en arrivant dans une Isle française, de se rendre directement dans les ports où il y a des bureaux de Domaine établis, pour y faire la déclaration des marchandises dont il seront chargés, sans pouvoir décharger qu'après ladite déclaration, ni aborder dans aucun autre port ou anse, qu'en vertu du permis qu'il prendront au Domaine ; à peine de confiscation des marchandises, du bâtiment et de son équipage et d'un amende de 300 liv.

II. Que ces mêmes bâtimens, partant d'une île française pour aller à une autre île, française ou neutre, seront tenus conformément à l'art. XI du même titre, et sous les mêmes peines, de déclarer au bureau du Domaine les marchandises qu'ils chargeront, et d'y prendre un congé par écrit.

III. Leur défendons très-expressément de transporter des îles neutres aux îles françaises, aucun nègre nouveau, ni aucune autre marchandise étrangère, sous les peines portées par

les Lettres-patentes du mois d'octobre 1727.
IV. Sera la présente Ordonnance , etc.

A St-Pierre , le 24 septembre 1748. *Signé*
Ranché.

––––––––––––

(N°. 188.) *Instructions pour le service que
doivent rendre les capitaines préposés au commandement des Batǵaux servans de Pataches
au Domaine du Roi.*

Du 24 octobre 1748.

Service dans les Rades.

Les Capitaines des pataches auront soin que
les matelots soient toujours à bord et prêts
pour les différentes opérations que le service
peut exiger.

Ils coucheront à bord sans pouvoir s'en dispenser que pour cause de maladie , sous peine
de répondre , en leur propre et privé nom ,
des accidens qui pourraient arriver aux bâtimens , des vols et des désordres qui seraient faits
pendant leur absence.

Ils s'y tiendront le plus assidûment qu'il
leur sera possible pendant le jour et auront
attention, lorsqu'ils descendront à terre, de faire
rester à bord leurs lieutenans et pilotes, ensorte
qu'ils y soient continuellement les uns ou les
autres, afin que les expéditions qu'il y aura
à faire ne souffrent aucun retardement.

Les capitaines, ou leurs lieutenans en leur
absence , enverront visiter tous les bâtimens
qui entreront dans la rade et ceux qui en
sortiront, se feront représenter les expéditions

des capitaines pour voir si elles sont en bonne forme, non-surannées, et si le chargement y est conforme en quantité et qualité.

Ils veilleront à ce qu'aucun canot n'aille à bord des bâtimens étrangers mouillés, avec permission de MM. les Général et Intendant, pour cause de relâche forcée ou autrement, avant la déclaration faite au Domaine et le permis de décharge délivré, et saisiront ceux qui se trouveront dans un cas contraire, de même que ceux qui chargeront, de bord à bord, sur les navires ou bateaux français, ou qui recevront de ces derniers des marchandises, contravention qui emporte confiscation des uns et des autres.

Ils visiteront pareillement les chaloupes, pirogues et canots passagers qui entreront dans la rade et qui en sortiront pour vérifier s'ils n'introduisent point de nègres ou autres effets étrangers et s'ils ne font point d'enlèvemens furtifs des denrées de ces îles.

Ces visites seront faites avec la dernière exactitude pendant la nuit ; pour cet effet les capitaines feront faire des rondes continuelles par les gens de l'équipage, alternativement, depuis le coucher jusqu'au lever du soleil.

Depuis la suppression des brigades par terre, les équipages des pataches étant tenus, en cas d'avis ou de soupçon, de faire des patrouilles sur la grève et le long de la côte, pendant la nuit, les capitaines auront soin d'y faire assister un officier marinier, sage et entendu, pour en régler et éclairer les démarches, et observeront que chaque matelot soit muni, en cas de séparation, d'une carte de ronde empreinte du sceau du Domaine, bon pour une nuit seulement

seulement, et à cet effet datée et signée de la propre main du capitaine.

Les capitaines ou leurs lieutenans viendront chaque jour rendre compte au Directeur du Domaine des découvertes qu'ils auront faites au préjudice de la sûreté du service, afin qu'ils en puissent recevoir les ordres nécessaires et convenables suivant l'exigence des cas.

Service à la Mer.

Les capitaines enverront visiter tous les bâtimens français qu'ils rencontreront, soit à la voile ou mouillés dans les anses, pour examiner si leurs expéditions sont en règle et si leur chargement y est conforme.

Lorsqu'ils rencontreront des bâtimens étrangers autour de nos îles, ils prendront les mesures les plus justes pour les aborder et savoir leur destination.

Tout bâtiment étranger naviguant près de nos côtes et chargé de sucre, cacao, café ou coton, est saisisable, et les capitaines de pataches, à moins de force très-inégale, doivent l'enlever et le conduire au lieu de leur expédition.

Comme les capitaines ne doivent jamais abandonner leur bord, ils auront attention, pour l'authenticité des visites qu'ils enverront faire à l'aide de leurs canots, d'y faire assister un des principaux officiers mariniers, le sergent et au moins deux soldats du détachement embarqué sur les pataches; ils obligeront les uns et les autres à leur venir rendre compte de ce qu'ils auront remarqué dans la visite, et même de leur apporter les expéditions du bâtiment visité, pour être en état de juger des choses par eux-mêmes.

Dans les prises qui seront faites, les capitaines auront soin qu'on s'empare d'abord de la chambre du capitaine pris, de ses papiers et de son coffre, de faire faire en sa présence et en celle des principaux de son équipage, un paquet de ces papiers qui sera cacheté de plusieurs cachets et enfermé ensuite dans un coffre, sur la serrure duquel ils feront apposer le cachet du capitaine pris et celui du Domaine, ils feront pareillement sceller les coffres, armoires ainsi que les écoutilles, et à l'égard des effets qui ne pourront être enfermés sous les scellés, il en sera fait un état détaillé qui sera signé des saisissans ainsi que du capitaine du bâtiment saisi et des principaux de son équipage.

Le pillage étant défendu dans les prises faites par les bâtimens du Roi, les capitaines prendront les plus justes précautions pour empêcher qu'il ne soit rien pris ni détourné des effets dépendans des bâtimens saisis, qu'il ne soit pas même touché aux vivres, sans une grande nécessité et après avoir fait un procès-verbal de la quantité et de la qualité de ces vivres, qu'ils feront signer aux principaux des équipages, à peine d'être responsables en leur propre et privé nom, du pillage qui sera prouvé avoir été fait par leur négligence.

Les capitaines garderont à leurs bords les commandans ou maîtres des bâtimens saisis et demeureront responsables de leur évasion, si elle arrive par leur faute ou négligence, ce qui sera sérieusement examiné par la Direction.

Ils feront aussi passer à leurs bords les matelots de l'équipage du bâtiment pris, dont ils pourront faire mettre une partie aux fers, lorsqu'ils verront qu'on ne peut autrement s'en assurer et que leur nombre peut faire craindre quelque soulèvement, le tout cependant sans dureté et en leur faisant au surplus toutes sortes de bons traitemens.

Ils escorteront les prises et les mèneront directement dans la rade du Fort St.-Pierre de la Martinique, sans pouvoir les conduire dans aucune autre endroit, à moins d'y être forcés par des cas extraordinaires, dont ils seront tenus de justifier.

Au moment de leur arrivée ils informeront le Domaine des motifs de la saisie, et feront ensuite leurs déclarations à l'Amirauté.

Ils observeront autant que faire se pourra, de se déguiser et de ne point se faire connaître dans les endroits où ils établiront leurs croisières ; pour cet effet ils ne doivent relâcher nulle part, à moins d'y être forcés par les mauvais tems ou pour des besoins indispensables.

Ils feront observer une exacte police à leur bord, en se conformant à cet égard à ce qui est prescrit par l'Ordonnance de la Marine du mois d'août 1681.

Comme les carènes et les radoubs dont les pataches auront besoin, doivent se faire à la rade de St.-Pierre, sous les yeux du Directeur, et en conséquence des ordres de M. l'Intendant, les capitaines auront soin d'y

J j 2

conduire les pataches lorsqu'elles auront besoin de quelque réparation, sans qu'ils puissent la faire faire d'eux-mêmes, à peine d'en
supporter la dépense en leur propre et privé
nom.

Les capitaines des pataches tiendront chacun
un registre-journal, coté et paraphé en chaque
feuillet du Directeur-général, sur lequel ils
porteront d'abord l'inventaire des agrés et
apparaux, meubles, ustenciles et munitions
de guerre du bateau dont on leur confiera le
commandement, duquel inventaire ils fourniront un double signé d'eux au bureau général du Domaine; ils enregistreront ensuite,
jour par jour, les consommations et remplace-
mens desdits agrès, ustenciles et les ordres
qu'ils recevront, la route du bâtiment, les
rencontres qu'ils feront et généralement tous
les évènemens de leurs croisières.

Ils se conformeront au surplus, aux ordres
et instructions particulières qui pourront leur
être données dans la suite, suivant l'exigence
des cas.

Fait au Bureau général du Domaine, à
St.-Pierre de la Martinique, le 24 octobre
1748. *Signés*, Rose; *et plus bas*, vu, Ranché.

(N°. 189.) Ordonnance *de MM. les Général
et Intendant, concernant les nègres empoisonneurs.*

Du 4 octobre 1749.

Nous avons été informés que dans les procès
contre les nègres accusés de poison, la prin-

cipale difficulté vient de ce qu'ordinairement
le corps du délit ne se trouve pas constaté ;
ce qui arrête les jugemens et fait échapper la
plupart des coupables à la punition qu'ils méritent ; cependant il s'agit d'un crime détestable,
le plus pernicieux à la société, et d'autant plus
dangereux que ses preuves en sont difficiles.
Nous ne pouvons plus ignorer que ce crime
soit réel et même commun parmi les esclaves ;
les aveux de quelques coupables en sont une
preuve, et justifient les plaintes qu'on en fait
de toutes parts : il est donc très important ,
non-seulement d'en arrêter le cours, mais même
de l'extirper, s'il est possible, jusqu'à sa racine ;
les habitans y sont principalement intéressés par
les pertes auxquelles cela les expose. Nous leur
devons tous les secours de l'autorité royale que
S. M. nous a confiée dans ce gouvernement ;
mais ils se doivent à eux-mêmes les soins de se
les rendre utiles, en se prêtant aux preuves
nécessaires à la punition d'un crime si dangereux,
et dont l'impunité ne peut servir qu'à l'accroître,
et à multiplier les coupables parmi des hommes
qui n'ont d'autre frein que la crainte des châtimens.

A CES CAUSES, nous avertissons tous les
habitans, qu'il est nécessaire qu'ils fassent
ouvrir les corps de ceux de leurs nègres et
bestiaux qu'ils soupçonneront être morts de
poison ; nous les exhortons d'y faire procéder
avec diligence par les chirurgiens jurés ou
commis aux rapports de leurs quartiers, et à
leur défaut par tous autres chirurgiens que
nous autorisons à cet effet par ces présentes ;
sans qu'il soit besoin d'autre mandement de

justice, lesquels chirurgiens dresseront procès-verbal de l'état des parties internes des corps qu'ils ouvriront et des causes de la mort desdits nègres ou bestiaux, s'il s'y trouve quelque indication de mort violente ; pour lesdits procès-verbaux être renvoyés aux Procureurs du Roi de la Jurisdiction des lieux, à la diligence desquels ils seront affirmés, si besoin est, devant les Juges ou devant celui qui sera par eux commis à cet effet, dont mention sera faite au bas desdits procès-verbaux, qui, à la même diligence, seront déposés aux greffes des Jurisdictions, pour y avoir recours et servir au procès contre les empoisonneurs, ainsi qu'il appartiendra : ordonnons que le médecin du Roi soit appellé à l'ouverture desdits corps, toutes les fois qu'il sera à portée d'y assister, et qu'il pourra le faire commodément ; ce que nous voulons avoir lieu pour tous les autres médecins qui se trouveront établis dans les îles de ce Gouvernement.

Nous enjoignons à toutes personnes qui connaîtront dans leurs quartiers ou ailleurs, des nègres ou autres esclaves publiquement soupçonnés du crime de poison, et qui auront connaissance des circonstances qui donnent lieu à ces soupçons, d'en faire leurs déclarations aux Procureurs du Roi des Jurisdictions, dans lesquelles ils expliqueront, dans le détail le plus circonstancié qu'il sera possible, tout ce qu'ils sauront par eux-mêmes, et ce qu'ils auront appris par d'autres ; desquelles déclarations les Procureurs du Roi tiendront un registre secret et en rendront compte exactement à M. le Procureur-général, et feront au surplus sur icelles le dû de leur charge.

Prions MM. les Officiers du Conseil Supérieur de cette île, d'enregistrer ces présentes, etc.
Donné à la Martinique, le 4 octobre 1749.
Signés, DE CAYLUS et RANCHÉ.

Enregistr. au Conseil Souverain.

(N°. 190.) *ARRET du Conseil Souverain, concernant les successions vacantes.*

Du 3 novembre 1749.

VU, etc.; la Cour faisant droit sur le réquisitoire du Procureur-général, ordonne que toutes saisies-arrêts qui ont été ou seront faites à l'avenir de la part des créanciers des successions vacantes, entre les mains des débiteurs d'icelles, seront, par les Juges des lieux, converties en opposition entre les mains du Curateur auxdites successions vacantes, pour, ensuite être par lesdits Juges, fait droit sur la délivrance des deniers desdites successions, ainsi qu'il appartiendra de droit; ordonne que le présent Arrêt sera enregistré, etc.
Fait au Conseil de la Martinique, le 3 novembre 1749.

(N°. 191.) *ORDONNANCE de MM. les Général et Intendant, pour la publication des congés des personnes qui veulent sortir de ces Isles.*

Du 9 décembre 1749.

NOUS ordonnons qu'outre les trois publications et affiches qui se font à la porte des Eglises par trois dimanches consécutifs, lesdits congés seront encore publiés et affichés un jour d'audience à la porte du palais.

Enjoignons aux huissiers de faire lesdites publications à haute et intelligible voix, et d'écrire lesdites affiches d'une manière lisible, à peine de huit jours d'interdiction pour la première fois, et de plus grande peine en cas de récidive, à quoi il sera tenu la main par les Officiers des Jurisdictions, au Greffe desquelles nous ordonnons que les présentes seront enregistrées, après avoir été lues et publiées à l'audience.

Donné à St-Pierre de la Martinique, le 9 décembre 1749. *Signés*, DE CAYLUS et RANCHÉ.

(Nº. 192.) ARRET *du Conseil Souverain*, *sur les faux nobles.*

Du 8 janvier 1750.

SUR la remontrance faite en la Cour par le Procureur-général du Roi en fonctions, qu'il est informé que plusieurs roturiers prennent impunément la qualité d'écuyer dans tous les actes publics et particuliers qu'ils passent; que l'usurpation de ce titre se perpétuant, fournirait dans la suite des tems, des preuves de noblesse à leurs descendans ; ce qu'il est d'autant plus important d'empêcher, que les nobles de l'Etat se trouveront confondus avec ceux qui ne doivent pas participer aux prérogatives et autres privilèges que le Roi leur accorde : pourquoi ledit Procureur-général aurait requis qu'il plût à la Cour ordonner à tous les Greffiers, Notaires et Curés de son ressort, d'envoyer exactement, tous les trois mois, audit Procureur-général, la liste de ceux qui auront pris le titre d'écuyer, dans les actes qu'ils passeront ; et que l'arrêt qui interviendra sera notifié à sa diligence, tant auxdits Greffiers, qu'auxdits Notaires et Curés, sur quoi la matière mise en délibération :

La Cour, faisant droit sur le réquisitoire dudit Procureur-général du Roi, ordonne à tous Greffiers, Notaires et Curés des paroisses du ressort, d'envoyer exactement tous les trois mois audit Procureur-général, la liste de ceux qui auront pris le titre d'écuyer, dans les actes qu'ils passeront, pour, par ledit Procureur-général, prendre tel droit qu'il avisera : et sera le présent Arrêt notifié, à sa diligence, auxdits Greffiers, Notaires et Curés, afin qu'ils n'en prétendent cause d'ignorance.

Fait au Conseil Souverain de la Martinique, le 8 janvier 1750.

(N°. 193.) *ARRET du Conseil Souverain, portant défenses aux Capitaines de navires marchands, pacotilleurs et autres, de vendre aucuns ouvrages d'orfévrerie.*

Du 2 mars 1750.

VU, etc. ; la Cour faisant droit sur le réquisitoire du Procureur-général du Roi, fait défenses à tous capitaines de navires marchands, pacotilleurs et autres, d'exposer en vente, distribuer ni débiter aucuns ouvrages d'orfévrerie de quelque espèce qu'ils soient, qu'au préalable ils ne soient marqués du poinçon de France, ou de celui du contrôleur et garde-poinçons de cette île, soit de la Jurisdiction du Fort St-Pierre, ou de cette ville du Fort-Royal ou de la Trinité, dans le lieu où la vente se fera, à peine d'être poursuivis extraordinairement, et de telles autres peines qu'il appartiendra ; à l'effet de quoi ordonne que le présent Arrêt sera, etc.

(N°. 194.) *LETTRES-PATENTES portant établissement d'un Hôpital de femmes au Fort St-Pierre de la Martinique.*

Du 3 mars 1750.

LOUIS, etc. ; SALUT : Ayant été informés, en 1740, que par les soins du P. Mane, alors Supérieur-général de la mission des Frères-Prêcheurs aux Isles du vent, et avec la permission du sieur Gouverneur notre Lieutenant-général et du sieur Intendant auxdites Isles, il s'était formé en celle de la Martinique dans la paroisse de Notre-Dame de Bon-Port, du Mouillage du bourg St-Pierre, un établissement servant à recevoir et à soigner les pauvres femmes, filles, orphelins et orphelines, nous jugeâmes à propos d'autoriser lesdits sieurs Gouverneur Lieutenant-général et Intendant, à donner une forme à cet établissement dès-lors connu sous le nom d'Hôpital des Femmes, et c'est en conséquence de nos ordres, que par une Ordonnance du 16 avril 1741, ils firent plusieurs dispositions concernant l'administration dudit Hôpital, jusqu'à ce que, sur le compte

qui nous serait rendu des avantages qui en résul-
teraient, nous fussions en état de juger s'il était
à propos de le soutenir. Nous sommes informés
en effet, que cet Hôpital dont l'administration,
a été confiée à des Religieuses hospitalières du
tiers ordre de St-Dominique, est d'une grande
utilité, non-seulement pour le secours des pauvres femmes et filles qui seraient hors d'état
de se faire soigner dans leurs maladies; mais
encore pour les enfans trouvés qui y sont reçus
et pour les jeunes filles qui y reçoivent une
éducation convenable à tous égards, et comme
il nous a été rendu compte aussi que ledit
Hôpital est en état de se soutenir, au moyen
des biens dont il a été doté, et des pensions
des jeunes filles qui y sont élevées, nous avons
crû ne devoir pas différer plus longtems d'autoriser formellement un établissement si avantageux à nos sujets desdites Isles, et nous nous y
déterminons d'autant plus volontiers que nous
savons que cette autorisation est désirée depuis
long-tems par nosdits sujets.

À CES CAUSES etc. nous approuvons et autorisons l'établissement dudit Hôpital, pour être
déservi par les Religieuses du tiers ordre de St-
Dominique, ainsi et de la manière qui suit:

ART. Ier. Lesdites Religieuses vivront en communauté, selon les règles et constitutions de
leur ordre, et elles seront gouvernées pour le
spirituel, par le Curé de la paroisse de Notre-
Dame de Bon-Port du Mouillage du bourg
St Pierre.

II. Les biens destinés audit Hôpital, con-
sistant dans une maison et un terrein qui lui
a été donné dans ladite paroisse par la Ve.

Bauchereau, et où ledit établissement a été fait, et dans une maison qui lui a été pareillement donnée par les Religieux Dominicains, et qui est louée à des particuliers, nous voulons que ledit hôpital continue d'en jouir, sans qu'il puisse y être ajouté d'autres biens, soit par dotations, acquisitions ou autrement, qu'après en avoir obtenu nos lettres de permission conformément à l'article XX de notre Déclaration du 25 novembre 1743, concernant les ordres Religieux et gens de mainmorte établis dans nos Colonies de l'Amérique.

III. Lesdites Religieuses seront tenues de remettre, dans le mois de janvier de chaque année, au sieur Intendant des îles du vent, le compte de toutes les recettes et dépenses qui auraient été faites dans l'année précédente, audit hôpital, ainsi qu'un extrait de l'inventaire des esclaves, meubles et autres effets en dépendant.

IV. Les femmes et filles qui par leurs infirmités ou leur grand âge seront hors d'état de gagner leur vie, ou par leur pauvreté, dans l'impuissance de subvenir à leurs besoins, seront réunies dans ledit hôpital, et y seront traitées et soignées dans leurs maladies.

V. Lesdites Religieuses seront tenues de recevoir pareillement dans ledit hôpital, les enfans trouvés et orphelins, de pourvoir à leur subsistance, de les élever dans les principes de la Religion Catholique, Apostolique et Romaine, de leur apprendre à lire et à écrire, et de les garder, savoir, les garçons jusqu'à l'âge de quatorze ans inclusivement ou jusqu'à ce que qu'ils puissent être placé chez des par ticuliers, pour leur faire apprendre un métier, et les filles jusqu'à ce qu'elles puissent être placées convenablement , soit par mariage ou autrement , à l'effet de quoi lesdites Religieuses leur feront apprendre les travaux et ouvrages convenables à leur sexe ; au moyen de quoi, il sera payé des deniers de notre Domaine aux-dites îles, audit Hôpital , 30 liv. par mois pour la pension de chaque enfant trouvé.

VI. Il sera permis auxdites Religieuses de prendre des filles pensionnaires pour les former aux bonnes mœurs et les élever selon les pré-ceptes de la Religion Catholique , Apostolique et Romaine , comme aussi de tenir des Écoles particulières et gratuites pour donner les mêmes instructions aux filles externes, et les former suivant leur état.

VII. A l'effet de ce que dessus, il sera construit, si fait n'a été, dans ledit hôpital , des salles garnies de plusieurs lits pour les malades, et d'autres pour les écoles, de ma-nière que les salles pour les écoles, ainsi que les bâtimens où seront logés les pensionnaires, soient séparés et hors de dessous le vent de l'hôpital , et dans les salles qui serviront aux écoles des externes, il y aura une entrée particulière qui serve aux filles qui iront prendre des leçons, sans qu'elles soient obli-gées de passer dans l'enclos de l'hôpital.

VIII. Le Médecin par nous entretenu en ladite île, ou celui qui en fera les fonctions, fera gratis la visite dans les salles et infirme-ri es dudit hôpital , pour traiter les malades qui s'y trouveront,

IX. Ne pourront lesdites Religieuses, pour quelque raison ni sous quelque prétexte que ce soit, recevoir aucune fille desdites îles pour Novice dans leur Communauté.

X. Lesdites Religieuses seront sujettes à l'observation de la Police générale et particulière, suivant l'usage desdites îles, comme aussi aux dispositions des Réglemens faits concernant les Ordres Religieux et gens de main-morte établis dans nos Colonies, notamment à celle de notredite Déclaration du 25 novembre 1743.

XI. Nous nous réservons de fixer le nombre des Religieuses dont pourra être composée la Communauté desservant ledit hôpital; et sur le compte que nous nous ferons rendre incessamment par les sieurs Gouverneur, notre Lieutenant-général et Intendant desdites îles, de celui qui peut être nécessaire pour les objets dudit établissement.

Si donnons, etc.

Donné à Versailles, le 3 mars 1750. *Signés,* LOUIS ; *et plus bas,* par le Roi, ROUILLÉ.

Enregistr. au Conseil Souverain.

(N°. 195.) *ORDONNANCE de MM. les Général et Intendant, pour la défense des Jeux - dans les îles du vent de l'Amérique.*

Du 23 janvier 1751.

SUR les plaintes et les représentations qui nous ont été faites plusieurs fois par des négocians et habitans des différentes îles du vent, au sujet d'une infinité de désordres, qui ne doivent que trop souvent leur origine aux jeux de hasard, et principalement dans le bourg de St.-Pierre, où il n'est que trop ordinaire de voir les commis des négocians et les personnes qui arrivent de France, avec des effets à elles appartenans ou qui leur ont été confiés, commettre inconsidérément ces mêmes effets au hasard du jeu, excitées par la facilité qu'elles trouvent à jouer les jeux défendus, dans différens endroits dudit bourg St.-Pierre : étant de plus informés que, sans respecter les sages Ordonnances de nos Rois, et les Réglemens faits en conséquence par nos prédécesseurs, qui ont toujours eu une attention particulière à réprimer ces abus, qui portent également atteinte à la religion et au bon ordre, différens particuliers y contreviennent journellement ; à quoi étant nécessaire de remédier, et de confirmer les Réglemens qui ont été faits, par des nouvelles dispositions qui en assurent une exécution prompte et authentique, nous avons ordonné et ordonnons :

Art. 1er. Les Ordonnances de S. M. des 15 décembre 1722, et 4 novembre 1744, ainsi que les Réglemens donnés par MM. de Phélypeaux et de Vaucresson, de Pas de Feuquières et de Silvecane, nos prédécesseurs, des 5 août 1710, 18 janvier 1715, et 5 septembre 1718, seront exécutés selon leur forme et teneur ; en conséquence défendons à toutes personnes de quelqu'état et qualité qu'elles soient, dans toute l'étendue des îles du vent, de jouer ni donner à jouer à aucuns jeux prohibés, communément appellés; les trois dez, le tope et tingue, passe-dix, les deux dez, le quinquenove, le mormonique, le hoca, la bassette, le pharaon, le lansquenet, la dupe, le biribi, la roulette, le paire ou non, le quinze, les petits paquets, le brelan et autres, sous quelque prétexte et dans quelque tems que ce soit, même en tems de carnaval; et ce, sous peine envers ceux chez qui on jouera, d'un mois de prison et de 1500 liv. d'amende, et envers chacun des joueurs, de 500 livres; lesquelles amendes seront payables par corps, et applicables aux réparations des prisons et autres ouvrages publics.

II. Défendons à tous cabaretiers, aubergistes, traiteurs, teneurs de café, de donner à jouer chez eux, soit à personnes étrangères, soit à leurs pensionnaires, même à jeux permis, sous peine à la première contravention, de 500 liv. d'amende, et de plus grande peine en cas de récidive; ladite amende exigible comme ci dessus,

III. Etant néanmoins convenable qu'il y ait des maisons désignées et connues, dans lesquelles on puisse tenir académie de jeux permis, nous accorderons ce privilège à trois particuliers dans le bourg St.-Pierre, et autres dans les différentes villes et bourgs de cette île, à la Guadeloupe et autres îles du vent, sur la fidélité desquels nous pourrons compter, à condition cependant qu'ils ne donneront à jouer à aucuns des jeux mentionnés en l'art. 1er, sous peine de 3000 liv. d'amende, et d'un mois de prison; et en cas de récidive,

dive, du double de ladite amende, et de deux mois de prison, et ce, sous condition que le jeu cessera, et que leur maison sera fermée à dix heures du soir.

IV. Défendons à tous autres particuliers de tenir de pareilles académies sous les peines portées par l'art. II, et pour cet effet abrogeons et déclarons nulles, toutes les permissions pour donner à jouer qui pourraient avoir été ci-devant accordées à quelque personne que ce soit.

Sera notre présente Ordonnance, etc.

Donné à la Martinique, le 23 janvier 1751. *Signés*, BOMPAR et HURSON.

Enregist. au Conseil Souverain.

(N°. 196.) *ORDONNANCE de MM. les Général et Intendant, sur la vente du tafia par les habitans sucriers.*

Du 4 mars 1751.

ÉTANT informés que plusieurs personnes donnent aux défenses insérées dans le bail de la ferme des droits de cabaret, plus d'extension que nous n'avons entendu leur en donner, principalement en ce qui concerne les habitans sucriers. Nous, en interprétant, en tant que besoin est et serait ledit article, déclarons n'avoir entendu empêcher ni gêner la liberté qu'ont lesdits habitans de vendre leur tafia en gros ou en

Tome I. K k

détail sur leurs habitations comme ils le jugeront à propos, mais seulement leur interdire de le vendre ou le faire vendre en bou-
teilles dans les bourgs ou paroisses, pas
même les jours de foires ou de marchés, à
moins qu'au préalable ils ne fassent leur déclaration au fermier ou sous fermiers desdits
droits.

Donné au Fort-Royal de la Martinique, le
4 mars 1751. *Signés*, BOMPAR et HURSON.

(N°. 197.) *ORDONNANCE de MM. les Général
et Intendant, sur le port des Cannes percées.*

Du 30 avril 1751.

AYANT été informés que plusieurs particuliers portaient et vendaient des cannes percées, dans lesquelles est enfermée une lame
pointue, dont le port est défendu en France
par divers Réglemens de Police; et plusieurs
de ces cannes ayant été saisies par ordre de
M. l'Intendant, voulant prévenir les désordre de toute espèce qui en résultent, et
qui attaquent manifestement la sûreté et la
tranquillité publique, avons ordonné et ordonnons que lesdits cannes saisies par ordre
de M. l'Intendant, seront brûlées au bout
du Pont de St. Pierre, et avons défendu et
défendons à toutes personnes de quelque condition et qualité qu'elles soient, d'apporter
de France, de vendre ou de porter lesdites
cannes dans toute l'étendue des îles du vent,

sous peine de 600 liv. d'amende et d'un mois de prison, pour la première fois, et de plus grande peine en cas de récidive.

Sera la présente Ordonnance, etc.

Donné à la Martinique, le 30 avril 1751. Signés, BOMPAR et HURSON.

(N°. 198.) ORDONNANCE de MM. les Général et Intendant, pour la propreté des cales du bourg St.-Pierre.

Du 23 juin 1751.

APRÈS avoir donné nos ordres pour le nettoyement des cales du bourg St.-Pierre, qui peuvent faciliter le commerce et l'embarquement des marchandises, nous croyons devoir prendre les précautions nécessaires pour empêcher qu'elles ne se remplissent d'ordures, qui non-seulement les embarrassent, mais causent encore dans ce bourg, et principalement au bord de la mer, une puanteur qui peut occasionner des maladies.

A CES CAUSES, nous avons ordonné et ordonnons :

ART. 1er. Tous nègres et négresses qui iront jetter des ordures au bord de la mer, seront obligés de les jetter à la lame.

II. Il sera dressé, dans chaque cale, un poteau avec un carcan, auquel les nègres ou négresses qui auront jetté les ordures dans la cale seront attachés, pour la première fois, pendant une heure; en cas de récidive, ils y seront pendant deux heures, après avoir

K k 2

reçu 19 coups de fouet de la main du bour-
reau ; et pour la troisième fois , après en avoir
reçu 29 de la même main , ils seront conduits en prison , pour y rester pendant un
mois aux frais de leurs maîtres.

III. Exhortons les bourgeois et habitans
de St.-Pierre qui demeurent au bord de la
mer, d'avoir l'œil sur les nègres qui vont
jetter les ordures à la mer ; et en cas qu'ils
ne se conforment pas à la présente Ordonnance, les autorisons à les arrêter sur le
champ , et à les conduire chez le Procureur
du Roi ou le Commissaire de Police , qui
en dresseront leur procès-verbal , et les feront
mettre en prison , pour nous en faire le rapport, le jour même ou le lendemain , pour
être condamnés en conséquence de la présente
Ordonnance.

Sera la présente Ordonnance , etc.

Donné à la Martinique , le 23 juin 1751.
Signés, BOMPAR et HURSON.

(Nº. 199.) *ORDONNANCE de MM. les Général
et Intendant, concernant le port d'armes.*

Du 24 juillet 1751.

ETANT instruits de différens désordres arrivés dans le bourg de St.-Pierre et dans l'étendue de ces îles, et qui ne viennent que du
défaut d'exécution des ordres du Roi, qui
défendent le port d'armes à ceux qui ne sont
pas, par leur état, en droit d'en porter ; et
étant nécessaire de remédier à ces désordres,
nous avons ordonné et ordonnons :

Que l'Ordre du Roi du 23 juillet 1743,
sera exécuté selon sa forme et teneur ; en
conséquence ,

Défendons à tous commis de négocians ,
clercs de procureurs, artisans, fils d'artisans,
marchands détailleurs, colporteurs, précepteurs, économes et rafineurs, de porter l'épée,
sous peine de 500 liv. d'amende, et d'un
mois de prison.

Défendons pareillement et sous les mêmes
peines, à tous étrangers de porter l'épée,
s'ils ne se sont faits connaître à nous dans
les trois premiers jours de leur arrivée.
Ordonnons aux aubergistes, cabaretiers, traiteurs et autres, chez lesquels ces étrangers
iront loger, de les avertir de la présente
Ordonnance.

Prions MM. les Lieutenans au Gouvernement-général, Gouverneurs-particuliers, Lieutenans de Roi, Majors et Officiers des troupes
de S. M. ; mandons aux Commandans et
Capitaines de Milice, ainsi qu'aux Juges et
Procureurs du Roi des Jurisdictions, et à
tous les Officiers chargés du détail de la Police, de tenir la main, chacun en droit soi,
à l'exécution des présentes.

Sera la présente Ordonnance , etc.

Donné à la Martinique , le 24 juillet 1751.
Signés , BOMPAR et HURSON.

Enregist. au Conseil Souverain.

(N°. 200.) ORDONNANCE de MM. les Général et Intendant sur les marchés publics.

Du 24 juillet 1751.

VU la remontrance à nous faite le 12 du présent mois de juillet, par le Procureur-général du Roi de la Martinique, à l'occasion des Cabaretiers, Revendeurs, et Regratiers ou autres qui enlèvent, de grand matin, sur les avenues des différens marchés publics des villes et bourgs, les provisions qui s'y apportent, et qui sont destinées à la nourriture des habitans, pour les leur revendre aux prix qu'il leur plaît, ce qui est un abus contraire au bon ordre ; nous avons ordonné et ordonnons :

Que les Réglemens rendus sur ce sujet et notamment ceux des 5 avril 1684, et 22 octobre 1722, seront exécutés ; en conséquence faisons très-expresses défenses à tous Cabaretiers, Regratiers, Revendeurs, et à tous autres faisant trafic sur les denrées, d'aller ou d'envoyer sur les grands chemins et avenues des marchés publics, acheter les denrées et provisions destinées pour la nourriture des habitans des villes et bourgs, comme beurre, œufs, volailles, fruits, herbages et légumes de toute espèce.

Leur défendons pareillement d'aller ou d'envoyer, dans les marchés publics, acheter aucunes denrées ou provisions, avant huit heures du matin.

Le tout, à peine contre les contrevenans, savoir, à l'égard des maîtres, de trois cents livres d'amende ; à l'égard de mulâtres et nègres libres, d'un mois de prison outre l'amende ; et pour les esclaves, de deux heures de carcan : et en outre de la confiscation des denrées et provisions dont ils se trouveront saisis, sauf plus grande peine en cas de récidive.

Faisons défenses, sous pareilles peines, à toutes personnes de leur prêter leur nom, directement ni indirectement.

Seront lesdites confiscations applicables à l'hôpital du lieu où les contraventions se seront commises, et les amendes destinées à l'entretien des forts et ouvrages de S. M.

Mandons, etc.

Donné à la Martinique, le 24 juillet 1751. *Signés*, BOMPAR et HURSON.

(N°. 201.) *ORDONNANCE de MM. les Général Intendant, portant Tarif des droits du sceau dans l'Isle.*

Du 8 novembre 1751.

SUR le compte que nous nous sommes fait rendre de ce qui se pratique en ces Isles à l'égard du sceau, et par la connaissance que nous avons prise, nous avons remarqué que c'est abusivement que jusqu'ici on n'a point scellé plusieurs actes et pièces de procédure, quoique la règle exige que ces mêmes actes et pièces de procédure soient revêtues de l'autorité du sceau royal, pour recevoir l'authenticité qui leur est nécessaire, et pour pouvoir sortir leur exécution, conformément à ce qui se pratique dans le Royaume. Nous avons encore fait attention que, par la révolution des tems et le changement considérable des choses arrivées depuis la fixation des droits du sceau, cet

K k 4

objet est si modique, qu'il n'est guère possible que les personnes à qui la garde en est confiée, puissent exciter ceux qu'ils commettent dans les différentes Jurisdictions, à s'acquitter de leurs fonctions avec fidélité et exactitude, par une récompense proportionnée aux soins que ce détail exige : à quoi étant nécessaire de pourvoir ;

Nous, en vertu du pouvoir et de l'autorité que S. M. nous a départis, avons ordonné et ordonnons que toutes les lettres de dispense seront payées, pour droit du sceau, à raison de six livres pour chaque impétrant ; les légalisations et actes de notaire, en forme exécutoire, trois livres.

Les Arrêts définitifs ou en forme exécutoire, jugemens d'intendance, actes d'appel, permissions d'anticiper et d'intimer, et exécutoires de dépens de la Cour, deux livres. Les sentences en forme exécutoire, celles d'adjudication par vente ou baux judiciaires, d'insinuation et ensaisinement, d'entérinement d'arrêts par bénéfice de lettres, permissions de vendre, ordonnances pour saisies, décrets, paréatis et exécutoires de dépens décernés par le Juge, une liv.

Prions MM. les Officiers des Conseils Souverains de la Martinique et Guadeloupe, et et mandons aux Officiers des Jurisdictions dépendantes de leur ressort, de faire enregistrer dans leurs Greffes notre présente Ordonnance, pour être exécutée selon sa forme et teneur.

Donné au Fort-Royal de la Martinique, le 8 novembre 1751. *Signés*, BOMPAR et HURSON.

Enregist. au Conseil Souverain.

(N°. 202.) *Arret du Conseil Souverain*, concernant *les Notaires.*

Du 8 mars 1752.

LA Cour faisant droit sur le réquisitoire du
Procureur-général , enjoint à tous Notaires
du ressort d'icelle, de faire parapher les *verso*
des actes qu'ils passeront à l'avenir , tant
par les parties que par les témoins desdits
actes, et de les parapher eux-mêmes, suivant
les règles prescrites par les Ordonnances et
Réglemens à ce sujet ; comme aussi leur
enjoint de faire mention dans lesdits actes ,
des qualités et demeures des témoins qui y
seront appellés , sous telles peines de droit
qu'il appartiendra ; et sera le présent Arrêt ,
lû , publié , etc.

———————

(N°. 203.) *Ordonnance de MM. les Général
et Intendant, sur la vente des Nègres de
traite, dans les divers quartiers de l'Isle.*

Du 18 mars 1752.

ETANT informés qu'il y a des particuliers
qui vont vendre aux habitans dans les campagnes, des nègres nouveaux, qu'ils supposent
avoir achetés des bâtimens français venus de la
Côte de Guinée, ce qui donne lieu à la vente
libre de quantité de nègres provenans du commerce étranger , dont l'introduction, par ce

moyen, devient tous les jours plus fréquente;
et étant nécessaire d'arrêter un abus d'une si
dangéreuse conséquence pour le commerce du
Royaume, et pour l'intérêt même des habitans,
nous avons ordonné et ordonnons :

ART. 1er. Que les particuliers qui acheteront des restes de cargaison ou des parties de
nègres des bâtimens négriers français, pour les
revendre aux habitans, seront tenus d'en faire
leur déclaration au bureau du Domaine, dans
les vingt-quatre heures, et d'y rapporter un
certificat du Capitaine de qui ils les auront
achetés, contenant la quantité des nègres,
négresses, négrillons et négrites, qu'il leur aura
vendus, la nation de ces nègres, et la marque
dont ils seront étampés, lequel certificat demeurera déposé audit Bureau.

II. Que ces nègres ne pourront être revendus que dans les endroits ci-après désignés,
savoir, à la Martinique dans le bourg St-Pierre,
dans la ville du Fort-Royal, et aux bourgs
de la Trinité et du Cul de Sac du Marin; à la
Guadeloupe, à la Basse-Terre, et à Ste-Anne;
à la Grenade, et à Marie-Galante, dans le bourg
principal de chacune de ces Isles. Faisons défenses de les exposer en vente dans aucun autre
bourg, ou paroisse, ni de les conduire dans
les campagnes, ni sur les habitations, à peine
de confiscation, et de mille livres d'amende.
Défendons pareillement aux habitans, à peine
de quinze cens livres d'amende, de donner
retraite à ces nègres sur leurs habitations, le
tout, sans préjudice des peines portées par les
Lettres-patentes du mois d'octobre 1727, tant
contre les propriétaires et conducteurs desdits

nègres que contre les habitans qui les auront retirés, dans le cas où il s'en trouvera de provenans du commerce étranger.

III. Les nègres ne pourront être conduit par terre dans aucun des endroits ci-dessus inqués, mais ils y seront transportés par mer, en déclarant au bureau du Domaine la quantité qu'on en embarquera, par distinction de nègres, négresses, négrillons et négrites, avec la désignation de leur étampe. Défendons à tous maîtres de barques, bateaux, et autres bâtimens, même aux patrons de canots et pirogues, de porter ces nègres ailleurs que dans les lieux pour lesquels ils auront été expédiés, où ils ne pourront les débarquer qu'après visite faite à leur bord par les employés du Domaine, à l'effet de vérifier si ce sont les mêmes nègres qui seront signalés sur l'expédition, le tout sous les peines portées en l'article II.

IV. Seront tenus les propriétaires ou marchands desdits nègres de remettre tous les huit jours au bureau du Domaine du lieu, l'état des nègres qu'ils auront vendus, et de représenter aux employés les nègres qui leur resteront, toutes les fois qu'ils en seront requis. Seront tenus aussi, à la fin de la vente, d'en remettre l'état détaillé et certifié d'eux au bureau général du Domaine, à peine de 3000 liv. d'amende.

V. Les nègres qui seront achetés par les habitans ou leurs commissionnaires pour être employés à la culture de leurs habitations, pourront leur être envoyés par mer ou par terre, à leur option, en prenant néanmoins un permis du bureau du Domaine où sera fait mention du nombre des nègres, et négresses, grands et petits, de leur marque ou étampe, du nom de l'habitant pour qui ils auront été achetés, du nom du conducteur, et des lieux où ces nègres devront passer, lequel permis n'aura lieu que pour le tems seulement qui sera nécessaire pour se rendre chez l'habitant où ils devront aller.

VI. Ordonnons à tous Commandans et Officiers, soit des troupes ou de milice, de faire arrêter les nègres nouveaux qui passeront dans leurs quartiers, à l'exception des nègres achetés pour le compte des habitans dont le conducteur se trouvera muni du permis du Domaine dans la forme mentionnée à l'art cle V, pourvu cependant que ce permis ne soit point suranné, et que les nègres se trouvent être les mêmes qui y auront été signalés; et, sur le produit de la confiscation de ces nègres, les deux tiers appartiendront à ceux qui les auront arrêtés ou fait arrêter, suivant l'ordre de répartition expliqué à l'article X du titre Iᵉʳ. des Lettres-patentes du mois d'octobre 1727, et l'autre tiers sera mis en dépôt entre les mains du Trésorier de la Marine.

VII. Les procès concernant les contraventions à la présente Ordonnance seront portés devant M. l'Intendant à la Martinique, et devant les Subdélégués, dans les autres îles, pour être jugés conformément à l'article V, de l'Arrêt du Conseil d'État du Roi du 25 mai 1728.

Sera la présente Ordonnance, etc.

Donné à la Martinique le 18 mars 1752.

Signés, BOMPAR et HURSON.

(N°. 204.) ORDONNANCE *de MM. les Général et Intendant, au sujet des Cierges, des Offrandes et Enterremens.*

Du 7 juillet 1752.

Vu la requête du R. P. Supérieur de la Mission des Capucins, nous, Général et Intendant, ordonnons que, conformément aux usages de France, les Cierges qui se trouveront autour de la représentation ou du cercueil, appartiendront au Curé, et ceux qui seront sur l'autel, appartiendront à la Fabrique.

Donné à la Martinique, le 7 juillet 1752. *Signés*, BOMPAR ET HURSON.

(N°. 205.) EXTRAIT *du Réglement du Roi, pour la police et discipline des Equipages des navires expédiés pour les Colonies de l'Amérique.*

Du 22 juin 1753.

Voyez ci-après le Réglement du 11 juillet 1759, les dispositions en sont textuellement les mêmes, excepté dans les points suivans, où la dernière Loi à modifié la première :

ART. XXV. Les capitaines (de navires à bord desquels seront mis des matelots déserteurs pour être ramenés en France) seront tenus de rembourser d'avance, à compte des salaires que gagneront lesdits matelots déserteurs, les frais qui auront été faits pour leur emprisonnement, gîte, geolage et subsistance pendant leur détention , et il sera fait mention du tout sur le rôle de l'équipage , en suite des noms desdits déserteurs.

XXVI. Lorsqu'il sera donné entrée aux Colonies à quelque navire étranger , les Gouverneurs et Intendans ou Commissaires-ordonnateurs, feront veiller soigneusement , dans le tems du départ desdits navires, à ce qu'il n'y soit embarqué aucun matelot français.

XXVII. Lesdits Gouverneurs , Intendans ou Commissaires-ordonnateurs , feront faire des visites fréquentes chez les cabaretiers et hôteliers , pour arrêter tous les matelots qui s'y trouveront et qui ne seront point porteur de congés ou passe-ports.

(Nº. 206.) *Reglement et Tarif général, fait par MM. les Genéral et Intendant.*

Du 24 décembre 1753.

Nous étant revenu plusieurs plaintes de la part des habitans de ces îles , ou autres qui se trouvent dans l'étendue du Gouvernement-général des îles françaises du vent de l'Amérique, au sujet des taxes arbitraires que se font payer les Religieux desservant les Paroisses desdites îles, les Fabriques, les Officiers de Justice, sous prétexte que les anciens tarifs établis, l'un par M. de Baas en 1671, l'autre par MM. de Phelypeaux et Vaucresson, Général et Intendant de ces îles, en 1712, ne pouvaient être exécutés, à cause de la modicité des sommes taxées, et du changement arrivé dans le prix des denrées, loyers des maisons et autres choses nécessaires à la vie ; et voulant mettre un prix fixe à tous les droits qui peuvent être exigés dans toute l'étendue du Gouvernement, par ceux dont les fonctions en sont susceptibles, nous nous sommes fait représenter les tarifs de 1671 et de 1712, et nous avons vu qu'effectivement la taxe, de tous ces droits, fixée par ces Tarifs, ne pouvait être admise dans ce tems, où le grand nombre des habitans et l'augmentation des espèces qui ont cours en ces îles, ont augmenté de plus du double le prix des denrées de France et de celles du pays, et nous avons cru nécessaire d'établir un tarif général pour tous les droits qui se perçoivent par les Religieux desservans les Paroisses, les Fabriques, les différens Officiers de Justice et autres qui sont dans le cas d'en recevoir, nous réservant de faire des Réglemens particuliers pour quelques articles que nous ne croyons pas devoir être insérés dans ce Tarif.

En conséquence, après avoir mûrement pesé et examiné l'état présent des choses, et avoir fait à ce sujet toutes les réflexions nécessaires et convenables, nous avons fait et dressé le présent Réglement et Tarif général, sous le bon plaisir de S. M., pour être suivi et exécuté dans toutes les îles du Gouvernement-général.

CHAPITRE PREMIER.

Droits Curiaux.

ART. Ier. Les Baptêmes, , . . . *Gratis.*

II. Les Mariages, ... *Gratis.*

III. Pour chaque publication de bancs, 15 s.

IV. Pour une Messe basse, 1 liv. 10 sols.

V. Pour l'administration des Sacremens, *gratis.*

VI. Pour la levée d'un Corps, dans les villes et bourgs, ... 10 liv.

VII. Pour inhumation et enterrement simple, ... 10 liv.

VIII. Pour un Nocturne ou les Vêpres des Morts, ... 6 liv.

IX. Pour la grande Messe, . . 6 liv.

X. Pour un Enterrement solennel avec diacre, sous-diacre, chape et encens, . . . 15 liv.

XI. Pour chaque Extrait de baptême, mariage, ou inhumation, . . 1 liv. 10 sols.

XII. Pour les Services, mêmes droits que pour les Enterremens.

XIII. Pour la levée du corps, ouverture de la fosse des pauvres blancs ou autres libres, ... *Gratis.*

XIV. Pour ce qui concerne les esclaves, droit seulement pour le fossoyeur, 15 sols.

XV. Les offrandes du Pain béni, de la bénédiction des femmes, après leurs couches, les cierges pour les baptêmes, ceux pour les pains bénis, et autres offrandes avec la patène et l'étole, appartiendront aux Religieux desservant les Cures, auxquels la Fabrique paiera dans chaque Paroisse, la somme de 100 liv. par an, et lui fournira un fer pour faire le pain ; au moyen de laquelle somme, dont le Religieux desservant donnera quittance, ledit Religieux se fournira de pain et de vin, et la Fabrique lui fournira en sus, la Cire et tous les ornemens nécessaires pour

la

la célébration des Saints Sacrifices et des
Cérémonies, ci . . . . 100 liv.

CHAPITRE II.

Droits de la Fabrique.

ART. 1ᵉʳ. Etant très-dangereux, dans ces
pays chauds, d'enterrer les corps dans les
Eglises qui sont petites, où il n'y a point
de caveaux, et dans lesquelles on ne peut
creuser les fosses aussi avant qu'il serait nécessaire : pour éviter les inconvéniens qui résultent de l'odeur cadavéreuse que donnent
ces corps nouvellement enterrés, et la conta-
gion qui en peut arriver, défendons d'enterrer dans l'Eglise toutes personnes de quelle
qualité et condition qu'elles soient.

II. N'entendons néanmoins annuller les concessions qui auront pu être ci-devant accordées à quelques familles ou personnes en particulier par les Eglises ou Fabriques. Ordonnons seulement que, dans 6 mois, à compter
du jour de la publication des présentes, pour
toute préfixion et délai, les familles ou personnes qui prétendront avoir ce droit, présenteront leurs titres et concessions à la Fabrique de leur Paroisse, pour y être examinés et renouvellés, si lieu il y a, et sans
être obligées de payer aucune nouvelle redevance ; et faute de ladite représentation dans
ledit tems, les en déclarons déchues.

III. N'entendons pareillement comprendre
dans le nombre de ceux qui ont ce droit,
ceux qui ont la concession de quelque banc
pour eux et leur famille ; déclarons que la

jouissance et concession d'un banc, ne peut
emporter le droit de se faire enterrer sous ce
banc, ni dans aucun endroit de l'Eglise, à
moins que ce droit ne soit précisément accordé et exprimé dans ladite concession, lequel droit de sépulture nous défendons d'accorder à l'avenir.

IV. Ordonnons que les cimetières seront
fermés et clos de murs, et que les Fabriques
pourvoiront incessamment à avoir des cimetières suffisans pour la Paroisse.

V. Pour ouverture de fosse dans les cimetières, ... 1 liv. 10 s.

VI. Pour la tenture de l'Autel et des cré-
dences, ... 10 liv.

VII. Pour la tenture de l'Autel, des cré-
dences et de tout le Sanctuaire, . 20 liv.

VIII. Pour la tenture de toute l'Eglise,
des bancs et de la porte, . . . 40 liv.

IX. Pour le drap mortuaire, 2 liv. 5 s.

X. Pour la croix et chandeliers, benitier
ordinaire, ... 3 liv.

XI. Pour l'argenterie, , . . . 9 liv.

XII. Pour la sonnerie par glas, pour
chaque sonnerie, ... 2 liv. 5 s.

CHAPITRE III.

Droits des Chantres, Sacristains, Clercs et Sonneurs.

ART. Ier. Pour le Chantre, dans un enterrement ordinaire, ... 2 liv. 5 s.

II. Avec Nocturne ou Vêpres, 4 liv. 10 s.

III. Lorsqu'il y aura grande Messe, pour
le tout, ... 6 liv.

IV. Pour un Service avec Nocturne , 6 liv.

V. Pour le Sacristain dans un enterrement ordinaire , ... 2 l. 5 s.

VI. Lorsqu'il y aura tenture et argenterie , ... 4 l. 10 s.

VII. Au Porte-Croix pour un enterrement ordinaire , ... 1 l. 10 s.

VIII. En un enterrement solennel, 2 l. 5 s.

IX. Aux diacre et sous-diacre, chacun, 1 l. 10 s.

X. Aux acolites et thuriféraires, chacun, 15 s.

XI. Aux Clercs, chacun, ... 15 s.

XII. Au Sonneur , pour chaque enterrement et service , ... 1 l. 10 s.

CHAPITRE IV.

Prix des Bancs dans les Églises , et Quêtes annuelles.

ART. 1er. Laissons subsister le prix des bancs , fixé par le Tarif de 1712 , avec la distinction qui y est établie pour les bancs depuis la porte jusqu'à la moitié de l'Eglise, et ceux de la moitié de l'Eglise jusques au chœur; en conséqnence ordonnons qu'à l'avenir tous les bancs qui seront vacans par mort ou autrement, et ceux qui seront placés dans les nouvelles Eglises ou Paroisses , seront adjugés au plus offrant et dernier enchérisseur : seront toutes personnes de quelque qualité et condition qu'elles soient , reçues à enchérir sur lesdits bancs sans distinction ni diférence. Ordonnons néanmoins qu'après la mort d'un des concessionnaires desdits bancs , le banc dont il aura eu la concession , sera accordé à sa veuve ou à ses enfans mâles en ligne directe seulement , en payant à la Fabrique par ladite veuve ou par ses enfans, la moitié du prix primordial que le défunt aura payé à ladite Fabrique.

II. Lesdits bancs seront censés vacans, et pourront être adjugés en la manière ci-dessus, non-seulement par le décès du concessionnaire, mais encore par sa retraite volontaire et son changement de domicile dans un autre île ou paroisse, quand il ne gardera aucuns biens-fonds dans ladite paroisse, dans lequel cas lesdits bancs ne pourront être concédés, qu'au bout de six mois dudit changement de domicile.

III. Les Marguilliers seront obligés de faire faire la quête dans leurs Paroisses, certains jours de l'année, au profit de l'œuvre et de la Fabrique.

Savoir : le premier jour de l'an, à Pâques, à la Pentecôte, à la Fête-Dieu, à la Toussaint, à Noël, toutes les fêtes de la Vierge, la fête du Patron, et le premier dimanche de chaque mois.

Et, faute par eux de remplir cette obligation, ils seront condamnés à faire bon à la Fabrique, des quêtes qu'ils n'auront pas fait faire, sur le pied de la plus haute quête de l'année.

IV. Les élections de Marguilliers et toutes autres délibérations concernant la construction et réparation des Eglises, achats d'ornemens ou autres besoins, continueront de se faire conformément aux Ordonnances et Réglemens. Ordonnons en conséquence que les assemblées qui se tiendront pour y parvenir, seront composées du Religieux desservant, des Marguilliers et notables habitans, pour remplir le nombre de 12 au moins, non compris le Religieux; n'entendons néanmoins exclure ni prohiber un plus grand nombre d'habitans auxdites assemblées, les exhortons au contraire à s'y trouver régulièrement.

V. Dans les susdites assemblées, le Marguiller en charge y fera les propositions, recueillera les voix tout haut, et le Religieux desservant opinera le dernier.

VI. Les délibérations étant passées à la pluralité des voix, seront transcrites sur le Registre et signées par le Religieux desservant, le Marguillier et tous les Paroissiens qui y auront assistés; et en cas d'opposition ou autres où il sera nécessaire de les faire homologuer, le Marguillier se pourvoira pour l'homologation pardevant qui il appartient.

CHAPITRE V.

Juges Royaux.

ART. Ier. Enjoignons aux Juges de se conformer pour la tenue de leurs audiences, et les jours et heures auxquels ils doivent les tenir, au Réglement du Roi du 22 mai 1724, enregistré au Conseil le 4 septembre suivant de manière que les affaires du public ne souffrent aucun retardement.

II. Les Juges pourront faire dans leurs maisons, les élections des tutelles, curatelles, avis de parens, assemblées, enquêtes, reddition de comptes, rapport d'experts, comparaisons de seings et écritures, vérification d'icelles, taxes de dépens, liquidations de fruits, et dommages-intérêts. L l 3

III. Les Juges ne prendront aucun droit pour les appointemens et ordonnances sur requête, pour quelque cause que ce soit.

IV. Pour les appositions, levées ou reconnaissances de scellés, dans les villes et bourgs de leur demeure, ... 9 liv.

V. Pour les actes de tutelle, curatelle et émancipation, ... 6 liv.

VI. Pour les actes d'affirmation et clôture d'inventaire, , ... 3 liv.

VII. Pour les pauvres, ... *Gratis.*

VIII. Lorsqu'il y aura contestation pour la personne des Tuteurs ou pour les destituer à la requête des parens, ou pour quelque motif que ce soit, à proportion du tems que les Juges y auront employé et à leur conscience.

IX. Pour les actes de délibérations et avis de parens sur l'intérêt et état des affaires des mineurs, pour vendre, louer, gérer et conserver leurs biens, et autres cas, 6 liv.

X. Et lorsqu'il s'agira d'examiner les inventaires, partages et autres pièces, à leur conscience, suivant le tems qu'ils y auront employé.

XI. Pour insinuations de donations, publications de substitutions et autres enregistremens qui doivent être faits à l'audience, *gratis.*

XII. Pour simple ordonnance et autres actes de pareilles nature à l'extraordinaire et sur les requêtes, dont le dépôt est ordonné être fait ès-minutes du Greffe, et tous appointemens rendus à l'extraordinaire, ci, 3 liv.

XIII. Pour prestation de serment et acceptation de caution, ... , 3 liv.

XIV. Pour le premier défaut à l'extraordinaire, ... 1 liv. 10 sols.

XV. Pour sentence par défaut, . 3 liv.

XVI. Pour sentence ou jugement contradictoire à l'extraordinaire, . . 4 liv. 10 s.

XVII. Pour taxe de dépens de trente articles ou au-dessous, . . . 4 liv. 10 s.

XVIII. Pour taxe de dépens de trente articles, trois sols par article.

XIX. Pour vacations aux ventes d'immeubles par décrets forcés ou volontaires, licitations ou baux à ferme, pour chaque vacation, ... 6 liv.

XX. Pour la dernière vacation à l'adjudication, ... t . . . . . 9 liv.

XXI. Pour interrogatoire sur faits et articles, par heure, ... 4 liv.

XXII. Pour audition de chaque témoin en matière civile et criminelle, répétition, recollement et confrontation, par chaque témoin, ... 2 liv. 5 s.

XXIII. Pour les décrets et jugemens de recollement et confrontation, . . . 3 liv.

XXIV. Pour interrogatoire des accusés d'une heure et au-dessous, ... 3 liv.

XXV. Et au-dessus d'une heure, 4 liv, par heure.

XXVI. Pour jugement d'élargissement sous caution ou qui renvoie les parties à fins civiles, ... 3 liv.

XXVII. Aux inventaires et partages où les Juges peuvent être appellés, conformément à l'Arrêt du Conseil d'Etat du 17 janvier 1688, reddition de comptes, comparaisons d'écritures et signatures, et autres actes non ci-dessus exprimés qu'ils peuvent expédier dans leurs maisons ou en celles des particuliers des villes et bourgs de leur demeure, par vacation de trois heures, ci, . 12 liv.

XXVIII. Lorsqu'ils se transporteront hors des lieux de leurs demeures, soit en exécution d'arrêt ou de leurs jugemens, ils se taxeront sur le pied de 45 liv. par jour, pour vacation de 6 heures, dans lesquelles 45 liv. seront compris leurs frais de voyage, chevaux et nourriture, à compter du jour de leur départ, jusques et compris celui de leur retour; et s'ils se trouvent dans l'obligation pour expédier les parties, de travailler plus de 6 heures par jour, ils augmenteront leurs taxes à raison de cent sols par heure, dont ils feront mention au bas du procès-verbal de clôture de chaque vacation, sans que, sous quelque prétexte que ce soit, lesdits procès-verbaux puissent passer en taxe.

XXIX. Les épices et vacations des procès par écrit, tant en matière civile que criminelle, sentence d'ordre et de distribution entre les créanciers, seront réglées par les Juges, suivant la difficulté de l'affaire et le tems qu'ils y auront en conscience employé; lesquelles épices et vacations ils marqueront sur les minutes de leurs sentences et jugemens, dont sera fait mention par les Greffiers sur la première expédition qu'ils en délivreront, et qui seront payées ès-mains desdits Greffiers, de qui les Juges les recevront, sauf en cas d'appel et que les épices et vacations fussent portées trop haut, à être modérées par les Conseils Supérieurs, et les

Juges condamnés à la restitution de l'excédent.

XXX. Pour légalisation de tous actes, 3 l.

XXXI. Pour procès-verbal de visite de l'état d'une personne blessée, levée d'un cadavre, vérification d'effraction dans les villes et bourgs de leur demeure, ci, . . 9 liv.

XXXII. S'il y a information sommaire sur les lieux, par heure, ... 4 liv.

XXXIII. S'il y a transport hors du lieu de leur domicile, ils se taxeront à 45 liv. par jour, pour les personnes libres seulement, y compris leurs frais de voyage, nourriture et frais de monture.

XXXIV. Et à l'égard des visites, levée des cadavres de blancs sans aveu et inconnus, ou esclaves, ils les feront gratis, quand ils en seront requis par le Procureur du Roi, sauf, en cas de transport, à être payés par le Domaine, des frais de leur voyage, suivant qu'ils leur seront taxés.

XXXV. Les procès criminels poursuivis à la requête des Procureurs du Roi, seront instruits et jugés sans frais; pourront néanmoins les Juges prendre leurs droits sur les biens de l'accusé, s'il y en a, et s'il y est condamné.

XXXVI. Pour toutes instructions de procédures et jugemens contre les nègres esclaves, en matière criminelle, *gratis*, à moins que leurs maîtres ne prennent leur fait et cause, et qu'ils y succombent.

XXXVII. Ne pourront les Juges prendre aucunes épices ni vacations pour tout ce qui se juge et expédie à l'audience ordinaire, en matière civile et criminelle, et en quel-

que cas que ce soit, même pour enregistrement d'Edits, Déclarations, Lettres-patentes,
Arrêts, Réglemens ; ni aux causes où le Roi
et le public auront intérêt.

CHAPITRE VI.

Lieutenans de Juge.

Les Lieutenans prendront les mêmes droits
que ceux ci-dessus accordés aux Juges, et
s'abstiendront d'en prendre, dans le cas où
il ne leur est pas permis d'en exiger.

CHAPITRE VII.

Procureurs du Roi.

ART. Ier. Dans tous les cas où les Procureurs du Roi donnent leur conclusions et font
leurs fonctions avec les Juges, soit au civil,
soit au criminel, à l'extraordinaire et sur procès par écrit, ils prendront les deux tiers des
vacations des Juges.

II. Aux ventes ordinaires des effets mobiliers, pour chaque vacation, . . . 9 liv.

III. Pour la vente des nègres, chevaux,
mulets et autres effets mobiliers qui se vendront au bout du pont, ou dans la place
publique, 4 liv. 10 sols par chaque remise,
et 6 liv. pour l'adjudication, dans quelque
nombre que soient les effets ci-dessus.

IV. Lorsqu'ils seront requis seuls aux inventaires et partages, où leur présence sera
nécessaire pour l'intérêt des absens ou autrement, et à tous actes de leur ministère, ils
prendront 12 liv. par vacation de trois heures
dans le lieu de leur demeure, et 45 liv. par

jour en campagne, y compris leurs frais de voyage, nourriture et voiture.

V. Pour les alignemens des maisons où les rues, dans les villes et bourgs de leur demeure, ... 15 liv.

VI. Hors les lieux de leur demeure, 30 liv.

CHAPITRE VIII.

Greffiers du Conseil.

ART. Ier. Pour relief d'appel, anticipation et autres actes de même nature, y compris l'expédition, ci, ... 3 liv.

II. Pour dispense de lettres d'émancipation, bénéfice d'âge, bénéfice d'inventaire, y compris l'expédition, ... 9 liv.

III. Pour enregistrement des causes d'audience dont moitié à l'huissier audiencier, ci, ... 2 liv. 5 sols.

IV. Pour enregistrement d'Edits, Déclarations Ordonnances, Réglemens, et en toutes affaires concernant le Roi et le public, *gratis.*

V. Pour les défauts et congés, . 3 liv.

VI. Pour les arrêts d'appointement et d'instruction, ... 6 liv.

VII. Pour les arrêts d'audience définitifs, 9 l.

VIII. Pour les arrêts sur requête portés sur le plumitif y compris l'expédition, 9 liv.

IX. Les arrêts rendus sur procès par écrit, seront taxés par le Rapporteur, suivant l'usage ordinaire.

X. Les arrêts rendus pour enregistrement de lettres de noblesse, entérinement de lettres de grace, et autres brevets, à la requisition des parties, seront taxés par le Rapporteur, qui aura égard dans sa taxe, à l'état, condition et fortune des parties.

XI. Dans les îles du Gouvernement où il y a lieu aux actes de foi et hommage, aveu et dénombrement, y compris l'expédition, 100 l.

XII. Pour droit de consignation d'espèces, deux et demi pour cent.

XIII. Pour l'acte de dépôt, . . 3 liv.

XIV. Dans les îles du Gouvernement où l'usage est de produire au Greffe, pour l'acte de produit, ... 3 liv.

XV. Pour seconde et autres expéditions, 22 sols 6 deniers par rôle d'écriture, qui seront de deux pages, 18 lignes à la page, et 10 syllabes à la ligne.

XVI. Pour recherche de minutes, dont la date est certaine, *gratis*; et après un an de ladite date, ... 1 liv. 10 s.

XVII. Quand il faudra plus de tems pour l'incertitude de la date, 4 liv. par heure.

XVIII, Pour la réception de tous officiers de justice, subalternes et autres ayans serment en la Cour, qui sont obligés de se faire recevoir et reconnaître au Conseil Supérieur, ... , . . . *gratis*.

XIX. Leur sera seulement payé l'expédition, les arrêts de réception et actes qui en dépendent, sur le pied de 3 liv. par rôle, réglé comme ci-dessus.

XX. Dans le cas où les Greffiers travailleront avec les Commissaires des Conseils, les vacations leur seront payées sur le pied de 12 liv. par vacation de trois heures.

XXI. Les Greffiers de l'intendance et des subdélégations, prendront les mêmes droits et vacations que les Greffiers des Conseils Supérieurs.

Au Criminel.

XXII. Dans toutes les procédures criminelles à la requête des gens du Roi, les Greffiers ne prendront rien, si ce n'est sur les biens des accusés, et dans le cas où ils y succomberont.

XXIII. Pour lecture des arrêts au condamnés, pour biffer les écrous ou en décharger les geoliers, et toutes procédures criminelles contre les esclaves, . . . *gratis*.

XXIV. Pour les extraits d'arrêts portant remboursement des nègres justiciés, ils seront payés comme pour les arrêts d'audience, y compris les expéditions.

CHAPITRE IX.

Greffiers des Jurisdictions.

Art. Ier. Les Greffiers des Jurisdictions Royales auront soin de se conformer à tous les Réglemens déjà faits, soit pour leur assistance aux audiences, soit pour la tenue exacte de leurs plumitifs, l'exactitude de les faire signer tous les huit jours par le Juge, ainsi que le registre des insinuations et ensaisinemens pour être paraphé; à l'exécution desquels Réglemens, les Procureurs du Roi tiendront la main, et en rendront compte au Procureur-général du Conseil Supérieur où la Jurisdiction ressortit.

II. Pour tous Jugemens à l'extraordinaire, procès-verbaux, actes de tutelle, curatelle, émancipation, audition de témoins, interrogatoires et autres actes, tant en matière civile que criminelle, où le Greffier travaillera avec le Juge, il prendra les deux tiers de la taxe du Juge, et en outre ses expéditions à raison de 15 sols par rôle de deux pages, 18 lignes à la page et 10 syllabes à la ligne.

III. Pour les sentences ou jugemens sur procès par écrit, il aura l'option ou de prendre les deux tiers de la taxe du Juge, y compris l'expédition, ou de se faire payer l'expédition à raison de 20 sols le rôle, pour la première expédition, avec le même nombre de lignes et de syllabes.

IV. Pour toutes expéditions qui seront levées du Greffe, non compris la première expédition des sentences sur procès par écrit, 15 sols par rôle, 18 lignes à la page, et de 10 syllabes à la ligne.

V. Dans les transports et commissions où ils iront avec les Juges hors jugement, ils prendront les deux tiers des vacations des Juges et leurs expéditions.

VI. Pour l'enregistrement des causes d'audience, 7 s. 6 d., dont moitié au Greffier, et moitié au premier Huissier, ci, 7 s. 6 d.

VII. Pour un défaut ou congé, . 10 s.

VIII. Pour les appointemens à mettre, en droit, ou autres sentences préparatoires qui n'excéderont un rôle, . . 1 l. 2 s. 6 d.

IX. Pour actes de soumission de caution, de renonciation à succession et communauté, et autres de pareille nature, . . 1 l. 10 s.

X. Pour acte de produit, . . 1 l. 10 s.

XI. Pour l'enregistrement des procurations et autres actes, insinuation de donation,

substitution et pareils actes sujets à publication , 3 liv. ; sauf s'ils sont d'une longueur
trop considérable , à les faire taxer par le
Juge , ci , ... 3 liv.

XII. Pour l'enregistrement des procès-verbaux de saisie-réelle , établissement de commissaire , séquestre ou gardien , ci , 6 liv.

XIII. Pour recherche d'acte ou de minute ,
dont la date sera certaine , *gratis ;* et après
un an de ladite date , ci , . 1 l. 2 s. 6 d.

XIV. Et où il faudrait un plus long tems
par l'incertitude de la date , par heure , 2 l. 5 s.

XV. Pour droit de consignation d'espèces ,
deux pour cent.

XVI. Pour l'acte de dépôt , . . 3 liv.

XVII. Pour les dépôts de papiers , ils ne
prendront d'autres droits que celui de l'acte ,
et pour la vérification desdits papiers , il
leur sera alloué 3 liv. par heure , ci , 3 liv.

XVIII. Ils ne pourront rien prétendre ni
rien exiger pour les enregistremens d'Edits, Déclarations, Ordonnances et Réglemens concernant
le Roi et le public.

An Criminel.

XIX. Dans tous les procès criminels instruits
et poursuivis d'office, à la requête du Procureur
du Roi, il ne sera rien alloué au Greffier,
si non sur les biens des condamnés, s'ils en ont.

XX. Toutes les procédures criminelles contre
les esclaves, de quelque espèce qu'elles soient, *gr.*

XXI. Les expéditions de déclarations de
marronnage et autres concernant les nègres, *gratis.*

XXII. Les Greffiers ne délivreront aucune
expédition, tant au civil qu'au criminel, qu'ils

ne soient payés des droits et vacations des Juges et des Procureurs du Roi, dans le cas où ils ont droit d'en exiger; ils en feront mention sur lesdites expéditions et en demeureront comptables auxdits Juges et Procureurs du Roi.

CHAPITRE X.

Les Notaires.

Art. Ier. Pour Contrat de mariage passé dans les Etudes, y compris l'expédition, 18 liv.

II. Hors l'Etude, dans les villes et bourgs, de leur demeure, non compris l'expédition, 24 liv.

III. Pour donation, testament, démission, substitution et autres actes équivalens, reçus dans l'Etude, y compris l'expédition, 18 liv.

IV. Mêmes actes, hors l'Etude, non compris l'expédition, ... 24 liv.

V. Pour Contrats de vente et baux à loyer, dans l'Etude, y compris l'expédition, 15 liv.

VI. Hors l'Etude, non compris l'expédition, ... 18 liv.

VII. Pour les Contrats de vente d'habitation, sucrerie, ou baux à ferme, avec détail des nègres, bestiaux, ustensiles, etc., non compris l'expédition, ... 36 liv.

VIII. Hors l'Etude, non compris l'expédition, ... 42 liv.

IX. Pour les actes communs et simples, comme procuration, quittance, émargement et autres sans minute, ... 4 liv. 10 s.

X. Avec minute et expédition, . 6 liv.

XI. Les mêmes actes, hors l'Etude, sans minute, ... 6 liv.

XII. Avec minute et expédition, . 9 liv.

XIII.

XIII. Pour inventaires et partages dans les lieux de leur demeure, 9 liv. par vacation de trois heures, ci, ... 9 liv.

XIV. Les expéditions desdits inventaires et partages, ainsi que de tous les actes ci-dessus, leur seront payées à raison de 15 s. par rôle de 2 pages, 18 lignes à la page et 10 syllabes à la ligne, tant pour la première que pour la seconde expédition.

XV. Pour les inventaires et partages faits à la campagne, ils prendront 36 liv. par jour, savoir, 24 liv. pour deux vacations de trois heures chacune, et 12 liv. pour leurs frais de voyage, en outre leur expédition taxée comme ci-dessus, . . . , . . . 36 liv.

XVI. Pour les autres actes à la campagne, ils prendront les mêmes droits que ceux déjà taxés, lorsqu'ils les passeront dans leurs études, et en outre 12 liv. pour leurs frais de voyage.

XVII. Pour les transactions et réglemens de comptes, y compris les expéditions, ils seront payés suivant leur travail et la convention faite avec les parties, sinon seront taxés par le Juge.

XVIII. Pour dépôt des pièces qui doivent demeurer annexées aux actes reçus par les Notaires, ils ne prendront rien ; le coût desdits actes étant suffisamment taxé, mais ils prendront seulement l'augmentation du travail que leur occasionneront lesdites pièces dans l'expédition desdits actes, et ce, à raison du rôle comme ci-dessus.

XIX. Pour dépôt d'autres pièces pour la sûreté des particuliers, les Notaires ne prendront d'autre droit que le coût de l'acte et de l'expédition qui seront payés 4 liv. 10 s.; et pour la vérification desdites pièces, 3 liv. par heure.

XX. Pour consignation ou dépôt d'espèces, ils prendront un et demi pour cent, et pour le coût de l'acte et expédition, . 3 liv.

XXI. Pour protêt fait dans les lieux de leur demeure, dans le cas où on se servirait de leur ministère, 9 liv. pour l'original et la copie dudit protêt; et s'il y a transport en campagne, ils y ajouteront 12 liv. par jour pour leurs frais de voyage, ci, 9 liv.

XXII. Pour compulsoires, 3 liv. par heure, outre le coût du procès-verbal, ci, 3 liv.

XXIII. Pour recherche d'acte, dont la date est certaine, *gratis*; après un an de la date, 1 liv. 2 s. 6 d.; et si la date n'est pas certaine, 2 liv. 5 s. par heure.

XXIV. Pour reconnaissance de sous seing privé avec dépôt, non compris l'expédition, ci, ... 6 liv.

XXV. Pour collation de pièces qui leur seront représentées, 7 s. 6. d. par rôle; et s'ils en font les copies, seront payés par rôle comme ci-dessus.

XXVI. Par chaque sommation respectueuse, 15 liv. dans le lieu de leur demeure, et en campagne 36 liv. par jour, y compris les frais de nourriture et de voyage.

XXVII. Enjoignons auxdits Notaires, de mettre au bas de toutes leurs expéditions, les droits, vacations et frais de voyage qu'ils auront pris, à peine de restitution et d'amende arbitraire qui seront prononcées par les Juges des lieux, suivant l'exigence des cas, et même

de privation de leurs offices en cas de récidive.

XXVIII. Ordonnons aux Notaires de tenir à l'avenir un répertoire exact et fidèle,
par ordre de date, de tous les actes qu'ils
passeront, dans lequel ils intituleront la nature de l'acte et le nom des parties entre
lesquelles il est passé, sous telles peines qu'il
appartiendra.

XXIX. Les Notaires qui passeront en
France, ou d'une île à l'autre, même dans
une autre Jurisdiction où ils ne pourront
plus exercer leurs fonctions, et ceux qui auront quitté leurs offices, seront tenus de remettre avant leur départ, et un mois au
plus tard, après qu'ils auront quitté, toutes
leurs minutes au Greffe de la Jurisdiction
dans laquelle ils travaillaient, et les formalités de ces remises, se feront en la manière
accoutumée et prescrite par la Déclaration du
Roi du 2 août 1717, à peine de 500 liv.
d'amende contre les Notaires qui auront quitté
et seront resté dans l'île, ou contre ceux
qui après leur départ retiendront leursdites
minutes, lesdites amendes applicables aux réparations des siéges et prisons, ce qui sera exécuté à la diligence des Procureurs du Roi.

CHAPITRE XI.

Les Procureurs.

ART. Iᵉʳ. Pour droit de consultation en
toutes affaires aux Jurisdictions, 1 liv. 10 s.

II. Au Conseil, ... 3 liv.

III. Pour toutes requêtes simples devant
les premiers Juges, ci, ... 1 liv. 10 s.

IV. Au Conseil , ... 3 liv.

V. Pour les requêtes libellées , suivant la taxe des Commissaires ou des Juges.

VI. Droit pour faire répondre les requêtes, 15 s.

VII. Au Conseil ou devant les Commissaires , ... 1 l. 2 s. 6 d.

VIII. Droit de levée de tous actes , 10 s.

IX. Au Conseil , ... 1 liv.

X. Droit au sceau , ... 10 s.

XI. Au Conseil , ... 1 liv.

XII. Droit de port et rapport de toutes les significations qui seront faites sous leurs noms , . . . , ... 7 s. 6 d.

XIII. Au Conseil , ... 15 s.

XIV. Pour les qualités qu'ils seront obligés de donner au Greffier , et droit à l'enregistrement de la cause , ... 15 s.

XV. Au Conseil , ... 1 l. 10 s.

XVI. Droit de comparution aux audiences ordinaires , ... 1 l. 10 s.

XVII. Aux audiences extraordinaires, 2 l. 5 s.

XVIII. Aux audiences du Conseil , pour les Procureurs domiciliés au Fort-Royal , 4 l. 10 s.

XIX. Pour les Procureurs non domiciliés au Fort-Royal , à cause du transport, séjour et retour , pour chacune comparution , 24 liv. sans qu'ils puissent prétendre aucun autre droit , ci , ... 24 liv.

XX. Lequel droit accordé aux Procureurs non domiciliés au Fort-Royal , n'aura lieu , quand ils feront comparaître à leur place quelqu'un de leurs confrères , auquel cas il ne leur sera alloué que 4 liv. 10 s.

XXI. Pour la communication au parquet, lorsqu'elle est nécessaire , . . 1 liv. 10 s.

XXII. Pour toutes écritures signifiées en première instance, suivant le mérite desdites écritures, qui seront taxées par les Juges, outre la grosse, à raison de 15 sols chaque rôle, de 18 lignes à la page, et de 10 syllabes à la ligne.

XXIII. Pour les inventaires de production et avertissemens ne contenant que des conclusions, par chacun rôle, ... 15 sols.

XXIV. Au Conseil Supérieur, lesdites écritures seront taxées par le Conseiller Rapporteur suivant leur mérite, laquelle taxe mise au bas de la pièce d'écriture, servira de mémoire pour la taxe générale des frais, et sera faite par le Rapporteur, tant pour le mérite de la pièce, que pour la grosse.

XXV. Toutes copies desdites écritures seront payées à 7 s. 6 d. par évaluation de chacun rôle de grosse.

XXVI. Tous actes de Procureur à Procureur, tels qu'ils soient, . 1 l. 17 s. 6 d.

XXVII. Au Conseil, ... 3 l. 15 s.

XXVIII. Les comparutions particulières aux greffes des siéges inférieurs, pour faire des productions, déclarations, affirmations, consignations, dépôts, etc. . . 1 l. 10 s.

XXIX. Aux greffes du Conseil, . 3 liv.

XXX. Comparutions aux taxes devant les Juges, ... 1 l. 10 s.

XXXI. Devant les Commissaires du Conseil, ... 3 liv.

XXXII. Pour les états des frais et déclarations de dépens en première instance, 2 s. par chaque article qui sera alloué.

XXXIII. Au Conseil, ... 4 s.

XXXIV. Pour comparution dans les assemblées de parens quelque nombreuses qu'elles soient , ... 3 liv.

XXXV. Dans les longues délibérations ou assemblées , ils seront taxés par le Juge.

XXXVI. Tous plaidoyers par écrit en matière simple sommaire, ne seront passés en taxe, et ne pourront être regardés que comme frais préjudicieux pour la partie qui les aura fait faire , encore qu'ils aient été signifiés.

XXXVII. Lorsque les Procureurs seront apppellés par les parties , pour leur servir de Conseil dans les transactions , compromis et autres actes , ils prendront 3 liv. par heure, dans les lieux de leur demeure ; et s'il y a transport, ils prendront 30 liv. par jour, pour 2 vacations de 3 heures chaque , dans lesquelles seront compris leurs frais de voyage et de nourriture.

XXXVIII. Enjoignons aux Procureurs d'avoir à l'avenir un registre paraphé par première et dernière page , sur lequel ils écriront exactement tout ce qu'ils recevront des parties pour fournir aux frais , sous peine, en cas de contravention au présent article , ou qu'on puisse prouver qu'ils n'ont pas écrit exactement ce qu'ils auront reçu des parties, de restitution du double de ce qu'ils auront reçu , et d'être privés de leurs honoraires , et en cas de récidive , d'être interdits pendant six mois , même d'être privés de leurs places , si le cas y échet.

XXXIX. Les droits des Procureurs à l'intendance et aux Subdélégations , seront les mêmes qu'aux Conseils Supérieurs.

CHAPITRE XII.

Les Huissiers.

ART. Ier. Pour exploits simples dans les villes et bourgs de leur demeure, ci , 1 l. 2 s. 6 d.

II. A la campagne et hors des villes et bourgs de leur demeure, lorsqu'ils seront obligés d'y aller pour signifier les actes , ils se feront taxer par le Juge , qui aura égard à l'éloignement, même à la nature du chemin par où l'Huissier aura été obligé de passer ; ne pourront pourtant lesdits Juges , taxer aux huissiers plus de 20 liv. par jour, y compris les frais de voyage et de nourriture.

III. Pour copies de pièces qui seront signifiées, ils prendront pour rôle de minute dont ils seront tenus de faire mention sur les originaux , ... 15 sols.

IV. Dans toutes les affaires où les Huissiers et Sergens assisteront les Juges , il leur sera alloué la moitié des droits desdits Juges.

V. Pour les exploits libellés, saisies , exécutions, enlèvemens de meubles , annotations de biens, perquisitions, ajournemens, décrets , sommations et autres actes de même nature , ils se feront taxer par les Juges , eu égard au mérite desdits actes, et suivant ce qui est ordonné à l'article II. du présent chapitre.

VI. A chaque publication de vente à cri public , défenses d'embarquer, publication d'Ordonnances , Edits, Déclarations, Réglemens , ils prendront un tambour des troupes actuellement en garnison dans le lieu où sera faite ladite publication ; ils le demanderont à l'officier de garde au Fort, ou à la citadelle du

M m 4

dit lieu, et indépendamment de ce qui sera donné à chaque tambour, leur accordons pour eux 20 sols, excepté dans le cas qui regarderait le Roi ou le public, où ils seront tenus de le faire *gratis*.

VII. Par chaque publication de vente de meubles, 3 liv., y compris l'affiche, lorsqu'il n'y a que quatre affiches ou moins; et lorsqu'il y en aura plus de quatre, 2 l. 5 s. y compris l'affiche pour celles qui seront au-dessus dudit nombre.

VIII. Pour les ventes d'immeubles et baux à ferme, les affiches étant plus longues, elles seront taxées par les Juges à proportion de l'ouvrage et de la taxe ci-dessus.

IX. Pour chaque vacation aux ventes de meubles y compris les procès-verbaux, d'entrée et de clôture, les Huissiers prendront les deux tiers des vacations de Procureur du Roi, et en outre les six deniers pour livre du montant desdites ventes, lorsqu'ils seront chargés du recouvrement, duquel ils seront responsables par corps.

X. Pour chaque vacation aux ventes d'immeubles et baux à ferme, ils prendront la moitié des vacations des Juges.

XI. Pour les grosses des ventes et baux, il leur sera alloué 15 sols par rôle, fixé comme ci-dessus.

XII. Pour capture et emprisonnement de personnes libres, tant au civil qu'au criminel, l'Huissier porteur de pièces prendra pour lui deux autres Huissiers, Sergens ou Records, et y compris les procès verbaux et l'écrou, 36 l.

XIII. En campagne, outre lesdites 36 l.,

ils prendront leurs frais de voyage et nourriture, suivant qu'il leur sera taxé par le Juge.

XIV. Lorsque les Huissiers ou Sergens seront employés à la requête des gens du Roi dans les affaires civiles et criminelles où le Roi et le public seront intéressés, et où il n'y aura point de partie, il ne leur sera alloué que 15 liv. par jour pour salaire et voyage, quelque expédition ou exploit qu'ils fassent; et dans les villes et bourgs de leur demeure, il ne leur sera alloué que les deux tiers des sommes taxées par le présent Tarif pour les particuliers, sans qu'ils puissent rien prétendre ni exiger pour les corvées, assistances aux audiences des Conseils Supérieurs et Jurisdictions Royales, conduite et assistance aux exécutions, si non en campagne; et pour ce dernier cas seulement, ils seront taxés par le Juge conformément à ce qui est dit ci-dessus, à raison de 15 liv. par jour.

CHAPITRE XIII.

Des Voyers.

ART. Iᵉʳ. Dans les îles où il y a un Grand-Voyer, lorsqu'ils se transporteront pour faire des visites par ordre de Justice ou sur la requisition des parties, ils en dresseront procès-verbal, et ils prendront pour vacation 36 liv. par jour, y compris les frais de voiture et de nourriture, depuis le jour de leur départ jusqu'à leur retour; et seront tenus d'envoyer gratis leurs avis cachetés, sur les contestations des parties, aux greffes des Juges qui l'auront ordonné, ci, ... 36 liv.

II. Ils prendront pour les expéditions qu'ils délivreront, s'ils en sont requis, 20 s. par rôle de grosse, la page de 18 lignes et la ligne de 10 syllabes.

III. Pour les alignemens dans les villes et bourgs de leur demeure, . . . , 15 liv. Non compris l'expédition du procès-verbal qui sera payée comme il est réglé par l'article ci-dessus.

IV. Toutes les visites et autres opérations qu'ils feront, et à quoi ils sont tenus par le Réglement du Roi du 13 avril 1725 concernant les chemins, ... *gratis.*

V. Hors des lieux de leur demeure, si leur transport est requis pour lesdits alignemens, ils prendront comme dessus 36 liv. par jour, y compris les frais de nourriture et voiture.

VI. Les Voyers particuliers pour leur transport en campagne, prendront 30 liv. par jour, y compris leurs frais de voyage, voiture et nourriture, à la charge aussi d'envoyer gratis leurs avis cachetés aux greffes des Juges qui l'auront ordonné, ci, ... 30 liv.

VII. Pour leurs expéditions s'ils en sont requis, par rôle de 18 lignes, et la ligne de 10 syllabes, ci, ... 15 sols.

VIII. Pour les alignemens qu'ils feront dans les villes et bourgs de leur demeure, non compris l'expédition du procès-verbal qui sera payé comme ci-dessus, ci, 12 liv.

IX. Hors les lieux de leur demeure, ils prendront 12 liv. par vacation de 3 heures, outre leurs frais de nourriture et voyage qu'ils feront taxer par les Juges qui les auront commis.

X. Ils seront tenus de faire gratis tout ce qui concernera le Roi et le public.

CHAPITRE XIV.

Arpenteurs Royaux.

ART. 1er. L'Arpenteur général des îles du vent, prendra par jour, à compter de son départ jusques à son retour, 36 liv., y compris les frais de voyage et de nourriture.

II. Pour les expéditions de ses rapports et procès-verbaux, il prendra 20 sols par rôle de grosse, ainsi qu'il est réglé dans le chapitre ci-dessus pour les Grands-Voyers.

III. Les Arpenteurs-particuliers prendront par jour 30 liv., y compris les frais de voyage, voiture et nourriture, et pour leurs expéditions, à raison de 15 sols par rôle.

VI. Les Portes-chaînes auront par jour, 7 l. 10 s.

V. Tous leurs plans seront taxés, savoir :

Ceux des Arpenteurs-particuliers, par l'Arpenteur-général.

Ceux de l'Arpenteur-général, par qui il appartiendra, le tout en cas de contestation.

VI. L'Arpenteur-général et autres, seront tenus de remettre au greffe des Juges qui l'auront ordonné, leurs avis cachetés, concernant les contestations des parties, et sans frais.

VII. Nous étant revenu plusieurs plaintes sur le peu de soin qu'on a eu des anciens procès-verbaux et plans qui ont été faits par les Arpenteurs, nous ordonnons qu'à compter du jour de la publication du présent Réglement, toutes les minutes, plans, procès-ver-

baux et autres actes concernant les fonctions
des Arpenteurs, seront déposés lors du décès
ou retraite d'un Arpenteur-particulier, soit
en France, soit dans une autre île, chez
l'Arpenteur-général, qui en donnera son reçu
à la veuve et héritiers de l'Arpenteur décédé;
et lors du décès ou retraite de l'Arpenteur-
général, entre les mains du plus ancien Arpenteur, qui pareillement en donnera son
reçu, et les remettra à l'Arpenteur-général
qui sera nommé; et dans les îles où l'Arpenteur-général ne fera point sa résidence,
entre les mains du plus ancien Arpenteur,
qui en instruira sur le champ l'Arpenteur-
général, laquelle remise se fera sans frais,
et sous peine, contre les contrevenans, de
500 liv. d'amende applicable aux réparations
des auditoires et prisons, ou plus grande peine
s'il y échet, nous réservant à pourvoir par
un Réglement particulier, au recouvrement
des anciennes minutes et anciens plans.

CHAPITRE XV.

Les Experts-Estimateurs, Visiteurs et Vérificateurs nommés par Justice.

ART. Ier. Leurs salaires et vacations, s'ils
en requièrent, seront taxés par les Commissaires ou Juges, ainsi que leurs procès-verbaux, selon l'étendue et la difficulté de leur
travail et la distance des lieux de leur demeure.

II. Lorsqu'ils seront nommés d'office aux
inventaires et partages, ils pourront prendre
par jour pour deux vacations de 3 heures

chaque, y compris leurs frais de voyage et nourriture, ci, ... 24 liv.

CHAPITRE XVI.

Les Interprètes des Langues Étrangères.

Leurs salaires, tant pour chaque interrogatoire en matière civile ou criminelle, que pour les traductions d'écritures, leur seront taxés par les Commissaires óu les Juges, suivant le travail, sa conséquence et sa durée.

CHAPITRE XVII.

Les Curateurs aux Successions vacantes.

Art. 1er. Enjoignons aux Curateurs aux Successions vacantes de se conformer exactement aux Arrêts de Réglemens rendus dans les différens Conseils Supérieurs, par rapport à leurs fonctions, sous peine de privation de leurs emplois, même de plus grande peine, si le cas y échet.

II. Lesdits Curateurs auront et prendront pour leurs droits et vacations sur les sommes qui se trouveront en espèces dans la succession, deux et demi pour cent.

III. Sur le produit des sommes dont ils auront fait recette effective, provenant soit de la vente des effets mobiliers de la succession, soit du recouvrement des dettes actives, dix pour cent.

IV. Sur le revenu net des habitations, dont les économes ou régisseurs doivent leur rendre compte, ils auront cinq pour cent.

V. Pour leur présence aux inventaires dans le lieu de leur résidence et aux ventes, ils prendront par vacation de trois heures, 6 l.

VI. En campagne, pour frais de voyage, nourriture, présence aux inventaires et ventes, 24 liv. par jour, à compter du jour de leur départ, jusqu'à celui de leur retour.

VII. Les frais de justice, tant en demandant qu'en défendant, leur seront alloués comme aux Procureurs, et ils pourront même, s'ils le jugent à propos, instruire et défendre leur causes par eux-mêmes.

VIII. La nourriture des nègres et bestiaux qu'ils seront obligés de garder jusqu'à la vente, leur sera allouée à raison de 15 s. par jour pour chaque nègre, 30 s. en cas de maladie; pour les chevaux et bêtes à cornes, 37 s. 6 d.; et quant aux frais de transport des nègres, meubles et effets, pour être vendus dans les lieux principaux, et autres menues dépenses, elles leur seront allouées sur les quittances qu'ils en rapporteront, et néanmoins réduites, si elles sont excessives.

IX. Leur enjoignons de rendre leur comptes exactement aux Commissaires nommés pour les recevoir; et cependant leur ordonnons de déposer tous les ans, l'argent qu'ils se trouveront avoir dans la caisse du Domaine, dont le Receveur leur fournira un reçu, qui leur servira de décharge.

CHAPITRE XVIII.

Médecins et Chirurgiens.

ART. Ier. Lorsque les Médecins du Roi, Chirurgiens jurés des prisons, seront nommés

par Justice , pour visite et rapport de blessures , ouverture de cadavre , et présence aux
questions des criminels , poursuivis à la requête du Procureur du Roi , et où il n'y aura
point de partie civile , ni de biens pour satisfaire aux frais de Justice , ils ne pourront
rien prétendre ni exiger , · . . . . *gratis.*

II. S'ils sont obligés de se transporter à la
campagne , les Médecins du Roi prendront
par jour, pour leurs frais de voyage et nourriture seulement , ... 20 liv.

III. Et les Chirurgiens , ... 15 liv.

IV. Les sommes ci-dessus leur seront allouées par les Juges et Commissaires , depuis le jour de leur départ, jusqu'à celui de
leur retour.

V. Dans le cas où les Juges seraient obligés
de nommer des Chirurgiens dans les lieux éloignés , pour éviter à frais , et dans l'absence
des Chirurgiens jurés aux rapports, ou Chirurgiens des prisons, il sera alloué auxdits
Chirurgiens , pour leur rapport, visite et affirmation , ... , ... 10 liv.

VI. Pour l'ouverture des cadavres , rapport
et affirmation , ... 25 liv.

VII. Et pour les frais de voyage , à raison
de 10 liv. par jour pour venir affirmer.

VIII. Pour l'assistance aux questions, pour
chaque Chirurgien nommé dans l'absence du
Médecin du Roi et Chirurgien des prisons, ou
Chirurgiens jurés commis aux rapports, 10 liv.

IX. Dans les procès criminels où il y aura
partie civile, les Médecins du Roi , Chirurgiens
jurés aux rapports et des prisons, seront toujours nommés par préférence, et leur sera

alloué pour leur rapport, visite et affirmation, savoir :

Aux Médecins du Roi, ... 24 liv.

Aux autres Médecins, ... 18 liv.

Aux Chirurgiens jurés commis aux rapports, et des prisons, ... 15 liv.

Aux autres · . . . . 12 liv,

X. Pour ouverture de cadavre, rapport et affirmation, aux Chirurgiens commis aux rapports et des prisons, ... 36 liv.

XI. Aux autres Chirurgiens, . 30 liv.

XII. Aux Médecins du Roi, s'ils y sont appellés, pour leur droit de présence, 36 liv.

XIII. Aux autres, ... 30 liv.

XIV. Hors des lieux de leur demeure, outre les sommes ci-dessus taxées, sera alloué pour frais de voyage, savoir ;

Aux Médecins du Roi, ... 20 liv.

Aux autres, ... 18 liv.

Aux Chirurgiens jurés commis aux rapports et des prisons, ... 15 liv.

Aux autres, ... 12 liv.

XV. En cas que pour l'absence des Chirurgiens jurés commis aux rapport et des prisons, le Juge trouve à propos de commettre le Chirurgien major, il sera payé pour toutes les opérations ci-dessus, sur le même pied que les Chirurgiens jurés commis aux rapports et des prisons, et le Juge aura attention de lui faire prêter serment pour chaque opération, ainsi qu'aux autres Chirurgiens qui ne sont ni commis aux rapports, ni Chirurgiens des prisons.

XVI. Ordonnons qu'à l'avenir tous les comptes fournis par les Chirurgiens, aux habitans et particuliers, contiendront en détail, date

date par date, tous les remèdes qu'ils auront fournis, les pansemens et opérations qu'ils auront faits, et qu'ils feront mention des drogues dont les médecines et autres remèdes auront été composés, à peine de radiation desdits articles, lesquels comptes ils seront tenus d'affirmer en jugement, s'ils y sont portés, et renvoyés ensuite devant les Médecins du Roi pour être examinés et taxés, ou, en leur absence, devant les Chirurgiens jurés commis aux rapports ou des prisons, même devant les Chirurgiens majors, si le cas y échet, en leur faisant prêter serment, comme il est ordonné ci-dessus.

XVII. Pour chaque taxe, les Médecins du Roi prendront, ... 9 liv.

XVIII. Les Chirurgiens jurés commis aux rapports et des prisons, , ... 6 liv.

XIX. Laquelle somme leur sera payée par celui qui levera ladite taxe, et remboursée par celui qui succombera dans l'instance.

XX. Si les comptes sont longs et sujets à discussion, les honoraires des Médecins du Roi ou Chirurgiens commis à leur défaut pour faire ladite taxe, seront taxés par les Juges, à proportion du travail et du tems qu'ils y auront employé.

XXI. Abrogeons l'usage introduit depuis quelque tems, par les Médecins du Roi ou Chirurgiens commis, en leur absence, pour faire lesdites taxes, la commission à cinq, même à dix pour cent; enjoignons auxdits Médecins et Chirurgiens, sur les peines de droit, de se conformer au présent Tarif; leur défendons de prendre pour lesdites taxes, plus grande somme que celle qui leur est fixée,

CHAPITRE XIX.

Jaugeurs et Étalonneurs.

ART. Ier. Les poids, mesures et aunes, seront vérifiés et étampés dans toutes les îles, par les Etalonneurs royaux, suivant les us et coutumes de la ville, prévôté et vicomté de Paris.

II. L'Etalonneur royal de chaque Jurisdiction, sera tenu de mettre et déposer à ses frais au greffe un étalon ou matrice, du poids de 10 livres, de fonte ou de cuivre, et ce, dans un mois du jour de la publication des présentes, et tous les autres poids y seront en diminuant en forme de marc; une aune de fer, et un pot ou pinte de cuivre, pour servir d'épreuve dans tous les cas nécessaires, même pour la sûreté des poids et mesures dont il se sert pour vérifier ceux des habitans, marchands et détailleurs, lesdits étalons ou matrices bien vérifiés, étalonnés et étampés, à peine de privation de son emploi.

III. Défendons aux habitans et à tous marchands en gros et en détail, boulangers, bouchers, cabaretiers, poissonniers et tous autres faisant commerce ou débit, de se servir des poids, mesures et aunes, qu'ils n'aient été auparavant vérifiés et étampés par lesdits Etalonneurs, à peine de confiscation desdits poids, mesures et aunes, et de 20 livres d'amende.

IV. Les poids, mesures et aunes des marchands et autres détailleurs ci-dessus dénommés, qui seront trouvés faux lors des visites générales et particulières des officiers de Police, soit à la requête des Procureurs du Roi, soit sur les plaintes des particuliers, seront confisqués avec les marchandises et denrées vendues à faux poids et fausses mesures, et toutes celles qui se trouveront dans les boutiques déjà pesées et mesurées, et les délinquans condamnés en l'amende, suivant l'exigence des cas, et en plus grande peine en cas de récidive.

V. Dans toutes les visites générales ou particulières qui seront faites chez les marchands en gros et en détail, regratiers et autres, par les officiers de Police, les Etalonneurs seront tenus à la première réquisition qui leur sera faite de la part desdits officiers, de s'y trouver, et d'y assister pour vérifier en leur présence les poids, mesures et aunes, sans qu'ils puissent prétendre aucune vacation ni droit.

VI. Enjoignons aux Juges et autres officiers de Police, de faire leur visite générale dans les lieux principaux des siéges, au moins deux fois par an, chez tous les marchands et détailleurs.

VII. Lorsque les Etalonneurs seront nommés par Justice, pour faire des vérifications de poids, mesures et aunes en présence des Procureurs du Roi, chez les habitans, marchands et autres détailleurs, soit à la requête desdits Procureurs du Roi, ou sur les plaintes des particuliers, ils seront tenus de s'y transporter sans délai, et leur sera alloué dans les villes et bourgs de leur demeure, pour vérification, procès-verbal et affirmation, 9 l.

VIII. A la campagne, outre les 9 liv. ci-dessus, leurs frais de voyage, tels qu'ils leur seront taxés par les Juges.

IX. Enjoignons et ordonnons aux habitans d'envoyer, au moins une fois l'an, tous leurs poids et mesures chez l'Etalonneur royal de la Jurisdiction dont ils relèvent, pour les faire vérifier et étamper, sous les peines ci-dessus prononcées, en cas qu'il y ait plainte contr'eux, ou que leurs poids soient trouvés faux, ou sans étampe.

X. Pourront néanmoins pour la facilité des habitans, les Etalonneurs, faire leur tournée dans le cours de chaque année, chez les habitans du district de la Jurisdiction où ils sont établis, pour y faire la vérification de leurs poids et mesures, les étalonner et étamper.

XI. Les Etalonneurs seront tenus de distribuer à ceux qui les en requèront, de petits poids de plomb jusqu'à 10 liv. pesant, des aunes, demi-aunes, pots, pintes, chopines, demi septiers, ou autres petites mesures bien vérifiées et étampées.

XII. Ils prendront pour chaque livre de plomb, ... 15 sols.

XIII. Pour chaque aune, , . 4 l. 10 s.

XIV. Pour demi-aune, . . . 2 l. 5 s.

XV. Et quant aux pots, pintes, chopines, ils les vendront en conscience suivant leur qualité, soit cuivre, étain ou fer blanc ; sera néanmoins loisible à tous habitans, marchands, et détailleurs, de se fournir eux-mêmes de poids, mesures et aunes, à la charge, comme il est ordonné, de les porter chez les étalonneurs pour les faire vérifier et étamper.

XVI. Les Etalonneurs prendront 6 deniers

par livre pesant de la quantité de poids qu'ils vérifieront.

XVII. Pour chaque étampe sur poids et mesures, ... 7 s. 6 d.

XVIII. Pour ajuster les aunes, les garnir de plomb par les deux bouts et les étamper, 2 l. 5 s.

XIX. Et pour les demi-aunes, 1 l. 2 s. 6 d.

XX. A la campagne, outre les droits ci-dessus, ils prendront 3 liv. par lieue pour leurs frais de voyage, sauf à faire taxer par le Juge, en cas de contestation.

XXI. Toutes les amendes et confiscations prononcées pour les contraventions ci-dessus, seront applicables, savoir;

Les marchandises, denrées, et la moitié des amendes au profit des hôpitaux ; et les poids qui ne sont point étampés, et l'autre moitié des amendes au profit des étalonneurs.

XXII. Les commis à la police établis dans les différens quartiers des îles où il n'y a point de jurisdiction, profiteront du passage et séjour des étalonneurs, pour faire les visites et vérifications des poids, mesures et aunes des marchands, détailleurs, bouchers, cabaretiers, boulangers, poissonniers établis dans les bourgs de leur district, dont ils dresseront leurs procès verbaux qu'ils enverront au Procureur du Roi de leur jurisdiction, et se conformeront au présent Réglement et Tarif.

XXIII. Les denrées qui seront trouvées par les commis à la police, vendues à faux poids ou déja pesées dans les boutiques, comme pain, viande, etc., et qui ne pourront pas être conservées pour être envoyées aux hôpitaux, seront portées chez les Religieux desservans les Cures, pour être par eux distribuées aux pauvres de leur Paroisse.

CHAPITRE XX.

Les Orfèvres.

ART. Iᵉʳ. Enjoignons à tous ceux qui font la profession d'Orfèvres, d'exécuter exactement les Arrêts et Réglemens qui regardent leur profession, nous réservant, par rapport aux matières d'or et d'argent et la police des poinçons, de faire incessamment tels réglemens que nous jugerons nécessaires.

II. Leur défendons expressement, sous quelque prétexte que ce soit, d'acheter d'aucuns blancs, gens sans aveu ou inconnus, enfans de familles ou gens de couleur, même libres, dont ils ne pourraient répondre, ainsi que d'aucuns esclaves, aucunes pièces d'orfévrerie neuves ou usées, bijoux, galons brûlés, et autres de même espèce : leur ordonnons très-expressément de retenir toutes lesdites pièces d'orfévrerie et autres, même d'arrêter ceux ci dessus dénommés qui les voudraient vendre, et de les conduire au Procureur du Roi, ou dans les quartiers éloignés, aux commandans desdits quartiers, auxquels ils feront leur déclaration et dénonciation, pour leur procès leur être fait et parfait, si lieu y a, à la diligence des Procureurs du Roi et d'office : lequel article sera exécuté par les Orfévres, à peine d'être procédé extraordinairement contre ceux qui y auront contrevenu.

CHAPITRE XXI.
Les Geoliers et Concierges.

ART. Ier. Les Concierges et Geoliers se conformeront au titre 13 de l'Ordonnance de 1670, sous les peines y portées, et auront une attention toute particulière à bien loger, nourrir et tenir proprement les prisonniers, tant en santé qu'en maladie. Enjoignons aux Procureurs du Roi d'y tenir la main, et de visiter les prisons au moins une fois la semaine.

II. Les Concierges et Geoliers prendront pour chaque extrait d'emprisonnement, recommandation ou décharge de personnes libres, ... 1 l. 2 s. 6 d.

III. Pour la nourriture des blancs en santé, par jour, ... 1 l. 10 s.

IV. En maladie, . . . , ... 3 liv.

V. Pour la nourriture des esclaves, lorsque la farine de manioc vaudra 24 livres le baril, et au-dessous, par jour, ... 15 sols.

VI. Lorsqu'elle vaudra plus de 24 l., 1 l. 2 s. 6.

VII. Pour la nourriture des mulâtres et nègres libres, malades ou en santé, ils prendront comme pour les esclaves.

Leur défendons très-expressement de traiter comme malades et d'inscrire sur leurs états, comme pour extraordinaire, tous blancs, nègres et gens de couleur, libres ou esclaves, sans un certificat du Chirurgien de la prison, visé dès le jour même, par le Procureur du Roi, qui mettra la date de son vu, sous peine de privation de leurs emplois, et même de peine afflictive, si le cas y échet.

VIII. Pour gîte et geolage, un jour et une nuit, ... 7 s. 6 d.

IX. Pour ferrage et déferrage, si le cas y échet, ... 1 liv. 2 s. 6 d.

X. Pour l'entrée et la sortie, . . 15 sols.

XI. La nourriture des prisonniers pour dettes, sera payée par les créanciers auxdits geoliers, à raison de 56 liv. 5 sols par mois, c'est-à-dire, de 37 sols 6 deniers par jour.

CHAPITRE XXII.

Salaires des Témoins.

ART. 1er. Les Juges continueront de faire la taxe des frais et salaires des témoins, en forme d'exécutoire sur le Domaine, lorsque les Procureurs du Roi agiront d'office en matière criminelle, et qu'ils feront seuls parties, et dans le cas où lesdits témoins requerront taxe, ils se conformeront exactement au présent Tarif et Règlement.

Savoir; à toutes personnes du commun par leur naissance ou emploi, à leurs femmes et enfans demeurans dans les villes, bourgs et banlieue de la Jurisdiction où ils devront déposer et qui exigeront taxe, ... 7 s. 6 d.

Aux habitans, marchands et autres personnes qui vivent bourgeoisement et qui requerront taxe, ... 15 sols.

Aux gens de métiers et autres qui travaillent pour gagner leur vie, ... 4 liv. 10 s.

A leurs femmes, enfans, compagnons et apprentis, ... 2 liv. 5 s.

Aux commis précepteurs, économes, raffineurs, commandeurs et autres domestiques blancs ou libres, ... 3 livres.

A leurs femmes et enfans, . 1 liv 10 s.

Aux femmes qui ont des métiers, 3 livres.

Aux esclaves de l'un et de l'autre sexe, soit

qu'ils aient des métiers ou qu'ils n'ent aient
point, ... 15 sols.

II. Aux témoins qui viendront de la campagne, de quelque condition qu'ils soient,
laissons à l'arbitrage du Juge, le montant de
leur taxe, attendu la difficulté de prévoir les
différens cas.

Enjoignons aux Juges de considérer et peser,
s'ils viennent à pied, à cheval, ou par mer;
et de songer que le Roi fait les frais des procédures criminelles, ils doivent les réduire au
seul nécessaire.

III. Quant aux procès criminels qui s'ins-
truiront à la requête des parties civiles, les
Juges se conformeront à ce qui est prescrit par
le présent tarif pour la taxe des témoins, en
taxant suivant leur conscience, les frais de
voyage et de nourriture desdits témoins, lorsqu'ils viendront de la campagne.

IV. Et dans les cas où les parties voudraient
faire venir des campagnes, des habitans ou
autres, pour déposer comme témoins, ils seront
tenus de consigner préalablement ès-mains du
greffier, le montant de leur salaire et frais de
voyage, tels qu'ils seront réglés par le Juge.

V. Les Officiers des Amirautés se conforme-
ment au présent Réglement et Tarif, en ce
qui peut les concerner.

Ordonnons que le présent Réglement et Tarif
sera exécuté selon sa forme et teneur, dans
toutes les îles françaises du vent de l'Amérique,
nonobstant tous autres Tarifs, Réglemens, Jugemens et usages contraires.

Faisons défenses à tous ceux qui y sont
dénommés, d'y contrevenir, sous quelque pré-

texte que ce soit, et de prétendre, exiger ni percevoir autres et plus grands droits, vacations, frais, honoraires et salaires, que ceux que nous avons alloués, taxés, ordonnés, ou laissé à l'arbitrage des Commissaires et Juges, sous peine de restitution du double, même d'être poursuivis et punis comme concussionnaires, si le cas y échet, et sera le présent Réglement et Tarif, etc.

Donné à la Martinique, le 24 décembre 1753. *Signés*, BOMPAR et HURSON.

Enregist. au Conseil Souverain.

(N°. 207.) *ORDONNANCE de MM. les Général et Intendant, sur le transport des Esclaves d'une île neutre dans une île française.*

Du 9 mars 1754.

ETANT informés que des habitans et autres particuliers français, tenant atelier dans les îles contentieuses, qui pour leurs affaires ou autrement, viennent à la Martinique ou aux autres îles habituées du Gouvernement, amènent avec eux plusieurs nègres ou négresses, sous prétexte que ce sont leurs valets ou servantes, et qu'ils laissent bien souvent lesdits nègres dans l'île où ils les ont amenés, où ils sont ensuite vendus, quoique leur origine soit extrêmement suspecte ; et étant important d'arrêter des abus aussi préjudiciables à la traite que font les vaisseaux négriers dans les colonies, et au bien du commerce légitime, nous avons ordonné et ordonnons :

ART. Ier.. Qu'aucun Français, tenant atelier dans les îles contentieuses, ne pourra amener dans les îles habituées du Gouvernement, même par permission, qu'un seul valet ou servante.

II. Seront tenus lesdits Français de représenter, dans les 24 heures de leur arrivée, au bureau du Domaine du lieu où ils auront abordé, le valet ou la servante qu'ils auront amené, en conséquence du permis, qui sera transcrit sur un registre tenu à cet effet, et dans lequel il sera fait mention du nom du nègre ou de la négresse, et autant que faire se pourra, de son âge, de sa terre et de sa figure; de laquelle représentation il sera délivré certificat.

III. Lorsque lesdits Français voudront retourner à leurs ateliers, ils seront obligés de ramener avec eux le nègre ou la négresse qu'ils auront amené, et d'en faire la représentation au bureau du Domaine avant de l'embarquer, afin qu'il soit fait mention de son rembarquement en marge du registre où la déclaration aura été portée.

IV. Si, néanmoins, quelques-uns desdits Français ne voulaient plus retourner aux îles contentieuses, ils seront également obligés de faire sortir des îles établies le domestique qu'ils auront amené, à moins qu'ils ne justifient qu'il provient du commerce des vaisseaux négriers Français.

V. S'il arrivait que pendant le séjour que lesdits Français feront aux îles habituées, le domestique qu'ils ont amené avec eux, mourût ou allât marron, ils seront tenus de rap-

porter, dans le premier cas, un extrait mortuaire, s'il a reçu le baptême, sinon un certificat de deux notables du lieu où il sera
décédé, et dans le second cas, la déclaration
du marronnage qui aura dû en être faite au
Greffe, afin que lesdits habitans puissent être
déchargés sur les registres du Domaine.

VI. Ceux desdits Français qui ne se conformeront pas à ce qui est prescrit par les
articles ci-dessus, seront condamnés en 2000
liv. d'amende, outre la confiscation du nègre
ou de la négresse qu'ils n'auront pas déclaré;
et la même peine sera encourue par ceux,
qui, après avoir fait à leur arrivée la déclaration du domestique qu'ils auront amené,
ne pourront le représenter, à moins toutefois
qu'ils ne justifient qu'il est mort, ou qu'il
est actuellement marron.

VII. Défendons à tous maîtres de barques
et bateaux, pirogues ou autres bâtimens,
d'amener des îles contentieuses dans les îles
établies du Gouvernement, aucuns nègres sans
une permission expresse de nous, à peine de
confiscation du bâtiment, de sa cargaison, et
de 1000 liv. d'amende, et même d'être poursuivis conformément aux Lettres-patentes du
mois d'octobre 1727. Pourront néanmoins lesdits maîtres de bateaux recevoir à leur bord
le valet ou la servante des Français qui passeront d'une île contentieuse dans une île
française habituée, en se conformant aux
règles prescrites.

Sera la présente Ordonnance, etc.

Donné à la Martinique, le 9 mars 1754.
Signes, BUMPAR et HURSON.

(Nº. 208.) *Arret en Réglement du Conseil Souverain, concernant les succession vacantes.*

Du 5 juillet 1754.

Vu par la Cour, la remontrance du Procureur général du Roi, contenant que la présentation qui a été faite à la présente séance des comptes des successions vacantes qui ont été gérées et administrées par le feu sieur Thiercelin qui en était curateur, et l'examen qu'il a fait desdits comptes, ont donné lieu à quelques remarques et observations dont il croit devoir rendre compte à la Cour, pour qu'elle ait à pourvoir à ce qu'elle jugera nécessaire, pour mettre en règle de plus en plus cette partie du service public confiée à ses soins, et remédier à tout ce qui peut s'y trouver d'inconvéniens ; que pour cet effet il a l'honneur de présenter à la Cour, qu'encore bien que le compte qui a été dressé des succccessions vacantes dont celle dudit Thiercelin est comptable, contienne un nombre assez considérable de successions, dont la valeur et le montant peuvent être vérifiés et constatés par les pièces qui seront rapportées au soutien, il ne lui paraît pas que le nombre desdites successions soit constaté ni justifié par aucun acte ni pièce en règle ; ensorte que, sans taxer ni ledit feu sieur Thiercelin, ni d'autres curateurs de prévarication à cet égard, il n'est pas moins certain qu'ils peuvent en omettre par négligence, ou en supprimer par dessein formel de s'en approprier le produit ; qu'il lui a paru facile de remédier à cet inconvénient, en ordonnant :

1°. Que par ses substituts en chaque jurisdiction du ressort de la Cour, il soit tenu un
registre sur lequel les curateurs desdites jurisdictions feront inscrire chaque succession qui
tombera à leur charge par noms et surnoms des
défunts, et dates de leurs décès, et donneront
note du montant des inventaires desdites successions ; qu'il sera d'autant plus difficile auxdits curateurs d'en imposer à cet égard, ni
de soustraire quelque succession auxdits substituts, que leur ministère les obligeant d'assister
auxdits inventaires, ils seront par eux mêmes
en état de savoir et connaître l'exactitude des
déclarations desdits curateurs.

2°. Que par l'examen sommaire qu'il a fait
du compte général ci-dessus mentionné, il a
remarqué qu'il y a quelques successions dont
les effets n'ayant pas paru assez considérables
pour supporter les frais de transport des officiers
de justice sur les lieux où les défunts étaient
décédés, le curateur se contentait dans ce cas,
de se faire envoyer lesdits effets pour en faire
la vente sans inventaire préalable, et que ladite
vente servant alors d'inventaire, il arrivait
qu'il n'était fait aucune mention des papiers
si aucun y avait, que par cette omission d'inventaire de papiers, le curateur restait le maître
de tous ceux qui pouvaient être et dépendre
de la succession ; et que pouvant y en avoir
d'utiles, soit en comptes, billets ou autres titres
de créance, soit de papiers ou titres de famille,
ce curateur était le maître d'en disposer ou de
de les supprimer, sans qu'on pût l'en convaincre, à quoi il peut aussi être remédié, en
ordonnant que dans tous les cas de vacance de

succession, par faute d'héritiers connus des défunts, lesdits curateurs feront inventorier tout ce qui dépendra desdites successions, après avoir fait lever le scellé apposé sur les coffres et malles qu'on leur aura envoyés, même dans les cas où la modicité apparente desdites successions ne permettra pas le transport des officiers et où les effets en seront apportés aux chefs lieux des Jurisdictions.

3º. Et enfin, que la seule inspection du compte dudit Thiercelin et de la somme considérable dont sa succession est reliquataire, prouve combien il est dangereux de laisser vieillir ces affaires, et les dépôts qui en sont une suite nécessaire et indispensable ; que la tranquilité et l'espèce de sécurité où restent à ce moyen les Curateurs, leur inspirent la hardiesse d'employer en acquisitions à leur profit, et (ce qui est encore pire) de consommer, ou tout au moins de risquer le produit des successions ; d'où il résulte des pertes ou totales, ou de parties considérables de ce produit par leur décès, et les insolvabilités qui en sont la suite ; que le remède à ce désordre se présente de lui même ; que le Réglement de MM. les Général et Intendant pour le Tarif, en a déja indiqué une partie, en ordonnant auxdits curateurs de déposer chaque année l'argent qu'ils se trouveront avoir en caisse provenant de leur exercice, dans celle du Domaine, mais que cela n'est pas suffisant ; qu'il estime qu'il faut encore les obliger à rendre leurs comptes annuellement, ou tout au moins de remettre chaque année un état sommaire de leur exercice annuel, en débit et crédit, distin-

gué par successions, entre les mains du Remontrant, pour, sur le rapport, qu'il en fera à
la Cour, être par elle statué ce qu'il appartiendra; que ce sont les articles qui lui ont
paru mériter l'attention de la Cour, et qu'il
soumet à ses lumières et décision : surquoi la
matière mise en délibération, et ouï ledit Procureur général du Roi en ses conclusions.

La Cour, a ordonné et ordonne qu'à compter
du jour de la publication et enregistrement
des présentes ès Jurisdictions du ressort, il sera
par les substituts dudit Procureur général en
icelles, tenu un registre qui sera paraphé par
les Juges, sur lequel les curateurs aux successions vacantes dans chacun desdites Jurisdictions,
feront inscrire les noms, qualités et demeures
de ceux dont les successions tomberont en
vacance, comme aussi la note du montant des
inventaires desdites successions, lesquelles notes
lesdits curateurs signeront; et seront lesdits
substituts, tenus d'envoyer audit Procureur
général, avant la séance de mars de chaque
année, un extrait sommaire d'eux certifié,
de toutes les successions et notes, du montant
des inventaires qui auront été portés sur ledit
registre, à commencer du premier Janvier,
jusqu'au 31 décembre de l'année précédente,
audit mois de mars.

Que dans tous les cas, même dans ceux
où les successions des particuliers décédés sans héritiers connus, ne paraîtront pas assez considérables
pour exiger le transport des officiers des Jurisdictions sur les lieux, et où ils en feront transporter
les effets au chef lieu des Jurisdictions, il en
sera fait inventaire exact, qui contiendra non
seulement

seulement lesdits effets , mais encore le détail des papiers de toute nature qui dépen-
dront desdites successions.

Ordonne que l'article 9 du chapitre 17
du Réglement de MM. les Général et Intendant, en forme de Tarif, sera exécuté selon
sa forme et teneur, à la diligence dudit Procureur-général, auquel lesdits curateurs seront
tenus de représenter, chaque année, à la séance
de mars, le récépissé du Receveur du Domaine de leur quartier, chez lequel ils auront déposé l'argent qu'ils auront eu en caisse
à la fin de chaque année, ou copie dudit
reçu d'eux certifié pour ceux desdits Curateurs qui sont éloignés, et qu'en outre ils
seront aussi tenus de remettre ou faire remettre audit Procureur général à la même
séance de mars, un état sommaire de leur
exercice annuel en débit et crédit distingué
par successions, pour, sur le rapport qui
en sera fait à la Cour par ledit Procureur-
général, être statué ce qu'il appartiendra,
et ordonné la reddition en forme des comptes
de celles desdites successions qui seront en
état d'être rendus, devant tel Commissaire
qu'elle jugera à propos de nommer; et faute
par lesdits Curateurs de satisfaire à tout ce
que dessus, et sur le compte qui sera rendu
à la fin de chaque séance de mars, de l'omission desdits Curateurs, il sera par ladite Cour
statué et ordonné sur les conclusions dudit
Procureur-général, ce qu'il appartiendra, suivant l'exigence des cas.

Et sera le présent Arrêt, etc.

Fait au Conseil Souverain de la Martinique,
le 5 juillet 1754.

ARRET du Conseil Souverain, concernant le prix des Bancs dans les Eglises.

Du 7 septembre 1754.

VU la remontrance présentée à la Cour par
le Procureur-général du Roi, contenant que
par le Réglement fait par MM. les Général
et Intendant de ces îles, le 24 décembre dernier, enregistré en ladite Cour le 10 janvier
suivant, il était porté à l'article premier du
chapitre quatrième, au sujet du prix des
bancs dans l'Eglise, qu'après la mort d'un des
Concessionnaires desdits bancs, le banc dont
il aurait eu la concession, serait accordé à sa
veuve ou à ses enfans mâles, en ligne directe
seulement, en payant à la fabrique par ladite
veuve ou par ses enfans, la moitié du prix
primordial que le défunt aurait payé à ladite
fabrique: que cette disposition se trouvant contraire à l'ordre du Roi du 26 février 1726,
enregistré au Greffe de la Cour le 16 mai de
ladite année, qui veut que les veuves qui
resteront en viduité, jouissent des bancs concédés à leurs maris, en payant le même prix
de ladite concession qui leur en aura été faite;
qu'à l'égard des enfans dont les pères et mères
seraient décédés, les bancs concédés à leursdits
pères et mères, seraient criés et publiés comme
vacans en la manière ordinaire, au plus offrant
et dernier enchérisseur; qu'il n'était pas douteux
que cet article n'avait été inséré dans ledit Réglement que par erreur, et faute d'avoir eu
connaissance dudit ordre du Roi : pourquoi
ledit Procureur - général aurait requis que

ledit article Ier. du chapitre quatrième dudit
Réglement, fût réformé, et qu'il fût ordonné
que, sans avoir égard audit article dudit Réglement, et conformément à l'ordre du Roi dudit
jour 26 février 1726, les veuves qui resteront en
viduité jouirout des bancs concédés à leurs maris
en payant le même prix de ladite concession
qui leur en aura été faite ; et qu'à l'égard
des enfans dont les pères et mères seront décédés,
les bancs concédés à leursdits pères et mères,
seront criés et publiés comme vacans en la manière ordinaire, au plus offrant et dernier enchérisseur ; et que mention fût faite de l'Arrêt
qui interviendra, en marge des registres de la
Cour, audit article Ier. du chapitre quatrième
dudit Réglement ; et qu'il serait enregistré ès-
registres des Greffes des Jurisdictions, et sur
ceux des délibérations des paroisses du ressort,
à la diligence de luidit Remontrant ou
de ses Substituts ; ladite remontrance signée
Rampont, et datée du 2 de ce mois. La matière
mise en délibération, la Cour, faisant droit
sur la remontrance dudit Procureur-général du
Roi, sans avoir égard audit art. Ier. du chap.
IV dudit Réglement du 24 décembre dernier,
et conformément à l'ordre du Roi dudit jour
26 février 1726, ordonne que les veuves qui
resteront en viduité, jouiront des bancs concédés à leurs maris, en payant le même prix
de la concession qui leur en aura été faite ; et
qu'à l'égard des enfans dont les pères et mères
seront décédés, les bancs concédés à leursdits
pères et mères, seront criés et publiés comme vacans en la manière ordinaire, au plus offrant et
dernier enchérisseur : ordonne en outre que men-

tion sera faite du présent Arrêt en marge des registres de la Cour à l'endroit dudit art. Ier. du chap. IV. dudit Réglement ; et qu'il sera enregistré, etc.

Fait au Conseil Souverain de la Martinique, le 7 septembre 1754.

(N°. 210.) *Arret du Conseil Souverain, sur les Orfévres.*

Du 7 septembre 1754.

Sur ce qui a été remontré en la Cour par le Procureur - général du Roi , que les plaintes qui lui ont été portées du défaut d'exécution et d'exacte observation des Ordonnances et Régle- mens touchant les Orfévres et les ouvrages d'orfévrerie , etc.

La Cour, faisant droit sur les remontrance, requisitoire et conclusions dudit Procureur-géné- ral du Roi , a ordonné et ordonne :

Art. Ier. Que l Ordonnance en forme de Réglement du 3 février 1720, et l'Arrêt de la Cour du 2 mars 1750, rendus sur ce qui concerne les Orfévres et les ouvrages d'orfévrerie, seront exécutés selon leur forme et teneur en tout leur contenu , par les Orfévres et marchands d'ouvrages d'orfévrerie établis en ces îles et sous les peines y portées , et qu'à cet effet ils seront de nouveau lus, publiés et affichés avec le présent Arrêt , ainsi qu'il appartiendra.

II. Ordonne en outre que les matières d'or et d'argent qui seront dorénavant employées aux ouvrages d'orfévrerie en ces îles , seront au titre de Paris, savoir : l'or , de 22 carats, et l'argent de 11 deniers 10 grains, sans que sous prétexte d'ordres, volonté ou consentement des particuliers qui auraient donné des ouvrages à faire auxdits Orfévres, ils puissent travailler et employer des matières d'un titre inferieur, sous peine de confiscation des ouvrages et matières, et de 500 liv. d'amende, applicables aux réparations des prisons de la Jurisdiction du lieu.

III. Et pour que le public et les particuliers puissent être assurés que les pièces d'orfévrerie qu'ils acheteront et que les ouvrages qu'ils auront fait faire par lesdits Orfévres, sont au titre ci dessus prescrit et fixé, ladite Cour ordonne que lesdits Orfévres seront tenus de porter au Contrôleur et garde poinçons établi dans chacun des villes et bourgs des îles, les ouvrages sujets au contrôle, avant qu'ils soient dégrossis et perfectionnés, pour les faire marquer du poinçon desdites îles, suivant et conformément à l'art. VI dudit Réglement de 1720, à peine aussi de confiscation des ouvrages qui n'auront point été marqués, et de 500 liv. d'amende, applicables moitié comme au premier article dudit Réglement de 1720, et l'autre moitié aux réparations des prisons de la Jurisdiction du lieu.

IV. Autorise à cet effet les Contrôleurs et garde-poinçons établis ès-dites villes et bourgs, à faire, quand ils le jugeront à propos, leurs visites chez lesdits Orfévres de leur district, en se faisant néanmoins assister d'un officier de police, lors desquelles visites ils pourront se faire représenter les ouvrages finis et exposés en vente, et en outre les livres et registres.

qu'il est enjoint auxdits Orfévres de tenir, conformément aux articles II et III dudit Réglement de 1720, pour voir et vérifier si lesdits ouvrages finis et exposés en vente seront marqués du poinçon, et si lesdits registres sont tenus dans la règle prescrite par lesdits articles ; et dans le cas de contravention sur l'un ou l'autre objet, ordonne qu'il sera dressé procès-verbal, tant de ladite visite que de la saisie qui sera faite des ouvrages de contravention, lequel sera remis au substitut du Procureur-général du lieu de la Jurisdiction, pour être les contrevenans, poursuivis à sa requête ainsi qu'il appartiendra ; et dans le cas où il ne sera question que du défaut de registre, seront les contrevenans condamnés en 500 liv. d'amende aussi applicables aux réparations des prisons de la Jurisdiction du lieu, pour la première fois ; et en cas de récidive, privés et déchus de maitrise et exercice public de leur profession.

V. Et en ajoutant aux dispositions de l'art. IV du Réglement de 1720, ordonne que lorsqu'il sera porté aux Orfévres des matières d'or et d'argent en poudre, lingots ou mises en œuvre, par des soldats, matelots, domestiques blancs, nègres, mulâtres libres ou esclaves de l'un et l'autre sexe, et par des personnes inconnues et non domiciliées, desquelles il est défendu d'acheter lesdites matières, lesdits Orfévres se saisiront desdits effets qu'on leur proposera à vendre ou échanger, et qu'ils iront sur-le-champ, ou dans le jour au moins, en faire leurs déclarations ou dénonciations au Substitut du Procureur-général en la Jurisdiction du lieu, pour être par lui

pris tel parti et fait telles diligences et poursuites que le cas le requerra, sans que lesdits Orfévres puissent, en aucun cas, retenir par-devers
eux lesdites matières présentées à vendre, sous
prétexte d'envoyer les vendeurs chercher des billets, autorisations ou aveux par écrit de quelqu'un, ni se dispenser de faire la déclaration sus-
mentionnée audit Substitut du Procureur-général, sous peine contre les Orfévres contrevenans
à ce qui leur est prescrit par le présent article,
de 300 liv. d'amende, applicables également
aux réparations des prisons, même d'être
poursuivis extraordinairement si le cas y échet
et le requiert.

Et afin que les Orfévres qui se feront recevoir à l'avenir, tant ceux qui arriveront
d'Europe, que les apprentis des îles, soient
instruits des dispositions du présent Réglement,
et de celui de 1720, ordonne que les récipiendaires seront tenus de lever des expéditions desdits Réglemens et de les représenter
aux Juges lors de leur réception.

Ordonne que le présent Réglement, etc.

Fait au Conseil Supérieur de la Martinique,
le 7 septembre 1754.

———————

(N°. 211.) *ARRET du Conseil Souverain,*
concernant les Curateurs aux successions va-
cantes.

Du 6 novembre 1754.

Lᴀ Cour faisant droit sur le réquisitoire du
Procureur-général du Roi, ordonne que par

les Curateurs aux successions vacantes établis dans les Jurisdictions du ressort de ladite Cour, il sera tenu un registre paraphé par le Juge de chaque Jurisdiction, lequel contiendra toutes les successions qui viendront à vaquer, et dont l'administration lui sera dévolue par *in testat*, ou faute d'héritiers sur les lieux, ou par abandon et renonciation d'iceux aux-dites successions, par ordre de date de l'échéance de chacune desdites successions.

Que pour assurer l'exécution de l'article II du Réglement qui ordonne qu'il sera fait inventaire de toutes les successions vacantes quelconques, et afin que la modicité d'aucune desdites successions, ne puisse servir audit Curateur de prétexte de s'en dispenser, il sera commis dans chaque Jurisdiction, un notaire qui sera seul autorisé à faire des inventaires des successions vacantes, à la charge d'y vaquer, sans prétention de vacation à celle desdites successions vacantes où il ne se trouvera pas de quoi les payer, lequel notaire dans les cas de maladie ou autres empêchemens légitimes, pourra substituer tel autre de ses confrères qu'il avisera, pour la même fin et aux mêmes conditions.

Ordonne aussi que le registre des mêmes successions vacantes, qu'il était ordonné par l'article premier du même Réglement, que les Procureurs du Roi des Jurisdictions tiendront, sera tenu aux Greffes desdites Juris-dictions, par le Greffier ou ses commis, et que néanmoins lesdits Procureurs du Roi ou Substituts, qui auront assisté aux inventaires desdites successions, les feront inscrire sur ledit registre, au fur et à mesure qu'elles se présenteront : et seront lesdits articles du présent Arrêt rendus sur le réquisitoire dudit Procureur-général, lus, etc.

Fait au Conseil Supérieur, le 6 novembre 1754.

(N°. 212.) *ARRET en Réglement du Conseil Souverain, sur les Conversions d'appel en opposition.*

Du 9 novembre 1754.

LA Cour, faisant droit sur la remontrance du Procureur-général du Roi, ordonne qu'il ne sera reçu à l'avenir aucunes demandes de conversion d'appel en opposition, que lorsque l'appel aura été interjetté dans la huitaine de la signification de la sentence par défaut, et la demande en conversion, formée avant l'expiration de cette même huitaine de la signification de cette même sentence, auquel cas on sera reçu à faire convertir l'appel en opposition, sur simple requête présentée au Juge qui aura rendu la sentence par défaut, par laquelle requête on demandera acte de ce qu'on entend convertir l'appel en opposition, sans que, dans aucun autre cas et sous quelque prétexte que ce puisse être, les parties puissent être admises à se pourvoir en conversion d'appel en opposition; ordonne en outre que le présent Arrêt sera lu, etc.

(N°. 213.) *ARRET du Conseil Souverain, con-*
cernant les Orfevres.

Du 9 novembre 1754.

La Cour faisant droit sur le réquisitoire
du Procureur-général du Roi , ordonne :

1°. Que tous les Orfévres et fabricans de
matières d'or et d'argent , dans l'étendue du
ressort de la Cour , seront tenus d'avoir un
poinçon particulier , duquel l'empreinte , sur
une planche de cuivre , sera déposée au
Greffe de la Jurisdiction du lieu de son établissement , et dont ils seront tenus de marquer tous leurs ouvrages.

2°. Que les Contrôleurs et Gardes-poinçons,
outre leurs poinçons particuliers , auront un
autre poinçon destiné à marquer les ouvrages
qui leur seront apportés du contrôle , lequel
poinçon sera différent pour chacun desdits
contrôleurs et dont l'empreinte sera pareillement déposée au Greffe de la Jurisdiction
de sa résidence.

Ordonne au surplus que ledit Arrêt en
Réglement du 7 septembre dernier , sera exécuté dans toutes les autres dispositions qu'il
contient et sous les peines y portées.

Fait au Conseil Supérieur de la Martinique,
le 9 novembre 1754.

FIN DU TOME PREMIER.

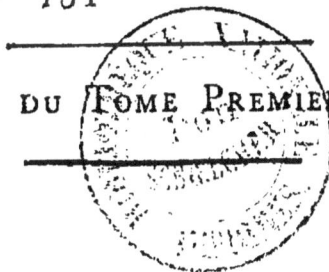

TABLE

ALPHABÉTIQUE ET RAISONNÉE

DES MATIÈRES

Contenues dans le premier volume du Code de la Martinique.

A

droits du sceau sur les Arrêts définitifs, 552. — Tarif
général des Arrêts, 571. *Voyez* JUGEMENS.

ARSENIC; règle de police pour la conservation et la
vente de cette substance, 217.

ARTISANS; maîtrises qu'ils obtiennent dans le Royaume
par un certain séjour aux îles, 7. — Ne peuvent
porter l'épée, 549.

ASSEMBLÉES paroissiales, convoquées sur le fait des chemins, comment et dans quel cas, 246. — Leur convocation et leur tenue pour les affaires de la Fabrique;
la nomination des Marguilliers, l'acceptation des fondations et œuvres-pies, 268 et 270. — De qui composées et comment tenues, 564.

ASSEMBLÉES de parens; peuvent se tenir dans la maison
du Juge, 565. — Tarif des actes de leurs délibérations,
566 *et suivantes.*

ASSEMBLÉES d'esclaves. *Voyez* ATTROUPEMENS.

ASSESSEURS au Conseil Souverain; leurs nominations,
leurs fonctions, attributions et prérogatives, 441 et
518.

ASSIGNATIONS; Règlement sur les Assignations, 406 et
416. — Les délais doivent en être observés, 259.

ASSISES générales; tenues au Conseil Souverain, 84.
Voyez MERCURIALE.

ATTROUPEMENS d'esclaves; sévèrement défendus sous
quelque prétexte que ce soit, 44.

AUBAINE (droits d'); son produit réservé aux Religieux
de la Charité, 60.

AUBERGES; droits levés sur elles par la Ferme des Cabarets, 78. *Voyez* AUBERGISTES.

AUBERGISTES; tenus d'informer sur le champ la Justice
des individus qui meurent chez eux sans tester, 432.
— D'enregistrer et déclarer à la police les étrangers
qu'ils logent, 344. — De déclarer à la police leurs
propres noms et demeures, 347. — Ne peuvent donner a jouer, 198. — Même à Jeux permis, 544. —
Visites de la police dans leurs maisons, 346.

AUDIENCES de Justice; époques qui leur sont assignées,
223 et 565. — Tout ce qui se juge et s'expédie en
audience ordinaire ne paie aucun droit au Juge, 569.

AVEU (gens sans); Règlement de Police sur les gens
sans aveu, 343. *Voyez* VAGABONDS.

AVENTURIERS; Ordre du Roi sur leur destination, 29.

B

Tome I. P p

C

et laissent périr leurs enfans, publié et exécuté dans les iles, 136.

États du Roi; leur enregistrement gratuit, 571.

Éducation des Mineurs; à qui confiée, 459.

Églises; soins qui doivent être pris de leur entretien, de leur mobilier, de leur revenu, des donations qui leur sont faites, Ordonnance à ce sujet, 266 *et suivantes*.—Prix et concessions des Bancs, 262, 563 et 610.

Églises (honneurs et rangs dans les); personnes qui y ont droit de Prie-Dieu, Fauteuils et Bancs particuliers, 326 *et suivantes*.—Places qu'y occupent les Substituts du Procureur du Roi, 515.

Églises (inhumations dans les); ce droit est restreint, 561.

Égouts des Rues; par qui réglés, 256.—Règles à suivre pour les égouts des maisons, 257.

Émancipation (lettres d') de Mineurs; où elles doivent être entérinées, 174 et 460.—Où elles doivent être simplement enregistrées, 460—Tarif de ces Actes, 566 *et suivantes*.

Employés du Domaine. *Voyez* Commis du Domaine.

Empoisonneurs; Ordonnances contre eux, 215 *et suivantes*, 532 *et suivantes*.

Encens; à qui dû dans les Eglises, 329.

Enfans Mineurs. *Voyez* Mineurs.

Enfans; peines contre les mères qui détruisent les leurs, 136.

Enfans trouvés; l'Hôpital des Religieuses Dominicaines à St.-Pierre leur est ouvert, 540.

Engagés Européens; durée de leur engagement, 12. —En augmenter le nombre, 116.—Ils sont répandus sur les Habitations, *ibid*.—Vagabonds condamnés à servir en cette qualité, 150 et 151.—Règlement qui concerne ceux portés par les Bâtimens du Commerce, 335.—Sont sujets à la capitation, 357.

Enquêtes; peuvent avoir lieu dans la maison du Juge, 565.

Enregistremens (formalités des); au Conseil, 495.

Enrôlemens de Causes; paient un droit en faveur des Greffiers et du premier Huissier, 516.—Règlement sur les enrôlemens des causes extraordinaires, 525.

Enseignes de Troupes de ligne; exemptions de capitation qui leur sont accordées, 359.

F

Q q 4

G

H

I

L

M

R r 4

N

O

P

et par qui doivent être dressés, 61, —Ordonnance concernant les partages et communautés entre Majeurs et Mineurs, 277.—Le Domaine du Roi a droit de se les faire représenter, 366. —Tarif des actes de partage, 577.

PASSAGERS sur les Navires Marchands, à qui ils peuvent porter leurs plaintes s'ils en ont à faire, 130.

PASSE-DIX (Jeu de); défendu, 497 et 544.

PASSE-PORTS. *Voyez* CONGÉS.

PATACHES du Domaine; permis au Fermier du Domaine d'en tenir sur les côtes, 320. —Commission qu'elles doivent prendre de l'Amiral, 320 et 321.—Concourent avec les Bâtimens à la répartition du produit des prises pour fait de contrebande, 321.—L'Intendant n'en a que la haute surveillance; le Directeur du Domaine en dirige le service, 451.—On doit s'en rapporter encore plus au Capitaine pour ses croisières, 451. — *Voyez* BATEAUX DU DOMAINE.

PATATES (espèce de Vivres); ordre d'en planter, 425.

PATRONS de Navires; Ordonnance sur leur réception, 467.

PAVÉS des grands chemins; par qui et comment leur nécessité est constatée, 247.—Comment ils sont exécutés, 248.

PAVILLON; doit être arboré près des côtes par tous les Bâtimens de mer, 89 et 90.

PAYEUR; motifs de séparer sa Caisse de celle du Receveur, 446.—Moyens de prévenir les abus de sa gestion, 449.—Sa caution, 448.

PÊCHE; congés pour la Pêche par qui délivrés, 128.—Droit accordé à ce sujet aux Religieux, 169.

PESTE; précautions contre l'introduction de cette maladie, 164 et 165.

PETITS Habitans. *Voyez* HABITANS.

PERMISSIONS d'anticiper (terme de Jurisprudence); ce qu'elles paient pour droit de sceau, 552.

PHARAON (Jeu de); défendu, 198, 497 et 544.

PHARMACIENS. *Voyez* APOTHICAIRES.

PIASTRES. *Voyez* MONNAIES.

PINTES (mesures); doivent être étampées, 595.

PIROGUES (bâtimens de mer); leur enlèvement par les esclaves est réputé vol, qualifié et puni comme tel, 466. *Voyez* CABOTEURS.

PISTOLES d'Espagne (doubles et demi). *Voyez* MONNAIES.

Tome I. S s

tenir l'inventaire du mobilier et des propriétés de la Fabrique, 267. — Autre Registre que doivent tenir les Marguilliers, 268. — Les délibérations des Paroisses ne doivent être portées que sur le premier de ces Registres, 565.

RÉGLEMENS; leur enregistrement est gratuit, 571 et 575.

REGRATTIERS; il leur est défendu d'aller sur les routes pour y acheter les Vivres que l'on porte aux marchés, 550. — Heure où il leur est permis de s'approvisionner dans les marchés, *ibid.* — Ne le peuvent avant cette heure, *ibid.* — Doivent avoir des Poids et Mesures vérifiés et étampés, 594 et 597.

RELACHE des Bâtimens de mer; précautions à prendre pour celle des Bâtimens étrangers, 296 *jusqu'à* 300,

RELIEF d'appel (terme de droit); Tarif de ces actes, 571.

RELIGIEUX particuliers arrivans; surveillance à exercer à leur égard, 118 et 119. —+ Desservans les Cures ne peuvent faire d'achats sans la permission de leurs Supérieurs, 158. *Voyez* ORDRES RELIGIEUX.

RELIGIEUX de la Charité; motifs, objets et conditions de leur établissement aux îles, 56 et 57. — Priviléges et concessions qui leur sont accordées, 57, 58 et 59. — Leur établissement au Fort-Royal, 187. *Voyez* ORDRES RELIGIEUX.

RELIGIEUSES (les maisons); ne sont point exemptes des corvées pour les chemins, 248.

RELIGIEUSES Dominicaines. *Voyez* DOMINICAINES.

RELIGIEUSES Ursulines. *Voyez* URSULINES.

RELIGION. *Voyez* CULTE.

REMÈDES (médicamens); il est défendu aux esclaves d'en composer, 463. *Voyez* DROGUES, DROGUISTES.

RÉPERTOIRE, les Notaires doivent en tenir de tous leurs actes, 579.

RÉPÉTITIONS de témoins en Justice; leur Tarif, 567.

REQUÊTES des Procureurs; leur Tarif, 579.

REQUÊTES civiles; formes suivies aux îles à cet égard, 38 et 39. — Manière de les juger, 121.

RESCINDANT et Rescisoire (termes de Jurisprudence); peuvent être jugés par le Conseil nonobstant la Requête civile, 39.

RETRAITS Lignagers; Déclaration du Roi y relative, 281.

REVENDEURS. *Voyez* REGRATTIERS.

RÉUNION au Domaine; cas où a lieu celle des terres

S

SOLDATS déserteurs. *Voyez* DÉSERTEURS.

SOMMATIONS respectueuses ; leur Tarif, 578.

SOMMATIONS d'Huissiers; droits de ceux-ci pour ces actes, 583.

SONNEURS de Cloches; Tarif de leurs droits dans les enterremens, 563.

SOUS marqués. *Voyez* MONNAIES.

SOUS-LIEUTENANS de Troupes de ligne; exemptions de capitation qui leur sont accordées, 359.

SUBDÉLÉGUÉS de l'Intendant dans les quartiers de l'île; on doit leur remettre les titres de liberté, 162 —Ils jugent au défaut de l'Intendant les amendes à prononcer contre ceux qui donnent à jouer, 199.—Cas où ils interviennent pour le fait des chemins, 244.—Remplissent en cas de non-résidence de l'Intendant, dans le lieu où ils sont, les devoirs de celui-ci concernant l'enrôlement, le salaire, et la désertion des matelots qui proviennent des Navires du Commerce, 507.

SUBLIMÉ Corrosif (Poison violent, Matière minérale); règles à observer par les personnes qui peuvent en garder chez elles, 217.

SUBSISTANCES, *Voyez* VIVRES, COMESTIBLES.

SUBSTITUT du Procureur-général au Conseil Souverain; sa création et ses attributions, 210 et 211.—Exemptions de capitation qui lui sont accordées, 360.

SUBSTITUTS du Procureur-général dans les Tribunaux ordinaires; doivent instruire de suite les procès des esclaves emprisonnés pour crimes, 284.—Font vendre les esclaves épaves; 285. — Doivent surveiller l'exécution des Ordonnances qui défendent aux étrangers de faire le Commerce, 307. *Voyez* PROCUREUR DU ROI,

SUBSTITUTS du Procureur du Roi; cas où ils remplacent le Juge, 200.—Ils taxent au besoin les exploits des Huissiers, 204.—Sont chargés de la Police, 225.— Exemptions de capitation dont ils jouissent, 360. — Rang qu'ils ont dans les Eglises et Cérémonies publiques, 515. *Voyez* DÉLITS.

SUBSTITUTIONS; leur insinuation ne paie aucun droit au Juge, 566.

SUCCESSIONS et Partages entre Majeurs et Mineurs; Ordonnance concernant leurs Licitations et Partages, 273 *et suiv.*

SUCCESSIONS vacantes; manière dont il doit y être pourvu, 386.—Tout particulier est tenu d'informer sur-le-champ le Procureur du Roi et le Curateur à la va-

U

V

Fin de la Table Alphabétique.